本书受中国历史研究院学术出版经费资助

中国历史研究院
Chinese Academy of History

学 术 出 版 资 助

"再造藩邦"之师

万历抗倭援朝明军将士群体研究

| 孙卫国　著 |

社会科学文献出版社
SOCIAL SCIENCES ACADEMIC PRESS (CHINA)

中国历史研究院学术出版资助项目
出版说明

　　为了贯彻落实习近平总书记致中国社会科学院中国历史研究院成立贺信精神，切实履行好统筹指导全国史学研究的职责，中国历史研究院设立"学术出版资助项目"，面向全国史学界，每年遴选资助出版坚持历史唯物主义立场、观点、方法，系统研究中国历史和文化，深刻把握人类发展历史规律的高质量史学类学术成果。入选成果经过了同行专家严格评审，能够展现当前我国史学相关领域最新研究进展，体现我国史学研究的学术水平。

　　中国历史研究院愿与全国史学工作者共同努力，把"中国历史研究院学术出版资助项目"打造成为中国史学学术成果出版的高端平台；在传承、弘扬中国优秀史学传统的基础上，加快构建具有中国特色的历史学学科体系、学术体系、话语体系，推动新时代中国史学繁荣发展，为实现"两个一百年"奋斗目标、实现中华民族伟大复兴的中国梦贡献史学智慧。

中国历史研究院

2020 年 3 月

明兵部尚书石星画像

壬辰援朝明军提督李如松画像

朝鲜宣祖国王御笔"再造藩邦"（韩国京畿道朝宗岩石刻）

朝明联合军战殁慰灵碑 （韩国庆尚南道泗川）

目　　录

绪　论

万历抗倭援朝战争持续 7 年（1592—1598），是近世东亚影响至巨的一场国际战争，引起中、日、韩三国学术界的持续关注。日、韩对这场战争的研究起步较早，学人众多，成果丰硕。日、韩学界向来非常重视对学术成果的梳理，相关学术期刊每年皆有相应的学术综述，两国学者还开展共同研究，召开学术会议，讨论各自研究状况及存在的问题。[①] 中国自 20 世纪二三十年代以来就有学人开展该课题的研究，至今已近百年，也积累了不少成果。对研究状况，学界虽有所评介，[②] 但尚未见系统评述。故此，笔者先对中国学术界的研究动态略加梳理，以见中国学术研究发展演进之脉络。

[①] 十几年前，日、韩学者就开展共同研究，并刊出相关成果。参见六反田豊等「文禄・慶長の役（壬辰倭乱）」『日韓歴史共同研究報告書』、朴哲晄「壬辰倭乱（文禄・慶長の役）研究の現況と課題」『日韓歴史共同研究報告書』第 1 期第 2 分科報告書、日韓歴史共同研究委員会、2005 年。文章参见 http://www.jkcf.or.jp/projects/kaigi/history/first/1－2/。

[②] 如刘永连《〈韩国历代文集丛书〉中的壬辰战争史料》（《东北史地》2013 年第 2 期）简略介绍了民国与新中国成立初期的研究情况；关涵予《壬辰战争研究综述》（《前沿》2013 年第 18 期）简略介绍了相关情况；刘宝全用韩文发表《중국학계의 임진왜란사 연구 현황과 과제》（《韓國史學報》2011 年第 45 號），较详细地介绍了中国的研究状况；孙卫国《东亚视野下万历朝鲜之役研究的回顾与展望》（《吴怀祺先生八十华诞纪念文集》，黄山书社 2017 年版）简略介绍了中、日、韩三国的研究状况，并略加比较。

一 20世纪前半叶研究之筚路蓝缕

万历抗倭援朝战争结束不久，即有明代学人刊出相关史书，如万历三十四年（1606）诸葛元声的《两朝平攘录》、天启元年（1621）茅瑞征的《万历三大征考》。清初，谷应泰《明史纪事本末》卷62《援朝鲜》叙述了这场战争的来龙去脉，其与《万历三大征考》中《倭上》《倭下》的内容大同小异。清官修《明史》中的《神宗本纪》《李如松传》《陈璘传》等载有相关内容；《朝鲜传》《日本传》等对此事有所叙述。翁广平《吾妻镜补》成书于嘉庆十九年（1814），被称作中国人所编第一部日本通史，书中有《兵事》一卷，参考《两朝平攘录》，对万历抗倭援朝战争进行了叙述。① 明治维新后，日本国力增强，中国感到日本的威胁与日俱增，逐渐重视对日本的研究，刊出一些著作，以黄遵宪《日本国志》为代表。该书卷5《邻交志·上二》，叙述了五代至明的中日关系史，对万历抗倭援朝战争进行了重点阐述。甲午战争以清朝战败而告终，这场以朝鲜半岛和黄海为主战场的中日战争，与万历抗倭援朝战争颇为相似。在此背景下，蔡尔康于1895年撰成《中东古今和战端委考》，以当时所见报上西人对于万历抗倭援朝战争的评论和史料为基础展开叙述，夹叙夹议。他指出，自万历抗倭援朝战争以来，日本即有侵华之心，"惟与沿海倭寇等量齐观，则误矣"，② 因而要倍加警惕。王先谦《日本源流考》卷17《后阳成天皇》，参考《日本国志》，重点叙述了万历抗倭援朝战争史实。可见，万历抗倭援朝战争结束以后，明、清学人未曾中断对这场战争的关注，但并无专著刊出。

随着现代大学的建立与中国高等教育事业的发展，学科化历史

---

① 参见时培磊《明清日本研究史籍探研》，天津古籍出版社2016年版，第162页。

② 蔡尔康：《中东古今和战端委考》，中国历史研究社主编：《倭变事略》，神州国光社1951年版，第173页。

学的建立和发展以及学术研究专业化与制度化发展，对于历史研究
有很大的促进。20 世纪初以来，中国日益受到日本军国主义的威
胁，在这种历史背景下，出现了一批以警示国人为目的的日本史和
中日关系史著作。陈恭禄的《日本全史》、李宗武的《日本史
ABC》、张润泉的《日本侵略中国史》、嵇翥青的《中日历代战
史》、李蔚岩的《日本侵华痛史》、李晋华的《三百年前倭祸考》
等一系列著作相继刊出，① 对万历抗倭援朝战争给予相当的重视。
抗日战争爆发后，吴重翰的《明代倭寇犯华史略》、王婆楞的《历
代征倭文献考》相继出版；② 罗香林、李季、李树桐等亦发表相关
论文。③ 这些论著旨在通过对万历抗倭援朝战争的研究，揭露日本
由来已久的侵略野心，借古讽今，说明侵略者终将失败，以激励全
国人民加入抗日斗争。

　　与此同时，缪凤林、邓之诚、薛瀛伯、蒋逸雪等相继发表一批
评介万历抗倭援朝战争文献资料的论文，④ 重点评介《经略复国要
编》、《万历三大征考》和朝鲜《宣庙中兴志》等相关史书，为万
历抗倭援朝战争的研究奠定了史料基础。孙绳祖发表《明与朝鲜

------

①　陈恭禄编：《日本全史》，上海中华书局 1927 年版。李宗武：《日本史 ABC》，上海
世界书局 1929 年版。张润泉著：《日本侵略中国史》，上海中华书局 1929 年版。嵇翥青
编：《中日历代战史》，上海文化印刷社 1936 年版。李蔚岩编：《日本侵华痛史》，上海律师
公会 1932 年版。李晋华编：《三百年前倭祸考》，上海国民外交委员会 1933 年版。
②　吴重翰：《明代倭寇犯华史略》，长沙商务印书馆 1939 年版。王婆楞编：《历
代征倭文献考》，重庆正中书局 1940 年版。
③　罗香林：《中日战史的透视》，《更生评论》第 3 卷第 1 期，1938 年。李季：
《从现在的中日战争说到最初的中日争斗》，《东方杂志》第 36 卷第 15 期，1939 年。
李树桐：《明代中日朝鲜战争》，《文史杂志》第 1 卷第 6 期，1941 年。
④　则堂：《明封丰臣秀吉册书》，《艺风》第 1 卷第 11 期，1933 年。缪凤林：
《〈经略复国要编〉提要》，《史学》（上海）1933 年第 2 期；《〈万历三大征考〉
（新）》，《大公报图书副刊》第 39 期，1938 年 8 月 11 日。邓之诚：《关于〈万历三大
征考〉》，《大公报图书副刊》第 40 期，1938 年 8 月 18 日。薛瀛伯：《〈万历三大征
考〉、〈东夷考略〉合跋》，《燕京大学图书馆报》第 109 期，1938 年 1 月 15 日。蒋逸
雪：《校注朝鲜〈宣庙中兴志〉后记：三百年前中韩合兵败倭之光荣史》，《新中华》
复刊第 2 卷第 1 期，1944 年。

国交之检讨》①，对明与朝鲜王朝关系史做了宏观而深刻的解读，
指出万历抗倭援朝战争后，朝鲜王朝与明朝关系愈加紧密，这成为
日后朝鲜后期尊周思明情感的重要来源。

　　王崇武是民国时期研究万历抗倭援朝战争最重要的学者。1947
年底，他在《经世日报·读书周刊》发表《万历东征问题》②，开
启了对这场战争的研究。1948 年，他在《中央研究院历史语言研
究所集刊》连续发表 4 篇相关论文。③ 在《读〈明史·朝鲜传〉》
中，他将《明史》与《朝鲜王朝实录》相关史事加以对比研究，
指出《明史》言外国史事颇多谬误，必须与外国史籍对照，才能
去除谬误、求得真相，强调考订明朝史事须重视域外史料。在
《刘綎征东考》一文中，他践行了这种学术思路：先评介了《明
史·刘綎传》对刘綎朝鲜战功的叙述，接着与《朝鲜王朝实录》
《宣庙中兴志》等朝鲜史籍进行对照，考订史实，以求历史真相，
最后一并展现邢玠与万世德在朝鲜的战功。《李如松征东考》《论
万历征东岛山之战及明清萨尔浒之战：读〈明史·杨镐传〉》两篇
论文，思路基本一致，都利用了朝鲜史籍修正或补充《明史》中
的记载，对于《明史》所载李如松、杨镐等在朝鲜战场上迷雾般
的情况，进行了细致考订，影响深远。与此同时，李光涛也开始发
表论文，④ 批评日本学者青木正儿《中国戏曲小说中的丰臣秀吉》
的谬论，指出其所引用的材料颇多谬误，抹杀了明军的战绩。故李
氏以平壤之战和露梁海战为重心，利用中朝史料，对李如松、邓子

---

　　① 　孙绳祖：《明与朝鲜国交之检讨》，《文史杂志》1944 年第 7、8 期。
　　② 　王崇武：《万历东征问题》，《经世日报·读书周刊》1947 年 11 月 26 日。
　　③ 　王崇武：《读〈明史·朝鲜传〉》，《中央研究院历史语言研究所集刊》第 12
本，1947 年；《刘綎征东考》，《中央研究院历史语言研究所集刊》第 14 本，1948 年；
《李如松征东考》，《中央研究院历史语言研究所集刊》第 16 本，1948 年；《论万历征
东岛山之战及明清萨尔浒之战：读〈明史·杨镐传〉》，《中央研究院历史语言研究所
集刊》第 17 本，1948 年。
　　④ 　参见李光涛《朝鲜壬辰倭祸中之平壤战役与南海战役：兼论〈中国戏曲小说
中的丰臣秀吉〉》，《中央研究院历史语言研究所集刊》第 20 本上，1948 年。

龙等明将的战功进行了系统考证，说明了这两场战役中明军都大败日军。

综上所述，1949 年之前，中国学术界对万历抗倭援朝战争的研究处于起步阶段。抗日战争前后，中国学者有感于国难当头，多从中国明清史料出发研究万历朝鲜战争，又以激发抗日斗志为目的，进行了专题研究。20 世纪初是中国史学界新史料大发现的时代，1938 年胡适在苏黎世国际历史科学大会上的演讲，除介绍甲骨卜辞、居延汉简、敦煌文书、明清大内档案"四大发现"之外，特别提到"日本、朝鲜所存中国史料"必将对中国历史学研究产生深远影响。① 王崇武就是实践胡适倡议的第一批代表性学者，作为现当代中国万历抗倭援朝战争研究的开拓者，他利用朝鲜史料考订了中国史书中诸多谬误，廓清了历史原貌。当今研究者将中外史料对照作为研究原则，正是对这种学术研究范式的继承和发展。

二　1949 年至 1978 年研究之艰难推进

1949 年 10 月 1 日新中国成立后，历史学研究进入新的时期。1950 年抗美援朝战争爆发，使万历抗倭援朝战争研究迎来了新的契机。战争的相似性促使学术界相当重视数百年前的那场战争。1950 年 6 月，周一良在《新建设》上发表《中国与朝鲜的历史关系》②，追溯了中朝两国共同抗击外国侵略的历史。随后，牟安世、丁则良、商鸿逵、工芸生、勃吴冈等相继在报纸上发表文章，③ 这些文章以介绍万历抗倭援朝战争的史实、传播知识为主，说明了中

---

① 《〈新发现的有关中国历史的材料〉：胡适在苏黎世第 8 届国际历史科学大会上宣读的论文提纲》，《走向世界》2015 年第 3 期。

② 周一良：《中国与朝鲜的历史关系》，《新建设》第 3 卷第 3 期，1950 年。

③ 牟安世：《从历史上看，朝鲜受到侵略中国不能置之不理》，《长江日报》1950 年 11 月 30 日。丁则良：《三百五十八年前的援朝抗日战争》，《进步日报》1950 年 12 月 3 日。商鸿逵：《明代援朝最后胜利的大将陈璘和邓子龙》，《进步日报》1951 年 8 月 3 日。王芸生：《中朝一家》，《大公报》（上海）1951 年 6 月 22 日。勃吴冈：《明代的抗日援朝斗争》，《光明日报》1954 年 9 月 30 日。

国出兵援朝的必要性与正义性，提升了万历抗倭援朝战争研究的社
会影响与现实意义。与此同时，卢南乔、方诗铭、柳树人、耿夫孟
等发表学术论文，① 重点讨论了李如松平壤大捷、李舜臣水军的胜
利、露梁海战中朝联军的英勇作战和朝鲜义兵抗倭等事件。与民国
时期的研究方法不同，这些文章分析问题时，都以历史唯物主义与
辩证唯物主义为指导，从经济与阶级斗争角度入手，加上特殊的时
代背景，文中多有借抗日而反美的政治意识，宣扬了民族主义与爱
国主义。

　　抗美援朝战争之后，社会上反美情绪逐渐平息，学术研究也趋
于理性化。陆成侯发表《丰臣秀吉之死与壬辰倭乱的结局》，王裕
群针对此文，写出商榷论文，展开学术争鸣。② 他们争论的焦点在
于：陆成侯指出丰臣秀吉死后，日军仍然负隅顽抗，遭到中朝联军
毁灭性打击后才各自撤退；王裕群则认为日军战斗热情原本就不
高，"平秀吉死，各倭俱有归志"是正确的记载。

　　20 世纪 60 年代初期，学术界不仅发表了一系列论文，也出版
了几部书。周一良《明代援朝抗倭战争》和李景温《朝鲜壬辰卫
国战争》两本书，皆于 1962 年分别由中华书局和商务印书馆出
版。③ 两本书篇幅都不大，也算不上专业性很强的学术著作，但吸
收了当时最新的研究成果。20 世纪六七十年代，柳树人完成《壬
辰抗倭战争》书稿，但由于"文化大革命"特殊的时代背景，迟

---

　　① 　卢南乔：《十六世纪中朝联合抗日的新认识》，《文史哲》1951 年第 1 期。方
诗铭：《十六世纪李如松在朝鲜进行的抗日援朝斗争》，《历史教学》1951 年第 12 期。
柳树人：《"壬辰倭乱"和中朝人民的抗战》，《历史教学》1952 年第 6 期；《"壬辰倭
乱"和中朝人民的抗战（续）》，《历史教学》1952 年第 7 期。耿夫孟：《十六世纪末朝
鲜民族英雄金时敏领导军民抵抗日本侵略军的斗争事迹如何？》，《历史教学》1955 年
第 7 期。
　　② 　陆成侯：《丰臣秀吉之死与壬辰倭乱的结局》，《新史学通讯》1956 年第 9 期。
王裕群：《1592—1598 年日本丰臣秀吉的侵朝战争及其结局——兼对陆成侯先生"丰
臣秀吉之死与壬辰倭乱的结局"一文作初步商讨》，《新史学通讯》1956 年第 12 期。
　　③ 　周一良：《明代援朝抗倭战争》，中华书局 1962 年版。李景温编写：《朝鲜壬
辰卫国战争》，商务印书馆 1962 年版。

迟没能刊出，直到 1987 年才由他的遗孀应起鸾女士送交延边历史研究所，刊于《延边历史研究》第 2 辑。① 柳树人出生于日本殖民统治下的朝鲜半岛，后随家人逃到中国，遂定居中国并入籍。在文学史上，他因早年将鲁迅作品译成朝鲜文而著称于世。晚年他专攻中朝关系史，"文化大革命"期间，他参考中、日、朝史料，完成了这部专著。一定意义上，这是中国大陆学术界在 20 世纪出版的有关万历抗倭援朝战争最重要的学术著作。该书主体七章、附录三篇，在征引中、日、朝史料的基础上，对战争起因、经过、影响等进行了较细致的阐述。附录三"壬辰抗倭战争有关古籍目录资料"收录了中、日、朝的基本史籍，在当时的学术环境之下，有如此广泛的涉猎，实属难得。

另外，特别值得一提的是吴晗对万历抗倭援朝战争研究的贡献。虽然他并没有就此问题写过专题论著，但他以多年心血编纂的《朝鲜李朝实录中的中国史料》② 为万历抗倭援朝战争研究提供了便利，意义非凡。《朝鲜王朝实录》是研究这场战争必不可少的基本汉文史籍，但长期以来，此书在中国图书馆收藏甚少，搜寻不易。即便拥有这套书，也因其卷帙浩繁，头绪繁多，较难通读，而吴晗所编这套史料，恰好弥补了这个缺陷。这套书 1966 年排版完毕，直到 1980 年才由中华书局正式出版。全书 12 册，其中万历抗倭援朝战争七年间的史实载于第 4—7 册，凡 4 册，占全书三分之一的篇幅。全书主要以抄录原始史料为主，偶有删节概括，亦常有吴晗所添加的用来解释与标注的小字，③ 既考订史实，又可为不熟悉朝鲜历史的人提供便利，体现了吴晗对于这一历史事件的研究和看法。当然，吴晗在摘抄过程中有删节或改写，不是完全忠于原

① 柳树人：《壬辰抗倭战争》，《延边历史研究》第 2 辑，延边历史研究所 1987 年版。

② 吴晗辑：《朝鲜李朝实录中的中国史料》，中华书局 1980 年版。

③ 参见王维佳《吴晗〈朝鲜李朝实录中的中国史料〉之编纂与价值》，《史学月刊》2015 年第 6 期。

书，也有一些抄错之处。即便如此，相当长的时间内，该书是中国学者研究万历朝鲜战争必不可少的参考资料。

1949年后，台湾地区的学术在艰难中发展。一些中朝关系史、中日关系史的著作对万历抗倭援朝战争有所论及，如黄宁《16世纪中朝抗倭的故事》、李则芬《中日关系史》、王仪《朱明与李氏朝鲜》，① 基本以史事叙述为主。台湾三军大学编纂的《中国历代战争史》，规模宏大，并于1976年开始出版。其中，第14册为明代卷，第10章"明室援朝抗日战役"从军事史的角度对这场战争予以细致叙述，尤其注重对明军战略战术得失等方面的探讨。② 该书附录的有关万历抗倭援朝战争的33幅军事地图，虽然基本为日本参谋本部编《日本战史·朝鲜役》③ 所附地图，但仍有一定的参考价值。

20世纪80年代以前，台湾地区对万历抗倭援朝战争的研究以李光涛为代表。前文提及李光涛1948年发表的论文，只是他研究的开端，在其后的30多年学术生涯中，均以研究这场战争为主。据笔者初步统计，自1950年至1982年，李光涛发表相关论文17篇，出版《朝鲜"壬辰倭祸"研究》《万历廿三年封日本国王丰臣秀吉考》两部专著，编辑《朝鲜"壬辰倭祸"史料》5册。④他的研究以排比史料、考订史事为主，涉及面很广，如《朝鲜"壬辰倭祸"与李如松之东征》对李如松及南北兵关系做了

---

① 黄宁：《16世纪中朝抗倭的故事》，台北"大中国"图书公司1953年版。李则芬：《中日关系史》，（台北）中华书局1970年版。王仪：《朱明与李氏朝鲜》，台湾商务印书馆1971年版。

② 三军大学中国历代战争史编纂委员会：《中国历代战争史》第14册，台北黎明文化事业股份有限公司1979年版。

③ 日本参謀本部編『日本戰史·朝鮮役』東京村田書店、大正十三年（1924）初版、昭和五十三年（1978）復刻本。

④ 李光涛相关著作：《朝鲜"壬辰倭祸"研究》，中研院历史语言研究所专刊1972年版；《万历廿三年封日本国王丰臣秀吉考》，中研院历史语言研究所专刊1967年版；《朝鲜"壬辰倭祸"史料》，中研院历史语言研究所史料丛书1970年版。

考察，揭示《明史》中所隐匿的南兵军功。《明季朝鲜"倭祸"与
"中原奸人"》主要考察了效力于日本的明朝人，认为他们影响了
情报网络，使明朝误判形势，而这些人为日本效力，则与嘉靖时期
的"倭寇"集团有着千丝万缕的联系。《朝鲜"壬辰倭祸"酿衅史
事》认为日本与朝鲜战前交涉不成功，最终导致战争爆发。① 李光
涛的研究重在史料排比，特别以《朝鲜宣祖实录》《朝鲜宣祖修正
实录》《宣庙中兴志》《惩毖录》等朝鲜史料为基础，他选编的
《朝鲜"壬辰倭祸"史料》就是《朝鲜宣祖实录》、《朝鲜宣祖修
正实录》与《再造藩邦志》有关这场战争的史料长编。他常常驳
斥《日本外史》等日本史料的错谬，也校正了不少《经略复国要
编》《明史》等明、清史书的错误记载。他的论著以今天的标准来
看，难免有史料堆砌之嫌，但当时中国大陆学术研究处于低潮，他
广泛涉猎万历抗倭援朝战争的相关问题，如宋应昌、李如松、杨
镐、陈璘等人物与平壤之战、蔚山之战、稷山大捷等战役的关系，
明日和谈，丁应泰事件与辩诬、东征将士后代留居朝鲜等，拓展了
万历抗倭援朝战争研究的深度与广度，具有相当重要的学术意义。

　　综上所述，1949 年中华人民共和国成立以后，百废待兴，学
术受政治的影响很大，万历抗倭援朝战争的研究，亦呈现这样的特
点。20 世纪 50 年代初期，抗美援朝战争爆发，为响应时代号召，
有关万历抗倭援朝战争研究的一系列论著问世，但其现实意义与社
会影响大于学术意义。不过此时期也出现了吴晗《朝鲜李朝实录
中的中国史料》和柳树人《壬辰抗倭战争》这样学术性很强的成
果，对后世学术研究有很大影响。台湾地区的研究以李光涛为代
表，他的研究以史料排比为主要方式，涉及万历抗倭援朝战争诸多
问题，至今依然有参考价值。

---

① 李光涛相关论文：《朝鲜"壬辰倭祸"与李如松之东征》，《中央研究院历史
语言研究所集刊》第 22 本，1950 年；《明季朝鲜"倭祸"与"中原奸人"》，《中央研
究院历史语言研究所集刊》第 26 本，1955 年；《朝鲜"壬辰倭祸"酿衅史事》，《中央
研究院历史语言研究所集刊》第 40 本下，1969 年。

三 1978年以来研究之蓬勃发展

1978年党的十一届三中全会召开，中国实行改革开放政策，中国的学术研究也走上了正轨，这种学术态势延续至今。唯2000年以后，随着数据库等电子资源的普及，学术生态又呈现不同特点，故以2000年为限，分两个时段介绍相关学术动态。

（一）1978年至2000年的蓄势待发

改革开放以来，中国学术界迎来了新的春天。20世纪80年代研究万历抗倭援朝战争的学者，以杨昭全为代表。他长期研究中朝关系史，对历史上两国关系中的重大事件都有所涉猎。1980年，他发表《明代援朝御倭战争的结局和评价》，开启了他对万历抗倭援朝战争问题的研究。到1988年为止，他发表了8篇论文，① 涉及战争性质、原因、结局与封贡和谈等问题。他还介绍了朝鲜史学界对万历抗倭援朝战争中明军的研究状况，以及中国学术界对战争相关问题的研究状况，② 如日本发动战争的原因与性质、碧蹄馆之役的胜败、议和原因与明朝议和主要责任者、中朝军民关系、战争结局以及如何评价这场战争五个基本问题，评述了各种观点。论文基本是以上述五个问题为基础所展开的学术史评议。

20世纪80年代末至90年代，越来越多的学者加入研究之列，发表论文数量增多，研究论题也相应拓展。如孙与常叙述了辽东普通百姓在战争中的作用，张玉祥则将视野转向战争期间日本民众的

① 杨昭全相关论文：《明代援朝御倭战争的结局和评价》，《朝鲜史通讯》1980年第2期；《论丰臣秀吉发动朝鲜战争的原因与性质》，《学术研究丛刊》1980年第3期；《论明代援朝御倭战争中的和议问题》，吉林省朝鲜研究学会编：《朝鲜研究文集》（一），吉林省朝鲜研究学会1981年版。

② 杨昭全：《朝鲜史学界对壬辰卫国战争援军评价的变化简介》，《国外社会科学情报》1982年第1期；《论明代援朝御倭战争的几个问题：兼评110部论著对这一历史事件的评述》，氏著《中朝关系史论文集》，世界知识出版社1988年版。

反抗。① 宗惠玉发表数篇论文，② 涉及战争中明军的后勤补给、底层民众的生活以及重要人物如柳成龙、李如松等人的研究。此后，对战争中明朝将领的研究，越来越受到重视，如南炳文、周晓红、管宁等分别对宋应昌、许仪后等人物展开研究并发表相关论文。③ 伴随着人物研究的开展，战争的细节更为清晰地展现出来。与此同时，赵建民发表两篇文章，④ 着重探讨了战争前后朝鲜朱子学著作、医学科技、印刷术、陶瓷技术向日本传播的情况，指出正是这些先进文化的传入，使江户时期的日本文化得以繁盛、科技得以勃兴，甚至改变了日本文化与科技的发展轨迹。此外，明清史专家孙文良、杜家骥、朱亚非分别就战争对明朝灭亡的影响、战争的进程、封贡和谈等问题展开讨论。⑤ 韦旭升于 1989 年出版的《抗倭演义（壬辰录）及其研究》⑥ 乃是从文学史角度对《壬辰录》这部小说进行研究的著作，在历史学上也有独特的价值。1990 年，吴丰培编成《壬辰之役史料汇辑》⑦ 一书，分为上、下册，收录了

① 孙与常：《明万历年间辽东人民的抗倭援朝斗争》，《社会科学辑刊》1985 年第 5 期。张玉祥：《丰臣秀吉侵朝期间日本军民的反战斗争》，《辽宁大学学报》1986 年第 6 期。

② 宗惠玉：《明军援朝御倭战事中给养不足问题刍议》，《博物馆研究》1990 年第 2 期；《为李如松军杀朝鲜人以冒军功辨》，《东疆学刊》1991 年第 3 期。宗惠玉、孙玉梅：《浅论柳成龙在御倭战争中的济民措施及其爱国主义思想》，《延边大学学报》1990 年第 4 期。

③ 南炳文：《宋应昌的军事思想》，《明史研究》第 2 辑，黄山书社 1992 年版。周晓红：《贡献突出的抗倭援朝将领宋应昌》，《社会科学辑刊》1992 年第 6 期。管宁：《许仪后事迹考略》，《江西社会科学》1992 年第 4 期。

④ 赵建民：《壬辰卫国战争的胜利与韩文化东渐》，黄时鉴主编《韩国传统文化·历史卷：第二届韩国传统文化学术研讨会论文集》，学苑出版社 1997 年版；《文禄·庆长之役与朝鲜文化的传播》，《复旦学报》1998 年第 5 期。

⑤ 孙文良：《明代"援朝逐倭"探微》，《社会科学辑刊》1994 年第 3 期。杜家骥：《抗倭援朝与明王朝的衰落》，（台北）《历史月刊》总第 62 期，1993 年。朱亚非：《明代援朝战争和议问题新探》，《中国史研究》1995 年第 2 期。

⑥ 韦旭升：《抗倭演义（壬辰录）及其研究》，北岳文艺出版社 1989 年版。

⑦ 吴丰培编：《壬辰之役史料汇辑》，全国图书馆文献缩微复制中心 1990 年版。

《经略复国要编》《两朝平攘录》《万历三大征考》《惩毖录》《征韩伟略》五种史籍，为中国开展万历抗倭援朝战争研究提供了重要资料。

20世纪八九十年代是中国大陆学术蓬勃发展的年代。1992年8月24日中韩建交以后，中韩关系史的研究呈现勃兴之势，万历抗倭援朝战争研究就是其中的代表。各个领域都出现了很多教科书式的通史著作，明清史、中朝关系史、朝鲜史、中日关系史、日本史的著作大量出版，在相关章节中，只要涉及这个时段，基本都会对万历抗倭援朝战争进行介绍。比较重要的有张声振《中日关系史》卷1，其第四章第五节以"明日战争"为标题，对万历抗倭援朝战争进行了重点评介；南炳文、汤纲的《明史》（下）之第二十章第三节"中朝人民的友谊和联合抗日"，从明朝的视角叙述了万历抗倭援朝战争的经过；朴真奭等人合著的《朝鲜简史》以20世纪80年代延边大学朝鲜史讲义为基础，是中国第一部系统的朝鲜通史，该书第九章第二节"朝鲜人民反对日本侵略者的壬辰卫国战争"，以朝鲜为中心叙述了战争经过。此外，吴廷璆《日本史》、蒋非非等著《中韩关系史（古代卷）》、姜龙范与刘子敏合著《明代中朝关系史》、杨昭全等著《中国—朝鲜·韩国关系史》等书，① 都有叙述万历抗倭援朝战争的篇章。在具体内容上，各书大同小异，都以介绍史事为主，仅视角与篇幅略有不同。

这个时期，台湾地区的研究以淡江大学郑樑生为代表。他是明代中日关系史研究名家，在李光涛研究的基础上，推进了台湾地区

---

① 张声振：《中日关系史》卷1，吉林文史出版社1986年版。南炳文、汤纲：《明史》（下），上海人民出版社1991年版。吴廷璆：《日本史》，南开大学出版社1994年版。朴真奭等：《朝鲜简史》，延边大学出版社1998年版。蒋非非等：《中韩关系史（古代卷）》，社会科学文献出版社1998年版。姜龙范、刘子敏：《明代中朝关系史》，黑龙江朝鲜民族出版社1999年版。杨昭全等：《中国—朝鲜·韩国关系史》，天津人民出版社2001年版。

的万历抗倭援朝战争研究。其代表作《明代中日关系研究——以明史日本传所见几个问题为中心》① 的第五章"明朝与丰臣秀吉的关系"，以百余页篇幅着重探讨了丰臣秀吉的对外政策与战争准备、战争进程、和谈经过、战争影响等问题。除利用中朝史料外，他还大量参考了日本的日记、家谱、文书等，附有大量日本外交文书图片、地图等图像资料，并广泛吸收日、韩研究成果，与他们争鸣讨论。同时期两岸学界，能如此娴熟运用日、韩原始资料，并和日、韩学者展开讨论，无出其右者。此外，他还发表了《明万历年间朝鲜哨报倭情始末》《丰臣秀吉的对外侵略》等数篇论文，深入讨论万历抗倭援朝战争相关论题。郑樑生还接连出版 12 册《中日关系史研究论集》，其中第 8、10、12 册都有关于万历抗倭援朝战争的文章。② 此外，台湾地区明史学者吴缉华与中韩关系史学者张存武也发表了相关论文，分别讨论战争的背景与影响。③

　　自 1978 年至 21 世纪初，中国的万历抗倭援朝战争研究呈现这样的发展轨迹：早期阶段马克思主义史学特征比较明显，承接"文化大革命"前的史学研究方法，关注阶级斗争、中日民族矛盾与中朝传统友谊，现实关怀高于学术探索；20 世纪 80 年代中期至 90 年代，随着学术的日渐繁荣，万历抗倭援朝战争研究的关注点也突破了原有的史实考订、政治史的范畴，开始向文化史、经济史

---

　　① 郑樑生：《明代中日关系研究——以明史日本传所见几个问题为中心》，文史哲出版社 1985 年版。

　　② 郑樑生：《明万历年间朝鲜哨报倭情始末》，（新北）《淡江史学》总第 1 期，1989 年。《丰臣秀吉的对外侵略》，（新北）《淡江史学》总第 7、8 期，1997 年。《明代中韩两国靖倭政策的比较研究》，《中日关系史研究论集》（八），文史哲出版社 1998 年版。《壬辰倭乱期间的和谈始末》，《中日关系史研究论集》（十），文史哲出版社 2000 年版。《〈再造藩邦志〉所见之丰臣秀吉》，《中日关系史研究论集》（十二），文史哲出版社 2003 年版。

　　③ 吴缉华：《十六世纪东北亚大战前中日朝三国的情势及冲突："朝鲜壬辰之乱"的时代背景及战争的酝酿》，（台北）《政治大学历史学报》总第 2 期，1984 年。张存武：《万历援朝抗倭之役的影响》，（台北）《历史月刊》总第 59 期，1992 年。

等更深、更广层面拓展，注重与日、韩史学界交流成为一种学术趋势。

（二）2000 年以来研究之勃兴

21 世纪以来，随着网络资源日益丰富，中、日、韩诸多数据库免费开放，域外资料从以往难以触及变为足不出户就触手可及，给万历抗倭援朝战争研究带来了完全不同的学术生态，越来越受到中国学者重视，由此涌现出一批学者，刊出一批新的成果。

21 世纪初，杨通方、樊树志等老一辈学者发表论文，① 做出高屋建瓴式的论断，从而开启新时代的研究。最近几年，前近代东亚史越来越受到关注，万历抗倭援朝战争的近代意义得到凸显。韩东育指出，"（日本）剑指东亚的大战略，渊源有自，启绪于丰臣秀吉，承绍于明治天皇，膨胀于昭和年代，其背后隐匿着日本发动战争的思考模式与行为惯性"，② 将近现代日本对外扩张的思想溯源到丰臣秀吉的侵略。葛兆光指出，通过研究壬辰战争，可以"在交叉处重新发现历史……在这些彼此交叉的'周边'重新观看历史，在放大了的'亚洲'背景中重新叙述历史"，③ 进而加深我们对自己和他者的认识。在这样一种学术态势之下，有关万历抗倭援朝战争的学术研究呈现蓬勃发展之势，涌现出一批代表性的学者。

2002 年，陈文寿发表《试论壬辰倭乱后日朝初期议和交涉》，开始涉猎这个论题，他从德川幕府重新寻找日本在华夷秩序中的位置出发，探讨日本与朝鲜议和过程。同年，他完成博士学位论文，

---

① 杨通方：《明朝与朝鲜的壬辰卫国战争》，《当代韩国》2001 年第 9 期。樊树志：《万历年间的朝鲜战争》，《复旦学报》2003 年第 6 期。

② 韩东育：《日本对外战争的隐秘逻辑（1592—1945）》，《中国社会科学》2013 年第 4 期。

③ 葛兆光：《在"一国史"与"东亚史"之间——以 13—16 世纪东亚三个历史事件为例》，《中国文化研究》2016 年第 4 期。

继续深化其研究。① 随后 10 年，他接连发表数篇论文，② 分别研究了日朝之间的僧侣外交、清朝在壬辰战争之后于东亚的崛起、被掳人问题。他的研究成果，最后结集成书——《从战争走向和平：第一次朝鲜战争后日本与中国和朝鲜关系研究》③。总体来讲，陈文寿从华夷秩序与近世日本对外关系出发，指出壬辰战争对以明朝为中心的华夷秩序造成了巨大冲击，清朝建立之后亦未完全恢复，日朝之间直接往来的增多，也说明当时东亚秩序的一种裂变。

万明长期研究明代中外关系，成就卓著。她研究万历抗倭援朝战争的几篇文章具有重要的学术价值。④ 她在《万历援朝之战与明后期政治态势》中指出，万历抗倭援朝战争是明朝后期政治的转折点。她从出兵、封贡、再援、议功罪四个片段中的明朝决策出发，探讨了明廷对外政策的游移性、和谈不辨真相、大臣相互掣肘等问题，展示了明廷深层次的政治危机，指出这场战争揭开了明朝走向灭亡的序幕。在《朝堂与战事之间：明朝万历援朝之战官将群体的初步考察》中，她以新发现的朝鲜文献《宋经略书》中所述 69 位明朝官将为中心，说明了这些官将在战争中所

　　① 　陈文寿：《试论壬辰倭乱后日朝初期议和交涉》，北京大学韩国学研究中心编：《韩国学论文集》第 9 辑，黑龙江朝鲜民族出版社 2002 年版。陈文寿：《近世初期日本与华夷秩序研究》，博士学位论文，北京大学，2002 年。

　　② 　陈文寿：《朝鲜禅僧惟政与壬辰战争及战后议和——佛教僧侣与东方外交之个案研究》，北京大学韩国学研究中心编：《韩国学论文集》第 16 辑，辽宁民族出版社 2007 年版；《从壬辰战争到明清交替之清、朝鲜、日本》，北京大学韩国学研究中心编：《韩国学论文集》第 17 辑，辽宁民族出版社 2009 年版；《壬辰战争朝鲜被掳人与战后朝日议和复交》，北京大学韩国学研究中心编：《韩国学论文集》第 22 辑，中山大学出版社 2014 年版。

　　③ 　陈文寿：《从战争走向和平：第一次朝鲜战争后日本与中国和朝鲜关系研究》，香港社会科学出版社有限公司 2013 年版。

　　④ 　万明：《万历援朝之战与明后期政治态势》，《中国史研究》2001 年第 2 期；《朝堂与战事之间：明朝万历援朝之战官将群体的初步考察》，《烟台大学学报》2017 年第 3 期；《万历援朝之战时期明廷财政问题——以白银为中心的初步考察》，《古代文明》2018 年第 3 期。

起到的重要作用。在《万历援朝之战时期明廷财政问题：以白银为中心的初步考察》中，她以张居正改革之后的货币转型为背景，以白银为中心，剖析战时明朝的财政问题，指出在整个战争中明朝投入了约 2000 万两白银，为战争的胜利奠定了坚实的经济基础。

陈尚胜在明代中外关系研究方面造诣颇深，其对万历抗倭援朝战争的研究，主要围绕明朝对日、朝外交及宗藩体制展开。2008 年，他发表《字小与国家利益：对于明朝就朝鲜壬辰倭乱所做反应的透视》①，从明朝面对战争的反应出发，指出朝贡制度在国家安全方面发挥了积极作用。随后，陈尚胜发表一系列论文，② 分别讨论封贡和谈时期的使节问题、明军粮草供应问题、战争前后东亚国际秩序问题，指出了明朝与朝鲜对日的"平民外交"手段，进而说明明朝晚期维持朝贡体系的力不从心与朝日之间联系的日益紧密，其背后是日本完全脱离以中国为中心的国际秩序的开始。陈尚胜批评韩国李章熙"粮饷不足造成明军议和与朝鲜军队解体"的观点，认为粮饷不足的主要原因是朝鲜政府征集与运转粮食的效率低下。他特别注重以万历抗倭援朝战争作为个案，考察晚明直至清初的朝贡体系变化。2017 年以来，陈尚胜每年在山东大学主持召集一次"壬辰战争（国际）工作坊"，已历三届，其主题分别为"壬辰战争的历史记忆：以史料为中心""壬辰战争与中、日、韩三国政治生态""壬辰战争与日本、朝鲜、明朝三国经济"，中、日、韩等国学者与会，围绕相关问题展开学术讨论。与此同时，2018 年以来，山东大学召开了面向研究生的壬

① 陈尚胜：《字小与国家利益：对于明朝就朝鲜壬辰倭乱所做反应的透视》，《社会科学辑刊》2008 年第 1 期。

② 陈尚胜：《壬辰战争之际明朝与朝鲜对日外交的比较——以明朝沈惟敬与朝鲜僧侣四溟为中心》，《韩国研究论丛》第 18 辑，世界知识出版社 2008 年版；《壬辰御倭战争初期粮草问题初探》，《社会科学辑刊》2012 年第 4 期；《朝贡制度与东亚地区传统国际秩序——以 16—19 世纪的明清王朝为中心》，《中国边疆史地研究》2015 年第 2 期。

辰战争与中外关系史论坛，已历两届，为硕、博士研究生参与学术研讨提供了机会。2018 年，陈尚胜牵头成功申请了国家社会科学基金重大攻关项目"壬辰战争史料的搜集、整理、翻译和研究"，此项目研究工作的展开，必将推动中国学术界对这场战争及相关问题的研究。在他的指导下，众多硕、博士研究生投入对万历抗倭援朝战争的学习与研究中。截至 2019 年，山东大学共有 15 篇与万历抗倭援朝战争相关的硕、博士学位论文，研究呈现团队化趋势，这必定会将万历抗倭援朝战争的研究推上一个新的台阶。

杨海英长期从事明清之际的人物研究与军事史研究。其早年以研究洪承畴而著名，近年来则主要关注万历抗倭援朝战争中的南兵将士群体，并发表了一系列论文，① 研究过的人物群体有东征的术士、南兵、训练朝鲜军队的明朝教师等。其中，在南兵将领方面，主要探讨了骆尚志、王必迪、吴惟忠、吴宗道、毛国科、张应种等人在战争期间的作为与战绩。她还有专门研究义乌兵的著作——《域外长城：万历援朝抗倭义乌兵考实》②。该书是中国学者所出版的第一部系统研究明南兵群体的专著，杨海英特别关注人物的家族关系、社会网络，对明代史料的挖掘尤为深入，凡正史、实录、笔记、族谱、方志、文集等资料无不概览，进而廓清了明清之际政治

----

① 杨海英：《明代万历援朝战争期间的术士》，南开大学历史学院、北京大学历史系、中国社科院历史所编：《中国古代社会高层论坛文集：纪念郑天挺先生诞辰一百一十周年》，中华书局 2011 年版；《万历二十三年蓟州兵变管窥》，南炳文、商传主编，中国明史学会编：《明代蓟镇文化学术研讨会论文集》，云南人民出版社 2011 年版；《万历援朝战争中的南兵》，《军事历史》2016 年第 1 期；《朝鲜王朝军队的中国训练师》，《中国史研究》2013 年第 3 期（与任幸芳合撰）；《书〈唐将书帖〉后》，中国社会科学院历史研究所学刊编委会编辑：《中国社会科学院历史研究所学刊》第 7 集，商务印书馆 2011 年版；《吴宗道：东征崛起山阴将》，《壬辰倭乱的展开与明的应对会议论文集》，东北亚历史财团 2012 年版；《毛国科使日考——兼谈万历援朝东征后期的和议问题》，《明史研究论丛》第 13 辑，中国广播影视出版社 2014 年版。

② 杨海英：《域外长城：万历援朝抗倭义乌兵考实》，上海人民出版社 2014 年版。

动态下的武人群体生活情况。

1995 年，孙卫国发表《陈璘与李舜臣》，开始涉足万历抗倭援朝战争这个领域。[①] 他真正深入研究这一论题，则源于对朝鲜王朝思明问题的探讨。孙卫国在其博士学位论文基础上，于 2007 年出版《大明旗号与小中华意识——朝鲜王朝尊周思明问题研究，1637—1800》[②] 一书，书中探讨了朝鲜祭祀明东征将士的思想根源和东征将士流寓朝鲜后裔的处境。万历援朝的"再造之恩"是朝鲜王朝思明的一大动因，围绕这个问题，他发表了一系列论文，[③] 得出了如下观点。丰臣秀吉侵略朝鲜，明朝出兵救援，朝鲜对此感恩戴德，乃典型事大字小关系的体现；正是明东征将士直接修建关王庙，给朝鲜带来了关公信仰，并使其最终融入朝鲜王朝政治文化之中。明清更替以后，朝鲜秉持尊周理念，视清朝为夷狄，为塑造朝鲜政权的合法性而高举尊明义理的大旗，由此促使关公信仰的朝鲜化；同时，石星、李如松等明将领形象被再塑造，他们的后人也因此受到礼遇。有感于明清史籍记载失真，孙卫国指出有必要在东亚视野下重新反思明清史籍的成书过程，因为对于同一件事甚至同一人物，中、日、朝史籍记载迥异，导致后人多有误读。他发表了

---

① 孙卫国：《陈璘与李舜臣》，北京大学韩国学研究中心编：《韩国学论文集》第4辑，社会科学文献出版社 1995 年版。

② 孙卫国：《大明旗号与小中华意识——朝鲜王朝尊周思明问题研究，1637—1800》，商务印书馆 2007 年版。

③ 孙卫国：《论事大主义与朝鲜王朝对明关系》，《南开学报》2002 年第 4 期；《试论明遗民之东去朝鲜及其后裔世代对明朝之思怀》，北京大学韩国学研究中心编：《韩国学论文集》第 10 辑，辽宁民族出版社 2003 年版；《试论朝鲜王朝崇祀明朝东征将士之祠庙》，北京大学韩国学研究中心编：《韩国学论文集》第 11 辑，黑龙江朝鲜民族出版社 2003 年版；《朝鲜王朝关王庙创建本末与关王崇拜之演变（上）》，《韩国研究论丛》第 22 辑，世界知识出版社 2010 年版；《朝鲜王朝关王庙创建本末与关王崇拜之演变（下）》，《韩国研究论丛》第 24 辑，社会科学文献出版社 2012 年版；《朝鲜史料视野下的石星及其后人事迹略考》，《古代文明》2012 年第 4 期；《李如松之东征及其后裔流寓朝鲜考》，《人文杂志》2014 年第 1 期。

一系列论文，① 一方面，分别对杨镐、丁应泰、宋应昌在战争中的历史地位以及明清史籍之记载进行了解读；另一方面，对清官修《明史》和谷应泰《明史纪事本末》如何书写这场战争及其背后根源进行了系统考察，认为政治干扰与王朝更替造成明清史籍记载失真。

郑洁西是比较年轻的学者，主要关注万历抗倭援朝战争期间人员往来、情报传递、议和与沈惟敬等人的研究，他在日本求学多年，对于日本方面的资料有比较全面的掌握。2006 年，他以《"壬辰之役"明朝"借兵暹罗"之研究》为题，完成了硕士学位论文。2011 年，他以『明代万曆時期の中日関係史の研究』为题，完成日本关西大学博士学位论文。最近 10 余年间，围绕战争期间的跨境人员等问题，他发表了一系列论文，② 论题包括明军中的暹罗人、日本人、黑人与其他东南亚人，以及日军中的明朝人和明朝派到日本的间谍等，展现了晚明时期东亚、东南亚的人员流动及其对战争造成的影响。同时，他还发表了一系列以明朝情报搜集与外交

① 孙卫国：《中朝史料之比勘与两个形象迥异的杨镐》，南开大学历史学院、北京大学历史系、中国社科院历史所编：《中国古代社会高层论坛文集：纪念郑天挺先生诞辰一百一十周年》；《丁应泰弹劾事件与明清史籍之建构》，《南开学报》2012 年第 3 期；《万历援朝战争初期明经略宋应昌之东征及其对东征历史的书写》，《史学月刊》2016 年第 2 期；《清官修〈明史〉对万历朝鲜之役的历史书写》，《历史研究》2018 年第 5 期；《谷应泰〈明史纪事本末〉对万历朝鲜之役的历史书写》，《史学集刊》2019 年第 2 期。

② 郑洁西：《"壬辰之役"明朝"借兵暹罗"之研究》，硕士学位论文，浙江大学，2006 年；《万历朝鲜之役明军中的外国兵》，耿昇、刘凤鸣、张守禄主编：《登州与海上丝绸之路：登州与海上丝绸之路国际学术研讨会论文集》，人民出版社 2009 年版；《万历朝鲜之役前后的在日明朝人》，《唐都学刊》2009 年第 2 期；《万历二十一年潜入日本的明朝间谍》，《学术研究》2010 年第 5 期；『明代万曆時期の中日関係史の研究』博士學位論文、日本關西大學、2011 年；《16 世纪末明朝的征讨日本战略及其变迁——以万历朝鲜之役的诏令资料为中心》，《明史研究论丛》第 8 辑，紫禁城出版社 2010 年版；《16 世纪末日本丰臣秀吉侵略朝鲜战争与整个亚洲世界的联动——以万历二十年明朝"借兵暹罗"征讨日本议案为例》，《海洋史研究》第 3 辑，社会科学文献出版社 2012 年版；《万历二十六年明朝定议征讨日本本土》，南炳文、商传主编：《张居正国际学术研讨会论文集》，湖北人民出版社 2013 年版。

政策为论题的论文，探讨明廷曾商议出征日本的问题，反映了明朝外交战略中积极进取的因素和客观环境的制约。关于议和与沈惟敬问题，郑洁西采用丰富的日本史料，对沈惟敬的身世及其在议和中的作用、明日双方彼此的谈判条件与交涉过程、大阪城册封等史实逐一进行了考证。① 郑洁西进而指出，晚明已出现覆盖整个东亚海域的信息网络，但因信息传播准确性较差，最终导致和谈失败。他的这些研究成果，大多被收录进其专著《跨境人员、情报网络、封贡危机：万历朝鲜战争与 16 世纪末的东亚》② 中，此乃近期中国学术界所出版的有关这场战争的一部代表性著作。

此一时期，台湾地区的研究以中兴大学罗丽馨为代表。她发表了一系列论文，③ 其视角以日本军队为重心，运用大量日本资料，弥补了中国大陆大多数学者研究的短板，在研究方法上，有明显的新文化史和全球史的风格。她关注朝鲜倭城的选址、修建方法与内部构造，并与战国时期日本本土城堡进行对比，指出倭城作用重大；揭示了日军高层将领虽然发布禁止伤害朝鲜百姓的命令，但日军依然肆意杀戮，甚至有计划地大肆切割朝鲜人耳鼻；探讨了朝鲜

---

① 郑洁西：《十六世纪末的东亚和平构建——以日本侵略朝鲜战争期间明朝的外交集团及其活动为中心》，《韩国研究论丛》第 24 辑，社会科学文献出版社 2012 年版；《沈惟敬毒杀丰臣秀吉逸闻考》，《学术研究》2013 年第 5 期；《沈惟敬的籍贯家世、生卒年日及其早年经历》，《宁波大学学报》2016 年第 3 期；《万历朝鲜战争期间的"丰臣秀吉中国人说"》，《外国问题研究》2017 年第 1 期；《万历朝鲜战争期间和平条件的交涉及其变迁》，《学术研究》2017 年第 9 期。郑洁西、陈曙鹏：《沈惟敬初入日营交涉事考》，《宁波大学学报》2017 年第 6 期。

② 郑洁西：《跨境人员、情报网络、封贡危机：万历朝鲜战争与 16 世纪末的东亚》，上海交通大学出版社 2017 年版。

③ 罗丽馨：《丰臣秀吉侵略朝鲜期间日军在朝鲜半岛之筑城——以日本史料为核心》，《汉学研究》2012 年第 4 期；《丰臣秀吉侵略朝鲜期间日军在朝鲜半岛的杀掠及朝鲜俘虏在日本的生活》，（台北）《政治大学历史学报》总第 39 期，2013 年；《丰臣秀吉侵略朝鲜——日军军中的传教士与僧侣》，《汉学研究》2015 年第 1 期；《丰臣秀吉侵略朝鲜：日、朝、明三国军中之疾疫、情搜与通讯》，（台北）《政治大学历史学报》总第 47 期，2017 年。最终结集出版，为其专著《十九世纪前的日韩关系与相互认识》（华艺学术出版公司 2020 年版）之第三篇《十六世纪末的朝鲜战争》。

俘虏在日本的处境，指出他们传播了生产工艺和文化艺术。罗丽馨对于日军内的天主教徒、西方传教士的传教行动及朝鲜人与传教士的接触以及日朝两国僧侣在外交上的作用，都进行了深入的探究，揭示了宗教势力在战争中的影响。此外，在医疗史视角下，她还对当时东亚三国战时防疫措施、医疗手段以及人员跨国往来形成的情报网等问题做了精深的论证。

香港中文大学卜永坚近年来也投身于万历抗倭援朝战争的研究之中，他发表过两篇论文，① 以传统明朝政治史为切入点，对明廷高层的战争决策、主和派与主战派的斗争进行了深入阐述。自2013 年起，他在香港中文大学开设"战争与社会"课程，以万历抗倭援朝战争为中心，组织学生阅读史料和相关研究著作。2016年 12 月，在他的主持下，香港中文大学与加拿大英属哥伦比亚大学联合举办了"十六世纪朝鲜战争工作坊"（The War in Premodern East Asia，1592 – 1598，Context and Structure），邀请海内外学者齐聚香港中文大学共同讨论，会后选取三篇会议论文，以《十六世纪朝鲜战争》专栏的形式刊于《新亚学报》第 34 卷上。② 同时，他在《明代研究》第 28 期上，组织《十六世纪朝鲜战争》专号，刊登了四篇论文。③ 两个专栏的作者既有中国大陆、台湾和香港地区学者，也有其他国家的学者，说明中国万历抗倭援朝战争研究已与国际学术界融为一体。

---

① 卜永坚：《万历朝鲜战争第一阶段（1592—1593）的明军——以〈中国明朝档案总汇〉卫所选簿为中心之考察》，《明史研究论丛》第 12 辑，中国广播电视出版社2014 年版；《十六世纪朝鲜战争与明朝中央政治》，《明代研究》总第 28 期，2017 年。

② 洪性鸠《丁酉再乱时期明朝的粮饷海运》、许南麟《丁酉再乱时期丰臣秀吉的撤退尝试与战争的终结》、孙卫国《董一元与泗川之役略考》，均见《新亚学报》第 34卷，2017 年。

③ 卜永坚《十六世纪朝鲜战争与明朝中央政治》，刘晓东《"服远"与"治近"：嘉靖二十六年明廷的遣明使处置》，罗丽馨《万历朝鲜战争——日军之战术》，中岛乐章著、郭阳译《十六世纪末朝鲜战争与九州 - 东南亚贸易——以加藤清正的吕宋贸易为中心》，均见《明代研究》总第 28 期，2017 年。

另外，值得一提的是，2012 年有三位学者在《读书》杂志上以"万历朝鲜之役四百二十年祭"为主题发表了一组文章。① 刘晓东从明朝外交政策与心态方面讨论了"扶危自小"的各种措施；刁书仁叙述了战争开始前后朝鲜的决策失误；韩东育从对"耳塚"的纪念出发，指出中朝两国唇亡齿寒的地缘战略特点和两国人民牢不可破的友谊。这组文章具有标志性的意义，因为三位作者皆来自东北师范大学，既有明清史专家，也有日本史专家，显示出研究团队合作的特性。

刘子敏、苗威编写的《明代抗倭援朝战争》② 一书，是继柳树人的《壬辰抗倭战争》之后又一部通论性专著，内容更为全面翔实。刘宝全在其博士学位论文的基础上出版的朝鲜文版《壬辰倭乱时期朝明关系史研究》③，在学界的地位也相当重要。年轻学者王煜焜著《万历援朝与十六世纪末的东亚世界》④，是这个领域最新的一部专著。全书以明日议和为中心，探讨了丰臣秀吉出兵的原因、战争末期议和的动向和战后朝鲜与日本的交涉。全书参考了中日两国大量的学术成果，认为丰臣秀吉出兵是为了争取在明代的朝贡体系下拥有更高的地位。李伯重的《火枪与账簿：早期经济全球化时代的中国与东亚世界》⑤，在全球史的视野之下论及万历抗倭援朝战争。朱尔旦自称业余历史爱好者，却完成了迄今为止中国学者对这场战争叙述最为全面的一本书——《万历朝鲜战争全史》⑥。该书广泛采用中日朝史料，全面系统叙述了战争的演变史。

中国学术界研究万历抗倭援朝战争的学者远不止上面提及的这

---

① 刘晓东《"扶危自小"与万历出兵朝鲜》、刁书仁《朝鲜对日本"假道入明"的应对》、韩东育《"壬辰倭乱"与明廷的"朝鲜保全"》，均见《读书》2012 年第 10 期。

② 刘子敏、苗威：《明代抗倭援朝战争》，香港亚洲出版社 2006 年版。

③ 刘宝全：《壬辰倭乱时期朝明关系史研究》，民族出版社 2005 年版。

④ 王煜焜：《万历援朝与十六世纪末的东亚世界》，上海大学出版社 2019 年版。

⑤ 李伯重：《火枪与账簿：早期经济全球化时代的中国与东亚世界》，生活·读书·新知三联书店 2017 年版。

⑥ 朱尔旦：《万历朝鲜战争全史》，民主与建设出版社 2020 年版。

几位，但因篇幅所限，不可能述及全部。重要研究成果还有不少，如：商传对战后朝鲜社会秩序的研究；朱亚非对邢玠在战争中地位的探讨；刁书仁对战争期间后金势力崛起的考察；魏志江对《惩毖录》的考释；刘宝全对战时《朝天录》的探寻；刘永连对《韩国历代文集丛书》中相关史料的挖掘和明军将士人数的探讨；郑诚对明代火炮的探讨；王臻对宋应昌等人物的研究；周郢对借兵暹罗问题的考实；赵彦民对耳塚的探究；黄修志对战时明与朝鲜党争问题的阐释；朱莉丽对战前朝日通信使的梳理；赵树国、赵红对战时山东海防的研究；解祥伟对丁应泰事件与宣祖内附问题的解释；等等。① 这些研究成果都值得重视。

中国的万历抗倭援朝战争研究成果，近 20 年来呈现井喷式发展态势，无论是在数量、质量上还是在深度、广度上，都有极大进步。许多研究生将万历抗倭援朝战争作为学位论文的选题，从各个

① 商传：《明万历援朝抗倭后朝鲜社会秩序再建——韩国文献〈社约辑录〉研究》，《求是学刊》2014 年第 5 期。朱亚非：《邢玠在明代援朝战争中的贡献》，《山东师范大学学报》2002 年第 6 期。刁书仁：《论后金建立前与朝鲜的关系》，《社会科学战线》2004 年第 1 期。魏志江：《论柳成龙〈惩毖录〉的史料价值》，《社会科学战线》2013 年第 4 期。刘宝全：《壬辰倭乱时期的朝鲜〈朝天录〉研究》，《社会科学战线》2011 年第 2 期。刘永连：《〈韩国历代文集丛书〉中的壬辰战争史料》，《东北史地》2013 年第 2 期。刘永连、段玉芳：《万历援朝抗倭战争明军兵力考》，《朝鲜·韩国历史研究》第 17 辑，延边大学出版社 2016 年版。郑诚：《发煩考：16 世纪传华的欧式前装火炮及其演变》，《自然科学史研究》2013 年第 4 期。王臻：《朝鲜壬辰战争中明朝经略宋应昌的活动探析》，《东疆学刊》2018 年第 2 期。周郢：《明万历壬辰之役"借兵暹罗"发覆》，《历史研究》2017 年第 6 期。赵彦民：《壬辰战争：耳塚历史记忆的再建构、越境与交涉》，《民俗研究》2018 年第 4 期。黄修志：《万历朝鲜之役后期的中朝党争与外交》，《韩国研究论丛》第 25 辑，社会科学文献出版社 2013 年版。朱莉丽：《通信使与壬辰战争前的朝日交涉及信息传递：以〈金鹤峰海槎录〉的记载为中心》，《史林》2018 年第 5 期。赵树国：《明代北部海防体制研究》，山东人民出版社 2015 年版。赵红：《论明代抗倭援朝战争时期的山东海防》，《齐鲁学刊》2015 年第 4 期；《山东海防与山东沿海社会发展：以万历抗倭援朝战争为背景》，《烟台大学学报》2015 年第 5 期。解祥伟：《壬辰战争初期朝鲜国王内附问题考议》，《史学集刊》2017 年第 4 期；《变礼——丁应泰弹劾朝鲜事件与 1609 年朝鲜对明朝赐祭的因应》，《域外汉籍研究集刊》第 17 辑，中华书局 2018 年版。

角度展开研究。截至 2019 年，中国大陆及台湾与香港地区已完成相关博士学位论文 8 篇、硕士学位论文 72 篇，如此多青年学者关注这场战争，为中国未来学术发展积蓄了后备力量。与此同时，相关通俗历史读物与历史小说也纷纷问世，如《明朝那些事儿》《抗日援朝 1592》《帝国最后的荣耀：大明 1592·抗日援朝》《壬辰1592：决战朝鲜》等相继出版，皆风靡一时；① 一些通俗杂志如《国家人文历史》《兵器事典》，常常就这场战争刊发一些融知识性与趣味性于一体的精彩文章；几部外国学者的著作被译成中文出版，如韩国崔官《壬辰倭乱——四百年前的朝鲜战争》、加拿大塞缪尔·霍利（Samuel Hawley）《壬辰战争》；② 朝鲜古典小说《壬辰录》也在中国出版；③ 中国中央电视台与韩国 KBS 电视台于数年前合拍的历史纪录片《万历朝鲜战争》，也在 2019 年 9 月由央视十套播出；视频媒体、网络社区上常有网民就这场战争展开讨论，津津乐道于相关战役。万历抗倭援朝战争日益受到社会关注。学术发展离不开现实生活，社会对万历抗倭援朝战争的关注，促使更多学人投入学术研究之中。在不久的将来，中国的万历抗倭援朝战争研究将会涌现更多优秀的成果。

总体来看，21 世纪以来，中国万历抗倭援朝战争研究有以下几个特点。第一，涌现出一批代表性的学者。如果说此前有个别学者以研究这场战争为主业，那么进入 21 世纪，这样的学者更多且形成了相对稳定的团队，从而确保研究工作的持续进行。第二，因为数据库的普及，研究资料比较容易获取，相关研究不仅可以采用中国

① 当年明月：《明朝那些事儿》，中国友谊出版公司 2006 年版；李浩白：《抗日援朝 1592》，重庆出版社 2011 年版；马伯庸、汗青：《帝国最后的荣耀：大明 1592·抗日援朝》，山西人民出版社 2012 年版；宋毅：《壬辰 1592：决战朝鲜》，陕西人民出版社 2012 年版。

② 崔官：《壬辰倭乱——四百年前的朝鲜战争》，金锦善、魏大海译，中国社会科学出版社 2013 年版。塞缪尔·霍利：《壬辰战争》，方宇译，民主与建设出版社 2019 年版。

③ 韩国汉文小说集成编委会编：《壬辰录：万历朝鲜半岛的抗日传奇》，上海古籍出版社 2016 年版。

明清史料，而且可以运用朝鲜与日本资料，史料更为充分，研究水准也更高。第三，研究视角上采用了新理论与新方法。葛兆光所倡导的"从周边看中国"的理论得到贯彻，兼采新文化史的理论，大大拓展了研究的视野，突出了问题意识。对带有后现代主义视角的史料解构与历史书写问题，全球史范式下的人员往来与经济贸易问题，新文化史视角下的医疗史、情感史、宗教交流问题等的研究都得以展开，研究学术水准得到提升。第四，中国学者的研究融入国际学术潮流之中。21 世纪国内外学术交流日益频繁，中国的学术也融入世界潮流之中，在各种国际学术会议中，包括中国学者在内的各国学者共同探讨、密切交流，形成了一种国际合作的趋势。①

四 评价与总结

纵观中国近百年来万历抗倭援朝战争的研究历程，有以下几个非常突出的特点。

第一，研究资料与视野呈现由国内延展到国外、由中国扩展到亚洲乃至全世界的趋势。尽管这是一场波及东亚三国的国际战争，但在明清相当长的一段时间内，人们把它与明朝内部的哱拜之役、播州之役相提并论，并没有过多关注其国际性。同时，因朝鲜王朝是明、清两朝藩国，明清学人鲜少关注其特殊性。明清史家编写相关著作，基本上以明清史籍为主要材料，甚少参阅日本和朝鲜史料，这种状况延续了相当长的时间。20 世纪以来，随着现代专业化历史学科的建立与完善，一批专业化的历史学者成为研究主力。

① 相关国际学术会议论文集都收录有中国学者的论文，譬如韩国东北亚历史财团、加拿大英属哥伦比亚大学编《"壬辰倭乱的展开与明的应对"研讨会论文集》，东北亚历史财团 2012 年版；韩国晋州博物馆主编《처음 읽는 정유재란，1597》，푸른역사 2019 年版。此外，2019 年 6 月，美国学术杂志 Chinese Studies in History 出版有关万历抗倭援朝战争的研究专辑 "The East Asian War of 1592 – 1598：International Perspectives"（Vol. 52，No. 1），收录卜永坚、洪性鸠、中岛乐章、许南麟、孙卫国等教授的论文，是国际合作的一个很好的体现。

王崇武以现代学术的专业视角开展相关研究，开创了一个很好的先例。但由于 20 世纪前半叶日本侵华的威胁长期存在，加上 50 年代的抗美援朝战争，在相当长的时期内，对战争研究的政治影响大于学术追求。严谨的学术研究的展开始于改革开放以后，当时并不容易接触到日、朝史料，吴晗辑《朝鲜李朝实录中的中国史料》为研究者提供了极大方便。进入 21 世纪以后，由于电子资源的普及，出现了一批专业素养较强的学者，他们广泛运用中、日、朝资料，拓展研究论题和视野，推进该课题的研究。

第二，研究成果呈现从"星星之火"到"百花争妍"的态势。最初的研究成果数量较少，存在的问题较多。《明神宗实录》受党争的影响，对这场战争的记录颇多谬误；明清更替以后，清官修《明史》故意采取曲解与淡化的态度，明朝将士的战绩大多被抹杀，由此左右了清代史书书写这场战争的基本立场。王崇武最早开始研究这场战争，就是用朝鲜史料去纠正明清史书的错谬。20 世纪六七十年代以后，李光涛所编的几种书籍以史料排比为特色。20世纪 80 年代以后，研究者增多，但还是以发表专题论文为主。21世纪以来涌现的一批学者多以专题研究为主，即便出版了几部专著，也仅关注某些层面。中国学者的既有研究成果大多只关注明朝将士在战场上的情况，甚少与日韩及西方学术界进行直接对话，基本上还处于自说自话的状态，尽管有几部通俗性的论著出版，但与日、韩学术界丰硕的学术成果相比，尚有较大差距。

第三，就研究者来说，由中国史专业科班出身的单一化发展为学者学术背景的多样化，个人的学术志趣变成团队的研究目标。如果从 20 世纪之初谈起，最初的研究者如王崇武、李光涛等大多是研究明清史出身，他们从明清史研究入手，基本上把战争限定在明清史的范畴。后来的研究者中，中国史专业出身者多，可资称道的专门研究者却屈指可数。随后有朝鲜史和日本史的研究者参与其中，但总体人数并不多。进入 21 世纪以后，研究者有在中国国内培养者，也有自日本获得博士学位者，还有从韩国学成归国者，学术背景呈现多样化的趋势。更重要的是，存在同一所高校多位学人合作共同参与研究的情况。导师培养出众多弟子，一批批硕、博士研究生加入研究的行列，研究呈现团队合作的趋势，这种趋势体现在一系列研究项目的开展上。随着信息沟通的便捷，中国学术界融入国际学术界的阵营之中。这种态势必将推动万历抗倭援朝战争的研究走向新的阶段。

　　总之，经过近百年的发展，尤其是进入 21 世纪以来，中国学术界对万历抗倭援朝战争的研究已经取得了相当可观的成就，但问题依然很多。对于日、韩等国家的研究状况大多缺乏了解和对话，迄今尚没有一部全面、系统、深入阐述这场战争开始的原因、历程及其影响的出自中国学者之手的中文学术专著，我们仍然需要继续努力，争取早日弥补这个缺憾。

　　有鉴于韩、日等有关学者肆意丑化明朝将士、否定他们战功的做法，本书在系列专题研究的基础上，以明代将士群体为研究对象，试图还原明朝将士在战争中的真实面相，展现他们的贡献，以深化对这场战争的认识。本书在探讨明军将士群体总体情况的前提下，考察明军整体将士人数及主要来源，接着以最具代表性将领的个案研究为基础进行探讨。兵部尚书石星尽管并未亲赴朝鲜战场指挥，但他是战争初期明廷中最重要的力主救援朝鲜的大臣，也是战争前期主导朝鲜战事的朝中大臣。他最后因所主导的封贡失败而被下狱，瘐死狱中。本书从石星入手，围绕宋应昌、李如松、杨镐、丁应泰、董一元、陈璘等将领展开研究，力求还原明朝将士在战场上的表现，并将与明朝将士相关的问题呈现出来，从而更全面地理解这场战争。此外，本书以戚继光《纪效新书》东传朝鲜为基础，探讨明朝对朝鲜后期军事体制的影响。在余论中，笔者进一步纵论全书所讨论的问题，提炼本书观点，使全书论述更为紧凑，问题意识更为集中，观点更为明晰。本书系笔者所主持的国家社科基金项目"东亚视野下万历朝鲜之役研究"（批准号：19BZS025）的阶段性成果，希冀为今后更全面系统研究这场战争奠定基础。

第 一 章
万历抗倭援朝战争中
明东征将士群体

　　万历抗倭援朝战争是近世东亚史上一场影响深远的战争，也是中、日、韩三国学者相当关注的问题。相对于日、韩学者的研究，中国学术界研究稍显不足：不仅对于战争中许多史实认识模糊不清，就是对明军将士人数也不甚清楚。尽管在宋应昌《经略复国要编》和邢玠《经略御倭奏议》中有调兵奏折，[①]但在《明神宗实录》、清官修《明史》等明清史籍中，都没有详细数字。仅朝鲜史籍有所载录，可资参考。日、韩相关研究成果中，[②] 一方面，对于侵朝日军的情况，无论是对将领数量还是对其所统辖的士卒数目，都有非常详尽的介绍，另一方面，对于明军人数也略有涉及，主要介绍了丁酉后期明四路军的人数，

---

　　① 　宋应昌：《经略复国要编》，吴丰培编：《壬辰之役史料汇辑》（上）。邢玠：《经略御倭奏议》，姜亚沙等编：《御倭史料汇编》第4、5册，全国图书馆文献缩微复制中心2004年版。
　　② 　参见日本参谋本部编『日本戰史·朝鮮役』；北島万次编『豊臣秀吉朝鮮侵略關係史料集成』（全三册）、平凡社、2017年版；李炯錫《壬辰戰亂史》，漢城大學出版部1967年版。

其余则未曾涉及。中国学术界虽有论著偶有论及，[①] 但尚未见系统全面的考察。

一　明东征将士人数考

万历抗倭援朝战争中，明朝到底出动了多少军队，在明清史籍中找不到答案。万历二十七年九月初九日，战争结束，明神宗论功行赏时，没有提及有多少明军将士出征，《明神宗实录》中未载具体数字。[②] 清官修《明史·朝鲜传》曰："自倭乱朝鲜七载，丧师数十万，糜饷数百万，中朝与属国迄无胜算，至关白死而祸始息。"[③] 只有一个模糊的"丧师数十万"的说法，但到底有多少士卒参战，亦未见说明。在其他如《万历三大征考》《两朝平攘录》《国榷》《明史纪事本末》《明通鉴》等明清史籍中，都未见论及此问题。所幸朝鲜王朝留下了数种资料，对此问题有相当详细的记载，为我们探讨东征将士总人数提供了可能。

相对于明、清王朝，朝鲜王朝对这场战争的记述更为详尽，不仅《朝鲜宣祖实录》中载录相当详细，还有多种专题史书。对于明出征将士的情况，战争结束不久，"宣祖大王因经筵官建白，令朝臣撰辑先后天朝将官征倭事迹"，指令海平府院君尹根寿主持此事，但尹根寿拖了一段时间后才上交史稿。宣祖"以多浮辞"，并

---

① 柳树人的《壬辰抗倭战争》，虽然出版于20世纪80年代，但此文撰成较早，乃是作者基于日、韩相关书籍写就，对于明军两次出兵的人数有所提及。孙文良的《明代"援朝逐倭"探微》（《社会科学辑刊》1994年第3期），参考朝鲜王朝千万里《思庵实纪》一书的材料，提及了明军人数与粮饷数目。万明在《朝堂与战事之间：明朝万历援朝之战官将群体的初步考察》（《烟台大学学报》2017年第3期）中，以《宋经略书》为据，分两个阶段讨论了战争期间各个将士群体。刘永连、段玉芳合撰《万历援朝抗倭战争明军兵力考》，以明朝史料为基础，重点考辨了征调兵力的人数。

② 参见《明神宗实录》卷339，万历二十七年九月乙卯，中研院历史语言研究所1967年版，第6288—6292页。以下《明实录》皆引自此版本，不再一一标注。

③ 《明史》卷320《朝鲜传》，中华书局1974年版，第8299页。

不满意，遂指令申钦（1566—1628）重编。① 事实上，战争期间，申钦一直在跟明军将士打交道。宣祖二十五年（万历二十年，1592）十二月，申钦接替丁忧回家的李好闵，专管接待明军将士，此后遂长期承担此项职责，对明军情况十分了解。② 当时有人评价申钦："此人久在备边司，往复中朝大小事，知之甚悉，求之名流，鲜有其比。"③ 宣祖二十八年三月，他曾作为书状官前往北京，请求明廷册封光海君为世子。④《朝鲜宣祖实录》称他"才气过人"。⑤ 因此，战争结束以后，由申钦来编辑明朝来援将士的史书是最合适的。乙巳（1605）春，申钦完成史稿，"盖举其征讨曲折，将官往来年月，兵粮多少，以便一时睿览而已"。⑥ 遂上交正本，自留底本。壬戌（1622）秋，申钦对自留本加以修改，内有《天朝先后出兵来援志》《天朝诏使将臣先后去来姓名》等篇章，最初名为《征倭诏使将臣录》，有单行抄本，后收入他的文集《象村稿》之中。申钦文集中涉及明军援朝战争的还有《壬辰倭寇构衅始末志》《本国被诬始末志》《本国被兵志》《诸将士难初陷败志》等多篇文章，这些一并构成"征倭志"，成为研究这场战争非

① 申钦：《象村稿》卷39《天朝诏使将臣先后去来姓名》，韩国民族文化推进会编：《影印标点韩国文集丛刊》第72册，韩国民族文化推进会1991年版，第291页。

② 《朝鲜宣祖修正实录》卷26，宣祖二十五年十二月丁亥，韩国国史编纂委员会编：《朝鲜王朝实录》第25册，韩国国史编纂委员会1953—1961年版，第632页。

③ 《朝鲜宣祖实录》卷51，宣祖二十七年五月庚辰，《朝鲜王朝实录》第22册，第263页。

④ 《朝鲜宣祖实录》卷61，宣祖二十八年三月庚子，《朝鲜王朝实录》第22册，第469页。

⑤ 《朝鲜宣祖实录》卷118，宣祖三十二年十月戊子，《朝鲜王朝实录》第23册，第693页。

⑥ 《象村稿》卷39《天朝诏使将臣先后去来姓名》，《影印标点韩国文集丛刊》第72册，第291页。

常重要的第一手资料。①

随后，申钦的孙子申昃（1613—1653）在《象村稿》的基础上，于仁祖二十七年（1649）开始编撰《再造藩邦志》，书未成而卒。该书由申昃之子申以华在孝宗十年（1659）编校完成，书中对明东征将士的情况有所载录。申以华自序称，该书主要是以申钦《象村稿》中的"征倭志"为资料来源。1830年前后，吴庆元撰《小华外史》，其《小华外史续编》中有《王人姓名记》，基本抄录申钦《天朝诏使将臣先后去来姓名》，只是调整了有关人物的顺序，增加了"兵部衙门"一栏，但在内容上并没有什么改变。此外，李肯翊《燃藜室记述》、不著撰人《宋经略书》和千万里《思庵实纪》等书籍中，② 皆记述了有关明代诸将及所统兵卒人数，虽详略不一，但大体相似。因此，朝鲜王朝几种相关史料中，以申钦撰述最早，但藏于朝鲜王室的正本未见流传。申钦文集《象村稿》最早于1630年由朝鲜宝莲阁刊印，故文集中"征倭志"成为朝鲜后人讨论这个问题最重要、最直接的史料来源。从篇幅上讲，《小华外史续编》之《王人姓名记》与其相当，内容并无不同。其他几种材料，内容比较简单，皆大同小异。

明东征将士的总人数各书皆有载录，现据申钦《象村稿》、李肯翊《燃藜室记述》、吴庆元《小华外史》和千万里《思庵实纪》的记载制成表1-1。

---

① 参见《象村稿》。在日本大阪府立图书馆电子图书网页上，笔者发现署名申钦撰、书名为《征倭诏使将臣录》的一个抄本，该书内容与《象村稿》中的"征倭志"完全一致。每页左下角有"自然经室藏"，书中盖有"大阪府立图书馆藏书之印"，还有"大正四年四月十七日"入藏馆日之印。此书末有"壬戌中秋玄翁书于黔浦之枕云亭"，此壬戌年即光海君十四年（1622）。申钦晚年号"玄翁"，故而这可以说是他最早单行的抄本。

② 参见李肯翊《燃藜室记述》，朝鲜古书刊行会编：《朝鲜群书大系续编》第13册，京城朝鲜古书刊行会1915年版；佚名《宋经略书》，珪庭出版社编：《中韩关系史料选辑》，珪庭出版社1980年版；千万里《思庵实纪》，朝鲜抄本，1846年。

表1-1 朝鲜诸家史籍所载明东征将士与粮饷总数目一览

史籍名称	壬辰将士（人）	丁酉将士（人）	将士总数（人）	粮饷数目	史料出处
《象村稿》	3319＋43500	142700	221500	10万粮、4万银	《象村稿》卷39《天朝诏使将臣先后去来姓名》
《燃藜室记述》			221500	共883.5万两白银、本色米数十万斤	《燃藜室记述》卷17《乱中时事总录》，第375—376页
《小华外史》			221500	各类银883.5万两、本色米数十万斤、赈米12万石	《小华外史》卷5，第9a页
《思庵实纪》	55500	143500	234000	米54万石、银15.9万两、蜀锦397120匹、金33万两	《思庵实纪》下篇《东征时军兵赏赐粮米金银蜀帛总录》，第20—21页

由表1-1可知，第一，明军将士总数，前三种史料所载相同，皆是221500人，其出处应该均来自申钦文集。《思庵实纪》所记稍有差别，为234000人，多出12500人，这样记载的出入是可以接受的，所以明军总数应该不超过234000人。第二，有关壬辰与丁酉两次出兵人数，只有申钦《象村稿》和《思庵实纪》有记载，两者略有不同。申钦将壬辰前后两次出兵人数都列出，一是祖承训首次援朝人数3319人，二是李如松攻平壤之军队人数43500人，一共46819人。《思庵实纪》则记为55500人，有8681人的差别。申钦这个数目只是参加两次平壤之役的明军士卒人数，随后还有一句"追到者八千人"，[1] 加上这8000人，两者就没什么差别了。《朝鲜宣祖实录》载："攻破平壤，用四万三千五百名，追到军兵八千名。"[2] 因而其所载数目相差并不悬殊。丁酉援朝明军人数，

----

① 《象村稿》卷39《天朝诏使将臣先后去来姓名》，《影印标点韩国文集丛刊》第72册，第268页。

② 《朝鲜宣祖实录》卷34，宣祖二十六年正月丙寅，《朝鲜王朝实录》第21册，第602页。

两书记载都是 14 万多，相差不到 1000，也在允许的范围之内。第三，差别比较大的是明军粮饷数目，实因各自关注的项目不同，此数目今存而不论，留待以后再作专门讨论。

明军将士总人数大体如此，而各路将士具体人数如何，其统属关系如何？申钦《象村稿》是最早的记录，吴庆元《小华外史》对其顺序略有调整，但内容与各将所统数目并无不同。故以这两部书为基准，参稽其他史料，将明东征各部将士及其所属关系制成表 1-2。

表 1-2　申钦《象村稿》与吴庆元《小华外史续编》所载明东征将士情况

所属	将领姓名	职务职掌	士卒来源	统兵人数（人）	赴朝时间	备注
兵部衙门	石星	尚书				
	常鹤	都司			乙未九月	赴朝调查
诏使衙门	薛藩				壬辰六月	奉敕赴朝
	司宪	行人			癸巳十月	
祖副总兵以下诸将官	祖承训	副总兵	辽兵	7000（丁酉）	三度赴朝参战	李成梁家丁出身
	郭梦征	参将	辽兵	500	壬辰六月	
	王守臣	游击	辽兵	300	两度赴朝	
	史儒	游击	辽兵	1000	壬辰六月	首次平壤之役，全部战死
	戴朝弁	游击	辽兵	1000	壬辰六月	
	马世隆	千总	辽兵		壬辰六月	
	张国忠	千总	辽兵		壬辰六月	
宋经略以下诸官一时往来各衙门	宋应昌	经略			癸巳三月至九月	宋应昌壬辰援朝为明军最高指挥官，下为宋经略票下官
	王承恩	都督金事	蓟镇马兵	500		
	王汝征	游击		2000	壬辰十二月	
	张九经	旗鼓官			两度赴朝	
	苏国赋	参将				
	刘黄裳	经略赞画				
	袁黄	经略赞画				
	周维翰	监军			癸巳二月至六月	

续表

所属	将领姓名	职务职掌	士卒来源	统兵人数（人）	赴朝时间	备注
宋经略以下诸官一时往来各衙门	韩取善	监军			癸巳二月至七月	
	艾维新	管饷催运			癸巳正月至七月	
	贾维钥	查验军功			两度赴朝	
	郑文彬	管粮同知	家丁	50	两度赴朝	
	王君荣	管饷银			壬辰十二月至癸巳九月	
	赵如梅	管粮	家丁	80	两度赴朝	
	胡泽	与日交涉			三度赴朝	
	沈思贤	与日交涉			两度赴朝	
	陶良性	管军饷			三度赴朝	
李提督以下诸官一时往来各衙门	李如松	提督	蓟辽马兵		壬辰十二月至癸巳十月	壬辰明军最主要的将领
	方时春	中军参将	辽兵			李提督票下官。李有声在碧蹄馆之役为救李如松战死
	李宁	参将，副总兵	家丁出身，辽兵	1000，2000	壬辰、丁酉两度赴朝	
	李逢阳	旗鼓官，指挥	辽兵		壬辰、丁酉两度赴朝	
	李有声					
	韩宗功	备御	辽兵			
	杨元	副总兵	辽兵	2000	两度赴朝	丁酉南原失守被枭首
	李如柏	副总兵	辽兵	1500	两度赴朝	
	张世爵	副总兵	辽兵	1500	与提督同进退	
	查大受	副总兵	马步兵	3000	与提督同进退	平壤、碧蹄馆两役功臣
	葛逢夏	游击	保直马兵	2000	壬辰十月至甲午正月	久住义州
	佟养正	副总兵	辽兵		两度赴朝	壬辰久住义州；丁酉管粮饷
	杨绍先	参将	辽马兵	800		
	王有翼	副总兵	辽马兵	1200	壬辰十二月至癸巳五月	

续表

所属	将领姓名	职务职掌	士卒来源	统兵人数（人）	赴朝时间	备注
李提督以下诸官一时往来各衙门	孙守廉	副总兵	辽马兵	1000	壬辰十一月至癸巳五月	李如松亲信随从
	王维贞	副总兵	辽马兵	1000	壬辰十一月至癸巳七月	
	高策	副总兵	蓟辽马兵	2000,2500	两度赴朝	
	赵之牧	参将	辽马兵	1000	壬辰十二月至癸巳四月	
	李芳春	参将，副总兵	蓟辽马兵	2000,2000	两度赴朝	申钦作马兵1000
	李如梅	参将，副总兵	蓟辽马兵	1000,1470	两度赴朝	
	李如梧	参将	辽马兵	500	壬辰十二月至癸巳十月	
	张应种	参将	马兵	1500	壬辰十二月至癸巳四月	
	骆尚志	神机营左参将	南步兵	3000		平壤之役功臣
	张奇功	参将，管运粮饷	大宁营马兵	1000	先催运粮饷，后率兵前来	与沈惟敬善
	陈邦哲	参将	山西兵	1000		
	吴惟忠	游击，副总兵	浙步兵	1500,3990	两度赴朝	朝鲜服其军纪严，战功高
	钱世祯	游击	山东马兵	1000	壬辰十二月至癸巳九月	
	谷燧	游击	大同马兵	1000	壬辰十二月至甲午正月	
	周弘谟	游击	宣府马兵	1000	两度赴朝	病卒
	方时辉	游击	蓟镇马兵	1000	壬辰十二月至癸巳十月	李如柏票下官
	高昇	游击	马兵	1000	壬辰十二月至癸巳十月	

续表

所属	将领姓名	职务职掌	士卒来源	统兵人数（人）	赴朝时间	备注
李提督以下诸官一时往来各衙门	王问	游击	马兵	1000	壬辰十二月至癸巳十月	
	梁心	游击	马兵	1000	壬辰十二月至癸巳十月	
	赵文明	游击	马兵	1000	壬辰十二月至癸巳六月	
	高彻	游击	马兵	1000	壬辰十二月至癸巳六月	
	任自强	副总兵	宣府兵	1000	两度赴朝	
	李平胡	副总兵	辽马兵	800	壬辰十二月至癸巳十月	李成梁养子
	施朝卿	游击	山西马兵	1000	壬辰十二月至癸巳六月	
	杨五典	副总兵	辽马兵		两度赴朝	
	宋大斌	副总兵	辽马兵	1000	癸巳正月至甲午正月	
	戚金	游击，副总兵	浙步兵	1000	癸巳正月至甲午正月	
	刘綎	副总兵，总兵	川步兵	5000	两度赴朝	川贵汉土兵
	熊正东	守备			壬辰出来	
	傅廷立	管粮官				把截义州
	毋承宣	千总			癸巳出来	哨探
	张三畏	指挥金事	辽兵		两度赴朝	管粮官
	黄应旸				两度赴朝	探听情况
	谭宗仁				壬辰十二月至丙申二月	沈惟敬助手
	谢用梓	参将			两度赴朝	出使日本
	徐一贯	假称天使				
	李大谏		浙兵		两度赴朝	
	吴宗道		浙兵		数度赴朝	癸巳后久住朝鲜
	提到名字的还有：楼崇政、李郁、郑自知、胡鸾、周易、李杜、吴希汉七人以李提督听用官来去；楼大有、吴梦豹、李镇、宁国胤四人，或以指挥，或以都司，随提督一行来去					

续表

所属	将领姓名	职务职掌	士卒来源	统兵人数（人）	赴朝时间	备注
顾、孙两经略衙门	顾养谦	经略			主事辽东，未渡江	第二任经略，主持和议
	孙矿	经略			主事辽东，未渡江	第三任经略
封倭册使诸官一时往来各衙门	李宗诚	都督金事			乙未四月	册封正使，釜山逃回
	杨方亨	都督金事			乙未四月至丁酉正月回	由册封副使改正使，前往日本册封
	沈惟敬	游击	家丁	32	多次入朝、日交涉	册封副使，封贡败而弃市
	金嘉猷				死于册封日本时地震	
	吴邦彦				送马赴日	
	王世贤	把总			随李宗诚逃归	册使票下官
	王吉	护敕官				
	徐志登	护敕官				
	留名者尚有：王承烈、陈金、杨贵禄、项汝变、俞承宗					
	陈云鸿	游击			甲午十月至丙申	陪侍杨方亨赴日并一同返回
	胡大受	游击			乙未七月至十二月	
	余希允	策士			与申忠一赴建州	
	叶鲠	军门委差			丙申正月至丁酉二月	
	王俅吉	同知				管粮
邢军门以下诸官一时往来各衙门	邢玠	经略			丁酉十月至戊戌	邢军门票下官还有张九经、李大谏等
	戴延春	都督金事			戊戌七月赴朝	
	蒋弘济	旗鼓官				
	杨廉	参将	骑兵	990		
	庞渤	旗鼓官				
	叶思忠	游击				
	乔一麟	游击				
	宗应魁	指挥				
	张彦池		山东兵			

续表

所属	将领姓名	职务职掌	士卒来源	统兵人数（人）	赴朝时间	备注
邢军门以下诸官一时往来各衙门	张隆		马兵	760		
	董用威	游击	夷兵	300		
	斯天爵	千总	马兵	700		
	王成	千总	步兵	1150		
	王宗义		马兵	980		
	蔡仲宇	指挥	辽马兵	760		
	李国辅	千总		880		
	于承恩	把总	铳手与长箭手	300		
	董汉儒	管粮饷				朝鲜德之
	丁应泰	军门赞画			两度赴朝	诬杨镐岛山之战,朝鲜恶之
杨、万两经理以下诸官一时往来各衙门	杨镐	经理			丁酉六月至戊戌六月	因岛山之战,被丁应泰劾罢
	彭友德	副总兵				杨经理票下官
	李开先	旗鼓官	马兵	1520		
	李逢阳	指挥佥事				
	刘仲武	指挥	马兵	100		
	李友胜	千总	辽兵	800		
	李益乔	千总	马兵	1290		
	章焕然	中军	辽兵			
	黄应旸	中军	宽甸兵			
	万世德	经理			戊戌十一月至庚子十月	万经理票下官。李开先先为杨镐旗鼓官,后为万世德旗鼓官
	俞尚德	副总兵	宣府兵		戊戌十一月至己亥正月	
	孙邦禧	中军			戊戌十一月至庚子十月	
	郭朝亨	把总	马兵	550		
	郑全斌	千总	步兵	2000		
	王在绍		马兵	380		
	洪居高	指挥	马兵	230		
	陈效	勘察军务				己亥二月暴卒,传言为刘綖鸩死
陈御史票下官:潘嘉言、梁材、惠虞、沈思贤						

续表

所属	将领姓名	职务职掌	士卒来源	统兵人数（人）	赴朝时间	备注
杨、万两经理以下诸官一时往来各衙门	徐观澜	勘察军功				朝鲜服之
	杨应文	勘察军功			己亥闰四月初二渡江查勘	
	萧应宫	山东按察使				整饬海防，因伸救沈惟敬被削职。刘为萧按察票下官
	刘天秩	按察中军				
	张登云	河南布政使			丁酉四月至七月	督运火器
	王士琦	西路监军			戊戌六月至次年四月	
	王士琦票下官：左维、高凌翰；吴从周率步兵 3000 人随从左右					
	梁祖龄	东中路监军			戊戌	
	杜潜	山东按察司副使协理海防			己亥四月至庚子十月	
	杜潜票下官：梁守忠，原南兵吴惟忠部将					
	徐中素	东路监军			戊戌五月至六月	
	徐监军票下官：邹良臣，领马兵 2790 人随侍左右					
	韩初命	管粮同知			戊戌八月至庚子十月	
	吴良玺	盐运同知			戊戌六月至己亥三月	
	十六位管粮官：黎民化、李培根、宋一魁、黄三台、吴瑞麟、罗敷教、吴道行、沈有乎、干三善、秦自治、刘正伦、王官生、黄继后、赵子政、王立民、梁瑞					
四路提督以下诸将官及善后留住将官一时往来各衙门	董一元	御倭总兵	中路大军		丁酉十二月至己亥四月	进剿泗川不利
	董提督票下官：中军守备方时新（戊戌十月病卒）、叶思义					
	麻贵	副总兵，总兵	东路大军		两度赴朝	麻提督票下官，还有庞渤
	张维城	指挥佥事	马兵	1620		
	沈栋	参将				
	郑印	都司	马兵	2500		
	梁簧	千总	马兵	500		
	王勘定			500		

所属	将领姓名	职务职掌	士卒来源	统兵人数（人）	赴朝时间	备注
四路提督以下诸将官及善后留住将官一时往来各衙门	卢世卿	守备				刘提督票下官。此外尚有参将吴文杰，府佐李培、汪京
	陈以竺	管火器				
	周敦吉	指挥同知	夷兵	3140		
	陈大纲	千总	步兵	390		
	陈璘	总兵	水兵		戊戌六月	
	陈九经	坐营都司	水兵	2000		陈璘之子
	沈璨	坐营指挥中军	步兵	2000		陈都督璘票下官
	张汝文	千总	狼土兵	4590		
	王元周	游击	水兵	2000	戊戌九月至己亥三月	
	李成勋	总兵提督			己亥七月至庚子十月	善后而留任
	梁朝选	中军	沙兵			李提督成勋票下官
	贾祥	都司			己亥六月至庚子七月	
	周以德	守备		3020		
	周冕	旗鼓官	浙兵	3000,2500		
	陈希圣	千总				
	李新芳	千总	马兵	3750		杨副总兵元票下官，皆战死南原
	蒋表、毛承先					
	李栾	把总	辽家丁	600		李宁票下官
	陈国宝	指挥	马兵	1000		李芳春票下官
	吴广	副总兵	狼兵	5500		
	曹希彬	副总兵	步兵	2890	己亥三月回	
	曹副总兵票下官，王名世以中军出来					
	解生	副总兵	大同马兵	2500	壬辰十二月至己亥八月	
	邓子龙	副总兵	水兵	3000		露梁海战捐躯
	卢继忠	参将	马步兵	2770	丁酉十一月至戊戌三月	
	杨登山	参将	马兵	1200	丁酉十一月至戊戌三月	
	李宁	参将	马兵	2640	丁酉十一月至戊戌三月	

续表

所属	将领姓名	职务职掌	士卒来源	统兵人数（人）	赴朝时间	备注
四路提督以下诸将官及善后留住将官一时往来各衙门	王国栋	参将	马兵	2120	戊戌正月至己亥二月	
	杨绍祖	参将	马兵	1780	戊戌六月至己亥二月	
	陈愚闻	参将	马兵	1490	丁酉十月至戊戌六月	
	王之翰	游击	川步兵	4000	戊戌六月至己亥四月	
	颇贵	游击	马兵	2800	丁酉八月至己亥三月	
	柴登科	游击	马兵	1350	丁酉九月至己亥四月	
	茅国器	游击	步兵	3100	丁酉九月至己亥十月	
	叶邦荣		浙兵	1500		
	叶朝桂	千总	步兵	240		
	陈愚衷	游击	马兵	1900	丁酉六月来，九月被拿	守全州，不救南原，下狱充军
	秦得贵	游击	宣镇马兵	660	丁酉十一月至己亥二月	
	傅良桥	游击	步兵	2000	戊戌九月至己亥三月	
	许国威	游击	步兵	1160	戊戌三月至己亥四月	与杨镐善
	司懋官	游击	步兵	3100	戊戌六月至己亥三月	标下陈信领步兵330人
	牛伯英	游击	蓟镇马兵	600	丁酉七月至己亥四月	
	马呈文	游击	马兵	2000	戊戌八月至己亥正月	泗川之败，兵败拟斩
	师道立	游击	步兵	2480	戊戌五月来	泗川之败被革职
	李化龙	游击	马兵	2500	丁酉十月赴朝	岛山之战被革职
	陈蚕	游击	步兵	3000	戊戌十月至己亥三月	

续表

所属	将领姓名	职务职掌	士卒来源	统兵人数（人）	赴朝时间	备注
	杨万金	游击	马兵	1000	丁酉十月赴朝	岛山之战伤重死
	摆赛	游击	夷马兵	3000	丁酉八月赴朝	岛山之战功大，后病死
	卢得功	游击	马兵	3000	丁酉十一月至戊戌十月	泗川战死
	郝三聘	游击	马兵	1000	戊戌八月赴朝	泗川溃败被斩
	陈寅	游击	步兵	3850	丁酉十月至己亥四月	岛山之战负伤
	沈懋	游击	水兵	1000	戊戌十月至己亥四月	
	福日升	游击	水兵	1500	戊戌九月至己亥四月	
	薛虎臣	指挥同知	马兵	3000	丁酉十二月至己亥四月	
四路提督以下诸将官及善后留住将官一时往来各衙门	俞明德、涂明宰、卢应奎、茅明时、程鹏起、白矿等六人或听用，或管粮同去					
	张榜	指挥佥事	步兵	4600	己亥至庚子	
	白斯清	游击	水兵	1600	己亥四月至庚子三月	
	蓝芳威	指挥佥事	南兵	3300	戊戌正月至己亥七月	
	徐成	游击	水兵			因病回，季金代
	季金	游击	水兵	3200	丁酉十月至己亥四月	
	涂宽	游击	步兵	850	丁酉十月至戊戌八月	
	安立本	游击	马兵	2500	丁酉十月至戊戌三月	
	梁天胤	游击	水兵	2000	戊戌七月至己亥四月	
	王国威	游击	沙兵	1000	戊戌十月至庚子二月	
	张良相	游击	水兵	1500	己亥至庚子十月	

续表

所属	将领姓名	职务职掌	士卒来源	统兵人数（人）	赴朝时间	备注
四路提督以下诸将官及善后留住将官一时往来各衙门	李天常	千总	水兵	2700	戊戌至庚子十月	
	李香	游击	南兵	3600	庚子十月回	
	万邦孚	游击	水兵	2200	己亥四月至庚子	
	姜良栋	把总	马兵	800	戊戌九月至庚子四月	万世德票下官
	李应昌	守备	水兵	1000	己亥八月至庚子十月	
总计	总人数231792人，北兵122200人，南兵85892人，水兵23700人					

注：《小华外史续编》几乎全文抄录申钦《天朝诏使将臣先后去来姓名》，只是加了"兵部衙门"一栏，对个别人物有所调整。《小华外史续编》末尾还附有"己未深河监军""丁卯东援都司""丁丑东援舟师将官"数人，跟朝鲜之役无关，故不录。另有《宋经略书》（作者不详）分"经略以下文官各衙门""武臣以下各衙门行迹"，介绍了宋应昌、邢玠、杨镐以下的经略、经理等主要文官，并及李如松、董一元、麻贵、刘綎等以下武将的生平事迹及其在朝鲜战场上的主要战绩，但没有提及其所率兵力及来源。该书也是了解明军文武官员的一种重要资料，但没有超出申钦《天朝先后出来援表》，可以说三者同源异流。《宋经略书》比较简单，未谈及每位将领所带兵力，所收录的将领也比较少。《再造藩邦志》摘录《象村稿》资料，简要介绍了主要将官姓名、籍贯及所领兵马数目。万明在《朝堂与战事之间：明朝万历援朝之战官将群体的初步考察》一文中，以《宋经略书》为据，考察了有关将领的情况。杨海英在《域外长城：万历援朝抗倭义乌兵考实》一书中系统考察了南兵中义乌兵将群体。

表1-2乃是基于《象村稿》和《小华外史续编》史料数据而编成，从中可见明军将士的基本情况。从这个表中，可以看出如下几点。

第一，从宣祖指令申钦重编明将士名录开始，目的性就很强，其意在使朝鲜世代铭记明朝对朝鲜的"再造之恩"，尊明意味明显，故按照时间顺序、出征先后，将明军将士分为几个群体，予以叙述。吴庆元编纂《小华外史》时，对于申钦所设定的人物排序颇觉不满，认为还不够体现尊明之意，故而要重编。其曰：

宣庙命撰进《天朝征倭诸将官姓名记》，象村申公掌其事。今见其序次者，尚书石公与沈惟敬同传，而反居其后；游

去史儒随祖承训先来，而阙而不载。噫！石公慨然主援，三上
自荐之书，又对我使，往往流涕。其为我之诚恳乃如此，竟以
封事败，遂至于瘐死。《诗》云"如可赎兮，人百其身"者，
即我东人之谓。我不能叩阍申救，如杨经理之为，以答一言救
己之托，其孤负公大矣，区区祠飨，曷足称焉！公之树德于
我，永垂于世者，惟赖此篇之存。而玉石相混，糠秕在前，则
将使志士致慨于今日！是以不揆僭妄，敢以"兵部衙门"四
字，特揭卷首，大书尚书之名；采入史儒等十数人，补其阙
遗。又以监我之军、援我之难、死我之地者，同编于后。①

这篇《题王人姓名记卷后》虽然出自吴庆元的儿子（其继父志修
订成书）之手，但真实反映了吴庆元重新编排人物顺序的动机。
为了突出石星的功绩、表达对石星的尊敬，特设"兵部衙门"一
栏，以石星居首，这深深体现了明朝"再造之恩"的具体对象首
推兵部尚书石星。尽管石星并没有到朝鲜前线去冲锋陷阵，但他是
明廷力主出兵救援的关键人物。封贡议和失败，他被下狱，最终
"瘐死"狱中，令朝鲜君臣世代深感愧疚。朝鲜为石星设立牌位，
予以祭奠，后来在京城汉城东、南关王庙中设立他的牌位，与李如
松、邢玠等同为关庙中的陪祀。同时在各类史书中编造各种有关石
星的神话，甚至后来流传一说：石星力主救援朝鲜的原因，是其继
室曾经被朝鲜通译洪纯彦在青楼救过，故而他力主救援，是为了报
答朝鲜之恩情。② 如斯传说，不足为据。③ 在朝鲜相关史书中，尊

---

① 吴庆元：《小华外史续编》卷1《题王人姓名记卷后》，明崇祯五年戊辰序刊
本，第54页。

② 参见尹行恁《硕斋稿》卷9《海东外史·洪纯彦》，《影印标点韩国文集丛刊》
第287册，第150页；朴趾源《燕岩集》卷14《热河日记·玉匣夜话》，《影印标点韩
国文集丛刊》第252册，第302页。

③ 参见孙卫国《朝鲜史料视野下的石星及其后人事迹略考》，《古代文明》2012
年第4期。

崇石星,自然是首先需要做到的,这也是吴庆元设立"兵部衙门"的出发点,所以他通篇的目的乃是铭记明朝将士的战功,借以表达尊明感恩之情。

第二,表1-2中所立栏目,完全按照《小华外史》所划分的群体排列。除了"兵部衙门""诏使衙门"两栏外,其余主要将领,根据出兵先后顺序,分别为"祖副总兵以下诸将官"、"宋经略以下诸官一时往来各衙门"、"李提督以下诸官一时往来各衙门"、"顾、孙两经略衙门"、"封倭册使诸官一时往来各衙门"、"邢军门以下诸官一时往来各衙门"、"杨、万两经理以下诸官一时往来各衙门"和"四路提督以下诸将官及善后留住将官一时往来各衙门"凡八组,完整呈现了援朝明军的先后次序及最重要的衙门。其中,"兵部衙门""诏使衙门"来自明廷,兵部主管此事,石星是援朝战争最主要的倡导者和支持者,故而居首;诏使亦代表着明廷,左右着朝鲜战事。"祖副总兵以下诸将官"乃是壬辰年(1592)六月,祖承训率领数千人前往救援,然平壤一战,大败而归,不少将领战死,故按照时间顺序先予以介绍。继之,宋应昌为经略,李如松为提督,率大军赴朝,故接着介绍这两个衙门主要官员与将领。封贡和谈时期,主要是顾养谦、孙矿两经略负责;封倭册使,则指封贡和谈前往日本册封诸臣,故这两组人员系封贡和谈中明廷参与的主要人员。最后三组则是丁酉援朝时期邢玠、杨镐、万世德及四路进攻时期的四提督下的主要将领情况。这样按照时间顺序一一加以介绍,清晰地呈现了明军将士的情况。就选取将领人员的标准来看,同一时期,以将领职位的高低来排序。书中按照武将序列,将总兵、副总兵、参将、游击、守备、千总、把总等职衔悉数列出,总兵、副总兵、参将、游击大多列出,守备以下则未必齐全。通过对东征将士人数的整理,万历抗倭援朝战争期间明廷主事官员和东征将士的情况就一清二楚了。东征将领所统士卒人数也列入表中,因为不少将领两度赴朝,所以表中出现两个数字,乃是其两次分别所带兵马数量。

第三，把这个表格中的人数全部相加，一共是231792人，跟《思庵实纪》所载数目相差无几，比《象村稿》《小华外史》等所载之221500人稍多，但相差不大，说明该数据基本可信。而且每位将领所率领士卒的兵种与来源也都有说明，这就为我们进一步考察提供了帮助。尽管还有不少将领名下的统兵人数尚不清楚，有的数字也可能不大准确，但总体数字应该和实际情况出入不大。表1-2中，凡是辽兵、山西兵、宣府兵等北方兵，以马兵居多。南兵、夷兵基本上是步兵和水兵。从人数上看，北兵居多，超过总人数的50%，明军骑兵数量占优。以南兵和京营兵为主的步兵，以火器、大炮为主要武器，且专设有车兵、铳手，这是明军攻城的关键力量。以步兵为主的南兵不足四成，水兵大约占一成，也就是说，步兵和水兵加起来不到总数的50%。这是朝鲜战场上明军士卒类别的总体情况。

二　明东征将士群体来源分析

万历抗倭援朝战争期间，明东征将士的总体情况在表1-2中已然呈现出来。为何会出现这种状况？具体到壬辰和丁酉两次出兵，前后有何不同？引起这种不同的根源何在？这些问题需要进一步考察。在宋应昌的《经略复国要编》和邢玠的《经略御倭奏议》中，有相当多奏疏论及征调士卒。作为当时最主要的两位征调官，他们的奏疏还原了当时征调的情况，由此可以探知形成如此特点的背后根源。下面以他们的奏疏为主要依据，并结合朝鲜方面的史料，对明朝将士群体的具体情况略做探讨，并借此一窥当时明朝军队的状况。

表1-2中所示各路兵马的来源之所以出现这种情况，系由当时明朝军事体制所决定。壬辰倭乱，因事发突然，致使朝鲜措手不及、节节败退，短短两个月内，三京沦陷，大半国土沦丧。明朝也颇感意外，万历二十年四月战争爆发，九月宋应昌才走马上任，前往辽东征调士卒、筹集粮饷；十二月二十五日，提督李如松方率大

军渡过鸭绿江，前往朝鲜征讨，准备时间长达半年。准备时间如此之长的一个重要原因就是军队征调不易。明东征士卒，主要有以下几个来源。

第一，九边兵。在所有兵之中，九边兵最为重要，也是北兵最主要的来源。明朝当时最重要的军事体系是卫所制。洪武二十三年（1390），全国共有内、外卫547个，所2593个。根据卫所兵力设置的要求，每卫5600人，每所1120人，原则上明朝全国军队有数百万，加上南、北二京的京营兵，数量就更多了。因此，明朝主力部队是卫所兵。嘉靖以来，"南倭北虏"问题严重，而卫所主力部队集中于九边，以抵御北部的蒙古人。南方为了抗倭，形成了以募兵制为主体的南兵，以戚继光的"戚家军"为代表。进入万历年间，明朝军队的情况并无特别变化。南方倭寇基本扫除，戚家军被调往蓟镇防守，武器以火炮、火铳等为主。这是战前明朝兵力的大致状况。①

九边是明初沿长城防线陆续建立的九个军事重镇，分别是辽东镇、蓟州镇、宣府镇、大同镇、太原镇（山西镇或三关镇）、延绥镇（榆林镇）、宁夏镇、固原镇（陕西镇）、甘肃镇。嘉靖年间又在北京附近设立昌平、真保二镇，故后来称为"九边十一镇"，其构成了明代北部最重要的边防重镇，同时也是明朝卫所军精锐所在地。宋应昌征调士卒以九边为主，他在《报进兵日期疏》中言："征发各路军兵，自蓟镇来者，自保镇来者，自宣府、大同二镇来者，近不下千余里，远不下二千余里。"② 在另一篇奏疏中，他提到与李如松决定分三路进攻平壤，其军队布置如下：

臣以为谋既佥同，事宜速举，乃与如松，将大兵分为中

---

① 参见吴晗《明代的军兵》，《读史札记》，生活·读书·新知三联书店1979年版，第92—141页。
② 《经略复国要编》卷4《报进兵日期疏》，吴丰培编：《壬辰之役史料汇辑》（上），第304页。

阵、左右二翼。以副将杨元将中军，分统原任参将杨绍先领宁前等营马兵三百三十九名，标下都司王承恩领蓟镇马兵五百名，辽镇游击葛逢夏领选锋右营马兵一千三百名，保定游击梁心领马兵二千五百名，大同副总兵任自强并游击高昇、高策共领马兵五十名，标下游击戚金领车兵一千名，共统一万六百三十九名。以副将李如柏将左军，分统原任副总兵李宁、游击张应种领辽东正兵、亲兵共一千一百八十九名，宣府游击章接领马兵二千五百名，参将李如梅领义州等营军丁八百四十三名，蓟镇参将李芳春领马兵一千名。蓟镇原任参将骆尚志领南兵六百名，蓟镇都司方时辉领马兵一千名，蓟镇都司王问领车兵一千名。宣府游击周弘谟领马兵二千五百名，共统兵一万六百三十二名。以副将张世爵将右军，分统本官并游击刘崇正领辽阳营并开原参将营马军一千五百三十四名，原任副总兵祖承训领海州等处马军七百名，原任副总兵孙守廉领沈阳等处马军七百二名，原任加衔副总兵查大受领宽佃等处马军五百九十名，蓟镇游击吴惟忠领南兵三千名，标下都司钱世祯领蓟镇马兵一千名，真定游击赵文明领马兵二千一百名，大同游击谷燧领马兵一千名，共统兵一万六百二十六名。一应军机悉听提督李如松居中指麾。赞画刘黄裳、袁黄随军，彼此筹画谋议，其余将佐等官，分别调度有差，俱于十三、十六、十九等日，臣亲拜师告戒，宴赏各官，拔营齐进。及续到蓟镇应调步兵二千八百余名，并发军前听用。①

这是宋应昌汇报的明军人数，分左、中、右三路进军，每路大军都是 10600 人左右，三路大军一共 31897 人，再加上随后到的 2800人，一共 34697 人。这里只是三路大军的人数，尚未包括李如松所

---

① 《经略复国要编》卷4《报进兵日期疏》，吴丰培编：《壬辰之役史料汇辑》（上），第305—308页。

率领的亲兵数量。从士卒来源看，基本上是九边兵，分别从辽镇、蓟镇、宣府、大同等地征调而来。这是当时明朝最精锐的部队，宋应昌在这里所提出的 34697 人应是确切数字。表 1-2 中的数字，壬辰援朝明军人数是 50930 人，减去刘𬭊未到的 5000 人，再减去跟随宋应昌在辽东的标下官军以及京营的神机营与南兵的数量，还剩 36770 人，与宋应昌所提的数字差 2073 人，若加上李如松的亲兵，则数量相差无几。两相对照，数目基本相同，这也证明申钦所记可信。

尽管丁酉再乱之时，明朝事先已预想到日军会再度侵略，但邢玠征调各路军马之时，战况还是颇为紧急，九边兵依然是其首选，因为士卒相对集中，距离也最近，尤其是辽兵、宣府及大同等山西兵、蓟镇兵等，是首先考虑征调的对象。邢玠在奏疏中说：

> 臣先后调兵五万……永、蓟、密三道募兵六千，尚未得完，其余先调蓟辽、保定、宣大并浙江水陆兵，即督催俱齐，亦不满三万……臣五月间，曾照先年并前督臣孙（矿）题议宣（府）、大（同）、山西挑选一万二千之数，除已发六千，再求添调前来……但路远恐缓不及事，容臣先将蓟镇马步官兵之内，抽调四千，内用马兵一千，应于东西两协营各有马兵三千内挑选各五百。[①]

此处所述乃调宣府、大同、山西、蓟镇兵之情况。从中可以看出，其调兵原则并非将一地之兵全部调往前线，而是拣选抽调，从每部兵中抽调一部分，或一半，或三分之一，或四分之一，视所抽调兵所在地方形势以及兵种情况而定。具体数目是：山西兵 12000 人（已发 6000 人、未到 6000 人）、蓟镇兵 4000 人（马兵 1000 人、步兵 3000 人）等。

[①]　《经略御倭奏议》卷 2《增调宣大蓟辽马兵觅调闽海商船疏》，姜亚沙等编：《御倭史料汇编》第 4 册，第 71—73 页。

九边各镇本来就有防守重任，当时大批军队调往朝鲜，防守力量减弱，急需补充兵力。邢玠遂指令防守任务相对轻松的宣大总督将兵力调往蓟镇，填补该镇因军队被调往朝鲜所造成的空缺。对于蓟镇调兵情况，邢玠有特别考虑："蓟镇系陵、京重地，前后调发已多，边关不可久虚，急行宣大督抚将应调征倭兵马六千，以四千作速如数调发，限八月终旬赴蓟门代守边台。以二千限九月终，速赴朝鲜征剿。合用行月二粮及安家等项，赴蓟者，照入卫班军事例；赴朝鲜者，照东征事例，听彼中督抚转行该道如数借给，径自奏报，听该部开销补还。"① 蓟镇兵力被调往朝鲜前线，但蓟镇位置重要，其防守不能有所缺，遂指令宣大总督调兵四千前往蓟镇协防。辽镇的情况亦类似："辽镇征倭援兵，先经题调七千，今已调三千，又该经理抚臣调发标兵一千五百名尚未及前数。但该镇孤悬，虏骑不时冲突，难以如数抽取合量，于宁前道调发二百，分巡道四百，海盖道四百，分守道五百，共一千五百名。亦听臣另疏选谋勇将管统领，照例给与安家犒赏，限文到半月以里过江，听臣调度。"② 邢玠特别强调其余各镇调兵填补辽镇与蓟镇兵力空缺的重要性："两处兵马，系干万分紧急，时不容缓，且毫不可少。尤期各该督抚同心共济，勿分彼此，依期严督各镇守、宣府分守，口北、大同分巡，冀北、山西、雁平、蓟辽、密蓟、永宁前守巡，海、盖各该道总提调选发。各抚臣仍将起行日期具奏，方克有济。"③ 他特别强调各军事主官的责任，要求他们通力合作，彼此帮助。

丁酉援朝时，朝鲜君臣认为以九边兵为主体的北兵不如南兵。

① 《经略御倭奏议》卷2《增调宣大蓟辽马兵觅调闽海商船疏》，姜亚沙等编：《御倭史料汇编》第4册，第73—74页。

② 《经略御倭奏议》卷2《增调宣大蓟辽马兵觅调闽海商船疏》，姜亚沙等编：《御倭史料汇编》第4册，第74—75页。

③ 《经略御倭奏议》卷2《增调宣大蓟辽马兵觅调闽海商船疏》，姜亚沙等编：《御倭史料汇编》第4册，第75—76页。

宣祖三十年六月十八日，尹斗寿曰："吴惟忠军丁似胜杨兵矣。"
柳成龙曰："辽兵所恃，只是短剑，恐难制胜矣。"① 八月十五日，
朝鲜君臣又议论北兵，左副承旨金信元曰："北兵长技，惟在于
马，而围城之中，既无用武之地，必有援兵，可以得全。李福男今
虽下去，驱此残卒，何能有为？杨元，北将也。只知御狄，未曾尝
倭，深可虑也。都督若不分送一枝，南原之围，恐未易解也。"宣
祖进而说："都督亦是北将，岂知御倭？都督亦可疑也。"② 朝鲜君
臣认为北兵不大适合御倭的原因在于其所使用的武器有局限，且没
有御倭经验。邢玠调兵之时也考虑到这一情况，从比例上来说，增
加征调南兵，同时增加征调水兵，这样九边兵比起壬辰时期占比有
所下降。从表 1 - 2 中可知，第二次征调九边兵一共有 61100 人，
这次出征总人数超过 14 万，九边兵已不足一半，虽然绝对数量比
第一次多了不少，但在参战明军总人数中所占比例降低了，然其重
要性依然不能忽视。

　　第二，京营兵与南兵，以步兵、水兵为主。壬辰援朝之时，以
九边兵为主，也有南兵参加，所征调的南兵主要是已经移驻蓟镇的
浙兵，也就是戚继光训练过的部队。因为他们已经驻扎蓟镇，从所
属序列来说，应该属于九边兵，只是因为他们主要是步兵，且使用
的武器不同，加上主要是来自浙江、福建等南方地区，所以还是被
称为南兵。在李如松所指挥的平壤之役中，南兵和京营兵主要使用
火炮、火铳等武器，只有吴惟忠率领的浙兵 1500 人、戚金率领的
1000 人、骆尚志的 3000 人、王必迪的 1500 人，一共 7000 人。
刘綖所统领的川兵 5000 人还没有赶到。尽管南兵人数不多，但在
攻打平壤的过程中起了关键性作用。

　　京营兵在火炮兵中具有相当重要的地位。明初立五军都督府，

①　《朝鲜宣祖实录》卷 89，宣祖三十年六月丁丑，《朝鲜王朝实录》第 23 册，
第 250 页。
②　《朝鲜宣祖实录》卷 91，宣祖三十年八月癸酉，《朝鲜王朝实录》第 23 册，
第 280 页。

随后置三大营，分为五军营、神机营、三千营，后改为十二团营，护卫北京安全。从防守的重要性来讲，京畿是最重要的地区，也是最需要重点防护的地方，因而京营火炮最多、武器最好，体现了明军最高水平的军事力量。在平壤大捷中，京营就发挥过关键性的作用。丁酉再度援朝，邢玠特别指令：

> 其步兵三千，查遵化右营原有兵二千七百名，于内挑选一千；遵化辎重营原有兵二千二百余名，于内挑选五百；三屯车前、车后营，共有兵五千名，于内挑选一千；建昌车营原有兵二千二百余名，于内挑选五百以上官兵。①

尽管征调的京营兵人数并不多，但他们是攻城略地的主力部队，他们所使用的战车、火炮与南兵所使用的火器相配合，在战争中起了至关重要的作用。

南兵，也就是浙、闽、粤等地征调而来的士卒，以步兵为主，大多是戚继光所操练的原来的御倭部队。这部分军队掌握当时最先进的火器——火枪、火炮，是明朝战斗力最强的部队，人数虽然不多，但是在关键时刻起到了决定性作用，朝鲜君臣对南兵的评价也是最高的。宣祖二十五年八月，南兵尚在来朝鲜的路上，司谏李幼澄即向国王汇报："臣路上见南兵来到，皆是步军，所持器械，皆便捷，多带倭铳筒、火炮诸具。其人皆轻锐，所着巾履，与辽东、北京之人不同。有骆游击者领来，其人善使八十八斤大刀，力举八百斤，号为骆千斤云。"② 有朝鲜大臣说："南兵一当百云。"③ 平

---

① 《经略御倭奏议》卷2《增调宣大蓟辽马兵觅调闽海商船疏》，姜亚沙等编：《御倭史料汇编》第4册，第73页。

② 《朝鲜宣祖实录》卷29，宣祖二十五年八月庚子，《朝鲜王朝实录》第21册，第532页。

③ 《朝鲜宣祖实录》卷31，宣祖二十五年十月乙巳，《朝鲜王朝实录》第21册，第555页。

壤之役过后，朝鲜君臣了解到南兵的英勇表现，深感敬佩，《朝鲜宣祖实录》说："是战也，南兵轻勇敢战，故得捷赖此辈。"① 但是在奖励军功之时，"李提督如松……凡用军议功之际，右北军而退南兵"，② 朝鲜君臣为南兵感到不平。在随后跟明将讨论时，朝鲜大臣每每称颂南兵的重要性。宣祖二十九年十一月，奏闻使卢稷对经略孙矿说："本国形势险阨，不宜于驰骋，必用南兵之备谙御倭者，然后可以取胜。"③ 宣祖二十九年十二月十二日，李德馨也说："贼之所畏惮者，惟在南兵。小邦所望，亦欲得一枝南兵，屯据要害，以张声势。"④ 故朝鲜国王特别移咨经略邢玠，"为乞急调南兵，星夜赴援事"，其中特别提到"小邦地形，素称不便马兵，而倭贼所畏，惟在南兵"，⑤ 希望尽可能多征调南兵前来。所以，丁酉再征之时，除了驻守蓟镇的浙兵之外，还从浙江、广东、福建等地大批征调南兵前来。由表1-2可见，南兵总人数超过3万人，已成为抗倭援朝中不可或缺的重要力量。

丁酉再援之时，邢玠吸取第一次援朝没有水兵的教训，提出必须要派水兵前来，水陆夹攻，认为这样才能取得更大的胜利，遂大举征调广东、福建、浙江等地的南方水兵。邢玠指出："倭所依者水，而水战却不利。正兵之用，须东西各水兵一枝，各色作用，牵其回顾，而陆兵方可冲突。仍一枝屯南原，以捍全罗；一枝屯大丘，以扼庆尚；一枝屯庆罗之中，如晋州、宜宁等处，以为中坚，

---

① 《朝鲜宣祖实录》卷34，宣祖二十六年正月丙寅，《朝鲜王朝实录》第21册，第601页。

② 《朝鲜宣宗实录》卷37，宣祖二十六年四月乙巳，《朝鲜王朝实录》第21册，第691页。

③ 《朝鲜宣祖实录》卷82，宣祖二十九年十一月甲寅，《朝鲜王朝实录》第23册，第116页。

④ 《朝鲜宣祖实录》卷83，宣祖二十九年十二月甲戌，《朝鲜王朝实录》第23册，第129页。

⑤ 《朝鲜宣祖实录》卷83，宣祖二十九年十二月辛卯，《朝鲜王朝实录》第23册，第141页。

然后分向釜山、机张。两陆路与水兵东西四面齐发，此正着。"①
既有如此设计，征调之时重点考虑水兵。故邢玠在奏疏中特别
强调：

> 伏乞皇上轸念时势最急，水兵最要，敕下兵部马上差人守
> 催，先调吴淞水兵一千、福建一千及南京三千，星夜兼程前
> 来，以凭分防紧要水路，庶王京之守可坚，而内地尤可恃以无
> 恐矣……查得八月三十日，该本部题为紧急倭情事，增调吴
> 淞、福建水兵各一千名，九月初二日，该本部题为投报海屿人
> 船等事，议调梁天胤江北水兵五千名。九月初六日该本部题为
> 岛夷未靖等事，增调浙江、广东水兵各三千名，连前已逾二万
> 一千之数，合行一并分投驰催。②

从奏疏中可以看到，当时已调水兵总数为 21000 人，主要为浙江水
兵、吴淞水兵、福建水兵、广东水兵等，他们是朝鲜战场上明军水
兵的主要来源，但并不是全部，邢玠在奏疏中又言"陈璘所统广
兵五千一百名"，③ 这样明水兵人数应为 26100 名，而表 1－2 中的
水兵人数相加一共是 23700 人，两者相差 2400 人，差别并不算大，
也反映了申钦所记数目之准确。丁酉援朝期间，明水军是非常重要
的一支部队，水陆配合，大大提升了明军的战斗力。

邢玠还特别强调兵船的重要性，因为朝鲜水兵损失惨重，兵船
所剩不多，而福建兵船体大且坚固，"征倭所用，非福船之大而坚
者，不足以收冲犁之功；非福船之轻而捷者，不足以成追击之效。

---

① 《经略御倭奏议》卷 2《申明进止机宜疏》，姜亚沙等编：《御倭史料汇编》第
4 册，第 34—35 页。

② 《经略御倭奏议》卷 2《守催闽直水兵并募江北沙兵疏》，姜亚沙等编：《御倭
史料汇编》第 4 册，第 137、141—142 页。

③ 《经略御倭奏议》卷 4《催发续调兵马疏》，姜亚沙等编：《御倭史料汇编》第
4 册，第 236 页。

是必不可不用，而必不可不来者"，① 希望福建巡抚征集不少于50艘的福建兵船，以供水军之用。调兵之时，亦须选将。当时陆战之将尚多，水兵之将甚缺，副总兵邓子龙自荐前往，"原任副总兵邓子龙禀称，生平惯于水战，立功半属鲸波，且有横海捣虚誓不与贼俱生之志，以补杨文员缺，似属相应"。② 后果真批准邓子龙戴罪立功，前往朝鲜为水军副总兵。丁酉最后阶段，在与日军决战之时，明军四路进攻，陆上三路进攻都受挫，唯有水军提督陈璘与朝鲜水军将领李舜臣配合作战，连连取胜，最后在露梁海战中击毁日军大批战船。尽管李舜臣与邓子龙都战死，但给日军以沉重打击，岛津义弘的部队损失惨重。中朝水军联合作战，取得了露梁大捷，为战争的最后胜利画上了一个圆满的句号。

第三，川兵与夷兵。从地域上来说，川兵与夷兵皆来自南方，应属于南兵的一部分，只是南兵一般指闽、浙、粤兵，且以步兵和水兵为主，又多使用火器，而川兵与夷兵相对来说有些特殊，故而单独来介绍。这支部队由刘綎统领，既有步兵，也有马兵。壬辰援朝之时，因为从四川出发，路途遥远，当刘綎率兵五千赶到朝鲜时，平壤已经收复，因此他们并没有赶上几次关键性战役。后来封贡和谈进行之时，他们暂时留在朝鲜，并没有跟随宋应昌、李如松于万历二十一年九月、十月回国，成为留守朝鲜的明军。待了一段时间后，因为粮饷供应不上，刘綎便率领这支部队回到了辽东。

丁酉之时，再调川土兵入朝，"惟是续调川省土兵一万"，③ 邢玠特别上疏，论及征调西南土兵的用意。首先是因为明卫所军队士卒不足为用，兵力不济，只得考虑以其他士卒补充。而西南土兵，

---

① 《经略御倭奏议》卷2《增调宣大蓟辽马兵觅调闽海商船疏》，姜亚沙等编：《御倭史料汇编》第4册，第77页。

② 《经略御倭奏议》卷4《催发续调兵马疏》，姜亚沙等编：《御倭史料汇编》第4册，第239—240页。

③ 《经略御倭奏议》卷2《申明进止机宜疏》，姜亚沙等编：《御倭史料汇编》第4册，第41页。

"议选调川东施州卫八司，酉阳石砫土司，邑梅、平茶二长官司，湖广永顺、保靖土司兵一万名，不足再于叙马泸道属土司土妇奢世续下选补，分为三营。令参游吴文杰等三员各领一枝，而以临洮大将刘綖统之，以川东副使王士琦监之，并用府佐吴良玺、李培、汪京三员随营查督，然土兵必须土官随行，如无土官，必不可入选。行分作三截，将官专管约束，文官稽查虚冒，更请将刑部尚书萧大亨速补本兵，以便调度"。① 征调西南土兵由干将统辖管理，严格约束，使之统属于刘綖。之所以选调这部分土兵，邢玠自陈其理由：

> 臣所议调者，夷司之土兵也；该省所用以防虏者，民间之军兵也。军兵势不可调，臣亦未敢轻议。土兵则土司所以自卫，其人以兵为业，以战为事，以立功报朝廷为荣。先年调征九丝腻乃黄中等处，累立战功。即征倭、征虏，亦皆调之，及其〔战〕胜凯旋，各归其业。非若四方无籍之徒，原无归着者比。臣在川、贵时，知之甚悉。而或者谓其悍而难制，是在驭之耳。夔州水路至荆州只三四日程耳，由襄阳而河南、而南隶，与浙兵赴辽，地里亦不甚相远也。请将已准发六千员名，分为二营，先后进发。续选三千三百名为一营，挨次起行。文武将吏，以各兵之扰不扰为功罪。②

西南土兵，生平"以兵为业""以战为事""以立功报朝廷为荣"，作战英勇，是一支可以征倭的精干部队。待战争结束，他们回归家乡，可继续从事原来的职业，不存在战后安置问题。只是在征调西南土兵的过程之中，要做到严格约束，地方供应物资也必须及时、充足，以防意外发生。后来征调去到朝鲜的主要有西南夷兵、狼

---

① 《明神宗实录》卷310，万历二十五年五月癸巳，第5791—5792页。
② 《明神宗实录》卷311，万历二十五年六月甲戌，第5808—5809页。

兵、土兵等，皆属刘𬘩所率领的部队，将领有摆赛、颇贵等，作战英勇，颇受朝鲜人称颂。事实上，在刘𬘩的部队里面，除了土兵、夷兵之外，还有缅兵、暹罗兵、黑人兵等来自外国的士卒，他们都充当刘𬘩的家丁。①

此外，还必须注意到，每位将领都有自己的家丁，也就是将领的贴身侍卫。这些家丁在战斗中，除了与敌作战之外，还肩负保护主将人身安全的责任，他们可在关键时刻挺身而出，对于将领来说至关重要。宋应昌在奏疏中曾提到各级将领所统领的家丁总数有2637人，②人数少则二三十，多则数百，甚至更多。明代的卫所之中，往往兵将分开，平时将不统兵、兵不属将，战时则临时调度，这样兵将互不熟悉，彼此之间也没有依存关系，因而兵将之间的协同作战能力很受影响。战时士卒一般皆只听命于自己的直接长官，所以领兵主将很多事情只能依靠自己的家丁处理。碧蹄馆之役中，李如松所率领的明军以少敌多，面对有数万人的日军，仅有数千人的明军在李如松的率领下达成双方死伤人数相当的战果。从最后结果来看，应该是明军胜利了，但是李如松从此不再坚持主战，关键原因应是在这场战争中，他的随身家丁损失殆尽，"提督标下李有升勇士八十余人俱砍死……提督仅免"。③因失去家丁的保护，李如松心态发生极大的变化，他从此无心再战，明军也从此改变了战略方针，由主战转向了封贡和谈。岛山之战时，"（陈愚闻）以先锋分守东南隅，领家丁先登，手自斫贼。又放大炮及火箭，破贼舡。经理奖其壮勇，以城北地险，命移其军攻之。愚闻先入栅中，

① 参见郑洁西《万历朝鲜之役明军中的外国兵》，耿昇、刘凤鸣、张守禄主编：《登州与海上丝绸之路：登州与海上丝绸之路国际学术研讨会论文集》，第365—376页。
② 《经略复国要编》卷6《议乞增兵益饷进取王京疏（十六日）》，吴丰培编：《壬辰之役史料汇辑》（上），第506页。
③ 《象村稿》卷38《天朝先后出兵来援志》，《影印标点韩国文集丛刊》第72册，第259页。

家丁戒其轻进，不从。已而中丸舁归，得不死"。① 这都是家丁保护主将的鲜活事例。此外，还有票下官，乃直接听令于主将的亲信部队，也是主将的核心依靠力量，人数少则数百，多则数千。

综上所述，明东征将士主要有四个来源：九边兵、京营兵、南兵与西南土兵。从总体人数上讲，九边兵为代表的北兵超过一半，以骑兵为主，是壬辰援朝时的主力；南兵与京营兵以步兵为主，使用火器、火炮，是攻城的主力。丁酉明军再援之时，除继续征调九边部队之外，经略邢玠力主成立以南兵为主的水兵部队，加上朝鲜君臣敦促多征南兵，故加大了南兵的比例。同时，还调集西南土兵以增强战斗力。实际上，当时明军最精锐的部队皆被抽调前往朝鲜，成为抗倭的主力部队。从经略宋应昌、邢玠奏疏中所得到的有关明军士卒的数字与申钦等所记录的明军士卒数字中，尽管并不能得到精确的总数，但大致而言，相差并不悬殊，说明申钦等朝鲜人所载明军将士数目是真实可信的。

三 明东征军事指挥体制的特点

明军两次援朝，从全国不同地区征调不同类别的军队，奔赴朝鲜，征讨日军。壬辰时期将士5万余人，丁酉时期14万余人，这么庞大的部队，明朝将领如何实施有效指挥？明廷采取怎样的措施？其军事指挥体制有何特点？如何调动将士的战斗力，使之有效配合，以实现征讨的目的呢？

从军事指挥体制来看，壬辰时期，明廷特设经略统领全局，提督负责前线指挥，这样一种文、武二分的经略与提督配合的体制，可以说是明代军事指挥体制上的创新。尽管早在永乐十年（1412）就有侍讲杨荣经略甘肃，② 但当时"经略"既非常设官名，亦非最

---

① 《象村稿》卷38《天朝先后出兵来援志》，《影印标点韩国文集丛刊》第72册，第288页。

② 龙文彬：《明会要》卷34《职官六·经略》，中华书局1956年版，第599—600页。

高军事主官，经略作为重大战争的最高指挥官，始自宋应昌。宋应昌于万历二十年八月由工部右侍郎改兵部右侍郎，"经略备倭事宜"。① 《明史》直接指出："经略之名，起于万历二十年宋应昌。"②《万历野获编》有如斯说明：

> 近年朝鲜告急，廷遣侍郎宋应昌往援。时以总督为不足重，特加经略之号……当倭事起时，宋素无威望，物论无以阃外相许者，一旦特拔，议者猬起。且谓事权过隆……若宋所带赞画二主事，亦特赐四品服以示重。③

因当时的宋应昌人微言轻，在他走马上任之时，明廷特命他为经略，以增强其权威。神宗下旨"经略关系重大，应昌忠勇任事，督抚官毋得阻挠，将领以下一听节制，违者以军法行"，④ 赋予他很大权力，即作为文臣，他可以节制诸将。这样，作为经略的宋应昌就成为明军在朝鲜战场上的最高统帅，提督李如松以下皆受其节制。

因此，万历抗倭援朝战争中，明朝从最开始就确定了这样的指挥体制：兵部主持；由文官出身的经略运筹帷幄，统领监督；最高武将加职衔提督，率军冲锋陷阵。彼此分工合作，尽可能地调动明军的积极性，发挥各方面的战斗力。经略宋应昌战前主要负责调集兵马，筹集粮饷，协调各个部队的行动，居中调度。在平壤大捷前后，他一直居于辽东。之所以如此，他向提督李如松解释道："不佞所以暂憩辽阳者，因兵马、火器、粮饷等事，非不佞亲促之，未

① 《明神宗实录》卷251，万历二十年八月乙巳，第4681页。
② 《明史》卷73《职官志》，第1773页。
③ 沈德符：《万历野获编》卷22《经略大臣设罢》，中华书局1959年版，第563页。
④ 《明神宗实录》卷251，万历二十年八月壬子，第4685页。

免濡迟……"① 他曾言："剡提督专管兵马，而臣所经略，不止兵马，兼督粮饷。"② 调动兵马，筹集粮草，保证后勤供给，是他最重要的职责。壬辰时期，宋应昌为经略，李如松为提督，形成文、武二分的指挥体制。李如松是前线军事行动最高指挥官，但职衔上不如宋应昌高，一定意义上受其牵制。平壤大捷之后，他们二人矛盾加深，对于军事行动多少有些影响。

丁酉时期，明廷在制度上做了调整。经略依然是地位最高的指挥官，同时设立由文官担任的经理，分担经略的有关职掌，成为朝鲜前线明军的最高指挥官。邢玠在奏疏中，特别强调加重将领职衔的重要性，为请求给麻贵加提督衔，他上疏说：

> 大将乃三军之司命，外夷之观瞻，所系匪轻，是故其事权必重，其体统必隆，然后威行而令肃。今照备倭总兵官麻贵拥旄仗节，特奉简书，以专阃外之权。其体统已自隆重，但查往日征倭俱系提督职衔，昨添调总兵官刘綎，已照例授以提督。两将并驰，似当一例。伏乞敕下兵部将总兵官麻贵，仍加提督南北官兵御倭总兵官，换给敕书行令钦遵任事。庶大将体统既隆，而威令自肃矣。③

事实上，壬辰援朝时，只有李如松一人为提督；丁酉再援之时，出现四位提督，征战之权分散，不再专断于一人，这样也就改变了壬辰时期提督与经略分庭抗礼的局面。在整个战争期间，明军先后有四位经略：宋应昌、顾养谦、孙矿、邢玠。顾养谦与孙矿为经略的

---

① 《经略复国要编》卷 5 《与平倭李提督（二十日）》，吴丰培编：《壬辰之役史料汇辑》（上），第 413 页。

② 《经略复国要编》卷 9 《议经略提督不必屯驻一处疏（二十一日）》，吴丰培编：《壬辰之役史料汇辑》（上），第 777 页。

③ 《经略御倭奏议》卷 2 《请加麻贵提督职衔并取董一元参替疏》，姜亚沙等编：《御倭史料汇编》第 4 册，第 89—90 页。

时期，恰逢封贡和谈之时，故两人均未去往朝鲜，而只是在辽东主持相关事务；宋应昌也是在平壤大捷之后，才渡江赴朝的；邢玠战前也主要在辽东主持筹粮、调兵，很晚才去朝鲜。因主要在后方筹备粮草、调集兵马，作为最高指挥官的经略迟迟不到朝鲜战场，也造成了一些问题，所以丁酉时期，明朝新设立了一个经理职位，先后以杨镐、万世德为之，统领前线军务。这样，就弥补了壬辰时期军事指挥体制的弊病。此外，把在前线冲锋陷阵的武将提督一分为四，设立四个提督，分别是中路提督董一元、西路提督刘綎、东路提督麻贵、水军提督陈璘，分工合作，力求做到既互有统属，又相对独立。这种体制后来延续下来，在萨尔浒之战时得到承袭，成为明朝后期一套重要的军事体制。所以，明朝的军事指挥体制尽可能根据战事情况的不同而做出调整，以便能够更好地满足军事需要。

同时，表 1 - 2 也充分体现了明朝军事体制中的文武关系。运筹帷幄是文官之事，冲锋陷阵是武将之责，但最终权力还是由文官掌握。不仅最高级别的长官是文官出身的经略，而且武将在前线的表现还需要受文官监军的监督。朝廷派文臣赴前线担任各式监军。如表 1 - 2 所示，平壤大捷前后，既有监军周维翰、韩取善，亦有查验军功的贾维钥。在丁酉再援时期四路进军前后，明廷派丁应泰、陈效、徐观澜、杨应文等前往勘会军功。而事实证明，一名位卑监军，可以影响整个战场局势。丁应泰只不过是一名主事，但他一纸疏文，不仅使经理杨镐被罢，整个朝鲜战场也几乎人人自危，甚至朝鲜国王都受到牵连被弹劾。[①] 战争结束之时，武将功勋如何，也需要由文臣勘定，所以整个朝鲜战场的情况恰好深刻地反映

---

① 有关丁应泰事件，研究成果甚多，中日皆发表了相关论文。参见王崇武《论万历征东岛山之战及明清萨尔浒之战：读〈明史·杨镐传〉》，《中央研究院历史语言研究所集刊》第 17 本，1948 年；李光涛《丁应泰与杨镐——朝鲜壬辰倭祸论丛之一》，初刊于《中央研究院历史语言研究所集刊》第 53 本第 1 分，1982 年，后收入氏著《明清档案论文集》，联经出版事业公司 1986 年版；孙卫国《丁应泰弹劾事件与明清史籍之建构》，《南开学报》2012 年第 3 期。

了明朝文臣武将的关系以及复杂的军事指挥体制。

综上所述，万历抗倭援朝战争持续 7 年，明廷两次派大军前往征讨，其士卒主要来自九边兵、京营兵、南兵、西南土兵等，而就兵种而言，以马兵、步兵、水兵为主。壬辰援朝时期，以九边兵为主，总兵力超过 5 万人；丁酉再援之时，九边兵依然重要，但增加了南兵人数，新添水兵，总兵力超过 14 万人。朝鲜王朝申钦等人所记录的明军人数与明经略宋应昌、邢玠等留下的奏疏中所谈及的明军数量基本相当，真实可信。7 年战争期间，明军总数超过 23 万人。第一次援朝之时，形成"文臣担任经略、武将充任提督，文、武二分"的体制；丁酉再援时略有调整，经略依然是最高指挥官，新设经理成为前线最高指挥官，并将四路进攻主将均升为提督。经略运筹帷幄，经理统筹前线，四路提督各自作战，分工合作，但最终都受制于地位低下的文官监军的监督，体现了明朝后期军事指挥体制的特征。

第 二 章

兵部尚书石星与万历抗倭援朝战争

万历抗倭援朝战争，大体上可分为三个阶段。第一阶段，自万历二十年（1592）四月到二十一年（1593）七月，从明朝商议出兵到战事取得初步胜利，收复平壤。万历二十一年正月，碧蹄馆战事中明军进攻受挫；三月，明军烧毁日军粮草，日水军失利，双方战事处于胶着状态。第二阶段，自万历二十一年七月到万历二十四年（1596）底，这段时间主要是议和封贡时期。双方战事处于和缓状态，明与日本开展了三年多的议和活动，因双方要求相差太远，负责议和之人故意隐瞒事实，导致封贡议和变成一场闹剧而失败。第三阶段，自万历二十五年（1597）正月开始，因议和封贡失败，丰臣秀吉发动第二次侵朝战争，到万历二十六年（1598）十二月，日军全部撤回，战事结束。在三个阶段中，明朝兵部尚书石星在前两个阶段一直是明军战事主要的决策者，主导着明军战事的节奏。封贡失败之后，他被下狱，于万历二十七年（1599）九月瘐死狱中。这引发了朝鲜王朝君臣无限感怀，遂在平壤建宣武祠，加以崇祀。传说他的后人在明朝灭亡后，亦前往朝鲜定居，并延续下来。可是，这样一位重要的人物，从清官修《明史》以后，一直未得到重视。石星历任明朝工部、户部和兵部尚书，曾主持万历年间"三大征"，[1]《明史》却未给他立传。当今中国学术界对他的重视也不够，真正研究他的论文甚少，而在其他国家的研究中，更无人关注他的重要性。[1] 本章试图通过对石星的研究，为重新研究这场战争提供些新认识，也对朝鲜为何要对石星感恩戴德给予一些新理解，从而有助于更深刻地把握这场战争的性质。

一　石星之仕途与其力主出兵朝鲜的原因

石星本是文人，年轻时追随王世贞，乃是明隆庆、万历文坛上"续五子"之一。[2] 他生来有着文人的狂气与意气，大胆敢言，入官场不久，即因言获罪。隆庆元年（1567）十一月，他升为吏科给事中。[3] 隆庆二年正月，上疏论事，希望隆庆帝"养圣躬""讲圣学""勤视朝""广听纳""察谗佞"等，但触怒皇帝，"以为恶言讪上，无礼"，[4] 受廷杖六十，黜为民。《国朝典故》评之曰："石星此疏，一则曰内臣抑遏章奏，不使达于圣听；二则曰内臣专作威福，谗谮行于谠直。触其所忌，而犯其所必斥，则其廷杖为民也宜矣。然忠言昭灼，公道复明，则其摄阉竖而扶纲常者，讵不伟哉！"[5] 他初为科道，就向隆庆帝直言进谏，但隆庆帝周围充斥宦

---

① "万历三大征"，指明神宗万历皇帝朱翊钧在位期间平定的三场叛乱：平定宁夏哱拜之役、平定播州杨应龙之役和抗倭援朝战争。石星一度皆是主持者。宁夏哱拜之乱在万历二十年平定，播州杨应龙于万历二十一年叛乱，一直到万历二十八年才平定。

① 关于石星的论著不多。杨忠艳的《论石星》（硕士学位论文，山东师范大学，2010年），是第一篇比较详细探讨石星生平业绩的论文。武晓燕的《明万历援朝抗倭初期的几个问题：以韩国文献为基本史料》（硕士学位论文，内蒙古师范大学，2005年），对石星也多有论及。

② 《明史》卷287《王世贞传》，第7381页。

③ 《明穆宗实录》卷14，隆庆元年十一月癸酉，第398页。

④ 《明穆宗实录》卷16，隆庆二年正月己卯，第452—457页。

⑤ 邓世龙辑：《国朝典故》卷38《世宗实录四》，许大龄、王天有点校，北京大学出版社1993年版，第864页。

官佞臣，无法容忍石星肆意指责。石星因之获罪，被赶出朝廷，其夫人郑氏亦自尽。这是石星仕途与人生中一个极为重要的事件。这件事反映出他敢作敢为，但又行事莽撞，不顾后果。隆庆二年十二月，"吏部言前给事中石星以愚戆获谴，今省改既久，子力正强，乞赐录用"，① 但并未获准。吏部称其"愚戆"的评价相当贴切。他的性格特点影响了他的一生，在某种程度上，也影响了万历抗倭援朝战争。

石星被遣回乡，赋闲长达五年。隆庆帝去世，万历皇帝即位后，吏部再次要求起用隆庆年间因言获罪的官员，石星名列其中，"俱复原职"。② 隆庆六年八月，石星被升为尚宝司少卿，③ 此后他的仕途亨通起来，到万历四年，几乎每年都获升迁一次。升至南京太仆寺卿时，再次因言获罪闲住，家居数年。万历十一年五月，方再获启用。此后，石星仕途再度顺利起来，万历十一年八月升为左佥都御史，次年三月为左副都御史，随后升为兵部右侍郎、兵部左侍郎。万历十五年三月，擢升工部尚书。④ 三年后考满，升为户部尚书。⑤ 万历十九年八月，以户部尚书改兵部尚书。⑥ 石星深知兵部尚书任重，当即上疏辞官，不许。⑦ 万历十九年九月，兵科给事中王德完奏："顷以大司农石星为大司马，必能不负任使。"⑧ 可见，当时朝廷上下对石星寄予厚望。从万历十五年到十九年，他先后为工部尚书、户部尚书，最后为兵部尚书，地位越来越重要。不管任何职，石星都实心干事，且在每一任上都有所建树，正直敢言，应该说是一位比较务实肯干的官员。

---

① 《明穆宗实录》卷27，隆庆二年十二月辛卯，第723页。
② 《明神宗实录》卷3，隆庆六年七月戊戌，第90页。
③ 《明神宗实录》卷4，隆庆六年八月壬申，第166—167页。
④ 《明神宗实录》卷184，万历十五年三月戊戌，第3431页。
⑤ 《明神宗实录》卷221，万历十八年三月壬戌，第4132页。
⑥ 《明神宗实录》卷239，万历十九年八月丁未，第4438页。
⑦ 《明神宗实录》卷239，万历十九年八月辛亥，第4440页。
⑧ 《明神宗实录》卷240，万历十九年九月甲子，第4454页。

　　石星为兵部尚书的次年即万历二十年，考验接二连三地到来。二月，蒙古人致仕副总兵哱拜在宁夏发动叛乱，连陷河西四十七堡，很快占领整个宁夏。四月，丰臣秀吉发动侵朝战争，朝鲜三京陷落，连连向明廷告急。石星居中调度，很快于同年九月平定哱拜之乱，稳定了宁夏边疆，此后遂专心处理朝鲜战事。诚如前文所言，石星是实心干事之人，在朝鲜战事上，他也充分发挥了自己的影响力。在战事的前半段，石星官居兵部尚书，明朝对于朝鲜战事的基本策略与他有密切关系。当时明廷面临两件最主要的事情：第一，日本侵朝，大敌当前，是否出兵，何时出兵；第二，战事进入僵持阶段，封贡事宜被提上日程。石星在其间发挥着关键作用。

　　在朝鲜战事初期，在是否出兵支援朝鲜的问题上，明廷普遍持否定态度，唯有石星坚决主张出兵援朝，可谓尽心竭力。朝鲜君臣从一开始就认识到如果没有石星的支持，明朝很可能不会出兵，即便出兵也不大可能像石星这样全力以赴，因而朝鲜君臣对石星充满了感激之情。但不知从何时开始，朝鲜流传一个说法：石星之所以如此尽心竭力地帮助朝鲜，拯救朝鲜于水火之中，乃是为了感恩。因为其继室柳氏受过朝鲜通事洪纯彦的恩情，石星受其夫人的影响，因而要全力帮助朝鲜。

　　此事散见于李肯翊（1736—1806）的《燃藜室记述》、《通文馆志》、朴趾源（1737—1805）的《热河日记》、尹行恁（1762—1801）的《硕斋稿》等书中。1928年，郑寅普（1893—?）将相关史料辑为《唐陵君遗事征》① 一书，凡三十八页。诸家记述大同小异，以李肯翊的《燃藜室记述》最为详尽。《燃藜室记述》是一部纪事本末体史书，其中有"宗系辨诬"一目，但并未载录洪纯彦施恩石星继室之事，李肯翊将此事置于《燃藜室记述别集》之"译舌典故"中陈述，其言：

---

① 郑寅普：《唐陵君遗事征》，朝鲜京城1928年版。

　　洪纯彦，少落拓有义气。尝赴燕到通州，夜游青楼，见一女子极有殊色，意悦之，托主姬要欢。见其衣素，问之，则曰：“妾父母，本浙江人，仕宦京师，不幸遘疠疾俱没，旅榇在馆，独妾一身，返葬无资，不得已自鬻。”言毕哽咽泣下。纯彦愍然，问其葬费，可用三百金，即倾囊与之，终不近焉。女请姓名，终不言。女曰：“大人不肯言，妾亦不敢受赐。”乃言姓而出，同行莫不嗤其迂。女后为礼部侍郎石星继室，星高其义，每见东使，必问洪通官来否。

　　纯彦还国，以公债未偿，逮囚多年。时本国以宗系辨诬，前后十余使，皆未得请。上怒教曰：“此象胥之罪也！今行又未准请，当斩首译一人。”于是诸译无敢愿行者。相与议曰：“洪纯彦无得生出狱门之望，吾辈宜赔偿债本，赎出而送之，苟得准事而还，在渠为幸。虽死，固无所恨。”乃齐进喻其意，纯彦慨然许之。

　　宣祖甲申，纯彦随黄廷彧到北京。望见朝阳门外锦幕连云，有一骑疾驰来，问洪判事，言礼部石侍郎闻公来，与夫人迎候。俄见女奴十余簇拥夫人，自帐中出。纯彦惊愕欲退。石星曰：“君记通州施恩事乎？我闻夫人言，君诚天下义士。”夫人见即跪拜，纯彦固辞。星曰：“此报恩拜，君不可不受。”仍大张宴。星问东使此来何事，纯彦以实对。星曰：“勿虑。”留馆月余，使事果得准请，石星实为之地也。及还，夫人以钿函十，各盛锦段十四，曰：“此是妾手织，以待公至。”纯彦辞不受。还到鸭江，见抬杠者置其段而去。锦段端皆刺“报恩”二字。纯彦归后，策光国二等勋，封唐绫君。人称所居洞为报恩段洞（即今美洞）。其孙孝孙，为肃川府使。①

————————————

　　①　李肯翊：《燃藜室记述别集》卷5《译舌典故》，京城朝鲜古书刊行会1913年版，第365—366页。

《燃藜室记述》末附其出处为《菊堂俳语》。《菊堂俳语》现收入赵锺业编《韩国诗话丛编》。① 据左江考证，《菊堂俳语》的作者应该是郑泰齐（1612—1669）。② 郑泰齐官至礼曹参判，曾三次以书状官、正朝使身份出使清朝。其所记细节更为详细，亦略有出入。但所谓"俳语"，乃诙谐调笑语之意，故当不得真。《菊堂俳语》出自何处，暂时无从查考，或许是郑泰齐使行途中偶然听到的亦未可知。从现在所得资料来看，以后诸家记述皆出自此书，因为李肯翊的《燃藜室记述》乃是一部重要史书，故而以他所记为准。

石星之事还载于其他书籍。其一为带有官方色彩的《通文馆志》。《通文馆志》由司译院译官金指南和金庆门父子于1708年编纂而成，肃宗四十六年（1720）初次刊行。该书卷7《人物》中谈及洪纯彦，着重写了此事，指出石星为代其夫人报恩，为朝鲜做了两件重要的事情。第一件是帮助朝鲜解决宗系辩诬之事，这是自永乐以后持续上百年未能成功的事情。因为《皇明祖训》记载李成桂乃高丽末期权臣李仁任之子，且说他们父子首尾废高丽四王，后来《大明会典》延续了这一说法，明朝所编的各类当朝史书中亦广泛记载此事。事实上，这是错误的，因为李成桂与李仁任毫无关系。自永乐年间获知这种说法，朝鲜就陆续派使臣前往辩诬，要求改正，但一直未果。"万历甲申，公（洪纯彦）随卞（辩）诬使黄芝川（廷彧）到北京"，此时石星夫妇已知其前来，故在朝阳门外迎接，张宴执杯进酒，"侍郎问东使此来为何事，公以实对。侍郎曰：'君毋虑。'留会同馆月余，使事果得准请，特命录示新改《会典》，石公实为之地也。及还，邀至其家，礼待甚厚"。第二件是壬辰倭乱时，"石公时为兵部尚书，独力言救之，且请先赐军器

---

① 赵锺业编：《韩国诗话丛编》卷3《菊堂俳语》，韩国太学社1996年版，第48页。

② 参见左江《〈菊堂俳语〉作者考》，《域外汉籍研究集刊》第2辑，中华书局2006年版。

火药，吾东得复为国，而免其鱼者，皆石公力也"。① 在整个明代中朝关系中，这两件事可以说是最重要的，该书认为二者皆源于石星之感恩。《通文馆志》虽未明确表明此说的出处，但文中提及《菊堂俳语》，而在书前"引用书目"中，亦列出《菊堂俳语》，因而可以断定《通文馆志》所载此事亦出自《菊堂俳语》，仅在故事细节上略有改动。

其二乃记载于文集中的材料，先后见诸尹行恁《硕斋稿》和朴趾源《热河日记》之《玉匣夜话》，细节上亦稍有出入。不过，二则材料均将石星竭力援朝之事看作石星个人的报恩行为。《硕斋稿》言："壬辰乱，石星为兵部尚书，又力主出兵之议。一女子之微，而能洗东国之宗诬，又能出兵以复其国，可谓壮哉！"②《热河日记》言："及壬辰倭寇，石在本兵，力主出兵者，以石本义朝鲜人故也。"③ 故而，此事在朝鲜使行人员中流传甚广，④ 但仔细考察会发现这种说法漏洞百出，难以令人信服。

首先，朝鲜宗系辩诬成功，发生在宣祖十七年。洪纯彦确是宗系辩诬使之上通事。宣祖十七年十一月初一，使行人员还自北京，向国王报告，并上明朝改正之《大明会典》。"廷彧、应寅及上通事洪纯彦等加资，赐奴婢、田宅、杂物有差。"⑤ 朝鲜国王李昖将宗系辩诬使行人员一律嘉奖。"颁光国、平难两勋臣券，祭告、会

---

① 《通文馆志》卷7《人物》，首尔大学奎章阁韩国学研究院 2006 年版，第398—401 页。

② 《硕斋稿》卷9《海东外史·洪纯彦》，《影印标点韩国文集丛刊》第 287 册，第 150—151 页。

③ 《燕岩集》卷14《热河日记·玉匣夜话》，《影印标点韩国文集丛刊》第 252 册，第 303 页。

④ 现今韩国亦有学者认同这个说法。参见片鸿基《在族谱上所见的韩中交流史》，联合报文化基金会国学文献馆编：《第五届亚洲族谱学术研讨会议记录》，联合报文化基金会国学文献馆 1991 年版，第 306—307 页。尹甲植编《朝鲜名人典》（汉城明文堂 1990 年版）所录"洪纯彦"词条，只记载此事，而毫无其他事迹。

⑤ 《朝鲜宣祖实录》卷18，宣祖十七年十一月癸酉，《朝鲜王朝实录》第 21 册，第 413 页。

盟如仪，赐赍有差，大赦国内。"① 一等功三人，尹根寿（官至贰相，海平府院君）、黄廷彧（礼曹判书，长溪府院君）、俞泓（右议政，杞溪府院君）；二等功七人，洪纯彦是其中之一；三等功二十一人。洪纯彦作为首译，被授予二等功，符合情理，但并没有特别将其凸显，字里行间也丝毫未表现出洪纯彦有何特别的贡献。若果真像《燃藜室记述别集》等所言，乃是石星为报答洪纯彦恩情才满足朝鲜辩诬使要求的，那么朝鲜国王只给洪纯彦加二等功，不大合乎情理。

其次，从整个故事来看，许多细节皆不可信。洪纯彦只言其姓，洪姓在朝鲜并非鲜见，譬如南阳洪氏即为朝鲜一大望族，焉能让石星与其夫人认定洪姓通事就是洪纯彦呢？《菊堂俳语》中并未言洪纯彦因把银给柳氏而下狱，《燃藜室记述》加入这个细节，更渲染了其传奇性，但也更加失真。且《菊堂俳语》中描述洪纯彦在通州青楼初见柳氏和再见面时，有一时间范畴"三十年后"，②也就是说，洪纯彦施恩柳氏在三十年前，柳氏感恩送报恩缎在三十年后，这样十分离奇，更不可信。故而以后诸家记载皆省去了这个时间描述，这也充分说明，在复述者看来这似乎太不可信了。作为朝中大臣的石星，不顾朝廷礼仪，大张旗鼓地在朝阳门外迎接洪纯彦一行，也与朝仪不符。但唯有这样杜撰，才能让人更加钦佩，但也就更为失真了。同时，石星从未任过礼部侍郎，万历十二年四月，石星只是左副都御史，八月升为兵部左侍郎，他既不可能也无权力左右明廷更正《明会典》错误。事实上不可信，情理上说不通，将明朝改正《明会典》错误，颁赐新修订的《大明会典》给朝鲜，说成是石星报恩，不足为信。

再次，现存史料皆是此事发生很久以后才形成的，即便以

① 《朝鲜宣祖修正实录》卷24，宣祖二十三年八月庚午，《朝鲜王朝实录》第25册，第599页。

② 《韩国诗话丛编》卷3《菊堂俳语》，第48页。

《菊堂俳语》中最早的记载看，也在半个多世纪以后。当事人的记录阙如。朝鲜每次使行皆有书状官记录使行途中的见闻，而不少正使、副使皆有记录使行日程的习惯，但在《燕行录全集》中并未发现相关史料，故而后人的记载缺乏令人信服的证据。同时，《朝鲜宣祖实录》中丝毫未提及洪纯彦有恩于石星继室之事，纵观整部《朝鲜王朝实录》，无一字提及他们二人有何关系。即便屡屡叙述石星力主出兵朝鲜，也丝毫未提及他是为了报恩。如果真有此事，为何不见载于《朝鲜王朝实录》？现今根本找不到洪纯彦等当事人所留下的任何记载，只有后人的一些追记，因而杜撰的成分很大。

最后，将石星力主出兵朝鲜，看成其个人报恩之举，更属无稽之谈。朝鲜请兵之时，洪纯彦根本未来过明朝，在留存下来的材料中，丝毫看不到洪纯彦有任何影响力。

那么石星何以对援朝之事如此殚精竭虑、全力以赴呢？这还得从朝鲜向明朝请兵谈起。

万历二十年四月，丰臣秀吉侵朝，事发突然，朝鲜当即派使臣前往明朝求救。但当时众说纷纭，有人说朝鲜勾结日本，为日本先锋，将侵略明朝，有福建海商也提供了类似情报。明朝只得不断派人前往朝鲜打探情况，以便弄清事实真相。同时，石星令辽东巡抚郝杰派兵前往朝鲜救援。六月，郝杰派副总兵祖承训与游击史儒领兵五千，前往救援，与日军战于平壤，失利撤回，史儒战死，祖承训仅以身免。尽管明军这次行动失利，但祖承训提出了几个值得重视的问题：朝鲜所报军情不实，军队粮草不继，与朝鲜兵缺乏互信。因而明朝对于是否再次出兵相当慎重。朝中议论纷纷，有人主张不应出兵，有人主张应当静而观变。为了弄清朝鲜战事真相，石星募人前往打探，"倭入丰德等郡，兵部尚书石星计无所出，议遣人侦探之，于是嘉兴人沈惟敬应募"。① 《朝鲜宣祖实录》亦言：

---

① 《明史》卷320《朝鲜传》，第8292页。

"时贼势日炽，天朝深忧之。兵部尚书石星密遣沈惟敬，假称京营添住游击，托以探贼。"① 七月，沈惟敬前往朝鲜，打探战事情况。与此同时，明朝也积极与朝鲜使臣接触。朝鲜不断派使臣入明求援，最关键的一次使行由请兵陈奏使郑昆寿率领，最终使明廷下定决心，全力支持救援朝鲜。

郑昆寿（1538—1602），字汝人，号柏谷。万历二十年八月，郑昆寿为请兵陈奏使前往北京，在其"行状"中有如斯记载："公（郑昆寿）即呈文礼部，乞免上、下马宴，且请速打发兵马，以拯小邦之急。又呈文兵部，申请益切。又诣兵部尚书石星前，痛哭哀吁，悲不自胜。尚书感动，亦泣下沾襟。谓人曰：'朝鲜请兵使臣，至诚哀痛，虽秦庭七日之哭，蔑以加矣。'"② 《朝鲜宣祖修正实录》亦言：

> 郑昆寿回自京师。皇朝许出大兵来援，先赐银三千两。昆寿初至京师，呈奏文，帝即下兵部复议。昆寿呈文兵部，申请恳迫，又诣尚书石星，痛哭哀诉，悲不自胜，星亦感动出涕。时皇朝异议纷然，或云："只防中国地界，不必多发兵马，先弊中国。"唯石星力主发兵之议，覆题激励，且请身自东征。圣旨即允，以兵部侍郎宋应昌为经略，使先发二万兵，旋调大军，定将继遣，且赐马价银三千两，备买弓角、火药以送。昆寿冒暑而往，冒寒而回，行不留程，奏请准事，上嘉悦厚劳之。③

---

① 《朝鲜宣祖实录》卷27，宣祖二十五年六月丁巳，《朝鲜王朝实录》第21册，第508页。

② 郑昆寿：《柏谷先生集》卷4《行状》，《影印标点韩国文集丛刊》第48册，韩国民族文化推进会1999年版，第478页。

③ 《朝鲜宣祖修正实录》卷26，宣祖二十五年十一月丁巳，《朝鲜王朝实录》第25册，第631页。

郑昆寿在《赴京日录》中详细记载了在北京拜见石星、商谈请兵之经过。^①有关这次请兵过程，有以下几点值得注意。

首先，石星自始至终是最为重要的人物，他是决定明朝是否出兵的关键。朝鲜使行人员到北京后一直通过各种方式与他沟通，而石星的态度也越来越明朗。郑昆寿一行九月十八日到达北京，因副使施允济与石星熟悉，次日，他在一位李姓通事陪同下拜访石星。二十日，"石老因副使求见，奏文故送草本"。朝鲜使行在将正式请兵奏疏上奏明礼部前，先将其送给石星。二十一日，石星单独召见朝鲜李姓通事，"问自辽东行期及斩首虏虚实"。石星答应先送总兵杨元于五日内率兵八千前往朝鲜。二十三日，朝鲜使臣呈文礼部，请免上、下马宴，只求速速发兵。二十八日，石星将朝鲜使行一行人员请到家中，"石星送小帖，命施副使招朝鲜使臣及暹罗国伴送使来，与三译人往尚书家。授副使呈文二本入送。副使出引入，而跪谢之，因行再作揖礼……痛哭一场，恳乞兵马，石星感动，泣下沾襟。语毕，跪叩头再拜，作揖而出"。^②郑昆寿与石星都很动情，为之泪下，郑昆寿在给石星的呈文中称：

> 陪臣始闻道路之言，谓调十万，而及至京师又闻，所发止数万，则以此压彼，实非胜算……昔在永乐年间，以安南有贼，久劳王师，荡平乃已。黎贼之变，变止一国。安南之国，又是绝远。而圣朝字小之仁，至于此极。况今伊贼阴谋射天，声言要犯中国，先毁其藩，至乃笔之于书，则通天之罪，浮于黎贼。小邦世为屏翰于上国，最亲且近，

---

① 有关郑昆寿的研究，参见武晓燕《明朝出兵援朝抗倭与朝鲜使者郑昆寿——读〈韩国文集丛刊·柏谷集〉札记》，《内蒙古师范大学学报》2005年第4期。

② 《柏谷先生集》卷3《赴京日录》，《影印标点韩国文集丛刊》第48册，第446—447页。郑昆寿：《赴京日录》，林基中编：《燕行录全集》第4册，东国大学出版部2001年版，第369—372页。

则又非安南绝远之比。不幸小邦尽为贼有，则上国疆场之患，容有既乎！①

希望明朝派重兵前往援朝，认为侵朝日军甚多，如果明朝只派数万兵，不足以对付日军，就如同最初所派之辽兵，寡不敌众，以致失败。永乐年间，对安南那个"绝远"之国，尚且用兵以体现"圣朝之仁"，况今朝鲜"世为屏翰"，日本又"阴谋射天"，亦是"上国疆场之患"，故而理当出大兵救援。且宁夏之乱已定，明朝完全可以派大军七八万前往朝鲜，一举就可以将日军平定，"则威灵大振，岛夷削平，藩蔽有守，可保万世无虞矣"。十月四日，郑昆寿再向石星上书：

今此凶贼，声言要犯中国。先撤其藩，至形诸文字。通天之罪，浮于黎贼。王法不敢赦，其必一怒而安天下之民矣。即将进兵形便，为具实封奏本，别差陪臣，赍擎以进，其中一一危恳，已入阁下清鉴。而阁下之吁谋深虑，周详纤悉，不遗余算，陪臣何敢喋喋！顾念陪臣留馆四十余日，不为不多。前后上书，沥血祈恳，不为不切矣。冬寒已深，土地已冻，驰骋攻击，亦可谓时矣。命大将领大军，直渡鸭绿，以捣贼巢，以期荡平……使小邦再造，藩篱永固，不胜幸甚！此非天朝私我小邦，实海内安宁之术也。小邦之存亡，果决于此举。而中国疆场之安危，亦在此举。伏惟阁下更加留意焉，无任迫切之至。②

在这封信中，郑昆寿将他在北京请兵之辛苦与艰难表达得淋漓尽致，也说明了他特地向石星陈情，希望石星尽快催促明廷发兵前往朝鲜

① 《柏谷先生集》卷2《呈兵部尚书石星文》，《影印标点韩国文集丛刊》第48册，第433—434页。
② 《柏谷先生集》卷2《呈兵部尚书石星文》，《影印标点韩国文集丛刊》第48册，第435页。

的原因，即既是为了拯救朝鲜于水火，也是为了安定明朝边疆。十月二十七日，朝鲜使臣前往兵部，拜见石星，呈文再次恳求："事贵神速，计必万全……亟发十万大兵，尽剿诸道之贼，使小邦再造，藩篱永固。"① 石星则殷勤开谕，告知他："二万兵已过江，大兵当于十二月初，大将李如松领去。"郑昆寿感到"忠厚之意，视前十倍，即还馆"。② 此次兵部相见，石星明确告诉他明朝已经决定派兵前往朝鲜，大兵将随之赴朝。十一月初一，郑昆寿一行从北京出发，踏上归途。此次请兵之行在北京共四十二天，朝方使臣几乎每天都与石星保持联系，更三度致函石星，恳求尽快出兵。在郑昆寿看来，石星是最为重要的人物，也是影响明朝出兵的关键人物。

其次，此次请兵过程中，各方面的消息都证实了朝鲜被日本侵略，明廷因而下定决心，全力救援朝鲜。当时石星派往朝鲜的人传来消息，对于朝鲜遭受丰臣秀吉之侵扰所带来惨重的后果予以充分说明，印证了郑昆寿的说法，这也坚定了石星抗倭的决心。故而石星当即采取一系列行动，批准朝鲜购买此前禁购的火药、弓角等火器，以加强其武器装备。石星本是一位实心干事的官员，他深知作为兵部尚书，救援朝鲜义不容辞，他的性格驱使他绝不推卸责任。他一方面提议辽东先给朝鲜火药兵器，另一方面派辽兵两万驰援。但因为朝中反对出兵者甚众，石星多方斡旋，甚至自请率兵东征。十月初十，朝鲜使臣获知"石尚书题本，请身自东征，虽不准许，辞直义壮，可以想见其人"，③ 深知石星乃全心全意救援朝鲜。

最后，万历二十年九月底，明朝已经平定了宁夏哱拜之乱，稳定了国内局势，恰好可将宁夏战场上的明军调往朝鲜。十月十六日，

---

① 《柏谷先生集》卷2《呈兵部尚书石星文》，《影印标点韩国文集丛刊》第48册，第435页。

② 《柏谷先生集》卷3《赴京日录》，《影印标点韩国文集丛刊》第48册，第450页。

③ 《柏谷先生集》卷3《赴京日录》，《影印标点韩国文集丛刊》第48册，第448页。

明廷命李如松提督蓟辽、保定、山东军务，充任防海御倭总兵官，率兵援朝。因而，郑昆寿此行可谓不辱使命，最终得到了明朝援救。石星之所以极力主张援救朝鲜，乃是其职责所在。他深知朝鲜对明朝的重要性，藩国朝鲜受到威胁的情况下，确保朝鲜王廷的安宁与稳定，是明朝义不容辞的责任。加上他诚心干事、勇于担责，可知其强调出兵朝鲜，乃出于大义，看不出有任何私情。

明朝出兵援朝，功劳最大的是郑昆寿，石星态度的坚定也是因为郑昆寿的陈情。同时，明朝所探听的情况证实了郑昆寿所言属实，这是明朝决定援朝最为关键的原因。同时明朝业已平定宁夏哱拜之乱，恰好有兵力援助朝鲜。

郑昆寿请兵成功返朝后，被多次加官。《朝鲜宣祖实录》中多处提及郑昆寿之功。李如松收复平壤之后，国王李昖下备忘记曰："今此讨贼克复，专由于天兵。而天兵之出，由于郑昆寿之陈奏。郑昆寿从当重赏，姑先加崇政。其书状官沈友胜升堂上，带行译官，徐问于使臣而赏之。"[1] 将请兵成功归功于郑昆寿。不久，授予郑昆寿正一品官，曰："当初请兵，只告于辽东，天朝泛然应之而已，极为寒心。及郑昆寿承命敷奏，至诚专对，今日恢复之功，专在于郑昆寿。前虽加资，不可止此。予今当退，郑昆寿可授正一品之职。"[2] 又升其为辅国崇禄大夫。郑昆寿上书请辞不受，国王答曰："讨贼克复，虽由于天兵，而天兵之来，实由于卿之敷奏专对。其前虽有陈请于辽东，而不许发兵，至卿之行，始乃命将出师。今日之功，专在于卿。辅国之加，岂足以报之？卿宜安心勿辞。"[3] 《朝鲜宣祖实录》史官评郑昆寿曰："素性轻薄，力量挟少。

---

[1] 《朝鲜宣祖实录》卷34，宣祖二十六年正月丙寅，《朝鲜王朝实录》第21册，第600页。

[2] 《朝鲜宣祖实录》卷42，宣祖二十六年九月乙卯，《朝鲜王朝实录》第22册，第92页。

[3] 《朝鲜宣祖实录》卷43，宣祖二十六年十月庚子，《朝鲜王朝实录》第22册，第111页。

立朝数十年，了无声绩，临老成功，蹿升大位，如拾地芥，人称其福。"① 相对于其他史料，《朝鲜宣祖实录》是最具权威性的。肃宗年间，尚有朝臣论曰："石星之兴师救我，盖由于昆寿之所感动人，比之申包胥。事定后策为元勋，先王朝闻其延谥，特命赐乐矣。"② 英祖年间亦有朝臣曰："侍读官沈星镇陈壬辰之乱，西川府院君郑昆寿请兵天朝，血泣哀吁，兵部尚书石星为之感动，力主发兵，血衫尚在其家，宜录用其后。"③ 正祖亦言："记昔西川府院君（即郑昆寿）之奉使也，圣祖谕之以国之存亡，在卿此行，及单车入燕，恸哭司马门下，石尚书以为：'秦庭之哭，无以尚之。'敷奏天门，帝赫斯怒，玺书先降，而褒许行人泣诉之诚……而若其至诚格天，用将皇威之功，则西川为首于当时诸功臣。"④ 可见，《朝鲜王朝实录》自始至终都认为请明朝出兵功劳最大者乃是郑昆寿，从宣祖到正祖年间，此事一直为人所津津乐道。故而，毫无疑问，郑昆寿之请兵才是明朝出兵朝鲜最直接的动因。

值得注意的是，在郑昆寿的记载和《朝鲜王朝实录》中均一字未提洪纯彦，他根本未随同使行前往北京。假如洪纯彦真乃石星继室的恩人，又有宗系辩诬成功之先例的话，在此关键时刻，朝鲜焉能不派他前往？可事实上完全没有，故所谓石星为报恩才极力主张出兵朝鲜的说法，只是朝鲜人杜撰的传说而已。之所以该传说为某些朝鲜人所反复提及，大概是石星因主张封贡下狱，最终死在狱中，朝鲜人感到愧疚，故而杜撰出这么一个感恩的故事，以寻得某种慰藉，亦未可知也。

① 《朝鲜宣祖实录》卷42，宣祖二十六年九月乙卯，《朝鲜王朝实录》第22册，第92页。

② 《朝鲜肃宗实录》卷40，肃宗三十年十月戊子，《朝鲜王朝实录》第40册，第116页。

③ 《朝鲜英祖实录》卷42，英祖十二年九月戊戌，《朝鲜王朝实录》第42册，第516页。

④ 《朝鲜正祖实录》卷49，正祖二十二年七月癸未，《朝鲜王朝实录》第47册，第96页。

二　石星与封贡之议

在持续 7 年的战争中，明日双方花费了将近一半的时间在接洽封贡事宜上。从一开始，石星就有两手准备——战和兼备，以战为主，以和为辅。李如松在碧蹄馆之战中失利后，亦赞同封贡议和，故而之后对日策略以和为主，以战为辅。石星在封贡事情上苦心经营，期望将朝鲜战事一举弭平，但因偏信沈惟敬，导致封贡失败，他自己亦被下狱，最终瘐死狱中。尽管学术界讨论封贡之事已多，① 但对于石星在其中的地位与作用，尚有待深入探究。

明朝封贡事宜有一个演变过程，可分为以下几个阶段。第一阶段，借封贡以试探日本之意，侦察日军之情报，石星招募沈惟敬前往日本，直到李如松等率师开往朝鲜。第二阶段，借封贡之议延缓日本进攻，使其麻痹大意，初见成效，明军收复平壤、开城等地。第三阶段，在碧蹄馆之役失利后，经略宋应昌、总兵李如松由反对封贡转向诚心与日本和谈。明日开始正式封贡议和，这一过程持续数年。第四阶段，封贡之议失败，丰臣秀吉不接受明朝册封，战事重开，石星获罪下狱。② 在封贡过程中，石星是

---

①　中文论著如次：杨昭全《论明代援朝御倭战争中的和议问题》，吉林省朝鲜研究学会编《朝鲜研究文集》（一），吉林省朝鲜研究学会 1981 年版；张庆洲《抗倭援朝战争中的明日和谈内幕》，《辽宁大学学报》1989 年第 1 期；朱亚非《明代援朝战争和议问题新探》，《中国史研究》1995 年第 4 期；文廷海《明代碧蹄馆之役及中日和谈考实》，《四川师范学院学报》2001 年第 2 期；陈尚胜《壬辰战争之际明朝与朝鲜对日外交的比较——以明朝沈惟敬与朝鲜僧侣四溟为中心》，《韩国研究论丛》第 18 辑；朱法武《壬辰战争中朝鲜对中日议和立场探析》，《社会科学辑刊》2010 年第 2 期；李光涛《万历二十三年封日本国王丰臣秀吉考》，《中央研究院历史语言研究所专刊》之五十三，中研院历史语言研究所 1967 年版。

②　陈尚胜将沈惟敬议和分为两个阶段：碧蹄馆之战以前为一个阶段，沈惟敬的议和活动从属于明朝的军事活动，沈惟敬圆满完成了任务；碧蹄馆之战后为一个阶段，乃实质性的议和阶段。他认为沈惟敬不具备相关的知识和才能，以致议和失败。参见陈尚胜《壬辰战争之际明朝与朝鲜对日外交的比较——以明朝沈惟敬与朝鲜僧侣四溟为中心》，《韩国研究论丛》第 18 辑。

最主要的策划者，在朝中他仰仗首辅赵志皋的支持，在外则依靠沈惟敬联络交涉，自己则居中策划封贡之事。尽管有不少反对意见，但终究无法撼动石星，这充分显示了他性格中的固执与"愚戆"。中朝史料皆将封贡失败归咎于石星过于信任沈惟敬，而沈惟敬与日本议和使者小西行长的故意欺瞒是封贡失败的直接原因。那么，查明石星与沈惟敬到底有着怎样的关系，或许是探讨明朝封贡问题的一个重要层面。

石星与沈惟敬的相识，中、日、朝史料皆有提及。沈德符《万历野获编》曰：

> 沈惟敬，浙之平湖人。本名家支属，少年曾从军，及见甲寅倭事，后贫落。入京师，好烧炼，与方士及无赖辈游。石司马妾父袁姓者，亦嗜炉火，因与沈善。会有温州人沈嘉旺，从倭逃归，自鬻于沈，或云漳州人，实降日本，入寇被擒，脱狱。沈得之为更姓名，然莫能明也。嘉旺既习倭事，且云关白无他意，始求贡中国，为朝鲜所遏，以故举兵，不过折柬可致。袁信其说，以闻之司马。惟敬时年已望七，长髯伟干，顾盼烨然，司马大喜，立题授神机三营游击将军。沈嘉旺亦拜指挥，与其类十余人充麾下，入日本。司马既以封贡事委之，言无不合，言路交攻，不为动。[1]

朝鲜成海应的《研经斋全集》[2]与日本川口长孺的《征韩伟略》[3]亦有类似记载，只是细节上略有不同。沈惟敬与石星相识，是因为石星妾父之介绍；沈惟敬之所以对日本有所了解，是因为他的仆人

①　《万历野获编》卷17《兵部·沈惟敬》，第440页。

②　参见成海应《研经斋全集》外集卷60《兰室谭丛·沈维敬》，《影印标点韩国文集丛刊》第278册，韩国民族文化推进会2001年版，第89—90页。

③　参见川口长孺《征韩伟略》卷2，吴丰培编：《壬辰之役史料汇辑》（下），第564—566页。

沈嘉旺之介绍；石星之所以执迷于封贡，乃是因为沈嘉旺说日本只是"求贡中国"而已。沈惟敬因之得到石星信任，当时就有人劝石星，不可信任沈惟敬，秀水人朱国祚言："此我乡曲无赖，因缘为奸利耳，公独不计辱国乎？"① 石星不听，在朝鲜战事上，只信任沈惟敬，沈惟敬也每每以石星私人"信使"的身份出现。

　　沈惟敬第一次受命于石星，② 前往朝鲜探听军情，为壬辰年（1592）八月十五日。"惟敬简其驺从，疾驰渡江，言语张皇……其人貌寝而口如悬河，盖辩士也。且言与平义智、平秀吉相知云矣。"③ 朝鲜君臣对沈惟敬并无好感。当时朝鲜请兵使郑昆寿尚未前往明廷，但石星已将沈惟敬派到朝鲜打听情况。沈惟敬原本对倭人就有所了解，第一次到朝鲜便只身前往倭营。八月二十九日，他单骑前往，得见小西行长，并与之约五十日往返，以完成封贡之事。九月二十九日沈惟敬返回辽东。当时明朝尚未决定出兵朝鲜，朝鲜赴明请兵使郑昆寿正在北京与明廷各部密切交涉，希望明廷尽快出兵。十一月初六，沈惟敬再赴朝鲜，复入平壤，给日军赐帽子，摸清了日军数目，向李如松提供日军人数。李如松以两倍兵力击溃平壤之日军，收复平壤，给明军立了一功。李如松原本是反对议和封贡的，力主征伐日本，拒绝和谈。《明史》称："初，官军捷平壤，锋锐甚，不复问封贡事。及碧蹄败衄，如松气大索，应昌、如松急欲休息，而倭亦乏粮并绝，且惩平壤之败，有归志，于是惟敬款议复行。"④ 碧蹄馆之战失利，经略宋应昌与总兵李如松转而赞同封贡之议，遂派沈惟敬前往议和，"经略宋应昌惑沈惟

　　① 《明史》卷240《朱国祚传》，第6249页。

　　② 陈尚胜指出，壬辰战争之际，平民沈惟敬与朝鲜僧侣四溟在明、朝对日本议和过程中充当了官方的首席谈判代表，乃明、朝对外关系史中一个引人注目的现象，反映了当时外交人才的匮乏（《壬辰战争之际明朝与朝鲜对日外交的比较——以明朝沈惟敬与朝鲜僧侣四溟为中心》，《韩国研究论丛》第18辑）。

　　③ 《朝鲜宣祖实录》卷27，宣祖二十五年六月丁巳，《朝鲜王朝实录》第21册，第508页。

　　④ 《明史》卷238《李如松传》，第6195页。

敬，力请封贡"。① 四月初九，"惟敬自江华乘船到龙山。清正、行长俱会于船上，各请和"。日军南撤后，五月初三，沈惟敬与行长到釜山，期望日军归还二王子。十二月，明廷再令沈惟敬前往倭营。② 可见，沈惟敬是明廷与日军交涉最重要的使者，几度往返于辽东与朝鲜半岛，后来还前往日本，面见丰臣秀吉。但他过于自信，有时甚至信口开河，随意答应日军的条件，对明廷又故意隐瞒真实情况，两边欺瞒。而石星却一味信任他，对他言听计从。

明廷朝臣对石星、宋应昌等依赖沈惟敬、一味主和，多表示不满。万历二十一年九月壬戌，兵科都给事中张辅之上疏言："夫沈惟敬，非端人也。许贡非奇策也，应昌一用于平壤，再用于王京，又用于釜山，三用而三幸不败。此果应昌之智耶？抑亦倭奴之愚耶？"宋应昌辩解道："臣前后讲贡之繇，实是借贡以退倭，未曾轻许而误国。今倭将小西飞等见在军前，或显戮示武，或应否许其通贡，并臣所陈，稽时日以便修守为今日急务，不容斯须迟误者，俱作速议复，请旨颁发，以便遵行。"③ 宋应昌只是把封贡当成一种策略，并非真想与日本议和封贡。石星亦上疏对宋应昌表示支持："经略宋应昌始末讲贡之繇，恢复朝鲜之故，大抵以挞伐为威，以许贡为权，惟冀成功，无嫌诈计。而其遣使往探，行间捐金，则臣星实与之谋焉。"④ 石星毫不讳言，支持宋应昌封贡之论。张辅之直陈："此皆沈惟敬倡其说以误应昌，而应昌复溺其说以误阁部，石星素号忠诚，不加深察而谬欲以身担之，脱或有误，虽百身奚赎。"⑤ 可见，明大军开往朝鲜初期，以宋应昌为经略、李如松为总兵，率军前往，策略上乃是征讨与和谈并用，李如松正面征

---

① 《明史》卷 242《林材传》，第 6290 页。
② 《象村稿》卷 39《天朝诏使将臣先后去来姓名·记自壬辰至庚子》，《影印标点韩国文集丛刊》第 72 册，第 277—278 页。
③ 《明神宗实录》卷 264，万历二十一年九月壬戌，第 4907—4915 页。
④ 《明神宗实录》卷 264，万历二十一年九月戊辰，第 4917 页。
⑤ 《明神宗实录》卷 264，万历二十一年九月庚午，第 4926 页。

讨，沈惟敬则负责和谈事宜，宋应昌居中调度，石星则在朝中总揽运筹。

沈惟敬面对朝鲜君臣时，也每每打着石星的旗号。他甚至对国王李昖说："石爷（即兵部尚书石星）为贵国，寝不安，食不下，俺以石爷之心为心，故尽心力耳。"① "以石爷之心为心"，他俨然是石星在朝鲜的代言人。一旦与朝鲜无法达成一致意见，沈惟敬则每每说是石星之意，或者说将禀报石星。宣祖二十八年四月，沈惟敬希望朝鲜派判中枢府事尹根寿（1537—1616）陪同他一起去倭营议和，但得知尹根寿不能陪他去，沈惟敬"颇有不悦之色，多发愤怒之言"。朝鲜朝臣反复解释，沈惟敬才"略除辞色"，遂曰："吾非欲必带尹陪臣下去。但以石尚书分付如此，故不得不言于贵国矣。贵国上下所执如此，吾何必强贵国，而必从吾言？但速回咨以送，则我当转报于石尚书。"他们再解释说石星札中所言九事，尹根寿都会尽心办理，只是赴倭营一事，断不可从，已另择一学士前往，沈惟敬又说："今尔国君臣之意如此，虽有石尚书分付，岂无权宜处置之道？"② 可见，尽管沈惟敬打出石星的旗号，朝鲜也并不是事事买账。朝鲜从一开始就了解沈惟敬乃石星所派来的，宣祖二十五年十二月甲午，郑昆寿从北京回来向国王报告即称："沈游击，则石尚书实送之，贼若请和，则因而许和，否则进兵剿灭云矣。"③ 对于沈惟敬之任务，朝鲜亦了如指掌。

在沈惟敬多方沟通下，宋应昌于万历二十一年四月派谢用梓、徐一贯为使团，前往名护屋拜见丰臣秀吉。丰臣秀吉对明使团提出议和七条：迎明公主为日本天皇之后妃；恢复勘合贸易；明日两国

---

① 《朝鲜宣祖实录》卷 32，宣祖二十五年十一月癸酉，《朝鲜王朝实录》第 21 册，第 570 页。

② 《朝鲜宣祖实录》卷 62，宣祖二十八年四月癸丑，《朝鲜王朝实录》第 22 册，第 480 页。

③ 《朝鲜宣祖实录》卷 33，宣祖二十五年十二月甲午，《朝鲜王朝实录》第 21 册，第 581 页。

武官永誓盟好；朝鲜京城及四道归还朝鲜，另外四道割让于日本；朝鲜送一王子至日为人质；交还被俘的朝鲜国二王子及其他朝鲜官吏；朝鲜大臣永誓不叛日本。① 谢、徐二人将此七条带回，但似乎未告知宋应昌，只说日本恭顺，愿意议和。石星、宋应昌就在日本"恭顺"的印象中，与日本开展封贡活动。但明廷议论结果是许封不许贡，而且日军必须全部撤兵、上表称臣。不久，小西行长获知明廷之要求，感觉明、日双方要求相差甚巨，于是约见沈惟敬，两人担心谈判失败，遂共同伪造《关白降表》。② 万历二十二年十月，日本派小西飞与明朝使团到北京，小西飞信口答应明廷所提的三项条款："一、勒倭尽归巢；一、既封不与贡；一、誓无犯朝鲜。"③十二月，封议定，命临淮侯李宗城充正使，以都指挥杨方亨副之，同沈惟敬前往日本。李宗城乃开国元勋李文忠之后，"少以文学知名。万历中，倭犯朝鲜，兵部尚书石星主封贡，荐宗城才，授都督佥事，充正使，持节往，指挥杨方亨副之。宗城至朝鲜釜山，倭来益众，道路籍籍，言且劫二使。宗城恐，变服逃归"。④ 实际上，李宗城在釜山居留很久，要求日军全部撤回，他才能渡海赴日。但是他在跟日本人接触过程中，有一晚终于获悉丰臣秀吉和谈真正的七条要求跟他原本所了解的大相径庭，极为震惊，他感觉根本不可能完成册封任务，甚至可能性命不保，次日凌晨便从倭营中逃跑北返。明廷只得改派杨方亨为正使、沈惟敬为副使，以完成册封之事。丰臣秀吉原本很高兴接受明朝金印、冕服，但当他听到西笑承兑翻译万历皇帝谕旨中，称封他为日本国王时，才感觉到这跟他自己的主张完全南辕北辙，当即恼怒，随即驱逐明朝使臣，并要将小西行长处死，这次册封也以失败而告终。次年正月，丰臣秀吉再次

① 日本参谋本部编「朝鮮役」附文書、『日本戰史』第 8 冊第 120 號、偕行社 1924 年版、133—135 頁。

② 李炯錫：《壬辰戰亂史》中卷，壬辰戰亂史刊行委員會 1994 年版，第 451 頁。

③ 《明史》卷 320《朝鲜传》，第 8294 页。

④ 《明史》卷 126《李文忠传附》，第 3748 页。

发动侵朝战争，战事重起。

对于明朝封贡失败的原因，中外学者多有探讨，皆指责沈惟敬、小西行长等故意欺瞒，致使双方要求相差甚巨，最终无法达成协议，这也是最直接的原因。① 深入考察，其中有着更深层次的原因。

第一，石星始终是明朝封贡的主持者和策划者，沈惟敬直接听命于他，因而，石星对明朝封贡失败应负主要责任。

石星对朝鲜战事极其尽心，对朝鲜的请求几乎是有求必应。明朝所赐冕服、诰命在战争中皆被焚毁，宣祖二十六年九月，朝鲜派谢恩使领敦宁郑澈、副使知中枢柳根驰向明廷请求诰命、冕服等事。使行人员先呈文礼部，随后"将前日呈礼部文字，添入措辞，遂呈兵部。石爷不惟不以径诉为非，而颇有恳恻之意，快诺于立谈之间。石尚书为我国事，终始致力，至于此极，此是天幸。果如石爷所分付，则诰命、冕服似当并行，颁给于敕使之行，凡接待敕使等事，似当预为讲究施行"。② 这本来与石星毫无关系，但朝鲜使臣还是再呈文兵部，石星"快诺于立谈之间"，令朝鲜使臣皆极为感动。石星甚至还让朝鲜使臣多买菜种回去，以便解决粮食问题，③ 对朝鲜可谓关怀备至。正因为如此，对于封贡事宜他也当仁不让地成为最主要的主持者和主张者。朝鲜从石星的奏疏中获知，"倭奴请贡，固不当许，而朝鲜残破，军饷难继，若为朝鲜计，则不可不准贡"。④ 可见，封贡议和，也是从朝鲜的角度来考虑的。

尽管石星如此用心，但所用非人。他一意孤行，丝毫不听其他

① 张庆洲在《抗倭援朝战争中的明日和谈内幕》（《辽宁大学学报》1989 年第 1 期）中，详细分析了会谈中的欺诈行为。

② 《朝鲜宣祖实录》卷 44，宣祖二十六年十一月丙寅，《朝鲜王朝实录》第 22 册，第 124 页。

③ 《朝鲜宣祖实录》卷 46，宣祖二十六年十二月丁巳，《朝鲜王朝实录》第 22 册，第 183 页。

④ 《朝鲜宣祖实录》卷 48，宣祖二十七年二月庚午，《朝鲜王朝实录》第 22 册，第 226 页。

意见，甚至为了实现所谓的封贡，自己也行欺骗之事。万历二十三年七月，朝鲜国王李昖以日本谢恩人船取道对马岛，从朝鲜经过，"恐复起衅端，愿依督臣顾养谦所议，贡道仍出宁波"。但石星"酷信沈惟敬之言，以为关白恪遵三事约束，计日焚栅，卷众悉归，不宜示以猜疑之端"。①他对朝鲜所上表文，一旦发现不利封贡议和之内容，竟然自行删改。冬至使许晋曾上启国王曰："臣赍去呈文一件，礼、兵部誊书进呈，凡干贼情，既已详尽。臣等请贸军资呈文中，亦陈贼势，而石尚书厌闻贼势之言，略不见答。覆题奏闻之时，乃敢删去，自以己意，做出文字，有若出于臣等之言，不胜痛闷……且石尚书虽知贼势，而既与经略同心，每谓之贼退。今者经略回京，方在本部，必且攘臂大言，不遗余力，尚书亦不能无惑矣。"引得国王感慨道："大概皇朝之意，欲以许封许贡，为羁縻之计，苟冀无事，其为姑息，亦已甚矣。"②石星随意改动朝鲜表文，引起朝鲜使臣不满。朝鲜对明朝主封贡之人全知其底细，"封贡一款，中朝论议不一，只王阁老以为可许，石尚书、顾总督，亦皆主张。尚书言'此事我独担当。事不成，其罪我不得辞'云"。③可见，在石星看来，一切以封贡为上，凡是与封贡有抵触者，皆予以排斥。

万历二十三年三月，册封使李宗城已前往朝鲜，石星以为封事旦夕可成，遂条陈册封事宜："一禁冗役，一禁讹言，一禁妄报，一禁启衅。"④朝鲜国王李昖言："初虽见诬，竟何偏重和事？顷见闻见事件，有石星言，今后勿以'倭'着'贼'字云，盖可知其心。"⑤

① 《明神宗实录》卷287，万历二十三年七月庚子，第5331页。

② 《朝鲜宣祖实录》卷49，宣祖二十七年三月戊子，《朝鲜王朝实录》第22册，第236页。

③ 《朝鲜宣祖实录》卷50，宣祖二十七年四月丁丑，《朝鲜王朝实录》第22册，第262页。

④ 《明神宗实录》卷289，万历二十三年九月乙未，第5362—5363页。

⑤ 《朝鲜宣祖实录》卷84，宣祖三十年正月庚申，《朝鲜王朝实录》第23册，第158页。

可是，石星越是这样一意孤行，越令朝中诸臣反感。河南道御史周孔教指责："若石星终迷不悟，刚愎不反，仰鼻息于马上之口，敝笔舌于鼠首之间，因循误国，噬脐何及！"① 可见石星执迷于封贡至何等程度。

封贡失败之后，曹学程指责曰："石星很很自用，赵志皋碌碌依违，东事之溃裂，元辅、枢臣俱不得辞其责！"② 朝鲜人亦曰："惟敬……因舞智揣摩，巧完封事，弄石尚书于掌股之间矣……惟敬本一无赖也，星误中其游说，借款息兵，欲倚小人而成功。竟至事败，惜哉！"③ 石星所用非人，固然是一个方面，但更重要的原因乃是他本人性格上的问题。《两朝平攘录》评之曰：

> 按：星以直谏显名，致位极府。即和议一事，本心无非为国，第大臣贵虚心集善，根本不欺。星乃偏听执己，希幸成功，事涉欺罔，遂亦不顾封事之败，举国知之，举国言之，星皆目为异己，新进浮躁而排斥之。一惟敬言是听，甚至直隶总兵朱文达歼倭崇明，星授意当事者曰：琉球佛郎机人，非倭也。山东杨文侦探唬船遇倭于海边，至朝鲜界上，血战得功，朝鲜王且为代奏，未久杨文劾罢矣。温处参将高可学标下哨官陈定斩倭六十级，星不为叙功，且云琉球属夷，何可妄杀！未几，可学被论。诸此类惟恐阻碍封事，故委曲掩饰以陷于罪。此皆偏执所致。迨其终也，欲身请入倭营，捋虎须，愚亦甚矣哉！④

---

① 陈子龙等编：《明经世文编》卷 451《东封误国亟赐议处疏》，中华书局 1962 年版，第 4956 页。

② 《明史》卷 234《曹学程传》，第 6111 页。

③ 闵仁伯：《苔泉集》卷 3《龙蛇追录·黄慎》，《影印标点韩国文集丛刊》第 59 册，韩国民族文化推进会 1990 年版，第 53—55 页。

④ 诸葛元声：《两朝平攘录》，吴丰培编：《壬辰之役史料汇辑》（下），第 97—98 页。

这里充分说明石星性格上的缺点：过于偏执，过于自信，完全听信沈惟敬之言，为了封事而不顾一切、肆意欺瞒，终致封事失败。朝鲜士人也认识到这一点，曰："不幸（石星）过听惟敬之言，一力主和，终不免瘐死。"① "当初和事，兵部尚书石星主之，盖出于中国以禽兽畜夷狄之意，未为全非。而及其狡计已露，而犹信惟敬诈谖之言，每以夷情为可保，欲苟且结末，终至见辱于小丑。此则星之罪也。"② 最终，石星因所用非人即过于相信沈惟敬及固执己见，被罢官闲居。朝鲜封贡之失败，与石星本人的"愚戆"直接相关，可以说正是他这样的性格使得封贡失败。

第二，封贡失败亦在于石星的"无知"。一方面是对册封礼仪的无知，另一方面是对日本的无知。石星是兵部尚书，出兵征伐是其职责所在，但封贡册封应该属于礼部职掌，石星主持封贡事宜，有越俎代庖的嫌疑。同时，泱泱大明王朝，举朝官员中竟然找不出一位日本专家，只能仰仗通过招募而来的沈惟敬这样一个"无赖"去洽谈封贡事宜，焉能不败！当时致仕礼部尚书于慎行即言：

> 国家制御四夷，自有正体。封贡之典，职在礼官；征讨之法，职在枢府。譬如青鸟司春，玄鸟司闭，各有职掌，不可紊也。累朝相沿，著为成法。如西之哈密、南之交趾、北之顺义，皆枢府所有事。而封贡题请，则皆属之礼部。旧牍具在，可考览也。万历甲午以后，辽左衄师，司马石公欲以封贡啖倭，救失补败，且欲身任其事，以自为功。亦不想职掌沿革各有司存，而礼部一二正卿，苟欲避谤辞难，为自免之计，亦不言职掌在本部也。乃使兵部题请，成封贡之议。

① 《象村稿》卷39《天朝诏使将臣先后去来姓名·记自壬辰至庚子》，《影印标点韩国文集丛刊》第72册，第279页。
② 李廷馨：《知退堂集》卷11《东阁杂记坤·本朝璇源宝录·宣宗》，《影印标点韩国文集丛刊》第58册，韩国民族文化推进会1990年版，第175页。

及事败势颓，兵臣伏罪，而礼臣无恙焉，自为善矣。其如职掌之紊何？夫兵臣不知职之在人而任之于己，礼臣明知职之在己而委之于人，皆所谓溺其职者也。公卿台谏亦无一人详考旧牍而知其责之所在者，使兵臣误而罹于法，礼臣误而免于罪，近于七圣皆迷之境矣。士大夫高谈虚拱，不亲世事，其流弊至于如此。

在于慎行看来，封贡之事本不属于兵部，石星以兵部尚书任之，可谓名不正言不顺。礼部当管不管，规避其责，兵部不当管却管，导致石星瘐死狱中，这就是"兵臣误而罹于法，礼臣误而免于罪"，职掌皆不明，一笔糊涂账。而主事之人，一味欺瞒，焉能不败！这种糊涂，还在于对日本的无知。于慎行接着说：

日本关白封贡之议，一时台谏部司上疏力谏，日无虚牍，争之诚是也。然皆揣摩情形，泛论事理，至于日本沿革，绝不考究。有谓祖宗绝其封贡，二百年来不与相通者，览之为之失笑。日本在洪武初年虽绝其贡，至永乐以后，即以金印诏书封其国王，每朝易位，辄赐日字勘合若干号。六年一贡，赍勘合而至，人舡货物皆有定数。至嘉靖二十九年入贡以后，始不来耳。奈何谓二百年来不许通贡？又倭中自有国王、州郡官长，类如朝鲜，可考而知，亦不问其颠末，而从一二舶商之言，所指地方官职，皆以洪荒创造未经缔构者，尤可笑也。四夷封略在礼部客司，大司马石公徒欲取效目前，不暇深考，竟不知日本为何国，关白为何人，盈庭之言，皆如唔呓，以此御难，何以为国？可为仰屋窃叹者矣！①

① 于慎行：《谷山笔麈》卷11《筹边》，中华书局1984年版，第123—124页。

于慎行于万历十八年致仕，家居十七年，以读书著述为业。他目睹石星封贡经过，指出封贡本非石星职掌，亦慨叹朝中无人，对日本无知，又不事考证，无知得可笑，致使此事最终失败。纵观有明一代，倭患始终未绝，但大明王朝对日本所知依然不多，万历二十年大敌当前，朝中竟然找不出一位日本专家，致使石星只得依赖"无赖"沈惟敬，"惟敬海上数年……反复变幻，弥缝诡诈，年复一年，月复一月，使中国耳目不明，战守无据。迨于妒宗城，媚日本，撤军戍，费饷损威，欺误本兵，厥罪不小"，[1] 最终将这场封贡闹剧引入死胡同。

总之，封贡失败的原因是多方面的，仔细考察，还包括朝鲜与日本方面的原因，但从明朝这方来说，石星应负主要责任，他既要负用人不当之责，亦有过于固执、偏听偏信之过。而从大的方面讲，也是朝中无人、明廷集体无知所致。

三　朝鲜对石星之感恩与石星后人在朝鲜之境遇

《明史·神宗本纪》载："（万历二十五年）九月壬辰，逮前兵部尚书石星下狱，论死。"[2] "论死"之议，惩处相当重。沈德符《万历野获编》称："近日枢臣石星，以东事坏，上谓其媚倭误国，论极刑，妻、子亦坐流徙，则数十年来仅见者。"[3] 可见，在当时人看来，对于石星的处置是相当重的。以兵部尚书之职而被论死，妻子儿女皆被流放，全家遭殃，嘉靖、万历年间罕见。谈迁《北游录》载神宗决定诛石星之经过曰："神庙宠李敬妃，妃死，上简括其房闼得一床。究问何来，曰石尚书所进。上大怒，即除却服饰，决意诛石星矣。"[4] 这个说法是否属实，无从考证。从这个传

---

① 《两朝平攘录》，吴丰培编：《壬辰之役史料汇辑》（下），第 117 页。
② 《明史》卷 21《神宗本纪》，第 279 页。
③ 《万历野获编》卷 18《刑部·罪臣孥戮》，第 469 页。
④ 谈迁：《北游录·纪闻上·神庙遗事》，汪北平点校，中华书局 1960 年版，第 339—340 页。

闻来看，当时人对于神宗处置石星如此之重，也是颇为费解的，故而衍生出许多说法。神宗发现石星给其爱妃献床，反而激发他要诛石星，也有点令人费解。当时人或许认为石星因东征封贡失败被论死，有点冤枉。明朝人觉得冤枉，朝鲜人则觉得愧疚，因为石星是为救朝鲜而被下狱论死的。

　　事实上，在明军收复平壤、开城、汉城等大部分朝鲜国土以后，宣祖二十七年十月明廷派使臣前往日本册封之时，朝鲜君臣就已议论要为石星与明总兵李如松建生祠，以示感恩。国王李昖曰："李提督，则已于平壤立祠。凡立祠，为其功也，非必足迹所及处为之也。石尚书于我国甚有功，亦立祠可也。"① 几经商讨，决定给石星与李如松共建一祠。"当初力排群议，命将出师，来救我国，石尚书之功，果为重大。为设位版，与李提督同入一祠，副将三人，亦为同祠，其于情礼，极为允当。"② 此时战事尚未结束，国王李昖仍希望尽快建好生祠，指令："石尚书生祠，曾已定之矣。他人虽不得为之，石尚书与李提督同祀，天使未出来之前，使之举行，俾华人知之。"③ 但因为当时还处于战乱期间，直到万历三十一年八月，才在平壤府建成武烈祠，崇享兵部尚书石星、提督李如松、左协将杨元、中协将李如梅、右协将张世爵、参将骆尚志，供奉其画像。④ 此举之动议则是在封贡之议初始之时。

　　在封贡失败之后，石星受到牵连，地位岌岌可危。领议政柳成龙上书言："石尚书以忠贤名闻天下，当本国事变之初，适在兵

---

　　① 《朝鲜宣祖实录》卷56，宣祖二十七年十月乙卯，《朝鲜王朝实录》第22册，第370页。

　　② 《朝鲜宣祖实录》卷56，宣祖二十七年十月丁巳，《朝鲜王朝实录》第22册，第371页。

　　③ 《朝鲜宣祖实录》卷59，宣祖二十八年正月丁丑，《朝鲜王朝实录》第22册，第415页。

　　④ 参见弘文馆编《增补文献备考》卷64《礼考·诸庙·武烈祠》，汉城国学资料院1993年版，第835页。

部，深忧闷念，不啻如一家之事，凡有所请，无不曲从，使我国得至今日，皆尚书之力也。此恩何可忘也？今为言者所攻，不能自保，使与顾侍郎等相继而去，则后谁有为我国任事者哉？"①　朝鲜为此感到忧虑。宣祖二十九年四月，接伴使金晬曰："石尚书送其妻子于乡家曰：'吾将被罪而死。'"②　当时明使张忠从北京来，传言："（石星）一家日夜泣，求救出老爷之策。"③

朝鲜国王李昖对石星封贡失败也颇有微词。他曾说："石星不好底人也，谓之权奸宜矣。初为我国事，勠力为之则善矣，其为欺蔽圣聪之事，极为无状矣。"④　又说："石星不可谓善士矣。务为欺罔，此必权臣矣。"⑤　即便如此，国王还是认为："此人（石星）虽有误事，大有恩德于我国，我国出死力救之，亦宜矣。"⑥　领议政柳成龙亦说："石星自始至终，为我国经营百度。"⑦　国王担心石星被罢之后再也找不到像他这样关心朝鲜事务者，"石尚书（星）若递出他兵部尚书，则我国之事，谁任其咎？"⑧

石星被罢下狱的消息很快就传至朝鲜。宣祖三十年四月，告急使行护军权悏驰启曰："是日臣在兵部，闻有圣旨：石星革职，候

① 《朝鲜宣祖实录》卷51，宣祖二十七年五月己丑，《朝鲜王朝实录》第22册，第267页。

② 《朝鲜宣祖实录》卷74，宣祖二十九年四月丙午，《朝鲜王朝实录》第22册，第677页。

③ 《朝鲜宣祖实录》卷74，宣祖二十九年四月丙午，《朝鲜王朝实录》第22册，第678页。

④ 《朝鲜宣祖实录》卷84，宣祖三十年正月甲寅，《朝鲜王朝实录》第23册，第152页。

⑤ 《朝鲜宣祖实录》卷84，宣祖三十年正月庚申，《朝鲜王朝实录》第23册，第158页。

⑥ 《朝鲜宣祖实录》卷87，宣祖三十年四月癸酉，《朝鲜王朝实录》第23册，第192页。

⑦ 《朝鲜宣祖实录》卷84，宣祖三十年正月庚申，《朝鲜王朝实录》第23册，第158页。

⑧ 《朝鲜宣祖实录》卷82，宣祖二十九年十一月己亥，《朝鲜王朝实录》第23册，第95页。

旨定夺。"① 朝鲜君臣谋求上疏申救石星，备边司上启曰："今承下教，其欲申救之意至矣。但石尚书被参曲折，外国势难有若预知者，而敢为救解于其间。情虽欲救，而事实难为，臣等不知所处。"② 最终，朝鲜未采取行动。十月，朝鲜获知："皇上以石尚书主和误国，将置极刑，曾于宁夏之役，稍有微勋，绝远充军，永不蒙宥；沈惟敬已令锦衣卫拿去，行李、家资，没入于官，身将被戮矣。"国王李昖获知此情曰："石尚书大人救援平壤，再造东方，常切感激。沈大人亦以小邦事，五六年奔走于道路，勤劳甚至，小邦人民都未忘两大人之德。今闻如此，不胜怜痛之至。而小邦无路辨释，尤增冤闷。且天朝大人，以小邦故，至于此极，无任未安之至。"③ 言辞之间，表露出感激与愧疚之情，但最终还是没有采取行动向明廷请求宽恕石星。

宣祖三十二年初，右议政李恒福和同知中枢李廷龟出使北京，在回国临行前一天，明兵部听差官把总杨应春趁馆门洞开之时，混进会同馆，密见朝鲜通官李彦华，朝鲜知道杨应春跟石星"最亲且厚"。杨应春说昨日去刑部见了石星，石星对他说："我专为朝鲜，既不费朝鲜粮，又不妄杀官军。今以东征一事，妻子远配广西，只有一子，年才十二岁，骨肉不相见者累年。"于是杨应春提出："万一尔国王上本，事或可解。尔国幸则进一线路如何？必须宰相传报国王后，次使臣之来，上本如何？"④ 希望朝鲜国王上本解救石星。光海君时期，重提为石星申冤之事，李恒福遂再向光海君陈述此事，最后言："臣还朝，细陈于榻前，先王沈吟久之，竟

---

① 《朝鲜宣祖实录》卷87，宣祖三十年四月乙亥，《朝鲜王朝实录》第23册，第197页。

② 《朝鲜宣祖实录》卷87，宣祖三十年四月壬申，《朝鲜王朝实录》第23册，第191页。

③ 《朝鲜宣祖实录》卷93，宣祖三十年十月戊辰，《朝鲜王朝实录》第23册，第314页。

④ 《朝鲜宣祖实录》卷112，宣祖三十二年闰四月辛卯，《朝鲜王朝实录》第23册，第611页。

无发落矣。"① 最终，朝鲜还是没有上书为石星申冤。宣祖三十二年十月，朝鲜国王获知石星瘐死狱中，说："石尚书有功于小邦，而竟至于此，不胜惊恻。"② 当即下备忘记曰："石尚书于我国，不可谓无功。累年监候，在狱身死，实因我国之故，岂不惨痛？若于平壤祠堂，遣官致祭，则〔如何〕？在中朝法纪至严，天威不得不施，以其误天下之计也。在我邦拯济恩深，私情不可不报，以其有平壤之功也。"礼曹认为当祭。议论致祭之时，朝鲜谏院持不同之论，曰："石星之死狱，沈惟敬之论斩，天朝纪律，可谓至严矣。星当初为我国，虽有致力之功，终主和议，得罪于天下万世，故断不容贷，竟死牢狱。不如是，则堂堂大义，将何以扶植哉？自上持念天朝大官，因我国事，幽絷而死，欲遣官以祭，其矜恻之意至矣！而但皇上既以大义罪之，则我国何敢以区区私情，致祭于得罪天下万世之人乎？况今天将满城。倘闻此事，必将传播中朝，为他日执言之地，则将何以为之辞乎？请平壤致祭公事，勿为举行。"③ 既有不同意见，礼曹最后决定不致祭。《朝鲜宣祖实录》还就此事发表议论："攻、和一脉，亘万古而不易者也。石星身为大臣，力主和议，终被重罪，死于牢狱，则是堂堂大义，庶几不灭于今日。我国岂可以区区之恩致祭，于得罪天下后世者乎？"④ 以所谓"私情"与"大义"相悖，最终没有向石星致祭，表明朝鲜一切从实际出发，与明朝的外交往来也是以达成实际利益为目的。

故而可以说，朝鲜对石星之感恩，仅仅限于礼节性的，也仅仅局限于朝鲜本土。一方面，建生祠，崇祀石星，对他全力以赴救援

① 《朝鲜光海君日记》卷57，光海君四年九月甲午，《朝鲜王朝实录》第27册，第491页。
② 《朝鲜宣祖实录》卷118，宣祖三十二年十月癸巳，《朝鲜王朝实录》第23册，第695页。
③ 《朝鲜宣祖实录》卷118，宣祖三十二年十月丁酉，《朝鲜王朝实录》第23册，第697页。
④ 《朝鲜宣祖实录》卷118，宣祖三十二年十月丁酉，《朝鲜王朝实录》第23册，第697页。

朝鲜心存感激，对其因封贡失败而下狱最终瘐死狱中有负疚感。另一方面，责怪石星一味主和，以至于最终失败。若要朝鲜采取一些具体行动，例如向明朝上书申冤，甚至在石星死讯传来之后向其致祭，朝鲜皆犹豫再三，最终没有采取任何实质性的行动。

万历二十七年九月，石星瘐死狱中，其妻、子皆发配粤西。《万历野获编》载："大司马石东泉星，以封贡关白下狱。时曹心洛（学程）先已久系，正坐论石得罪者，石见之，惭欲入地。曹顾慰劳有加，云各为国事致祸，何敢相尤！两人遂缔深交，且有婚媾之议。未几石以忧死，曹为经纪其身后甚周悉，且津送其孥累。时石妻子编管粤西，正曹之桑梓也。闻曹归里，欲绪成前议，未知果否。"① 此事是否真实，无从考证，若属实的话，也是一桩佳话。天启元年五月乙丑，因刑部侍郎邹元标呈请，"宥原任兵部尚书永成石星子石正奇回籍"，② 此时已发配粤西二十余年。天启二年三月戊午，"荫原任兵部尚书石星男茂恩指挥佥事"。③ 前面提及石星曾对杨应春说，他只有一子，年方十二。《明实录》中提及的石正奇、石茂恩皆是石星子，或许只是同一人，一为名，一为字，天启二年则为三十五岁。

韩国现存《东泉先生实纪》，除了收录石星相关的内容外，还有前往朝鲜半岛之石星后人的记载。其中记载石星有子二，长子曰石潭，次子曰石浒。该书所载史料矛盾重重，卷2先载录石潭所书《遗书》，落款为"崇祯己巳九月人不肖孤潭泣血谨书"，其中提及他们前往朝鲜之事曰："丁酉再乱，累及先人，竟被囚于狱，自度不免，召我兄弟而嘱之曰：'我为国尽忠，而乃至于此，命也。覆巢之下卵岂完乎？尔等速往朝鲜，保存躯命，无使我先祀永绝也。我有恩于朝鲜，必不薄矣。'因泪下如雨。弟浒先发，与奴婢东

① 《万历野获编》卷17《兵部·石司马》，第436页。
② 《明熹宗实录》卷10，天启元年五月乙丑，第533页。
③ 《明熹宗实录》卷20，天启二年三月戊午，第1028页。

出，而后不闻声息……余奉母远戍瘴乡，备经辛苦矣。至天启年间，因命赦还，而念来头未知又有何事变，且弟已先去，乃从先人末命，奉母向东，间关到海州，而寻洪唐陵翁，备言亡命事由，翁即为上达于国王，乃招致于廷，赐贯海州，仍封爵，使之奠居而娶妻成家室，藏踪于首阳山下，姑为安顿之地，莫非我先人之遗德也。"① 可是，其弟石涑子孙写《家状》曰："长子讳潭，自成还后，事迹无传。次子讳涑，字汝纲，号东寓，即从亲命，托一个商船浮海泊于辽东。且恐近北闯迹，回航南海，歇泊于湖南，十载漂南，泪送岁月。慕亲讳星字，乃居星州。闻有东征把总徐鹤、东征中军施文用旋师之日，因未还国，仍居此州，公访见二公，讲通世义，其相握悲喜，不可形记。"② 也就是说石潭与石涑分别来到朝鲜半岛。石涑先随商船到来，居住在星州。石潭则是随同其母先去广西，天启初年赦还后，奉母东来，找到洪纯彦，得以上奏王廷，最后居住在海州。可是两兄弟在朝鲜半岛失去联系，彼此皆不知对方情况如何。③《朝鲜王朝实录》中没有任何关于石潭与石涑的记载。上述记载与上文提及石星曾说其只有一子年方十二是矛盾的，但无从考证孰是孰非。

过了近二百年，正祖时期，石星后代有另一支出现。正祖十五年三月，有一对兄弟石汉英、石汉俊自言是石星弟石奎之玄孙，"崇祯甲申，奎子继祖，与僧徽贞，从废四郡满浦地而来，遁迹于安峡县，子孙仍居焉。仍进《潮州石氏纪实》书，乃安峡人李世瑛所作云"。正祖正在设法表彰明遗民后孙并及明朝抗倭援朝将领之后孙，当获知他们系石星弟之后人时非常高兴，下教曰：

---

① 石相玩编：《东泉先生实纪》卷2《遗书》，未刊稿（序跋题于1978年），第133—135页。

② 《东泉先生实纪》卷2《家状》，第142—144页。

③ 参见王秋华《明万历援朝将士与韩国姓氏》，《中国边疆史地研究》2004年第2期。

东土之得至于今，即神皇再造之恩，时则有若尚书石公，力赞东援之谟。其后李提督昆弟及杨、张两帅之大捷，邢军门、杨经理之廓清，咸赖尚书左右弥纶。当时朝论多携贰，则尚书慷慨，辄发矢言曰："苟不济也，继之以死。"其详在遗传。其款恳之诚意，百载之下，令人激感。尚书竟遭蜚说，死于狱，妻子戍边。噫嘻！尚书有恩，我国未酬。其死乃由于我国，我国所以崇报之者，岂或后于上所云诸名将。而提督之后，流在我国，年前别讲义起之礼，立庙造祠版，缛之以牲牢。尚书则其从孙，亦有与僧徽贞浮于海，遁迹东郡者。向于郊行，始觉有尚书弟奎之孙、之玄孙，俾与望拜之班矣。今于皇坛斋舍，召而见之，取阅东来事迹，足为征信之证左。是日见是书，表异之举，岂忍逾是日？然尚书直派有无，无以知之。则庙与版之另造，提督家已例，虽难遽议，而曾闻武烈祠，惟尚书之像，绡面宛然如生云。安峡流寓人石汉英、石汉俊等，令兵曹给马，今日下送平壤地武烈祠，使之一瞻。如有小本，仍许购第妥藏，以时祭之。如无之，仿用支子别立庙之义，似无不可。朱子之论，有宗派越在他国，则支派居者望而祭之之文，而《家礼》之以其班祔，《通典》之向墓为坛，皆可为依据之端。况以尚书之英爽不昧者存，宁肯歆顾于陆沈之中土乎？情到处，礼亦至。汉英之祀尚书，于礼决知其无悖，以此令汉英知之。[1]

言辞之间，颇感欣慰，并派人将他们送到平壤，使之瞻仰武烈祠并祭拜。但同时也令人去查考石汉英、石汉俊所言是否属实。不久，查考之人回话："辛亥年间，臣等承命采访于安峡等地，亦为考籍于江原监营，而非但石哥之无所闻，并与记事述传之李世瑛，凭问

① 《朝鲜正祖实录》卷32，正祖十五年三月癸巳，《朝鲜王朝实录》第46册，第212页。

无路。以其文迹之所由来，质问石哥处，则渠之兄弟，不满十岁，流离飘零，到于涟川，店汉石一厚所收养，而随其收养父，转入京畿，屡处流寓，末乃居生于京城云。"① 尽管查无实据，正祖并不气馁，反而说：

> 卿等不闻故相金致仁筵奏乎？李源耕于春川之陇上，与樵叟牧翁伍也，人不知为宁远伯之孙，只凭流传之言，乃有拔择之举。何尝如田氏之有谱系、陈氏之有诰敕，为其证左而然乎哉？水中之蟹，草间之蛛，尚为人爱惜，况以石为姓者，于我国果何如也？当壬辰之役也，翠华驻于龙湾，皂盖驰于凤城，岌岌乎其殆哉，而其时天朝诸公，正绅拖笏，辄然以笑曰："外藩自攻击，何敢仰烦大邦？"惟大司马石公，慷慨以东事自负，排甲乙盈庭之论，动百万超距之众，垂德于不报之地，而志决身歼，竟不免为大僇，虽使环东土小大黎献家祭而户祝，尚不足为百身之赎矣。今于沧桑百变之后，有称汾阳之后，自言淮阴之子，则将信将疑，姑舍是，其欣其感当如何？唐太宗创大业，为胜国忠臣，褓襁之儿，皆授显秩，况姓石者乎？姑先付之御营给料，以待文迹之推现，别加收用。而亦令庙堂，分付畿伯、东伯，使之诚心采访，必求其可考文迹状闻。而今番使行，或来头使行时，石尚书族谱，不惜价费，购来以为凭考之一助之意，亦为分付译院。其能购来者，施以该院购纳书籍之赏典，若得分明文迹，亦当使之参班，令礼判载之该曹掌考。②

正祖因他们自称石星之后人而感到兴奋，于是指令，一方面让御营

① 《朝鲜正祖实录》卷52，正祖二十三年七月乙酉，《朝鲜王朝实录》第47册，第201页。
② 《朝鲜正祖实录》卷52，正祖二十三年七月乙酉，《朝鲜王朝实录》第47册，第201页。

厅给其俸禄，另一方面使人前往中国设法购买石星家谱前来，"以为凭考之一助"。可见，正祖并不在乎他们是否真的石星弟石奎之后人，其号称石星后人，这就足以让正祖高兴。石星两子皆前往朝鲜，其后人居住在朝鲜，尤其是石星长子石潭与其母柳氏同去朝鲜，传说还找到了洪纯彦，这些均被上报给王廷，他们被安排在海州，若此说法属实，为何《朝鲜王朝实录》没有丝毫的记载？为何正祖花这么大的精力去查考石星后人，竟然没有发现石星后人早已住在朝鲜半岛？这些疑问恐怕难以解决。

可见，无论是石星的后人还是石星弟石奎的后人前往朝鲜，都缺乏充足的证据，只能存疑。之所以还提出此问题来，乃是想说明朝鲜对于石星的感恩心态，直到正祖年间依然非常强烈。正祖似乎想通过嘉惠号称是石星弟后人的做法，来表达对石星的敬意。正祖经常前往武烈祠亲自祭奠石星、李如松等人，表达他强烈的感怀之情，而号称石星后裔之人在这个时候出现，是与正祖时期这样的氛围分不开的。①

综上所述，石星作为明朝的兵部尚书，全力救援朝鲜乃是其职责所在。在郑昆寿的陈情下，石星主导出兵朝鲜、抗倭援朝，其中不含任何私情，与所谓的洪纯彦施恩石星继室也毫无关系。朝鲜流传的石星报恩的故事，只是传说而已。石星依赖沈惟敬主持封贡事宜，但遭沈惟敬肆意欺瞒。明朝举朝不仅对日本无所知，石星主持之封贡事宜也名不正言不顺，最终致使封贡失败、战事重起，石星落得瘐死狱中的下场。朝鲜对石星有着深厚的感恩之情，虽然修建武烈祠以崇祀石星，但这种感情更多的只是形于言语之中。关于石星后人前往朝鲜并且定居下来的说法，相关史料多来自民间，无法得到官方证实。正祖时期对传说中的石星后人施恩，反映了他的一种强烈的感怀心态。

_____

① 参见孙卫国《大明旗号与小中华意识：朝鲜王朝尊周思明问题研究，1637—1800》第四章"明遗民与朝宗岩大统庙"，第185—225页。

第 三 章
经略宋应昌之东征及其
对东征历史的书写

　　万历抗倭援朝战争分为壬辰倭乱（1592）和丁酉再乱（1597）前后两期。战争前期，明朝最重要的两位将领——文臣宋应昌（1536—1606）为经略、武将李如松（1549—1598）为提督，率领大军前往救援，很快取得平壤大捷。不久，碧蹄馆之役失利，明日正式开始封贡和谈，明朝撤兵，两位将领均被召回。朝鲜君臣对李如松深表感激，对宋应昌则颇有微词。事实上，宋应昌自被任命为经略一直到他被召回，始终受人非议。回到明廷，他被革职闲住。家居期间，他将在朝期间的文书编辑成册，"纪其在经略任内及事后疏奏、文移、檄牍、函札，旁及各部题奏、朝鲜谢咨，排次载之。题曰《复国要编》者，以殚力弥年，朝鲜已失土地，举尺寸还之，故主所谓复累朝恭顺之属国也"。① 《经略复国要编》一书成为后人研究明代抗倭援朝战争的重要参考资料。此书被《四库全书总目》批评为"自张其功而匿其短"②，却引起近人缪凤林（1899—1959）的不满，他力求为此书正名，并为宋应昌鸣不平，认为宋应昌乃朝鲜战事上极力主战者，对于封贡之事极力反对。③ 缪氏的说

---

① 《经略复国要编提要》，吴丰培编：《壬辰之役史料汇辑》（上），第1—2页。
② 《四库全书总目》卷100《子部·两浙兵制》，中华书局1965年版，第844页。
③ 参见《经略复国要编提要》，吴丰培编：《壬辰之役史料汇辑》（上），第1—13页。

法既不同于《四库全书总目》的评价，亦与《朝鲜宣祖实录》和《明神宗实录》所论决然不同，孰是孰非，颇有探究必要。当今学术界对于宋应昌的研究虽有数篇论文，[①] 但所论多限于使用明朝史料，对于他在朝鲜战事上的作为以及他编《经略复国要编》的原因多语焉不详。本章以中朝双方史料为据，力求梳理他在朝鲜战事上的所作所为，并就他与李如松、朝鲜君臣的关系及其背后因素略做探讨，力图窥测他编纂《经略复国要编》的初衷，并对此书的价值略加评判。

一　宋应昌被任命为经略及其赴朝日期

宋应昌，字思文（一说字时祥），别号桐岗，浙江仁和人。嘉靖四十四年（1565）进士，授山西绛州知州。隆庆四年十二月，改户科员外郎。隆庆五年三月，为户科给事中。对于"北虏"，他上疏论封贡互市议，"与总督王崇古八议，互有异同"，[②] 即参与"外虏"事务，或许为他出征朝鲜埋下伏笔。同年五月，升刑科右给事中。次年二月，改左给事中。万历三年二月除原职，升山东济南知府。八年二月，升任山西副使。十一年二月，转河南左参政。次年七月升山东按察使。十四年正月，升江西右布政使。十七年正月，升福建左布政使，六月升为都察院右副都御史，巡抚山东。从万历三年到十七年，宋应昌由知府（从四品）升至都察院右副都御史（正三品），仕途顺利。

万历二十年正月，日本侵朝前夕，宋应昌上疏"倭奴情形已著，防御宜先，议选练精兵，搜罗谋勇"，[③] 但并未引起朝廷重视。

---

① 主要有南炳文《宋应昌的军事思想》（《明史研究》第 2 辑）、周晓红《贡献突出的抗倭援朝将领宋应昌》（《社会科学辑刊》1992 年第 6 期）和赵树国《援朝御倭战争期间宋应昌对中国北部海防建设的贡献》（《山东青年政治学院学报》2013 年第 4 期）三篇文章。这些文章主要是以宋应昌的《经略复国要编》及《明史》、《明实录》的材料为主，梳理有关宋应昌的基本史实与军事思想。
② 《明穆宗实录》卷 55，隆庆五年三月甲子，第 1355 页。
③ 《明神宗实录》卷 244，万历二十年正月辛卯，第 4561 页。

同年四月，升大理寺卿。当时传来日本丰臣秀吉侵朝的消息。朝鲜军队节节败退，国王北迁，抵鸭绿江边，朝野震动，朝中商议出兵事宜。六月，宋应昌为工部右侍郎；八月，改兵部右侍郎，"往保、蓟、辽东等处，经略备倭事宜"，[1] 被任命为经略，掌管朝鲜征东事务。"经略之名，起于万历二十年宋应昌。"[2]《万历野获编》对加宋应昌为经略的原因有所说明：

> 近年朝鲜告急，廷遣侍郎宋应昌往援。时以总督为不足重，特加经略之号……当倭事起时，宋素无威望，物论无以阃外相许者，一旦特拔，议者猬起且谓事权过隆……若宋所带赞画二主事，亦特赐四品服以示重。[3]

可见，宋应昌当时人微言轻，在首辅赵志皋和兵部尚书石星等的扶持下走马上任，朝中特命他为经略以增强他的权威。宋应昌上疏言事，请求"乞赐专敕，便宜行事"，神宗因"经略关系重大，应昌忠勇任事，督抚官毋得阻挠，将领以下一听节制，违者以军法行"，[4] 赋予他很大权力。作为文臣，他可以节制诸将，督抚也不得阻挠。这样宋应昌得到了神宗的"尚方宝剑"，成为明朝在朝鲜战场上的最高统帅，提督李如松也受他节制。

宋应昌被任命为东征经略，朝中反对者甚众。神宗赋予他如此大的权力，更是物议沸腾。但黄汝亨所撰《经略朝鲜蓟辽保定山东等处兵部左侍郎都察院右都御史宋公行状》（以下简称《行状》）却言："朝廷悬赏格，有能复朝鲜者，赏银万两，封伯爵世袭。朝臣举股战舌举，虢虢无应者，乃稽首推公往，诏拜公兵部右侍郎，

---

① 《明神宗实录》卷 251，万历二十年八月乙巳，第 4681 页。
② 《明史》卷 73《职官志》，第 1773 页。
③ 《万历野获编》卷 22《经略大臣设置》，第 563 页。
④ 《明神宗实录》卷 251，万历二十年八月壬子，第 4685 页。

经略蓟辽、山东、保定等处防海御倭军务。"① 似乎宋应昌乃应时而起之勇士，与《明神宗实录》对照，此论奉承之意溢于言表，惜非事实。当时质疑、弹劾之疏甚著。九月初九，宋应昌"以被言，辞经略防倭之命"，神宗皇帝却"嘉其忠信任事，不宜困言自阻，不允辞"。② 御史郭实上疏再"论经略不可者七"，宋应昌"再陈不任，乞议别简贤能"。尽管群臣反对，宋应昌依然获得了神宗的大力支持。神宗惩处反对者，特下旨："九卿科道官依违观望，不必会议。郭实逞私阻挠，降极边杂职用，再有渎扰并究。"③ 所谓神宗之旨意，实际上是内阁首辅赵志皋等人之想法，他们大力支持宋应昌，严惩弹劾之官员。对于其间之曲折，宋应昌最清楚，自言："亡何，蜚语至京师，而朝鲜且告急矣。二三巨公不以流言罪余，而讶余之识，先一饭也，力请于朝，圣天子特敕昌经略四镇云。"④ 所谓"二三巨公"，即是赵志皋、石星等人。从宋应昌的履历看，之前他主要在地方上为官，对于边务鲜有经验，却被委以如此重任，受到多方质疑也在情理之中。宋应昌两次辞官，表明他底气不足。提督李如松当时已是久经沙场的老将，他率领的军队也是明朝最精锐的部队，然而朝廷却派宋应昌这样一位资历浅薄、不懂军事的文臣为经略，且赋予他"节制诸将"之大权，故朝中不服。从宋应昌就任时多方之反应，可见朝中党争涌动，预示着朝鲜战场上文臣武将之不和。

此外，兵部主事袁黄（1533—1606）与兵部员外郎刘黄裳（1529—1595）为赞画，负责协助宋应昌。袁黄，字坤仪，一字了凡，吴江人。刘黄裳，字玄子，河南光州人。袁、刘二人乃万历十

---

① 黄汝亨：《经略朝鲜蓟辽保定山东等处兵部左侍郎都察院右都御史宋公行状》，《经略复国要编》，吴丰培编：《壬辰之役史料汇辑》（上），第1237页。

② 《明神宗实录》卷252，万历二十年九月乙丑，第4692页。

③ 《明神宗实录》卷252，万历二十年九月辛未，第4694页。

④ 《经略复国要编》之《华夷沿海图序》，吴丰培编：《壬辰之役史料汇辑》（上），第21页。

四年同科进士，也是宋应昌在朝鲜战场上最重要的助手。如此，万事俱备，只待启程。

宋应昌是何时前往朝鲜的呢？他与李如松谁先前往？朝鲜史料《壬辰史草》称："提督先起马，经略次行。"① 而近人缪凤林据《经略复国要编》考宋应昌出兵日期曰：

> 应昌进兵时日，《明纪》、《明史纪事本末》及《明史》等都无可考，《行状》及钱世桢《征东实记》亦载焉不详。据是编则应昌以九月二十六日受敕首途，一面布置各地防务，一面调将檄兵，搜集刍粮军火器械。十月终，至山海关，十一月进驻辽阳，以倭奴畏寒，欲于十一月中旬发兵。而大将李如松尚羁宁夏，屡失事机。不得已于十二月初三先发吴维忠，初四又发钱世桢、王问所领兵渡江。初八，如松至军，大兵遂于十六日东进，二十五日誓师渡江，二十九日至朝鲜，二十一年新正初四至安定馆，六日抵平壤矣。②

缪凤林据《经略复国要编》所考订出的宋应昌进兵时间，应该可信。《朝鲜宣祖实录》记载了很多传闻，一说万历二十年八月二十二日宋应昌奉旨出征，大军二十九日出发前往朝鲜；一说宋应昌于九月初七辞朝，率兵七万前来。③ 当时传闻甚杂，此二说皆不可信。不过，从朝鲜所派请兵使郑昆寿行程看，郑昆寿一行九月十八日到达北京，十一月初一方从北京返回，④ 则宋应昌之出兵不应早

① 《壬辰史草》，"起万历二十年九月尽十二月，凡四朔"，汉城同元社1973年版，第435页。
② 《经略复国要编提要》，吴丰培编：《壬辰之役史料汇辑》（上），第5页。
③ 《朝鲜宣祖实录》卷30，宣祖二十五年九月甲戌，《朝鲜王朝实录》第21册，第544页。
④ 《柏谷先生集》卷3《赴京日录》，《影印标点韩国文集丛刊》第48册，第443—452页。

于九月十八日。明廷最终决定出兵朝鲜，其实与宁夏战事密切相关。九月底，李如松方平定宁夏哱拜之乱，明廷遂决定将宁夏战场上的明军调往朝鲜，故令经略宋应昌先行，缪凤林所论宋应昌出兵时间可信。十月十六日，李如松方被任命为提督蓟辽、保定、山东军务，充防海御倭总兵官，率兵援朝。① 缪凤林言辞之间对李如松颇多批评，"大将李如松尚羁宁夏，屡失事机"，笔者认为这样的批评对李如松不公，宁夏战事不平，李如松无法脱身。故对于出兵朝鲜，明廷已先于八月任命宋应昌为经略，十月中旬方任命李如松为提督。宋应昌尽早出发，其实乃先赴辽东筹集粮草，为东征做准备。②

万历二十年十一月初十，逃到义州的朝鲜国王首次获知"（明）兵马已调发，李（如松）将军、宋（应昌）侍郎已出来"。③ 宋应昌率兵先到辽东，其所统之军以南兵为主，而李如松所统之兵则是北兵。他们一文一武，所率之兵一南一北，二人关系的融洽程度直接影响着南北兵之团结程度，也将直接影响朝鲜战事的走向。战事初期，宋应昌主要居于辽东，从中调度，南北兵皆随李如松前往朝鲜征讨。

二 宋应昌之职责及其与李如松的关系

如果说提督李如松率军征战，冲锋陷阵，那么，作为经略的宋应昌则是运筹帷幄，调兵遣将，调配粮草，提供各种战备物资，保证供应，以确保前线无后顾之忧。但是取得平壤大捷之后，宋、李矛盾激化，南北兵势同水火，深深地影响了整个朝鲜战事的发展。对于平壤大捷之功，缪凤林以《经略复国要编》为据，论曰："正

① 《明神宗实录》卷253，万历二十年十月丁酉，第4711页。
② 参见陈尚胜《壬辰御倭战争初期粮草问题初探》，《社会科学辑刊》2012年第4期。
③ 《朝鲜宣祖实录》卷32，宣祖二十五年十一月丙寅，《朝鲜王朝实录》第21册，第565页。

月初八平壤之捷，《明史》及倭史多归功如松，观此编三四五诸卷，则战前之预备、临战之方略，皆出于应昌之计虑……而如松意气甚盛，尤须隐忍下之。"① 他认为，平壤大捷只归功于李如松，实为不妥，宋应昌运筹帷幄之功不能被抹杀；战争中李如松对宋应昌不服，宋应昌则多方忍让。由此看来，宋应昌乃以大局为重、以战事为先而不计较个人得失的英明统帅。《明神宗实录》与《朝鲜宣祖实录》所论大有不同，那么，他们二人的职掌与关系到底如何呢？

首先，从职掌与地位上看，宋应昌乃朝鲜战场上明军最高长官，提督李如松以下皆受其节制。对此，朝鲜君臣也深切了解。《朝鲜宣祖实录》载："都督金事杨元以下诸将总兵、游击等，各统其师，皆听宋侍郎节制，合势讨贼。"② 可见，宋应昌大权在握，左右着朝鲜战事。朝鲜君臣认为"我国存亡，系于此人"，"经略，文武大臣专阃外之任"，③ 深知宋经略对于朝鲜战事的重要性。平壤之役，朝鲜对宋、李之功的认识相当明确："攻拔平壤，李提督之功也；运粮、调兵，宋经略之功也。"④ 可见，宋应昌除节制前方诸将外，还负责后勤事务，并协调前线与明廷之关系，是前线最有力的后勤保障。从《经略复国要编》中看，宋应昌给李如松的命令很多，且均以"檄李提督"或"檄平倭李提督"为名，乃是指令李如松应当执行某项命令。其私下给李如松的信函，则称"与平倭李提督书"等。给其他将领的命令，都是用"檄"，如"檄三协副将杨元、张世爵、李如柏""檄刘、袁二赞画""檄王通

---

① 《经略复国要编提要》，吴丰培编：《壬辰之役史料汇辑》（上），第5—6页。
② 郑琢：《药圃先生文集》卷6《龙湾闻见录》，《影印标点韩国文集丛刊》第39册，韩国民族文化推进会1989年版，第528页。
③ 《朝鲜宣祖实录》卷39，宣祖二十六年六月庚寅，《朝鲜王朝实录》第22册，第6页。
④ 《朝鲜宣祖实录》卷52，宣祖二十七年六月丁巳，《朝鲜王朝实录》第22册，第293页。

判"等，充分说明李如松实受宋应昌指挥调度。

但是对于这样的制度设计，李如松内心感到不平，并被旁人察觉。宋应昌与李如松尚未踏入朝鲜境内，朝鲜君臣已感知他们二人不和。请兵使郑昆寿就说："大抵宋与李似不和协矣。"国王问其故，李恒福答道："新立大功，且多气，必轻视侍郎矣。"①《明史》亦言："如松新立功，气益骄，与经略宋应昌不相下。"② 可见，宋、李不和，并非秘密。李如松刚从宁夏平叛归来，对于文臣出身的经略宋应昌有所藐视，却受他节制，内心自然不服，甚至面对朝鲜诸臣，李如松也毫不掩饰内心的不满。他对朝鲜通译洪纯彦直言："武官受制于人，而不能自擅，故累请于经略，催兵进剿……"③ 厌恶之情，溢于言表，但又毫无办法。朝鲜重臣郑琢（1526—1605）谈及初次前往义州拜谒李如松："其（李如松）所言多有怨愤慷慨之辞，指意大概为人所掣肘，此行不得成大功而去，且国王厚意多谢云。"④ 当时战事尚未展开，李如松感到被牵制，颇不自在。朝鲜备边司亦言："中朝文官，但为弄笔。如刘员外、袁主事、宋经略，不见一倭之面，而束缚武将太甚，使不得措手，甚为痛愤。"⑤ 可见，这并非个人原因，而是明廷制度规定，文臣制约武将乃明代定制，也因此决定了宋、李地位之高下。

其次，李如松冲锋在前，宋应昌调度在后。事实上，在整个平壤战事过程中，宋应昌一直待在辽东，他在给李如松的信函中提及滞留辽东的原因，"不佞所以暂憩辽阳者，因兵马、火器、粮饷等

---

① 《朝鲜宣祖实录》卷33，宣祖二十五年十二月己酉，《朝鲜王朝实录》第21册，第591页。

② 《明史》卷238《李成梁传附子如松传》，第6193页。

③ 《朝鲜宣祖实录》卷36，宣祖二十六年三月己卯，《朝鲜王朝实录》第21册，第672页。

④ 《药圃先生文集》卷6《龙湾闻见录》，《影印标点韩国文集丛刊》第39册，第524页。

⑤ 《朝鲜宣祖实录》卷88，宣祖三十年五月乙巳，《朝鲜王朝实录》第23册，第223页。

事，非不佞亲促之，未免濡迟，然此心悬悬"。① 平壤战后，宋应昌尚在辽东，他在给石星的函中自我辩白："某今所以迟迟未渡鸭绿江者，因平壤战后军中火具殆尽，陈璘、刘綎应兵未至，故住辽阳凤凰城，一面制造，一面催督。今略有次第，已于二月廿六日赴开城亲督将兵攻取也。"② 这封信为碧蹄馆之役战败后所书，宋应昌尚在辽阳凤凰城，未曾过江。可见，战事最重要的阶段，宋应昌一直在辽东遥控。他一面给朝鲜前线的明朝将士发号施令，一面积极与朝中石星联络，成为沟通明廷与朝鲜战场的关键人物。

朝鲜国王感到"大概节制在经略"③，深知宋应昌的影响力，所以总想拜见他，甚至想前往义州亲迎："经略乃天朝重臣，为救我国以来，予乃近在数日之程，而不为迎谒，宁能免怠慢之责乎？"④ 但宋应昌并不急于见国王，司谏院曰："侍郎之意，本欲主上督率军民，前进平壤，实无相会之意。至以勿为来迎为言，其为我国虑至矣。"⑤ 国王希望与宋应昌见面，但因为戎马倥偬，宋应昌行期不定，一会儿说来会见国王，一会儿又说不来，弄得国王坐卧不安。国王与群臣商议："宋侍郎，卿等以为何如人？乃天朝元帅也。当此之时，予以山海为家，何可以国王自处？在近地不见，而经自前进乎？前进之议，予未晓也。"⑥ 于是备边司给国王议定三策：一则国王在定州等宋应昌相见；二则看看宋应昌如何回答，

① 《经略复国要编》卷5《与平倭李提督书（二十口）》，吴丰培编：《壬辰之役史料汇辑》（上），第411页。

② 《经略复国要编》卷6《报石司马书（二十三日）》，吴丰培编：《壬辰之役史料汇辑》（上），第517页。

③ 《朝鲜宣祖实录》卷36，宣祖二十六年三月己未，《朝鲜王朝实录》第21册，第652页。

④ 《朝鲜宣祖实录》卷34，宣祖二十六年正月甲申，《朝鲜王朝实录》第21册，第617页。

⑤ 《朝鲜宣祖实录》卷34，宣祖二十六年正月乙酉，《朝鲜王朝实录》第21册，第619页。

⑥ 《朝鲜宣祖实录》卷35，宣祖二十六年二月己丑，《朝鲜王朝实录》第21册，第622页。

再作决定；三则如宋应昌所言，自行前往平壤。三策各不相同，故而答复宋应昌之咨文亦异。① 可见，为了跟宋应昌见面，朝鲜君臣想尽办法，而宋应昌总是不见，引得朝鲜君臣不满。

平壤战事结束后，宋应昌仍然滞留辽东，朝鲜国王也不知道如何是好。筹集粮草，保障后勤供应，本是宋应昌之本职，平壤大捷之后，后勤供应乏力，无法满足需要，影响了前线的军事行动。当时朝鲜大臣有言："宋侍郎无过江之期，提督奔走于死地，而粮草不继，士马饥馁。"② 直到正月二十四日，宋应昌才过鸭绿江，但依然不想与国王见面，反而催促国王前往平壤，并表示他将前往开城督战。国王还是不放弃与他见面的想法，宣祖二十六年四月初，朝鲜国王特派兵曹判书李恒福前往传达相见之意，而"经略招通事及王通判，极陈不欲相会之意，辞极婉顺"，③ 但言辞间流露出极不情愿之意，以为原来明廷所派使臣皆品级很低的官员，朝鲜国王甚少会见明朝大臣，故而不知采用何种礼仪，担心礼仪不合适，使彼此尴尬，不如不见。后来终于见面了，国王对宋应昌的印象却极坏，国王谈及见面情形："李提督，大将也，而幅巾相见，应昌则盛陈兵威，然后入我。然而不许侍臣同入，其凶险可知。"④ 可见，平壤大捷前后，宋应昌一直身处辽东，遥控战事，国王深知宋应昌的重要性，屡次尝试与他见面，后来好不容易相见，印象却很坏。

再次，南兵服膺宋应昌，北兵受命于李如松，宋、李不和，酿成南北兵不睦。李如松统率三军中既有北兵，亦有南兵，在前方与

① 《朝鲜宣祖实录》卷35，宣祖二十六年二月庚寅，《朝鲜王朝实录》第21册，第623页。

② 《朝鲜宣祖实录》卷35，宣祖二十六年二月戊戌，《朝鲜王朝实录》第21册，第630页。

③ 《朝鲜宣祖实录》卷37，宣祖二十六年四月甲午，《朝鲜王朝实录》第21册，第684页。

④ 《朝鲜宣祖实录》卷48，宣祖二十七年二月辛酉，《朝鲜王朝实录》第22册，第221页。

日军厮杀，一视同仁方能团结人心、凝聚力量，但宋、李皆有私心，平壤大捷之后，彼此争功，矛盾激化。

宋应昌是浙江仁和人，南兵主要是浙兵，皆听命于他。在前线的南兵同他时刻保持联系，宋应昌在给南兵将领钱世祯的函中说："将军，不佞所知也，东行较之诸将，私心更为悬切。"① 给另一南兵将领戚金的函中说："执事为不佞知，举昨东行，鄙心悬念，视诸将特甚。幸执事奋勇当先，一鼓遂下平壤，此希世功也。不佞闻之，喜不自制，今将题叙，以表殊勋。"② 南兵将领时刻向他汇报前方战事状况，使他对前方战事了如指掌，故而能加强对提督李如松的牵制。

万历二十年十二月二十五日，李如松率三路大军渡过鸭绿江，开赴朝鲜。次年正月初，围攻平壤，迅速击败日军，日军撤出平壤，明军取得了平壤大捷。③ 这本是一场应该大书特书的胜利，但自收复平壤之日起，争论就未停止过。叙功迟迟未举行，直到次年九月明廷才宣捷叙功，拖延如此之久，原因固然很多，其中关键因素应是宋应昌与李如松不和，二人争功引发南北兵互相攻讦，以致朝中科道纷纷弹劾。甚至直到 20 世纪初，如前文所提及的，缪凤林还在为宋应昌争功。

平壤大捷，却难以叙功，与提督李如松处事不公有关。明军攻城之际，李如松大呼"先登城者，赏银五千"，南兵诸将遂奋勇争先，先登上城墙，拔掉日军旗帜。朝鲜人亦知"是战也，南兵轻勇敢战，故得捷赖此辈"。④ 但李如松上表奏功疏中，反将首功归

---

① 《经略复国要编》卷5《与都司钱世祯书》，吴丰培编：《壬辰之役史料汇辑》（上），第412页。

② 《经略复国要编》卷5《与游击戚金书（二十二日）》，吴丰培编：《壬辰之役史料汇辑》（上），第421页。

③ 有关平壤大捷，参见本书第四章第二节"平壤大捷之真相与明朝党争之关系"。

④ 《朝鲜宣祖实录》卷34，宣祖二十六年正月丙寅，《朝鲜王朝实录》第21册，第601页。

于部将张世爵，即北兵居首，南兵居次。朝鲜国王为此亦感到不公，说："张世爵与提督，同乡人耶？谓有功则可矣，至录于首功，则未可也。"① 他认为南兵将领吴惟忠功最高。朝鲜大臣柳成龙亦言："提督攻城取胜，全用南军，及其论功，北军居上。以此军情，似为乖张。若但以一胜为功，无必进之意，则臣等之区区寸力，势难挽回，尤为痛闷矣。"② 对于先登城的南兵，既未赏银，奏功又不力，这引起南兵将士普遍不满，也引发朝鲜君臣的忧虑。《朝鲜宣祖实录》即言："初平壤、开城府，既已收复，李提督如松世居北边，凡用军议功之际，右北军而退南兵，由是南、北军不和。"③ 因为李如松处事不公，引发明军中南北兵不和，南兵遂借机散布谣言，中伤李如松，从而引发扑朔迷离的争端，李如松亦深受其害。朝鲜大臣分析出现这种情况的原因，有曰：

> 大抵宋侍郎为元帅，而所率炮手，皆是南人。李提督北方武夫，而所率骑兵，亦皆北人也。南军善于放炮杀贼，北军善于斩馘。北军所斩，多是南兵之所杀。而上功之际，首级为先，南兵居后，故元帅颇怀不平。公论亦以李公为贪功。而两将之间，不相和协，有逗挠之弊，此实我国之不幸也。④

记功以所获敌人首级为准，谁得首级最多，谁的功就最高。之所以会出现南兵功高不得赏，北兵反而得赏的局面，是因为南兵用火炮击毙敌人，但系步兵，行动不如北兵迅捷，敌人虽被击毙，首级却被北兵

---

① 《朝鲜宣祖实录》卷 35，宣祖二十六年二月甲辰，《朝鲜王朝实录》第 21 册，第 638 页。

② 《朝鲜宣祖实录》卷 35，宣祖二十六年二月壬辰，《朝鲜王朝实录》第 21 册，第 625 页。

③ 《朝鲜宣祖实录》卷 37，宣祖二十六年四月乙巳，《朝鲜王朝实录》第 21 册，第 691 页。

④ 赵靖：《黔涧先生文集》之《辰巳日录·癸巳》，《影印标点韩国文集丛刊》第 61 册，韩国民族文化推进会 1991 年版，第 297 页。

得到，致使南兵所获首级不如北兵多。这或许是客观原因，其背后反映的则是经略宋应昌与提督李如松之争，二人矛盾进一步加深。

因为李如松对南兵不公，平壤大捷后，遂有流言称"提督攻平壤时，多取朝鲜人民，削发斩级，以为贼首"。① 流言传到朝中，山东都御史周维韩、吏科给事中杨廷兰等当即上本弹劾："李如松平壤之役，所斩首级，半皆朝鲜之民，焚溺万余，尽皆朝鲜之民。"明廷因此令布政韩就善、巡按周维翰等至平壤，查核真伪，且指令朝鲜，据实以闻。② 朝鲜国王则谁也不敢得罪，只能为两人开脱，且都叙功。李如松被迫上疏自辩，其中有言："朝鲜国王，焚香祝天，而移咨谢臣；朝鲜人臣，焚香满道，而叩首谢臣。假使臣杀其子弟，戮其父兄，彼将以仇关白其仇之矣，尚肯感臣而谢耶？"③ 可见，一席流言，就让李如松忙于应付。实际上，这是宋应昌及其背后的南兵在暗中报复。经略与提督如此争斗，自然影响战事的进程。

事实上，平壤大捷之后，宋应昌亦蠢蠢欲动。朝鲜君臣获知宋应昌"欲得首级甚切"，颇觉奇怪，以为"侍郎以天朝大将，岂有如是求索耶"，被告知"侍郎有二子，而非文非武，欲官其子甚切，侍郎岂无其意也"。李德馨则传言："提督怒经略所为如此，愤骂曰：'如是而反谓我论功不均乎？'"④ 宋应昌身在凤凰城，却要前线敌军之首级，是因为他为儿子着想，希望其荫得军功，从而走上仕

① 《朝鲜宣祖实录》卷37，宣祖二十六年四月乙巳，《朝鲜王朝实录》第21册，第691页。

② 《朝鲜宣祖实录》卷34，宣祖二十六年正月丙寅，《朝鲜王朝实录》第21册，第601页。有关李如松斩朝鲜人首级冒功之说法有另外一个版本。《明史·何乔远传》言："而朝鲜使臣金晬泣言李如松、沈惟敬之误，致国人束手受刃者六万余人。乔远即以闻，因进累朝驭倭故事，帝颇心动。而星坚持己说，疏竟不行。"（《明史》卷242《何乔远传》，第6286页）此说得不到朝鲜史料的支持，疑误。

③ 《朝鲜宣祖实录》卷36，宣祖二十六年三月辛未，《朝鲜王朝实录》第21册，第664页。

④ 《朝鲜宣祖实录》卷36，宣祖二十六年三月己未，《朝鲜王朝实录》第21册，第652页。

途。对此，朝鲜国王颇为不平，"宋侍郎所为，甚不好也。足不践朝鲜地方，而欲参平壤之功。受天下重寄，处事如此，未知其可也"，① 直指其争功。四月二十一日，朝鲜国王"令收聚各阵所献首级，具咨送于宋经略营下"。② 尽管宋应昌并未渡江，也未直接参战，却左右着前方的战事。他甚至对李如松上奏的疏文不予上传；平壤大捷之后，对于前方粮草的筹集也不尽力，致使前方粮饷不济，从而影响了明军的进攻；而对李如松处事不公之事，他更是利用个人的影响力，处处为南兵申冤，这也直接影响了明廷对于平壤大捷的封赏。

朝鲜君臣深知李如松与宋应昌的矛盾。宋、李二人，一文一武、一前一后、一南一北，理应彼此扶持，同舟共济，共同抗敌，实际上却处处互相拆台，各自为一己私利而斗争不已，分散了精力，以致无法专心抗敌。平壤大捷这样的胜利，带来的结果不是团结一致，反而是变本加厉的争斗，既影响了朝鲜战事的推进，更影响了二人的关系以及战场上南北兵之间的关系。李如松原本对于以石星、宋应昌与沈惟敬为代表的文人主和之策不屑一顾，碧蹄馆之役败后，时局不利，粮草不济，李如松不得不附和封贡之策，从而使得朝鲜战事转入封贡和谈阶段。

三 宋应昌主战还是主和

经略宋应昌在朝鲜战场上主战还是主和这一问题，原本并无异议，但缪凤林据《经略复国要编》论曰："当时石星（兵部尚书）计无所出，欲倚沈惟敬以成和议，不悦应昌之主战……按应昌自始主战，与封事始终不涉。"③ 力求为宋应昌正名。黄汝亨《行状》

① 《朝鲜宣祖实录》卷36，宣祖二十六年三月庚申，《朝鲜王朝实录》第21册，第654页。

② 《朝鲜宣祖实录》卷37，宣祖二十六年四月乙巳，《朝鲜王朝实录》第21册，第692页。

③ 《经略复国要编提要》，吴丰培编：《壬辰之役史料汇辑》（上），第6—12页。

更如斯论曰："石大司马（即石星）又计且缓师，俟西事定，遣沈惟敬以封贡议往。有旨：惟敬以游击职衔，著经略军前听用。至是，道谒公，公呼惟敬前曰：倭求封贡，第宜卑辞向阙，全军退釜山听命，何敢蹂朝鲜要我，而计缓我！我奉命讨贼，有战而已！汝毋以身尝法！惟敬缩舌去……会惟敬至自倭营，执款议如初。公瞋目大怒曰：天兵来如泰山压卵，贼亡无日，尚敢以谩辞侮我，汝怙辱国，罪当斩。命力士缚惟敬军中，而议讨贼益急。"① 《行状》将宋应昌描写成坚定的主战派，进一步论曰："而议者犹以请封撤防为公罪，不知公受命经略在二十年九月，而遣沈惟敬始封议入倭在二十年七月；继定封在二十三年秋，而公归田在二十二年春。则公于封事始终不涉。而部下撤防之议，自公得代后，公所留刘䋲兵万六千，守全庆而争言兵不可撤。疏具在，则安得移而訾公！嗟乎！中山交趾之谤，古今同慨，奈何！当明主时而犹纷纷哉！"② 颇为宋应昌抱不平。《行状》是缪凤林所论的重要依据。如果对照其他史料，会发现此说法极其可疑，因为无论是《明史》《明神宗实录》还是《朝鲜宣祖实录》，载录宋应昌之所作所为，班班可考。可见，宋应昌是具体贯彻石星封贡和谈策略的核心人物，沈惟敬前往与日军沟通则直接受宋应昌指挥。二者孰是孰非，试论之如次。

事实上，在最初的备战阶段，以兵部尚书石星为主导，明廷采取了战与和互相配合的策略。明朝出兵之前，石星招募浙江人沈惟敬，使之前往朝鲜与日军接洽，商谈封贡之可能。壬辰年（1592）八月十五日，沈惟敬首次前往朝鲜。随后数年间，他频繁往来于朝鲜、日本之间，还曾赴日本面见丰臣秀吉。当宋应昌为经略来到辽东以后，沈惟敬就直接听命于他，《行状》亦言："惟敬以游击职衔，著经略军前听用。"既然从最初就未摒弃封贡和谈的可能，而

---

① 黄汝亨：《经略朝鲜蓟辽保定山东等处兵部左侍郎都察院右都御史宋公行状》，《经略复国要编》，吴丰培编：《壬辰之役史料汇辑》（上），第1239—1241页。

② 黄汝亨：《经略朝鲜蓟辽保定山东等处兵部左侍郎都察院右都御史宋公行状》，《经略复国要编》，吴丰培编：《壬辰之役史料汇辑》（上），第1247页。

是与出兵救援相辅而行，宋应昌便积极贯彻此策略，一方面与李如松配合，积极备战，另一方面指令沈惟敬与日军接洽，试探和谈的可能性，以致《明史》言："经略宋应昌惑沈惟敬，力请封贡。"①

这种战和两策并用的手段，在战争前期取得了一定的效果，但一直受人诟病，屡屡被弹劾。平壤之役后，山东巡按周维翰受命到朝鲜查勘，回国后上疏曰："盖军士自抚贡之说渐起，而战斗之心渐弛，及湿暑交浸，疫瘟大作，亡殁多人，军中泣声震野，一经物故，尸辄烧焚，诸军悲且怨矣……王京之退，以讲贡退也；二王子之回，以讲贡回也；徐一贯等受彼八百两之贿，以讲贡贿也；故平行长屯西生浦挟觊贡约，今其将小西飞入王京促之，臣因诘东征诸臣曰：明旨森严，固昭然在也，乃小西飞之请，何为耶！"② 这在朝中引起很大反响，兵科给事中张辅之等亦上疏弹劾。

为了应对朝中质疑之声，宋应昌上疏详细解释议和封贡之前因后果，所论相当完整。③ 从其疏中可见两点。

第一，从最开始，宋应昌便贯彻兵部尚书石星之意见，在朝鲜战场上同时并用战和两策。兵部尚书石星是幕后的指挥者，宋应昌是主要的执行者，沈惟敬则是联络日军、封贡的具体实施者，他们构成了明朝推行封贡之策的中坚。石星所上疏中毫不避讳地说："经略宋应昌始末讲贡之繇，恢复朝鲜之故……而其遣使往探，行间捐金，则臣星实与之谋焉。"④ 前文已提及，宋应昌人微言轻，而能被任命为"经略"，实系石星等人大力扶植之结果，故而宋应昌对石星言听计从。而沈惟敬与日军沟通和谈，也一切皆听命于宋应昌。

《经略复国要编》收录了多通宋应昌与石星的信函，清楚地显示了他与石星关系密切，他可谓石星在朝鲜战场上的代言人。

---

① 《明史》卷242《林材传》，第6290页。
② 《明神宗实录》卷264，万历二十一年九月壬戌，第4908—4909页。
③ 《明神宗实录》卷264，万历二十一年九月壬戌，第4910—4916页。
④ 《明神宗实录》卷264，万历二十一年九月戊辰，第4917页。

如论及是否给沈惟敬以游击官衔时，宋应昌致函石星曰："屡接手札，台下以吃紧数事为某指授，感戢感戢！内已启者，不敢复赘。外承谕沈惟敬给与马价一千两，俾行反间，此妙画也。谨领悉矣。第给授游击一节，兵法云用而示之，以不用若经具题，不免昭著，何不暗给札付，加以游击职衔，如其建功，何止此职？此机密之事，望台下细酌之。"① 宋应昌完全是以心腹之人的口吻向石星建议。沈惟敬果真被授予游击衔，听令于宋应昌。沈惟敬也因此成为石星通过宋应昌派往朝鲜前线与日军议和的主要人物。《经略复国要编》中与议和相关的信函有不少，焉能说宋应昌完全与议和无涉？如其言："不佞屡承台下垂念，兼辱远遗厚惠，感刻无地，所可报答高厚者，惟有区区心力而已。"② 言辞之间充满感激之情。"念五日得详言东征始末，大疏捧诵数过，中间力排群议，独主册封，谓将士血战之功，鄙人尺寸之画，不可泯灭，极力担当，词情恳切，真一字一泣、一字一感也。万一国家日后有事，犹有人出头肩任。台下为社稷久远虑，信非浅薄可测识也。某即行提督差人往谕行长，速令归国。诸凡尤望台下主持，不特某戴高厚之德，诸将士亦衔扶植之恩，无极矣。"③ 如是言论充溢在宋应昌给石星的信函之中。宋应昌对石星屡表忠心，对其提携之恩感激不尽，对于石星之指令，也认真贯彻、无不落实。在上报平壤大捷之功时，宋应昌特别提及沈惟敬之功："游击沈惟敬数入倭巢，建功属国，纳贡之说，虽出无凭，缓兵之计的有可据，相应并叙，应加参将职衔者也。"④ 从宋应昌为沈惟敬请功可见，石、宋、沈三人

---

① 《经略复国要编》卷2《报石司马书（二十一日）》，吴丰培编：《壬辰之役史料汇辑》（上），第151页。

② 《经略复国要编》卷3《谢石司马书（二十三日）》，吴丰培编：《壬辰之役史料汇辑》（上），第247页。

③ 《经略复国要编》卷11《报石司马书（十月二十五日）》，吴丰培编：《壬辰之役史料汇辑》（上），第917—918页。

④ 《经略复国要编》卷7《叙恢复平壤开城战功疏（六月初四日）》，吴丰培编：《壬辰之役史料汇辑》（上），第572页。

彼此依靠、互相扶持。

诚如前文所述，平壤战事期间，宋应昌一直待在辽东，宣祖二十六年正月二十四日方渡江，渡江之后，就传出议和之说，这令朝鲜君臣非常紧张。尽管之前沈惟敬一直在说议和封贡，但当时只是作为一种策略，朝鲜君臣并未十分关注。宋应昌一到朝鲜境内，就有议和之传言，朝鲜君臣以为是宋应昌之说法，于是派人前往反复打听，希望弄清事实，并百般劝说，力图阻止和谈之事。宣祖二十六年三月十日，宋应昌派遣同知郑文彬、知县赵汝梅、参军吕应钟前往定州拜见朝鲜国王。国王直言传闻议和之事，深表不安，明使答曰："宋经略言之，非讲和也……贼自平壤之败，心胆俱落，愿自宁波府入贡中原，若借其归路，而使之入贡，则必不敢加兵于贵国，今若以兵从事，则不二三年，贵国当复被兵矣。"委婉地解释了宋应昌议和封贡之事。实际上，他们并未否认国王之猜测，反复向国王解释封贡之必要性。而国王明确表示"夷狄可以威服，不可与之讲和"。① 此乃宋应昌派人直接向国王解释封贡事宜，尽管国王明确反对，但也无济于事。可见，朝鲜君臣早就察知宋应昌乃封贡和谈的主要决策者，他上通石星，下统沈惟敬，他们三人乃明朝封贡议和的关键人物，宋应昌乃石星在朝鲜战场上的代言人，黄汝亨《行状》所言，实际上是明显祖护宋应昌的不实之词。

战争前期宋应昌直接听命于兵部尚书石星，负责兵力调度与后勤保障，同时跟朝中接触，向朝廷进言献策，从而左右着战事的进程。石星之所以力排众议，力主让宋应昌这样一位资历浅薄的兵部侍郎前往朝鲜为经略，很大程度上就是看重宋应昌能贯彻他的思想，从而达到操控朝鲜战事的目的。但是这种战和并用策略，在朝中引起极大反感，在前线冲锋陷阵的提督李如松更是十分恼火。本来提督李如松信心百倍，誓将倭寇赶回日本，但因为宋应昌在身边

---

① 《朝鲜宣祖实录》卷36，宣祖二十六年三月乙丑，《朝鲜王朝实录》第21册，第659页。

加以"节制"，首鼠两端，使得他无法尽心战事，双方矛盾更加激化。

第二，战争初期，战和两策并用，取得了一定成效。所谓四次"讲贡"策略，"始事讲贡，计破平壤之说"，"再事讲贡，计出王京之说"，"目前讲贡，计退釜山之说"，"善后讲贡，消弭祸萌之说"，实际上乃是战事的四个重要阶段，收复平壤、倭寇退出王京汉城、敦促倭寇退出釜山以及明朝撤兵的善后事宜，封贡和谈之策皆起了一定的积极作用。宋应昌力图说明，指派沈惟敬前往日营封贡和谈，并非真和，而系御敌之权宜策略，"臣前后讲贡之繇，实是借贡以退倭，未曾轻许而误国"。① 石星称颂道："利以诱之者，兵家之胜算；假以便宜者，御将之微权……大抵以挞伐为威，以许贡为权，惟冀成功，无嫌诈计……倭奴已尽遁归，朝鲜已尽收复，东征之役至此，应昌之心诚苦，而绩亦已著。"② 他向朝中详细说明四次封贡和谈之缘由、经过、效果，既表示封贡和谈并非真和，而是御敌权宜之术，又说明前期明军所取得军事上的胜利，实乃其主持封贡和谈所带来的成效，若无借贡和谈，战事不可能进行得如此顺利。在他看来，东征朝鲜，武力征讨与封贡和谈，两手并用，不可偏废，"讲贡"之策，很好地配合了军事行动，十分必要。

刘于封贡和谈之事，宋应昌解释于前，石星附论于后，但并未说服朝臣，亦未消除朝臣的疑虑。其所谓"借贡退倭"之说，受到兵科给事中张辅之攻讦。

> 借贡退倭之说，至今月初八日始见应昌疏中，而同谋借贡之说至今月十八日再见本兵石星疏中。夫绝贡之旨屡下，两人胡以擅许也！彼托之兵道尚诡，非真许也，许贡之谋已久，而诸臣胡以不闻也！彼托之兵事贵密难轻泄也，譬如养疽而不虞

---

① 《明神宗实录》卷264，万历二十一年九月壬戌，第4910—4916页。
② 《明神宗实录》卷264，万历二十一年九月戊辰，第4917—4918页。

腹心之将溃乎？倭之乞贡，志在内窥，果徒抱尺一之纸，处穷海之外耶？倭之屯聚，志在劫盟，能使小西飞之出王京、平行长之离西浦耶？拥众而挟，则我弗可许也；浮海而去，则我弗能驱也。不封不贡，则倭必螫毒于朝鲜，而祸在今日；许封许贡，则倭且垂涎于中国，而祸贻将来！毋论阶祸，试使诸臣比德度力，何如祖宗朝？乃欲臣二百年来不可臣之倭哉！此皆沈惟敬倡其说以误应昌，而应昌复溺其说以误阁部。石星素号忠诚，不加深察，而谬欲以身担之，脱或有误，虽百身奚赎！①

张辅之此论极有见地，他直言所谓以封贡退倭，实乃宋应昌与石星两人暗中所为，并未得到朝中诸臣赞同，所以他们要反复解释，以便让群臣相信封贡的原委和效果，但这是有违神宗皇帝禁令的。实际上，所谓的"借贡退倭"之说，乃"沈惟敬倡其说以误应昌，而应昌复溺其说以误阁部"，张辅之进而对石星"谬欲以身担之"表示忧虑。

可见，宋应昌并非一味主战，而是极力贯彻石星所制定之策略，战和并用。黄汝亨《行状》所言乃一面之词，故意为宋应昌辩白。碧蹄馆之役失利后，原本极力反对封贡和谈的提督李如松也改变了态度，"会如松奉征倭之命，先胜于平壤道，后败于碧蹄馆，久戍朝鲜，而封贡议起。如松颇附会文帅宋应昌及本兵石星，速成其事，以结东征之局"。② 为了尽快了结东征战事，李如松只得附和封贡之议。此后即进入全面封贡和谈的阶段，但封贡和谈以失败告终，石星瘐死狱中，张辅之所论不幸被言中。宋应昌编辑《经略复国要编》正当其时，故而他极力撇清与石星的关系，也因此而衍生出《行状》中极力"主战"的说法，但其疏文俱在，中朝史籍皆载其所作所为，《行状》所论，不攻自破也。

---

① 《明神宗实录》卷264，万历二十一年十月壬申，第4925—4926页。
② 《万历野获编》卷17《兵部·日本和亲》，第438页。

四　宋应昌之晚年境遇与《经略复国要编》之编纂

碧蹄馆之役后，李如松附和封贡之议，明日封贡和谈正式展开。不久，宋应昌与李如松都被召回国，并多次遭人弹劾，朝鲜君臣对宋应昌亦无好感。宋应昌归国，被革职闲住，晚年境遇不堪。家居期间，他编纂《经略复国要编》以自我辩白，但所论多与史实不符。

宋应昌与李如松大致于万历二十一年八月底九月初回国，朝鲜史料《乱中杂录》载："（八月）二十二日，宋应昌、李如松领兵马还辽东。"①《朝鲜宣祖修正实录》载录他们过鸭绿江回国的时间为九月初一。② 回朝之时，弹劾宋应昌之疏接连不断。十一月初一，宋应昌上《直陈东征艰苦并请罢官疏》，其中言："祇缘封贡一节，臣先因借此以退倭，今欲假此以修守，申明前疏，颇为明悉。乃在廷诸臣，指臣为误国。"③ 十二月初四，宋应昌引疾乞归，神宗不准，令其回朝调理。十二月初七，升他为兵部左侍郎，以示安慰。次年正月十七日，广东道御史唐一鹏"劾总兵李如松贪功、掩败、衅祸三罪……因言经略宋应昌过信不明"。④ 二月十二日，河南道御史黄一龙奏称"倭不可与通贡。因言宋应昌失利罪小，欺君辱国罪大"。⑤ 三月初十，宋应昌被斥回籍闲住。四月十八日，唐一鹏再劾"如松及宋应昌、石星、顾养谦、刘黄裳争相欺罔，

---

① 赵庆男：《乱中杂录》第二《癸巳下》，第 9 页，姜大杰、徐仁汉编：《壬辰倭乱史料丛书·历史编》第 8 册，韩国晋州博物馆 2002 年版。

② 《朝鲜宣祖修正实录》卷 27，宣祖二十六年九月壬子，《朝鲜王朝实录》第 25 册，第 643 页。黄汝亨《行状》却说宋应昌上疏反对封贡，"疏上不听，而撤兵之议从部下矣。公既提军入异国，餐风卧雪，劳苦日久，中复愤溃不得，忽中风仆，半日乃苏，喟然叹曰：长揖归田庐有以也！遂上书乞骸骨……朝鲜上自国王，下逮父老，号泣攀援先后数百里不绝，建祠绘像，即平壤而尸祝焉。嗟乎，是可以虚声得哉！"《经略复国要编》，吴丰培编：《壬辰之役史料汇辑》（上），第 1244—1246 页。

③ 《经略复国要编》卷 12《直陈东征艰苦并请罢官疏（十一月初一日）》，吴丰培编：《壬辰之役史料汇辑》（上），第 965 页。

④ 《明神宗实录》卷 269，万历二十二年正月丙申，第 4999 页。

⑤ 《明神宗实录》卷 270，万历二十二年二月辛酉，第 5013 页。

乞下法司速鞫，分别典刑"。① 几乎每月都有朝臣上疏弹劾，要追究宋应昌等人的责任。七月十五日，山东巡按御史周维翰勘覆东征功次，认为"经略宋应昌、总督李如松、赞画刘黄裳及王京功罪，事完另议"。② 他们从朝鲜征战归来，不但无功，反而落得被勘的地步。好在神宗以为"功可嘉尚"，无须再勘。八月初一，石星请叙东征功次，兵科都给事中吴文梓争之，竟然不得叙功。戊辰，"直隶巡按李尧民直陈告庙宣捷之舛，谓宋应昌之东也，若主战不主和，则平壤之后，釜山当无噍类。乃纵令退保王京，惟听沈惟敬以和媚倭，区区一捷，宁足掩和亲之丑"，③ 也极力反对宣庙叙功之议。

宋应昌等人回国一年以后，九月初一，兵部方叙覆东征功。"乃若擘画机宜，措调兵饷，办器械，明赏罚，则应昌任之，卒成兹捷，其劳最著。至统领官军，奋扬威武，与诸将分道并攻，一鼓登城，则如松之劳，当与应昌从优升赏……上命升宋应昌为右都御史，李如松太子太保加给禄米一百石，各赏银币。"④ 最后经过多方查勘，明廷议定东征功次，宋应昌"着升都察院右都御史，遇缺推用，还赏银一百两，大红纻丝四表里。李如松力战取胜，忠勇超群，加太子太保于世袭伯爵"。⑤ 石星为他们辩白："应昌、如松所以不免众议……封贡之议，为时所未与；而封拜之约，为人所最忌。以兹之故，争者盈庭……伏蒙皇上略其细过，录其微功，应昌升职起用，如松加禄进衔……惟应昌则区画虽有未尽，而劳瘁则有足矜。"⑥ 后来皇帝令宋应昌荫一子，为正千户，世袭。可见，所

---

① 《明神宗实录》卷272，万历二十二年四月丙子，第5055页。

② 《明神宗实录》卷275，万历二十二年七月辛巳，第5088—5089页。

③ 《明神宗实录》卷276，万历二十二年八月戊辰，第5115页。

④ 《明神宗实录》卷277，万历二十二年九月丙子，第5119—5120页。

⑤ 《经略复国要编》后附《兵部一本查核东征功次仰乞圣明酌行赏罚以昭国是以励人心事》，吴丰培编：《壬辰之役史料汇辑》（上），第1159—1160页。

⑥ 《经略复国要编》后附《兵部尚书石星一本为中外多虞激劝最急恳乞圣明俯免无功之赏以明臣节并议未尽之典以励人心仍赐罢斥不职以完东征事》，吴丰培编：《壬辰之役史料汇辑》（上），第1168—1170页。

谓叙东征功次，实际上只是以复平壤之功为准，以宋应昌为首，李如松比之，宋应昌官升一级，李如松升太子太保加禄米百石而已。

宋应昌、李如松归国后，朝鲜君臣对他们多有关注。宣祖二十七年四月，朝鲜君臣闻知李如松与宋应昌回国后处境不妙，"李提督、刘员外杜门不关事；宋侍郎上章告病；杨大将元、杨参将绍先、郑同知文彬、赵知县以梅，方被拿问，科道封章踵起，甚为纷扰云"。① 明朝将领不是被清算，就是闲住，使得新任经略顾养谦也没有再战之心，一味主和封贡。有鉴于此，备边司遂上书国王，请求为宋应昌与李如松辩白请功，但国王并不赞同，认为"提督（李如松）可为之，经略（宋应昌）决不可为之。若如是，我国终未免党奸欺天之归，义理都丧矣"。② 国王只肯为李如松辩护，不愿为宋应昌请功，最终并未有所行动，由是可见，国王对宋应昌厌恶至极。后来石星见到朝鲜使臣金睟，特责备曰："宋经略、李提督为尔国，多有功劳，不以为功……反以为非，此后将相，谁肯为尔国图……宋爷、李提督为尔国十分辛苦，多有功劳，尔国不知其功，以为分内事，反以为不足，殊无良心！"备边司遂上言曰："我国所恃者，只石尚书一人，而其意如此，我国之事，更无所凭依，岂非可虞之甚乎？我国以恢复之计，专委于天朝，而石尚书、顾总督之言如此，则宋侍郎、李提督之意，概可想矣……今者不为伸辨，殊似未安……若不为则已，只举提督，而不及于经略，则结怨尤深，反不如不为之为愈也。"③ 即便说得如此严重，国王依然不同意为宋应昌辩护请功。《朝鲜宣祖修正实录》论曰："石、李有大造于我，而连被按劾，怨我国不肯附会。柳成龙等恐此后中朝

---

① 《朝鲜宣祖实录》卷50，宣祖二十七年四月辛未，《朝鲜王朝实录》第22册，第258页。

② 《朝鲜宣祖实录》卷51，宣祖二十七年五月甲午，《朝鲜王朝实录》第22册，第272页。

③ 《朝鲜宣祖实录》卷51，宣祖二十七年五月丁酉，《朝鲜王朝实录》第22册，第272页。

将相无为我国致力者，欲姑徇其意，而上每愤宋经略主和坏事，尤憎沈惟敬，比之仇贼，群臣之言，不得入矣。"① 朝鲜国王最痛恨宋应昌和沈惟敬，因为他们二人主和，不能尽力征伐，对于石星与李如松则心存感激。

尽管不为他们请功，但一旦有机会接见明使，朝鲜国王总会问及宋应昌与李如松近况。宣祖二十六年十二月十九日，国王接见明游击陈云鸿，问"宋侍郎、李提督安否何如"，被告知"宋、李两爷皆告病在家"，未曾被重用。宣祖二十八年四月初八，国王接见沈惟敬，再次问及"石尚书、孙经略、宋经略、李提督诸大人，皆平安否"，沈惟敬答以"皆平安"，且说："宋经略今已回家，奖荫一子，授锦衣卫千户。李提督亦受赏银矣。"② 同月二十八日，国王接见明使李宗城、杨方亨，再次问及李如松、宋应昌等人近况，回曰："宋、李之宣力贵邦，皆是皇上之恩也。应昌有病还家；李如松今为中府金使；石、孙皆无恙矣。"③ 此时宋应昌因病还家，未获重用。宣祖二十九年二月十五日，国王与尹根寿议论，再次问及"宋侍郎（应昌）今在何处"，答以："被弹之后，致仕在家矣。"④ 朝鲜传闻兵部尚书石星下狱之后，"石尚书披示《缙绅一览》，曰东征将士，无一人在朝"。⑤ 可见，自万历二十二年三月被斥回乡后，宋应昌就一直隐居乡下，直至去世。

万历二十五年，封贡议败，日本再犯朝鲜，朝中弹劾石星之人

① 《朝鲜宣祖修正实录》卷28，宣祖二十七年闰八月丙午，《朝鲜王朝实录》第25册，第651页。

② 《朝鲜宣祖实录》卷62，宣祖二十八年四月庚戌，《朝鲜王朝实录》第22册，第478页。

③ 《朝鲜宣祖实录》卷62，宣祖二十八年四月庚午，《朝鲜王朝实录》第22册，第489页。

④ 《朝鲜宣祖实录》卷72，宣祖二十九年二月壬子，《朝鲜王朝实录》第22册，第647页。

⑤ 《朝鲜宣祖实录》卷72，宣祖二十九年二月壬子，《朝鲜王朝实录》第22册，第647页。

甚多，石星下狱也累及宋应昌。九月，刑科都给事中侯廷佩"疏乞正枢臣今日误国之罪，并追大臣先日朋误之奸，参辅臣赵志皋与宋应昌、顾养谦等"；① 万历二十七年二月戊午，吏科给事中赵完璧、河南道掌道事监察御史赵士登等"纠拾……原任经略宋应昌……等各溺职"。其时，宋应昌已闲居乡里多年，置身事外，早已不问朝政。缪凤林曰："应昌……万历二十一年召还后，翌年三月归隐孤山，绝口不谈东事……在稽留峰下冷泉亭侧，率妻子而躬耕南亩，抱弱孙而徜徉北牖。"② 万历三十四年二月，宋应昌卒。次年四月，宋应昌子宋守一"以父功未白，改荫未定。会朝鲜遣使入京，上疏乞问陪臣以定前功，不报"。③ 万历四十六年十月十二日，准宋应昌孙宋楚望改荫。④ 此时宋应昌已逝多年，才得以庇荫其孙。"应昌殁后十七年，时应昌犹未葬，盖守一念其父功，终必不泯，故留以有待，然应昌之功终不得白。"⑤ 其后人总为他鸣不平，但终究毫无结果。

宋应昌归隐乡下十二年（1594—1606），多年绝口不提东征事，在举朝大臣弹劾他时，也不再答言，因为他知道毫无用处。朝鲜使臣亦知"宋被参，故不得复命，住在山海关近处云。宋侍郎望轻，尚书、顾侍郎，虽被弹论，平时有重望云"，⑥ 非常明确地指出宋应昌没什么威望，且一直如此，为他答言辩护毫无用处。宋应昌只能将内心的愤怒埋藏起来，并编辑到他的书中。这或许是他编撰《经略复国要编》的一个重要原因。此书有以下几点值得注意。

---

① 《明神宗实录》卷 314，万历二十五年九月癸卯，第 5874 页。
② 《经略复国要编提要》，吴丰培编：《壬辰之役史料汇辑》（上），第 9 页。
③ 《明神宗实录》卷 433，万历三十五年四月己亥，第 8162 页。
④ 《明神宗实录》卷 575，万历四十六年十月丁卯，第 10878 页。
⑤ 《经略复国要编提要》，吴丰培编：《壬辰之役史料汇辑》（上），第 10 页。
⑥ 《朝鲜宣祖实录》卷 54，宣祖二十七年八月乙丑，《朝鲜王朝实录》第 22 册，第 330 页。

首先，此书编纂时间很短，成书很快，目的乃为自己辩白。万历二十二年三月宋应昌归隐故里，缪凤林推测次年春宋应昌就编成此书，论曰："末附兵部、礼部等章疏及日使小西飞禀帖礼部，最后一本议秀吉封爵，奉旨平秀吉准封日本国王。据谈迁《国榷》及《明史》，乃万历二十三年正月事。《国榷》又载二月辛亥封平秀吉为日本国王诏，而是编无之，则其成书之时，犹未及见是诏，盖亦在是年春矣。"① 因为只是编辑原有的各类文书、檄文、信函、图表等，难度并不大，一年之内完全能够完成。沈一贯对宋应昌编辑此书的意图有所说明。沈曾因贡、市与否跟宋应昌通过一封信，对其所论提出不同意见，末曰："余发家日，石本兵定计封倭矣。余度封倭亦何害，而唯贡与市甚不可，未到京，先以书言之。在途闻小西飞已至，驱而入，即复言之，皆曰无许者。明年春宋经略忽于辞恩疏中请贡市，以书通余。无何，复极言。余曰再来非漫语也，今不言，后将噬脐，乃作此笺。笺止答宋，未尝泄。而顷之石尚书来谢不敏矣，然议亦竟从此止。后宋裒其朝鲜书疏，为《经略复国要编》，计八册，遍遗三阁，而不及余，盖憾矣。余谓其所亲，曰吾为宋公造福，而犹外我耶？"② 可见，此书编成后，宋应昌遍送朝中阁臣，意在自我辩白，也向朝臣表明他东征之功劳。尽管沈一贯自认为常常扶植宋应昌，但因二人意见稍有不合，宋未送他此书，引得沈颇为不满。因而可推断，此书编完之后，马上刊行，当时就得以流传，甚至朝鲜使臣亦见过此书。宣祖三十一年六月，朝鲜国王与大臣议事时提到此书。

> （李）德馨曰："宋应昌著成一书，名曰《复高（国）要编》，有曰：'倭贼逾全罗、庆尚、黄海、平安等路，然后抵

---

① 《经略复国要编提要》，吴丰培编：《壬辰之役史料汇辑》（上），第3页。
② 沈一贯：《喙鸣文集》卷21《复宋桐冈书附来书并后跋》，《续修四库全书》第1357册，上海古籍出版社2013年版，第517页。

中原地，终必无是理。'此则非但一时发诸口，至于书诸简策，将欲误天下也。"上曰："应昌见其形貌，阴险人也。"德馨曰："应昌曰：'王京城子险峻，未易攻拔。故使查大受焚龙山仓，倭贼无粮饷，宵遁'云。当时城中粒米狼庚，何得云无粮饷乎？此则欺天矣。"①

很显然，朝鲜君臣对于宋应昌书中所言极为愤慨，言其"将欲误天下""此则欺天"。从这段史料可知，宋应昌正是在闲居之时，在朝中百般弹劾的处境之下编辑此书的，其为自己辩护之意极为明显。正因为是自我辩护，故而对于相关史实的呈现，故意曲解、刻意篡改，因而引起朝鲜君臣的不满。

其次，书名有深意。书名之异，缪凤林考之曰："其书则万历末王在晋之《海防纂要》曾录其《华夷沿海图序》（《海防纂要》卷三作《华夷沿海经略序》）及奏疏数篇（见卷四皆节录），题曰《平倭复国编》，不著卷数。黄虞稷《千顷堂书目·史部别史类》著录曰：宋应昌《朝鲜复国经略要编》六卷，盖误册数为卷数。《明志杂史类》因之，省去'要编'二字，皆与今名微异。乾隆时列为禁书，见军机处奏准全毁书目（盖书名复国，为满人所讳言，其内容实与建夷无关也）四库馆臣遂亦未敢著录。"② 可见，该书有《平倭复国编》《朝鲜复国经略要编》《经略复国要编》《朝鲜复国经略》四个不同的书名，虽略有不同，然"复国"二字是关键，每个书名皆有此二字，用朝鲜国王的话说，就是"再造藩邦"，从书名中可见编者以"恢复朝鲜""再造藩邦"为己功，这正是其自我表功之体现。

最后，该书内容主要是以宋应昌为核心的相关文书资料。缪凤

①　《朝鲜宣祖实录》卷 101，宣祖三十一年六月丙子，《朝鲜王朝实录》第 23 册，第 452 页。

②　《经略复国要编提要》，吴丰培编：《壬辰之役史料汇辑》（上），第 10—11 页。

林述其内容曰："首列神宗敕谕及《华夷沿海图序》《沿海四镇朝鲜图》及图说。图与图说，即二十二年三月进呈底稿。序则述任事之终始与绘图为说之本末也。次附朝鲜乞援疏及部垣台谏条议疏略，略可考见朝鲜危急及廷臣论议之状次。正文十四卷，所载疏奏移檄等题目，下附记月日。卷一至卷七，自二十年九月讫二十一年三月，每卷一月；卷八至卷十二，自二十一年四月至闰十一月，除卷十为一月外，余皆二月；卷十三自十二月至二十二年三月，卷十四自四月至十月，则辞职交代及当辞职前与辞职后之奏疏也。"① 书函、檄文皆是宋应昌发给他人的，而他人给宋应昌之书函等资料则未收录。《四库全书总目》在介绍侯继高《两浙兵制》时，批评《经略复国要编》道："乃应昌力主和议，反斥李昖妄奏，是二十四年日本之叛，应昌罪无可辞。此书实可以曲证史事，而应昌所著《经略复国要编》，于李昖之奏、许豫之侦、辽东巡按之讦，概不录入，则自张其功而匿其短也，此书又可以勘其谬矣。"② 但缪凤林受宋所惑，对此不予认同，一叶障目，所论偏颇。其实，《四库全书总目》所论，还是颇有道理的。

综上所述，宋应昌东征所为颇受朝臣诟病，回国之后，即归家闲住，进而将东征期间他所书之文书、信函、奏疏、檄文等编辑成册，名为《经略复国要编》，以彰其功。但因所论偏颇，亦多有删减篡改，意在突出其本人作用，故而不得其实，既受到朝鲜君臣之批评，亦被《四库全书总目》所指责。因此，后人绝不可只依从此书来评判他的东征功绩，必须多方比勘，方能得其真。

美国学者柯文指出，历史认识有"事件"、"经历"和"神话"三个层面，尽管三者的主体不同，但彼此并非毫无联系。历史亲历者所经历的层面，"包含人们的所有情感，我们与真实的经历越接近，人们的情感生活——使人们悲哀、愤怒、紧张或厌烦的

---

① 《经略复国要编提要》，吴丰培编：《壬辰之役史料汇辑》（上），第2—3页。
② 《四库全书总目》卷100《子部·两浙兵制》，第844页。

事情，以及人们的忧虑、仇恨、希望和担心——的地位就越突出"。① 宋应昌《经略复国要编》就是他所"经历"的事情，但因为他个人情感过于强烈，给他这种"经历"涂上了"神话"的色彩，因而远离了历史的真实。他在原始文书的基础上，仅是采取了简单删减的手法就呈现了一个新的历史景象，但只是呈现了偏离历史事实的一面。黄汝亨的《行状》，因为寄托着宋应昌子孙的愿望，体现了王世贞所谓"家史人谀而善溢真"② 的特点，缪凤林为其所惑，故所论有失偏颇。在当今中国盛行的"从周边看中国"的新风之下，历史的多重性、史料的多元性给我们认识历史提供了多种视角。多元史料互相对勘，多重史料互相比证，能最大限度地接近历史真相。

---

① 柯文：《历史三调：作为事件、经历和神话的义和团》，杜继东译，江苏人民出版社 2000 年版，第 47 页。

② 王世贞：《弇山堂别集》卷 20《史乘考误》，中华书局 1985 年版，第 361 页。

第 四 章

提督李如松之东征及其
后裔之流寓朝鲜

　　明军提督李如松向来是研究万历抗倭援朝战争的热点。20 世纪 30 年代以来，此方面已经有十数篇文章发表，其中不乏很有见地的力作，即如王崇武、李光涛、方诗铭等人的文章，[①] 皆颇具功力，对相关问题进行了深入探讨。但因为原始材料纷繁复杂，中、日、朝三方史料互相矛盾、彼此抵牾，致使有关李如松的问题还是模糊不清。关于李如松的研究，焦点为以下几个问题。其一，平壤之役是否大捷？李如松战功如何？为何平壤大捷之后，李如松反而被人弹劾？其二，碧蹄馆之役是否大败？明军阵亡人数是多少？其三，李如松撤兵原因何在？关于前二者，明朝与日本尽管是交战国，但在这件事的评价上，史料说法竟然相似，反而是朝鲜史料呈现完全不同的说法。明朝史料与日本史料说法虽相似，背景却不

---

　　① 参见王崇武《李如松征东考》，《中央研究院历史语言研究所集刊》第 16 本，1947 年；李光涛《朝鲜"壬辰倭祸"与李如松之东征》，《中研院历史语言研究所集刊》第 22 本，1950 年；李光涛《朝鲜壬辰倭祸中之平壤战役与南海战役：兼论〈中国戏曲小说中的丰臣秀吉〉》，《中央研究院历史语言研究所集刊》第 20 本上，1948 年；方诗铭《十六世纪李如松在朝鲜进行的抗日援朝斗争》，《历史教学》1951 年第 12 期；宗惠玉《为李如松军杀朝鲜人以冒军功辨》，《东疆学刊》1991 年第 3 期；文廷海《明代碧蹄馆之役及中日和谈考实》，《四川师范学院学报》2001 年第 2 期。

同，因为明朝史料有着深刻的党争印记，日本史料则完全站在自己的立场上，故意抹杀明朝战功，夸大日本战绩。相对而言，朝鲜是受害者，也是战场之所在地，系利益最为关切者，朝鲜史料中关于李如松的记载，较为客观真实。史料中有诸多外在因素的影响，必须加以甄别考辨，否则无法获得历史真相，会影响对李如松的评价，甚至影响对整个战争的评价。此外，还有几个问题前人甚少涉猎：第一，明朝何以派李如松前去援朝；第二，李如松所率军队的人数与来源如何；第三，李如松在朝鲜期间的个人生活情况是怎样的。李如松在朝鲜时间并不长，传说他在战事结束后劝后人留在朝鲜，明朝灭亡后，他的后人中有人从中国前往朝鲜，成为在朝鲜明遗民后裔中非常重要的一支。本章在广泛搜求中、日、朝原始资料的基础上，参稽既有研究，力求对相关问题做进一步的探讨，尽可能地开拓一些新的层面，从而加深对提督李如松和这场战争的认识。

一　李如松受命赴朝及其部队之来源

李如松（1549—1598），字子茂，明末辽东名将李成梁长子。最初踏入仕途，乃是受其父李成梁之庇荫。万历三年四月，封荫为都指挥同知。① 万历六年十二月，充总督蓟辽保定军门标下右营游击。万历七年八月，升为参将。次年七月，李成梁"以镇辽屡立边功，再有红土城大捷"，② 李如松受荫被赐世袭伯爵，后为镇守山西总兵官，不久改为宣府总兵官。万历十七年，调任山西总兵。万历二十年四月，为提督陕西军务，前往镇压宁夏哱拜之乱，数月间，将哱拜平定。其时，丰臣秀吉侵略朝鲜，朝鲜危在旦夕。十月，明廷任命李如松充提督蓟辽、保定、山东军务，充防海御倭总

---

① 《明神宗实录》卷37，万历三年四月癸酉，第858页。
② 《明神宗实录》卷102，万历八年七月丁酉，第2007页。

兵官，率领重兵前往援救朝鲜。① 可见，李如松最初虽是受其父之荫而入伍，但是很快崭露头角，建立军功，不足十年就升至总兵，并率兵镇压宁夏哱拜之乱。当丰臣秀吉侵朝之时，李如松已是明廷中颇具实力的将领，因而受命率兵前往朝鲜，抗击日军。明廷派兵部侍郎宋应昌为经略，宋应昌以兵部右侍郎兼右佥都御史，与李如松一道前往朝鲜，总督御倭军务。

万历二十年十一月初十，朝鲜国王逃到了义州的龙湾馆，明朝派山西潞安府同知郑文彬前来通信，并提及"（明朝）兵马已调发，李（如松）将军、宋（应昌）侍郎已出来。但所忧者，粮刍而已"。② 这是朝鲜首次知悉李如松将率军前来救援。不久，朝鲜派往明朝的请兵使郑昆寿归来，宣祖问及明朝出兵数目，郑昆寿答曰："以六万，声言十万。"宣祖非常关心李如松的情况，问曰："李如松名将乎？"郑昆寿夸赞道："李成梁之子，天下名将也。征灵（宁）夏时，恶其父成梁权太重，召成梁留北京。及成功，封为灵（宁）夏侯，位在厥父上，为天下大总兵，十三总兵，皆听命于如松云。"③ 朝鲜国王也十分关心李如松的威望与经验。当时宋应昌、李如松尚在辽东，宣祖数次派使臣前往问安，同副承旨沈喜寿从辽东拜见李如松归来后，向国王汇报说："臣只闻李成梁，未知如松之为人。而灵（宁）夏成功后，威名大振云矣。征刘东旸时，极天下之力，有许多将官，而特遣如松者，必有以也。"④ 听了汇报，宣祖有些担心，说："此人只知防胡而已，未惯与倭战。视此贼如北虏，则不可也。"大臣李希得劝慰道："多率浙江

---

① 《明神宗实录》卷253，万历二十年十月丁酉，第4711页。

② 《朝鲜宣祖实录》卷32，宣祖二十五年十一月丙寅，《朝鲜王朝实录》第21册，第565页。

③ 《朝鲜宣祖实录》卷33，宣祖二十五年十二月甲午，《朝鲜王朝实录》第21册，第581页。

④ 《朝鲜宣祖实录》卷33，宣祖二十五年十二月己酉，《朝鲜王朝实录》第21册，第591页。

炮手，岂不知倭情乎？"① 希望消除宣祖的疑虑。

李如松率部以副总兵杨元为中协大将、副总兵李如柏为左翼大将、副总兵张世爵为右翼大将，分三路大军，于万历二十年十二月二十五日渡过鸭绿江，正月初五驻扎顺安县。② 从一开始与朝鲜人接触，李如松就向朝鲜表明其杀敌的决心，他曾给朝鲜伴送使出示其父信函："朝鲜乃吾先祖乡，汝其勉之。"并对伴送使说："家教如此，敢不为贵国尽力！"③ 从最初的接触来看，朝鲜君臣对李如松之家世、军功、为人、将才，皆试图加以了解，但他们总是认为李如松进军速度不够快、兵力不够多、粮草不够充足、对于征倭没有经验，因此，当时朝鲜君臣对明军的实力没有把握。

其实，对于朝鲜的忧虑，明廷并非没有考虑。从李如松所率军队的来源看，明朝考虑得非常周详。对于李如松之兵源，前人有些似是而非的说法，如日本青木正儿说："总数虽曰四万，然都是些一时的凑合，有西兵（宣府大同以西的兵），有辽兵，有南兵，当中又老弱居半，真正能战的精兵只有二万。"④ 《朝鲜宣祖实录》中，有关李如松所率军队有 3 万、4 万、6 万几种不同的说法，亦有具体介绍其各部将所率军队人数的史料，对平壤一役中李如松各部进行了非常细致的记录。下面结合明朝与朝鲜史料，将李如松所率军队各部列表如下（见表 4-1），从中亦可见明廷抗倭之决心。

---

① 《朝鲜宣祖实录》卷 33，宣祖二十五年十二月己酉，《朝鲜王朝实录》第 21 册，第 591 页。

② 《朝鲜宣祖实录》卷 34，宣祖二十六年正月丙寅，《朝鲜王朝实录》第 21 册，第 601 页。

③ 《朝鲜宣祖修正实录》卷 27，宣祖二十六年九月壬子，《朝鲜王朝实录》第 25 册，第 643 页。

④ 青木正儿「支那戯曲小説中の豐臣秀吉」『青木正児全集』第 7 卷、春秋社 1970 年版、75—81 頁。

表 4 - 1　平壤之役李如松所率明军部属情况

将领官衔	将领姓名	兵源	数目	备注
提督蓟辽保定山东等处防海御倭军务总兵、中军都督府都督同知	李如松			十二月二十五日渡江，癸巳正月攻平壤，克之。进向京城，遇贼于碧蹄。与战不利。遂无进剿之意。癸巳十月班师。以平壤功升为太子太保、左都督
标下中军原任参将都指挥金事	方时春	管下亲兵		山西蔚州人，壬辰为李提督中军，随提督来去
原任副总兵都督同知	李平胡	辽东马兵	800	达人，李成梁异其貌，收以为己子。壬辰随提督出来，癸巳十月回去
标下听用	祖承训	标下听用		号双泉，宁远卫人。以宁远伯李成梁家丁，为副总兵、右军都督府都督金事。壬辰七月与游击史儒败于平壤，革职。十二月以李提督票下听用出来，协攻平壤有功。丁酉复随军门来
中路大军共计13500人				
中协副总兵都督金事	杨元		2000	号菊厓，定辽左卫人，初以宋经略中军，移授中协副总兵官提督金事。随李提督出来，共破平壤贼。未几为宋经略参劾革职，同提督回去，丁酉再来
原任参将	李宁	马兵	1000	辽东铁岭卫人，初为宁远伯家丁，积功至副总兵
统领南北调兵原任副总兵	查大受	马步兵	3000	铁岭卫人，宁远伯家丁。九月出来，卫护行宫，久住江上。及李提督出来，隶其票下。碧蹄之役，以先锋斩倭百余级于弥勒院前野
统领辽东原任副总兵	王有翼	辽东马兵	1200	号心轩，河南鄢陵籍铁岭卫人。壬辰十二月出来，癸巳四月回去
镇守辽东东路副总兵都指挥使	孙守廉	辽东马兵	1000	号杏村，铁岭卫人。壬辰十二月出来，与李提督最亲。平壤之战，不离提督左右，癸巳五月回去

续表

将领官衔	将领姓名	兵源	数目	备注
统领保定蓟镇调兵原任副总兵	王维贞	保定蓟镇马兵	1000	三万卫人，壬辰十二月，领马兵一千出来，癸巳七月回去
义州卫镇守参将	李如梅	义州卫马兵	1000	号方城，提督弟。壬辰随提督出来，癸巳十月回去，丁酉以总兵再来
统领辽镇调兵参将	李如梧	辽镇马兵	500	辽兵，提督弟。壬辰随提督出来。癸巳十月回去
辽东总兵标下管领夷兵原任参将	杨绍先	辽东马兵	800	辽兵，前屯卫人。领马兵八百随提督出来。癸巳十月回
统领保真建遵调兵游击将军	葛逢夏	保真建遵马兵	2000	壬辰十月，以卫护行宫，继查大受出来，久住义州。甲午正月回去

左翼大军共计 11500 人

将领官衔	将领姓名	兵源	数目	备注
钦差征倭左营副总兵署都督佥事	李如柏		1500	号背城，如松弟。以钦差征倭左营副总兵官，署都督佥事，共破平壤贼。平壤既复，提督将进讨汉城贼，如柏苦止之
宣府东路统领营兵副总兵都指挥使	任自强	宣府马兵	1000	字体乾，号冠山。大同阳和卫人。壬辰十二月渡江，癸巳八月回去
统领蓟镇遵化参将	李芳春	蓟镇遵化马兵	1000	字应时，号晴冈，直隶大名府平房卫人。长于骑射，待士卒以信。癸巳七月回去，丁酉以总兵再来
统领大同营兵游击将军	高策	大同马兵	2000	号对庭，山西天城卫人。壬辰十二月，以钦差统领马兵二千出来，癸巳九月回去。丁酉以军门中军再来
统领山东秋班经略标下御倭防海游击将军	钱世祯	山东马兵	1000	南兵。号三池，直隶苏州府乌江县人。壬辰十二月，领马兵一千出来，律己甚简。初破平壤，诸军争抢倭货，世祯独敛军不取。癸巳九月回去
统领嘉湖苏松调兵游击将军	戚金	嘉湖苏松步兵	1000	南兵。号萧塘，山东登州卫人。自称与戚东塘继光为同宗云。癸巳正月出来，俄升征倭副总兵。甲午正月回去

续表

将领官衔	将领姓名	兵源	数目	备注
统领宣府营兵游击将军	周弘谟	宣府马兵	1000	壬辰十二月，领马兵一千出来。癸巳七月回去。甲午以宣谕贼众再来。驻京城，未几堕马病卒
统领蓟镇右营游击将军	方时辉	蓟镇马兵	1000	山西蔚州卫人。壬辰十二月，领马兵一千出来。攻平壤有功。癸巳十月回去
阳河（和）游击将军	高升	阳河马兵	1000	壬辰十二月，领马兵一千出来。癸巳九月回去
建昌游击将军	王问	建昌马兵	1000	号义斋，义勇卫人。万历丙戌武进士。壬辰十二月领马兵一千出来。律身甚约，所过称便。癸巳十月回去
右翼大军共计 20500 人				
钦差征倭右营副总兵都指挥使	张世爵		1500	号镇山，广东右卫人，随提督出来，共破平壤贼
统领昌平右营兵参将	赵之牧	昌平马兵	1000	壬辰十二月出来，癸巳四月回去
统领南北调兵涿州参将	张应种	涿州马兵	1500	亦曰张应忠。壬辰十二月，领马兵一千五百出来，癸巳四月回去
统领浙直调兵神机营左参将都指挥使	骆尚志	浙江步兵	3000	南兵，号云谷，浙江绍兴府余姚县人。臂力绝人，能举千斤，号骆千斤。平壤之战，尚志先登，贼从陴上滚下巨石，中其腹，尚志不为动，奋身直上，贼披靡，遂复平壤城
统领大宁营兵原任将	张奇功	大宁马兵	1000	辽东人，与沈惟敬相善。统领大宁营兵马一千，十二月随李提督再来。癸巳四月回
山西营原任参将	陈邦哲	山西马兵	1000	壬辰十二月，领兵一千出来。癸巳九月回去
浙兵游击将军都指挥使	吴惟忠	浙江步兵	1500	南兵。号云峰，浙江金华府义乌县人。壬辰十二月，领步兵一千五百出来，甲午正月回去。丁酉再来
宣大八卫班兵游击将军	宋大斌	宣大马兵	2000	朝鲜人误作宋大赟。号养虚，广宁右卫人。癸巳正月出来，甲午正月回去

续表

将领官衔	将领姓名	兵源	数目	备注①
南兵游击将军	王必迪	南步兵	1500	南兵
浙兵游击将军	叶邦荣	浙江马兵	1500	南兵
提督标下统领大同营兵游击将军	谷燧	大同马兵	1000	大同卫人,壬辰十二月出来,甲午正月回去
保定游击将军	梁心	保定马兵	1000	壬辰十二月出来,癸巳十月回去
真定游击将军	赵文明	真定马兵	1000	壬辰十二月出来,癸巳六月回去
陕西游击将军	高彻	陕西马兵	1000	壬辰十二月出来,癸巳六月回去
山西游击将军	施朝卿	山西马兵	1000	壬辰十二月出来,癸巳六月回去
合计			46300 人②	

资料来源:《朝鲜宣祖实录》卷34,宣祖二十六年正月丙寅,《朝鲜王朝实录》第21册,第602页;《朝鲜宣祖修正实录》卷26,宣祖二十五年十二月丁亥,《朝鲜王朝实录》第25册,第632页;《象村稿》卷39《天朝诏使将臣先后去来姓名·记自壬辰至庚子》,《影印标点韩国文集丛刊》第72册,第269页。

　　从表4-1可知,李如松所率明军三路进军,由杨元率领中路大军、李如柏率领左翼大军、张世爵率领右翼大军,向平壤进发。三路大军的人员,大体上是由三部分组成。

　　第一部分是辽兵,乃原来镇守辽东后追随李如松出生入死之亲信部队,是杨元所率领的中路大军和李如松统领亲兵的主力,大概有13000人。

　　第二部分是明九边将士,乃镇守明长城沿线九镇之部队。左右两翼大军主力以九边将士为主,人数最多。自万历十一年七月到被

　　①　有关明朝将领的史料来自《象村稿》卷39《天朝诏使将臣先后去来姓名·记自壬辰至庚子》,《影印标点韩国文集丛刊》第72册,第269页。此书载录明朝援军数目曰:"天兵来援者,壬辰初攻平壤,用三千三百十九人。癸巳攻破平壤,用四万三千五百,追到者八千人。丁酉以后,先后来援者十四万二千七百余人。己亥以后,留兵二万四千余人。通共二十二万一千五百余人。粮十万余石、银四万余两。"(《象村稿》卷38《天朝先后出兵来援志》,《影印标点韩国文集丛刊》第72册,第257页)

　　②　按:此数字乃根据《朝鲜宣祖实录》的史料而来,不过,各项总数加起来是46300人,而《朝鲜宣祖实录》中的总数则是43500人,计算有误,故而改正过来。其还提及"追到军兵八千人",乃刘綎部队,当时尚在来朝的路上。

派往朝鲜，李如松先后在山西、宣府、蓟辽等九边重镇镇守，不少士卒跟随李如松征讨宁夏，因而这部分将士是李如松所倚重的重要力量，有 23000 人。

第三部分是南兵，南兵原本是戚继光在浙江训练出来的。从人数上看，南兵 11000 人，与辽兵相当，其中左翼大军中钱世祯和戚金各率领 1000 人，右翼大军中骆尚志、王必迪、吴惟忠和叶邦荣共率领 9000 人，而戚金据说是戚继光的侄儿。南兵以步兵为主，主要使用火器，武器最为先进，也是最具战斗力的部队。这部分军队作战英勇，但是与李如松的关系比较疏远，这种疏远在以后的战事中有十分清楚的反映，也因此使诸事变得复杂。

从总人数来看，表 4-1 所列人数与第一章表 1-1"朝鲜诸家史籍所载明东征将士与粮饷总数目一览"中所载李如松统领的人数基本相当，也印证了朝鲜史籍所记明军士卒数量的准确性。实际上，这三部分将士乃当时明朝的主力部队，是最具战斗力的军队。而将其全部派到朝鲜战场上，可以看出明廷抗倭援朝的决心。为了藩国朝鲜的利益，明廷不惜派出最精锐的部队与日本丰臣秀吉侵朝部队一决雌雄。

二 平壤大捷之真相与明朝党争之关系

万历二十年十二月二十五日，李如松率领三路明军渡过鸭绿江，开赴朝鲜战场。次年正月，三路大军围攻平壤，数日即克，取得了平壤大捷的辉煌胜利。这原本是一场毫无异议、值得大书特书的大捷，但从平壤收复之日起，对叙功之事的争论就未停止过。此事发生在万历二十一年正月，直到次年九月明廷才宣捷叙功，迟滞了一年半，除去路途遥远，可能耽搁两三个月外，拖延如此之久才予以叙功，事情本身就颇显蹊跷。即便是叙功之后，争论仍未平息。这充分说明，明朝抗倭援朝战争的许多问题，与朝中党争密不可分。激烈的党争使得明朝对相关战事及人物的评断与朝鲜王朝的认识南辕北辙，也因此造成明朝史料的含混不清、真假参半。

明朝史料真假参半，日本史料则有意淡化甚至否定。赖山阳《日本外史》认为平壤围城乃因李如松行间，而其最后撤兵，是因日本援军不继而已。随后，日本学界的研究就在这样一种基调下展开。青木正儿不肯置信平壤大捷，云："《明史》所谓如松军大胜的内幕，大概像是糊糊涂涂的捷报……好像都是根本的误传。"[1]引得李光涛不平，特撰文批评。即便是当今重要的日本明史专家小野和子，对这场战争的论述亦没有根本性的改变。她在《明季党社考》中说："李如松乘着沈惟敬推进和平工作之隙，奇袭了在平壤的日本军，很快就打败了小西行长之军。所谓平壤之战就是指此。但是，以此自傲的李如松进而南下，轻骑直向京城，在碧蹄馆惨遭失败。据说这次败仗，使李如松'魂散胆破'，丧失了战意。"[2]小野和子是当今日本最重要的明史专家之一，《明季党社考》也是一部名著，但是对于李如松的两场战争竟是这样轻描淡写，做出似是而非，即认为平壤之战似乎不值一提，对碧蹄馆之败又极尽夸张之论断。经过了这么多年的研究，日本学术界对这个问题的认识并没有根本改观。

唯独朝鲜史料，因为与己方利害休戚相关，所涉人物又是第三方，故能够做到较为客观，是探索李如松相关历史问题真相最重要的依据。朝鲜时代之人，已经意识到中朝史书有关壬辰战争之记载出入甚大，因曰："壬辰倭变时胜败事实，考诸'明史'及我东所传，多有不合。年代不至甚邈，文献非无可征，而尚如此。况邃复之事，人异说、书异记者乎？遂致邪正倒换，名实乖谬。甚可叹也。"[3]

基于前述种种，下面以朝鲜史料为基本依据，兼而参稽中日史

---

① 青木正儿「支那戯曲小説中の豐臣秀吉」『青木正児全集』第 7 卷、75—81 頁。

② 小野和子：《明季党社考》，李庆、张荣湄译，上海古籍出版社 2006 年版，第74 页。

③ 尹愭：《无名子集文稿》第 10 册《论壬辰事》，《影印标点韩国文集丛刊》第256 册，韩国民族文化推进会 2000 年版，第 414 页。

料，对这场战事的经过略加梳理，对其间所涉及的相关问题略加讨论，以期还原平壤战事的历史真相。

《朝鲜宣祖实录》载，万历二十一年正月初六，李如松的部分将士抵达平壤城外，将平壤城包围。两千余名日军在城北牡丹峰向明军开炮。万余名日军在城墙上巡视，植鹿角栅子。李如松派一支兵马攻牡丹峰，但不敌日军炮火，遂撤退回营。日军从城内蜂拥而出，明兵丢弃数十面铁盾，被日军掠走。当夜，日军数百人偷袭明军右营，"天兵一时扑灭旗灯，从拒马木下，齐放火箭，光明如昼。贼遁还入城"。正月初七，明军三路同时进击，日军开城门出兵对抗，各有斩获。凡此种种，皆是李如松对日军的试探。经过两天的试探，李如松摸清了日军的虚实。正月初八，李如松传令三军，早早用饭，各领所部士卒对平壤城发起总攻。分四路进攻：第一路，由南兵游击将军吴惟忠率部三千，与查大受部，共六千士卒，攻北面的牡丹峰；第二路，由中军杨元与右协都督张世爵率主力部队攻七星门；第三路，由左协都督李如柏和参将李芳春率部攻普通门；第四路，由副总兵祖承训、游击骆尚志与朝鲜兵使李镒、防御使金应瑞等率部攻含球门。李如松领亲兵百余骑，居中调度指挥。

战斗打响后，明军斗志高昂，战事十分激烈。"俄而发大炮一号，各阵继而齐发，响如万雷，山岳震摇，乱放火箭，烟焰弥数十里，咫尺不分，但闻呐喊声，杂于炮响，如万蜂哄闹。少选，西风忽起，卷炮烟直冲城里，火烈风急，先着密德土窟，赤焰亘天，延殆尽，城上贼帜，须臾风靡。"诸军攻城，日军"乱用铅丸，汤水大石，滚下拒之"，明军攻城受阻稍却。李如松见此，当即斩一退却者，在诸军阵前大呼："先登城者，赏银五千两！"士气大振。南兵表现尤为突出，"吴惟忠中丸伤胸，策战益力。骆尚志从含球门城，持长戟负麻牌，耸身攀堞，贼投巨石，撞伤其足，尚志冒而直上。诸军鼓噪随之，贼不敢抵当。浙兵先登，拔贼帜，立天兵旗麾"。李如松与张世爵攻破七星门，杀入城内。"诸军乘胜争前，骑步云集，四面砍死。"小西行长躲入练光亭，其他日军负隅顽抗，久攻不下。"贼从中放丸，天兵僵尸相续，提督所骑马中丸，诸将请提督少退休兵。"下午三四点钟，大部分明军回营用膳，余则将日军围困在几个据点中，遂派刚俘获的浙江人张大膳传话小西行长，望他们速速投降，小西行长回话情愿撤兵，李如松许诺。半夜，小西行长率余部逃出平壤。① 正月初九，李如松率部整军入城，并乘胜收复开城等地。这场战役，李如松取得了绝对的胜利。但也正是这样一场胜利，从结束的那一刻起，就引发明朝各派势力的争斗，朝鲜也感觉难以置身事外。究其原因，有以下几点。

首先，与提督李如松处事不公有关。在明军攻城不利之际，李如松大呼"先登城者，赏银五千两"，南兵诸将遂奋勇争先，浙兵最先登城，拔掉日军旗帜，插上明军大旗。这是值得大加表彰的，朝鲜人皆深知："是战也，南兵轻勇敢战，故得捷赖此辈。"② 但在李如松上表奏功疏中，反而将首功归于张世爵，即战功北兵居首，南兵居次。朝鲜国王都说："张世爵与提督，同乡人耶？谓有功则可矣，至录于首功，则未可也。"③ 他认为南兵将领吴惟忠功最高。朝鲜大臣柳成龙上书国王曰："提督攻城取胜，全用南军，及其论功，北军居上。以此军情，似为乖张。若但以一胜为功，无必进之意，则臣等之区区寸力，势难挽回，尤为痛闷矣。"④ 对于先登城的南兵，既未赏银，奏功又不力，这引起南兵将士的极大不满，也引发朝鲜君臣的忧虑。《朝鲜宣祖实录》即言："初平壤、开城府，既已收复，李提督如松世居北边，凡用军议功之际，右北军而退南

---

① 《朝鲜宣祖实录》卷34，宣祖二十六年正月丙寅，《朝鲜王朝实录》第21册，第601页。

② 《朝鲜宣祖实录》卷34，宣祖二十六年正月丙寅，《朝鲜王朝实录》第21册，第601页。

③ 《朝鲜宣祖实录》卷35，宣祖二十六年二月甲辰，《朝鲜王朝实录》第21册，第638页。

④ 《朝鲜宣祖实录》卷35，宣祖二十六年二月壬辰，《朝鲜王朝实录》第21册，第625页。

兵。由是南、北军不和。"① 李如松处事不公，引发了明军中南北兵不和，而南兵遂借机散布谣言，中伤李如松，从而引发扑朔迷离的争端。李如松自身亦深受其害。

朝鲜大臣分析出现这种情况的原因，曰：

> 且闻李提督曾于平壤报捷之日，以全功归己，不让于宋侍郎之故。中朝谏官，时方论列。以此提督在松京，逗遛不进云。大抵宋侍郎为元帅，而所率炮手，皆是南人。李提督北方武夫，而所率骑兵，亦皆北人也。南军善于放炮杀贼，北军善于斩馘。北军所斩，多是南兵之所杀。而上功之际，首级为先，南兵居后，故元帅颇怀不平。公论亦以李公为贪功。而两将之间，不相和协，有逗挠之弊。此实我国之不幸也。②

《朝鲜宣祖实录》评之曰："李提督以天朝大将，统率大军，远临外国，当以严明公直，制伏其下，而反为贪功所使，贼将玄苏，尚未就擒，而至要其首级，岂非可耻之甚乎?"③ 对于李如松之贪功不公的做法提出严厉的批评。正是这种贪功之念引发了一系列的麻烦，更为重要的是经略宋应昌与提督李如松之争。李如松将平壤大捷战功全归自己，丝毫不考虑宋应昌，而他们二人原本就不和，这样就更加深了彼此之间的矛盾。

其次，经略宋应昌推波助澜，借助流言，中伤李如松，颠倒黑白。宋应昌乃南兵领袖，与李如松向来不睦。事实上，从一开始，朝鲜君臣对于二人的关系就有所觉察。郑昆寿向国王报告："大抵

---

① 《朝鲜宣祖实录》卷37，宣祖二十六年四月乙巳，《朝鲜王朝实录》第21册，第691页。

② 《黔涧先生文集》之《辰巳日录·癸巳》，《影印标点韩国文集丛刊》第61册，第296—297页。

③ 《朝鲜宣祖实录》卷36，宣祖二十六年三月丁卯，《朝鲜王朝实录》第21册，第661页。

宋与李似不和协矣。"① 实际上这与明朝内部党争密切相关，李如松最初乃坚定的主战派，宋应昌则在兵部尚书石星等人支持下倾向于主和。况且从阵营上来说，李如松是北兵将领，宋应昌是南兵领袖，从这个层面来讲，两人从一开始就处于不和的状态。

与宋应昌的矛盾，李如松对朝鲜君臣也从不讳言，他直接对朝鲜通译洪纯彦说："尔自吾父时，出入中国，尔不知天朝事耶？武官受制于人，而不能自擅，故累请于经略，催兵进剿，而经略以为'讲和，则朝鲜可以无忧'云。"② 朝鲜君臣也深知"军中之事，则南兵每密通于宋侍郎"，③ 故而，明军中存在的南北兵之争的现象，其背后实际上就是经略宋应昌与提督李如松之争。

平壤大捷之后，武库清吏司员外郎刘黄裳和职方清吏司主事袁黄为大明钦差经略防海御倭军务，于万历二十一年正月到达朝鲜，他们二人也是南人代表，与宋应昌关系较好。国王李昖对李如松和宋应昌的印象大为不同，对于他们之间的争端亦深有感触，因为当他拜见宋应昌时，宋竟然说要谋害李如松。国王言："李提督，大将也，而幅巾相见，应昌则盛陈兵威，然后入我。然而不许侍臣同入，其凶险可知……其凶悖无状甚矣。倭贼出京之后，应昌送刘黄裳南下，予往见顺安，则刘曰：'国王如给密旨，吾当大击倭贼'云，而只到王京便还，此无异鬼魅之事。以此观之，天朝必无人焉。刘员外，天下之大妄人；袁主事，出外国临大军，至垂念珠。此天下之大举措，而其出来者类如此。"④ 可见，宣祖对于宋应昌及刘、袁二人，皆无好印象。

---

① 《朝鲜宣祖实录》卷33，宣祖二十五年十二月己酉，《朝鲜王朝实录》第21册，第591页。

② 《朝鲜宣祖实录》卷36，宣祖二十六年三月己卯，《朝鲜王朝实录》第21册，第672页。

③ 《朝鲜宣祖实录》卷35，宣祖二十六年二月甲辰，《朝鲜王朝实录》第21册，第638页。

④ 《朝鲜宣祖实录》卷48，宣祖二十七年二月辛酉，《朝鲜王朝实录》第22册，第221页。

因李如松对南人不公，平壤大捷后，军中遂有流言："提督攻平壤时，多取朝鲜人民，削发斩级，以为贼首。"① 流言迅速传到朝中，山东都御史周维韩、吏科给事中杨廷兰等当即上本弹劾："李如松平壤之役，所斩首级，半皆朝鲜之民，焚溺万余，尽皆朝鲜之民。"明廷因此令布政韩就善、巡按周维翰等至平壤，查核真伪，且指令朝鲜，据实以闻。② 二月，朝鲜国王上书将平壤大捷的经过原原本本地陈述出来，最后又说："本国再造之基，实在于此……侍郎宋专心机务，指授方略，谋猷克合，用集殊功。总兵李誓师慷慨，义气动人，军行所过，秋毫无犯，临阵督战，身先列校。"③ 对于宋应昌与李如松皆给予高度评价。四月，朝鲜国王又特上疏为李如松辩白，对于所谓斩杀朝鲜人以充数之说，予以特别说明："提督李，钦承明命，统领大军，进入敝境，剿荡凶丑。虽于斩杀扰攘之中，必先拣出本国男妇，全活之数，已至千余。小邦急于攻剿，屡诸督进，而总兵悯念本国人民，骈首就死，至揭免死白旗，预先通谕。又戒营阵，毋令擅砍，其致念之勤，至于此极。小邦臣民，其所铭感而不已者，亦以救活其命。咨内所称焚溺误杀，不过流传失实之语，大不近理。其斩获贼级，系是的确查验，奏过实数，当职虽无状，岂忍自陷于欺负之罪哉？"进而对李如松之战功，称颂道："至于收复本国城池，则自拔平壤之后，列屯之贼，望风奔溃，西自大同，东至碧蹄，五百余里，俱已收复。咸镜分据之贼，亦皆走入京城，大约平安、黄海、京畿、江原、咸镜等道，

---

① 《朝鲜宣祖实录》卷37，宣祖二十六年四月乙巳，《朝鲜王朝实录》第21册，第691页。

② 《朝鲜宣祖实录》卷34，宣祖二十六年正月丙寅，《朝鲜王朝实录》第21册，第601页。有关李如松斩朝鲜人首级冒功之说法有另外一个版本。《明史·何乔远传》言："而朝鲜使臣金晬泣言李如松、沈惟敬之误，致国人束手受刃者六万余人。乔远即以闻，因进累朝驭倭故事，帝颇心动。而星坚持己说，疏竟不行。"（《明史》卷242《何乔远传》，第6286页）此说得不到朝鲜史料的支持，疑误。

③ 《朝鲜宣祖实录》卷35，宣祖二十六年二月乙未，《朝鲜王朝实录》第21册，第628页。

郡邑之收复者，三十有五。再造小邦，十成五六，感戴皇恩，日夜涕泣外。"① 不仅为李如松辩诬、洗刷罪名，而且为他请功，态度与明朝科道之弹劾完全不同。

李如松亦上疏自辩，其中有言："臣率诸将，歃血誓众，奉令惟勤。朝鲜国王，焚香祝天，而移咨谢臣；朝鲜人臣，焚香满道，而叩首谢臣。假使臣杀其子弟，戮其父兄，彼将以仇关白其仇之矣，尚肯感臣而谢耶？"② 可见，一席流言，就让李如松忙于应付。实际上，此事乃是南兵在宋应昌唆使之下的报复行为。

再次，叙功之事的胶着，乃朝中党争之反映，是明廷内部主战派与主和派之争和南北党争的缩影。③ 明廷内部主和与主战两派势不两立，且南人与北人之争由来已久。朝中以首辅赵志皋和兵部尚书石星为首，虽然力主救援朝鲜，但从一开始，就有两手准备，即战和兼备，以战为主，以和为辅。宋应昌是在最初阶段具体执行石星议和政策的人，沈惟敬则是其耳目与私人信使。沈惟敬第一次受命于石星，前往朝鲜探听军情，时为壬辰年（1592）八月十五日。沈惟敬原来对倭人有所了解，第一次到朝鲜就只身前往倭营。八月二十九日，沈单骑往倭营，得见小西行长。与行长约五十日往返，以完成封贡之事。九月二十九日，返回辽东。当时明朝尚未决定出兵朝鲜，朝鲜赴明请兵使郑昆寿正在北京与明廷各部密切交涉，希望明廷尽快出兵。十一月初六，沈惟敬再赴朝鲜，复入平壤，给日军赐帽子，并将探知清楚的日军人数告知李如松，使得李如松以两倍兵力击溃平壤之日军，收复平壤，为明军立了一功。李如松原本力主征伐日本，反对议和封贡，拒绝和谈。《明史》称："初，官

----

① 《朝鲜宣祖实录》卷37，宣祖二十六年四月乙巳，《朝鲜王朝实录》第21册，第691页。

② 《朝鲜宣祖实录》卷36，宣祖二十六年三月辛未，《朝鲜王朝实录》第21册，第664页。

③ 有关明廷中的南北党争，参见郑克晟《明代政争探源》，故宫出版社2014年版。

军捷平壤，锋锐甚，不复问封贡事。"① 战和双方互不相让，矛盾更加激化。

此外，这里面还反映了明廷中的文武之争。文人多主和，武人多主战。中国历史上自宋朝以后，因为重视科举取士，文人盖过武将，成为朝中宰相及各部尚书，进而执掌朝中大权，武将则受制于文人，明朝亦如此。文人宋应昌与武将李如松的矛盾，背后最深的原因就是这种制度上的问题。冲锋陷阵，武将在前，但时刻被文臣掣肘。所以，平壤大捷论功之争端，背后实际上是明朝主和与主战、文臣与武将、南人与北人多重矛盾纠结的结果。而这多重矛盾，以后长期左右着朝鲜战局，几乎每一位明朝将领都无法摆脱其牵制。

三　碧蹄馆之役与和战之转变

万历二十一年二月二十七日，李如松率家丁数千人在碧蹄馆与日军遭遇，被日大军包围，苦战两个多时辰，直至杨元援军赶到，李如松才杀出重围。这就是所谓的碧蹄馆之役。其并非一场大战，却影响了朝鲜战争的大局，中日朝史书的记载，差别甚大，说法不一。

《日本外史》说："如松以火器袭平壤，一战得志，谓和兵不足复畏，乃轻进。不具铳炮，以短兵接战。我军兵锐刃利，纵横挥击，人马皆倒，莫敢当其锋，我兵呼声动天，遂大破明军，斩首一万，殆获如松，追北至临津，挤明兵于江，江水为之不流。"② 认为明军大败，被斩首万人，李如松几乎被俘。这也奠定了日本以后的说法。《明史·神宗本纪》："（二十一年春正月）壬午，李如松进攻王京，遇倭于碧蹄馆，败绩。"③ 《明史·李如松传》也说：

---

① 《明史》卷238《李如松传》，第6195页。
② 賴山陽『日本外史』卷16「德川氏前記・豐臣氏中」東京弘道館1936年版、216頁。
③ 《明史》卷20《神宗本纪》，第275页。

"官军丧失甚多。"① 清官修《明史》的基本论调也是大败，尽管没有说出死伤人数，但与日本的说法相似。但仔细考察这场战事参与者的记录以及朝鲜史料，我们会发现有完全不同的说法。《朝鲜宣祖实录》对于碧蹄馆之役有十分详细的记载，其曰：

> 初，李提督既拔平壤，乘胜长驱……二十六日，自临津下流涉滩以过，进次坡州。七日早朝，欲亲审京城道路形势，单骑驰向碧蹄。时京城之贼，尚有数万，提督先遣查大受、祖承训等，领精骑三千，与本国防御使高彦伯，遇贼于迎曙驿前。大受与彦伯，纵兵急击，斩获六百余级，诸将因此益轻敌。贼将闻其前锋为大受所破，悉象而来，阵于砺石岘。大受见贼骑势大，退屯碧蹄，贼分布山野，看看渐逼。提督方行路上，见彦伯军官，详闻贼势，遂驰往碧蹄……时南浙炮兵俱未及到，只有手下精骑千余，提督即麾已到之兵，进阵于野，与贼对阵。先放神机箭，初一交战，贼少却，而已见天兵小，左右散出，冒死突出，直冲中坚。天兵全无器械甲胄，徒手搏战。提督与手下骁将数十人，亲自驰射，势不能支。麾兵四退，提督殿后而还。贼三千余人，直逼提督，提督且射且退。贼遂乘锐，乱斫天兵，死者数百。②

从这段史料中可以非常清楚地了解碧蹄馆之役的详细经过和相关的几个问题。

第一，这场战役，对李如松来说，完全是一场没有准备的遭遇战。先是，李如松率亲兵前往勘察道路地形，派查大受与祖承训率骑兵三千先行。查大受在迎曙驿遭遇日军先锋，将其击败，斩敌六

---

① 《明史》卷 238《李如松传》，第 6194 页。
② 《朝鲜宣祖实录》卷 35，宣祖二十六年二月庚寅，《朝鲜王朝实录》第 21 册，第 624 页。

百。于是轻敌冒进，不想遇日大军，只得退守碧蹄馆。李如松获知情况紧急，于是率精骑千余，前往救援。遂以少量骑兵与日重兵对阵，但被包围。可以说，事出意外，完全没有准备。

第二，这是一场以少敌多的战斗。明军只有数千骑兵，日军则有数万人。而且明朝最精锐的南兵、浙兵火炮手皆未及参战。明兵甚至都没有器械甲胄，只得以弓箭射杀敌人，甚至徒手搏战。敌众我寡，差距甚大。

第三，明军与日军死伤相当。尽管是一场敌我力量悬殊的战斗，但日军并没有取得绝对优势。李德馨向朝鲜国王报告碧蹄馆之役时说："与贼死伤相当，几至五六百矣。"① 经略宋应昌尽管与李如松有矛盾，但如斯记录："虽碧蹄之战，我军亦有损伤，然事在仓卒，如松亲率将领奋勇血战，以寡击众，射死倭酋，砍杀倭众，彼实退败。"② 李如梅也射杀倭中金甲大将一员，又得"杨元领参军郑文彬等各亲丁兵马急来接应，砍入重围，贼方稍退"。③ 另一位南兵将领钱世祯在《征东实纪》中也说："是日，两军互有损伤，亦得首级一百六十有奇。"④ 可见，事实并非像日本史书和《明史》说的那样。作为政坛敌手，宋应昌与钱世祯的说法值得信赖。王崇武即论："世祯本南将，为如松反对党，此役南军虽间有快意之谈，而《实纪》态度忠厚，尚无宣传战败之语，亦一有力反证。"⑤ 可见，与日本史料和《明史》"败绩"之类笼统的评说

① 《朝鲜宣祖实录》卷35，宣祖二十六年二月甲辰，《朝鲜王朝实录》第21册，第638页。

② 《经略复国要编》卷7《叙恢复平壤开城战功疏》，吴丰培编：《壬辰之役史料汇辑》（上），第569页。

③ 《经略复国要编》卷7《叙恢复平壤开城战功疏》，吴丰培编：《壬辰之役史料汇辑》（上），第567页。

④ 钱世祯：《征东实纪》，观自得斋校刊本，光绪十九年（1893）刊本；《丛书集成续编》第23册，上海书店1994年版，第898页。

⑤ 王崇武：《李如松征东考》，《中央研究院历史语言研究所集刊》第16本，1948年，第348页。

相比，这一说法要更为可信。

与此相关的明朝史书的说法也多与宋应昌的说法相似。茅瑞征《万历三大征考》载："李将军（如松）引枭骑二千前往踏勘，至碧蹄馆，猝遇倭，围数重。李将军督将士殊死战，从巳至午，一金甲倭前搏李将军急，赖指挥李有昇以死护，刃数倭，竟中钩，堕为倭支解。李如柏、李宁等乃益遮拥夹击，李如梅箭中金甲倭堕马。会杨元援兵砍（斫）重围入，倭遂溃，而我精锐亦多丧。"① 诸葛元声《两朝平攘录》则云，李如松以屡胜轻敌，往勘地形，仅以三千家丁跟随，"倭率精悍十万围之碧蹄。（李）如松鼓众力战，一以当百，自午至申，杀伤相半。正属危急，而杨元援兵踵至，内外夹攻，斩首一百六十七级。自是群倭咋舌咬指，无敢与天朝兵相抗矣"。② 可见，无论是明军将领所记还是当时明朝史家所书，皆未说碧蹄馆之役乃李如松大败，尽管李如松所率部属人数只有数千人，日军则数倍于明军，但是战斗的结果是死伤相当，明军进攻虽遇挫折，日军亦因此而胆寒。

第四，这场战役加速了明日和谈的进程，从此明军改变了以攻为主、以和谈为辅的策略，转而进入全面封贡和谈的阶段。最初，李如松是坚决反对和谈的。万历二十年十二月初八，李如松到辽东，朝鲜派吏曹判书李山甫前往拜见，敦促其尽快进兵，因为当时已传出沈惟敬与日本约和，以大同江为界，南边给日本，北边给朝鲜，朝鲜君臣十分忧虑。且朝鲜国王获知日本人在汉城掘了国王祖坟，十分恼火。李如松说："沈事，不须信也。我与宋爷，已为议完。只恐沈人过江，又到平壤，尔国可谨慎防闲，不使经过咸镜贼阵。东倭掘冢极骇。我亦知春间用兵之难，故定于十六日，领兵前

---

① 茅瑞征：《万历三大征考》之《倭上》，顾廷龙主编：《续修四库全书》第436册，上海古籍出版社1995年版，第15页。

② 诸葛元声：《两朝平攘录》卷4，顾廷龙主编：《续修四库全书》第434册，上海古籍出版社1995年版，第175页。

去矣。"① 故而有平壤大捷，又收复开城等地。碧蹄馆失利，则动摇了李如松进军的信心。《朝鲜宣祖修正实录》曰："自碧蹄战不利，（李如松）持重不战，亦由和议间之故也。"② 《万历野获编》亦曰："封贡议起。如松颇附会文帅宋应昌及本兵石星，速成其事，以结东征之局。此实情也。一时抑和主战者，议不得伸。"③ 诚如前文所说，从一开始，明廷就做了和战两手准备。碧蹄馆之役受挫之后，李如松斗志亦挫。"而和议遽起。宋经略（应昌）装遣谢用梓、徐一贯等扮作天使，谕贼卷还。沈惟敬、胡泽、沈思贤之徒，再与行长会于龙山江上。"④ 可以说，几乎一夜之间，就和战易位了。

当时的客观条件对于进攻亦不利。春天来临，道路泥泞，不利于骑兵进攻。《征东实纪》载："沿途解冻，淤泥泞滑，艰难万状。"⑤ 李如松曾对左议政尹斗寿说："春路泥泞，又多水田，不能随意进退。粮草缺乏，人饥马疲，马死者多至一万四千。"⑥ 粮草不继，人困马乏，军队战斗力大受影响，这在客观上消磨了李如松的斗志。故王崇武曰："是朝鲜地势殊不适于北人作战，尤以骑兵为然，时虽有南兵，然数量较少，不亟撤退，有覆没之虞。"⑦ 因而碧蹄馆之役虽然加速了明日和谈的步伐，但并非唯一的因素。在客观条件的影响下，明军采取和谈之法，可以说势在必行。

---

① 《朝鲜宣祖实录》卷 33，宣祖二十五年十二月癸卯，《朝鲜王朝实录》第 21 册，第 588 页。

② 《朝鲜宣祖修正实录》卷 27，宣祖二十六年九月壬子，《朝鲜王朝实录》第 25 册，第 643 页。

③ 《万历野获编》卷 17《兵部·日本和亲》，第 438 页。

④ 《象村稿》卷 38《天朝先后出兵来援志》，《影印标点韩国文集丛刊》第 72 册，第 259 页。

⑤ 《征东实纪》，《丛书集成续编》第 23 册，第 898 页。

⑥ 《朝鲜宣祖实录》卷 35，宣祖二十六年二月甲辰，《朝鲜王朝实录》第 21 册，第 637 页。

⑦ 王崇武：《李如松征东考》，《中央研究院历史语言研究所集刊》第 16 本，1948 年，第 353 页。

四　李如松之撤归及其后人在朝鲜之生活

碧蹄馆之役后，明日双方展开封贡和谈。明大军撤归，少量将士留守朝鲜。万历二十一年八月二十二日，宋应昌、李如松领兵马还辽东，① 结束了在朝鲜九个月的征战。宋应昌与李如松回国以后，并未受赏，反而皆被弹劾。朝鲜君臣亦获知"宋侍郎被参奏，三月尽头回家；李提督被参，杜门不出"。② 顾养谦代替宋应昌前往朝鲜，他派参将胡泽拜见朝鲜国王，胡泽说："东征将士，功高而获罪，宋经略（应昌）去职；李提督（如松）闲住。又宋经略胆小，军中之事，多致依违，劫于科道之议，迁延不决。若使经略，早断贵国之事，前年八、九月，必已结局矣。"③ 对于这种状况，备边司启曰："适今因顾总督分付，方拟遣使上本，以经略、提督，俱受圣天子明命，勤劳外国，收复三都，再造已灭之宗社，小邦之人，方思殒结图报，功赏未及，谴罚加焉，小邦君臣，不胜瞿然之意，善辞具奏付送。"国王批曰："不可。"因为"提督可为之，经略决不可为之。若如是，我国终未免党奸欺天之归，义理都丧矣"。④ 尽管朝鲜君臣对于宋应昌与李如松回国即遭到弹劾的命运深表同情，但是并未上书明廷为他们请功，笔者认为这是因为对宋应昌不满。后来又传来石星授意朝鲜应当为宋、李说情的消息，但朝鲜还是无动于衷。《朝鲜宣祖修正实录》论曰："石、李有大造丁我，而连被按劾，怨我国不肯附会。柳成龙等恐此后，中朝将相无为我国致力者，欲姑徇其意。而上每愤宋经略主和坏事，尤憎

---

① 《乱中杂录二·癸巳下》，朝鲜古书刊行会编：《大东野乘》（四），朝鲜古书刊行会1910年版，第623页。

② 《朝鲜宣祖实录》卷50，宣祖二十七年四月甲戌，《朝鲜王朝实录》第22册，第260页。

③ 《朝鲜宣祖实录》卷51，宣祖二十七年五月戊子，《朝鲜王朝实录》第22册，第267页。

④ 《朝鲜宣祖实录》卷51，宣祖二十七年五月甲午，《朝鲜王朝实录》第22册，第272页。

沈惟敬，比之仇贼，群臣之言，不得入矣。"①

尽管朝鲜君臣对宋应昌不满，但对李如松则始终有感戴之心。李如松等撤回不久，尚在封贡和议之时，朝鲜君臣就商议为兵部尚书石星和李如松等建生祠。备边司启曰："当初力排群议，命将出师，来救我国，石尚书之功，果为重大。为设位版，与李提督同入一祠，副将三人，亦为同祠，其于情礼，极为允当。"② 国王基本同意此议，只是觉得副将三人过多，所以令其再议。三个月后，国王曰："石尚书生祠，曾已定之矣。他人虽不得为之，石尚书与李提督同祀，天使未出来之前，使之举行，俾华人知之。"③于是他们商议生祠中应该用画像供奉。又过了半年，备边司提及此事，"李提督画像，前年八月，汉城参军郑橄赍持，传于平壤。其后处置，未得闻知。唐将、唐兵往来如织，至今不设，而香火寂然，我国致感于天朝之意，谁复知之？假使碑文不具，石刻有待，而堂中设画像，并为香火，似不可不早为之。此意下书于平安监司"。④ 不久，朝鲜在平壤建成武烈祠，主祀石星与李如松，以李如松副将李如柏、张世爵和杨元配享。可见，朝鲜设立生祠有两个意思：一是表达对石星、李如松等人的感激之情，实际上也是对明朝表示感谢；二是通过设立生祠表达一种态度，即朝鲜对明朝救援之举是心存感激的，也是对当下在朝鲜的明军表示他们是懂得知恩图报的，因而激励明军英勇杀敌，使得朝鲜早日光复。

生祠建成不久，就传来李如松在辽东战死的消息。《明史》

---

① 《朝鲜宣祖修正实录》卷28，宣祖二十七年八月丙午，《朝鲜王朝实录》第25册，第651页。

② 《朝鲜宣祖实录》卷56，宣祖二十七年十月丁巳，《朝鲜王朝实录》第22册，第371页。

③ 《朝鲜宣祖实录》卷59，宣祖二十八年正月丁丑，《朝鲜王朝实录》第22册，第415页。

④ 《朝鲜宣祖实录》卷68，宣祖二十八年十月壬戌，《朝鲜王朝实录》第22册，第584页。

载："（万历二十六年）夏四月丁卯，辽东总兵官李如松出塞，遇
伏战死。"① 几乎同时，朝鲜就获得了此噩耗。宣祖三十一年四月，
麻贵启曰："昨夕，提督内家丁密言：'辽东地方獭子来犯，总兵
李如松领兵出战，众寡不敌，以致大败，李如松及游击四员，不知
去处云，而时无的报云云。'"② 这是朝鲜首次得到李如松可能出事
的消息，国王当即派李廷龟前往杨镐经理衙门打探，获知"提督
之死，的报无疑"，但被告知："此是军门，不久当行师，凶吊与
败军之慰，尤不当呈。国王厚意，多拜上云云。"③ 第二天，朝鲜
陪同杨镐的接伴使汇报李如松战死的具体情形，曰："广宁事，更
问于门下诸人，则李如松初日破斩獭子之事，潘继勋以所闻，说称
如此，而今日广宁人适到衙门，臣更为密问，则李成梁方在铁岭
卫，故李如柏适过在广宁，与提督同出教场，看操练，义州参将曹
文焕哨探军兵，斩獭子若干，驰报虏在清河近处，提督仍领其兵，
日晚驰出塞外，见没于伏中所败之地，即太清堡越边山外沙碛
云。"④ 次日，朝鲜礼曹谈及祭祀李如松之事，国王传曰："提督有
大功于我，今其逝矣。我国人心，所共惨痛。其致祭之仪，当以义
起。古人闻讣，有设位而哭。或于郊外，筑坛设位，自上亲祭，或
遣大臣祭之……且今天朝诸官满在，今此祭仪，必传闻上国，所关
非轻，不可不慎。切不可简慢，更与大臣议启。"⑤ 于是诸臣商议
祭祀李如松之礼仪。结果决定在平壤李如松生祠旁，"别设幕位于
本庙傍近隙地，香祝、奠具，务从明洁，告神祝文，极尽措辞，别

① 《明史》卷21《神宗本纪》，第280页。

② 《朝鲜宣祖实录》卷99，宣祖三十一年四月辛未，《朝鲜王朝实录》第23册，
第416页。

③ 《朝鲜宣祖实录》卷99，宣祖三十一年四月癸酉，《朝鲜王朝实录》第23册，
第417页。

④ 《朝鲜宣祖实录》卷99，宣祖三十一年四月甲戌，《朝鲜王朝实录》第23册，
第418页。

⑤ 《朝鲜宣祖实录》卷99，宣祖三十一年四月乙亥，《朝鲜王朝实录》第23册，
第418页。

遣大臣或近臣，临时移奉画像行礼"。① 于是五月戊申（二十四日），"李提督如松画像，设祭于平壤。唐人见之者，或咨嗟而叹息"，② 祭奠李如松，以表达哀思。

李如松虽然去世了，但他与朝鲜的关系并未断绝。朝鲜此后近三百年，一直在武烈祠对他加以祭祀。更重要的是，他的后人不止一位生活在朝鲜。③ 传说李如松之孙李应仁，在清兵入关后，义不剃发，乃脱身东去朝鲜，居于淮阳。李如松弟李如梅之孙李成龙也逃到了朝鲜，住在海曲。④ 朝鲜肃宗以后，大力提倡尊周思明理念，建立大报坛。李如松后人是守坛汉旅的重要成员。汉旅设汉旅厅，为汉旅衙门，属兵曹，军资亦来自兵曹，此乃其成为正式衙门的象征。⑤ 皇坛（大报坛）守直时，汉旅最前，依次是龙虎营之禁旅、镇抚营之义旅、壮旅等。因而汉旅的主要职责为大报坛守直，在祭祀中作为守直和侍陪人员。在祭祀时，他们排在朝鲜百官之前，以显示其独特的地位。

朝鲜正祖时期放宽对皇朝人子孙之征用。在朝鲜这个等级社会里，"国俗专尚门地（第）"，即便是两班阶层，其庶孽亦只能担任一般的中下层官吏，而且不能参加科举。但对明东征将士后裔，似乎没有庶孽的限制，对李如松后裔尤其给予照顾。李如松东征时与朝鲜女子所生子女留在朝鲜，他们构成李如松后裔的一支。按照朝鲜对嫡妻和妾的划分，李如松的朝鲜妻子不可能是嫡妻，最多只具妾的身份，因而其子女应属庶孽。但朝鲜对待李如松后裔似乎并未

---

① 《朝鲜宣祖实录》卷99，宣祖三十一年四月丁丑，《朝鲜王朝实录》第23册，第420页。

② 《朝鲜宣祖实录》卷100，宣祖三十一年五月戊申，《朝鲜王朝实录》第23册，第441页。

③ 有关李如松后人在朝鲜的世系，参见《研经斋全集》外集卷40《传记类·铁岭李氏恩恤录》，《影印标点韩国文集丛刊》第277册，第176—181页。

④ 《研经斋全集》外集卷43《皇明遗民传七·李应仁》，《影印标点韩国文集丛刊》第277册，第432页。

⑤ 许伋等：《国朝宝鉴》卷8，汉城骊江出版社1985年版，第297—299页。

采用庶孽一说。正祖起用李熙章时，还提及他是李如松与朝鲜女子的后代。而在征用李如松另一后人李宗胤时，正祖说：

> 汝祖提督兄弟于海东有大勋，至今未得酬功，予甚慨然也。于是乃下教文。教曰：都政日以李提督李总兵后孙事，已缕缕下教，稍久则铨曹看作寻常，安知不如前抛置。况日前祗拜皇坛，是日即神皇忌辰，再造之恩，天地莫量。惟今起感而寓思者，莫先于收录中朝旧裔，欲使东土人士皆识此个义理。昌城府使李宗胤之拔例超迁，亦出此意，不过一时官职，岂有补于为渠家永世阐拔。况国俗专尚门地（第），苟欲镇长收用，宜先快辟阶歧。宁远伯子提督总兵后孙之来寓本国，保宁原州等地人出身，则每榜后宣荐，必先首荐闲良，则采访操弓人，有无随闻越荐，以此定式施行，使朝家寓思之举，得有永久遵行之效。①

希望后世朝鲜国王，对李如松后人要始终给予关照。在其后的《朝鲜王朝实录》中，常能看到国王们照顾李如松后人之记载。譬如，纯祖年间，"右议政南公辙曰：'李提督之功，百世之所不可忘。故兵使李源父子，粤自先朝，念旧擢用，前后恩言，迥出寻常，买给屋子，俾奉提督之祠版。而今闻其祀孙，穷不自存，不得保有赐宅，香火不继。前郡守李熙章，请令兵批，复职调用。'从之"。② 高宗年间，领议政李最应曰："皇朝提督李如松，朝家之轸念此家，由来迥别。而闻'其祀孙出身寅未初仕'云。特令该曹，宣传官加设单付，恐好矣。"允之。③ 故而，李如松子孙在留存于

---

① 许伐等：《大义编》续集卷1，汉城骊江出版社1985年版。第481—482页。

② 《朝鲜纯祖实录》卷21，纯祖十八年十二月癸未，《朝鲜王朝实录》第48册，第142页。

③ 《朝鲜高宗实录》卷13，高宗十三年十一月丁丑，《朝鲜王朝实录》第1册，第541页。

朝鲜的明遗民后裔中始终是历代朝鲜君臣关注和照顾的对象，这恰恰反映了李如松在抗倭援朝战争中的功绩令朝鲜人世代不忘。

综上所述，作为首位率领重兵前往朝鲜抗倭的明军提督，李如松在明代抗倭援朝战争初期具有举足轻重的地位。他是当时明朝最具实力的总兵官，其所率领的士卒尽管分别来自辽兵、九边士卒和南兵，但都是明朝的精锐部队，显示了明朝抗倭的决心，朝鲜也对其寄予厚望。战争初期，李如松进兵神速，两个月内就取得了平壤大捷的辉煌胜利，并借此收复朝鲜北部四郡，从而奠定了战争大局。尽管因为他处事不公，受到宋应昌为首的南兵的攻讦，因而被明朝科道弹劾，但终究不能抹杀他取得平壤大捷的功劳。后来在碧蹄馆之役中，因事发突然，与日军遭遇，但其所率亲兵英勇奋战，尽管敌众我寡，却也打成与日军不相上下的战果，并非像日本史料所说的是大败。这场战役改变了明朝的策略，也影响了李如松对日军作战的信心。加上进入春天，道路泥泞，不利于北兵行军打仗，且又面临粮草不济、士卒疲困的境况，在兵部尚书石星的主导下，明军由战略进攻转变为战略和谈，明日双方从此进入封贡和谈阶段。李如松也在朝鲜征战九个月后返回国内，但因为党争激烈，其不但未获奖赏，反而被搁置闲住。李如松后来重任总兵官，于万历二十六年在辽东战死。尽管李如松离开了朝鲜，但朝鲜人始终记得他的功勋。先是，朝鲜为他与石星等人在平壤建生祠——武烈祠，加以崇祀。得到他战死的消息后，朝鲜君臣皆很悲痛，特别加以祭奠。明清更替之后，李如松的后人前往朝鲜定居，此后的历代朝鲜国王皆对李如松后人给予特别关照，体现了朝鲜人世代记得他的恩情。

第 五 章
经理杨镐之功过与朝鲜之感恩

　　壬辰倭乱期间，明东征最重要的将领是宋应昌与李如松。封贡失败之后，丁酉再乱之时，杨镐无疑是最具影响力的明军将领。战争之初，他率领明军在稷山击败北上进攻的日军，将汉城保住，也因此被朝鲜君臣视作"再造藩邦"最重要的明军将领之一。可是他指挥的岛山之战未能取胜，他本人被丁应泰连番弹劾后只得罢职归去，令朝鲜君臣甚为伤感。中朝史书对他的评价也有天壤之别。在朝鲜战场上，杨镐备受朝鲜君臣拥戴，认为他立了战功，有"再造"之恩。即便被明兵部主事丁应泰弹劾"贪功冒饷"，最终被撤职归国，《朝鲜宣祖实录》等史籍依然满含称赞之意。而二十多年后在辽东的萨尔浒之战中，作为军事主帅的杨镐因在明军与后金决战时一败涂地而被问罪下狱，最终落得身首异处的下场。在《明神宗实录》《明史》等中国史籍中，杨镐备受指责，是十足的败军之将，毫无功绩可言。

　　翻开中朝史籍，尽管是同一个杨镐，对其评价却完全不同，原因何在？陈寅恪评价王国维的学术成就时指出，其对"中国近代学术界最重要"的贡献，首在"转移一时之风气而示来者以轨则"，其中一条即是"取异族之故书与吾国之旧籍互相补正"，并列举了王国维的辽、金、元史及边疆地理之作，如《萌古考》及

《元朝秘史之主因亦儿坚考》。① 其实，这条"轨则"对于明清以后的历史都基本适用。尽管明清以后中国留存的史籍已极其丰富，但是周边地区关于中国的记载亦相当详尽，是其他时代无法比拟的。因而研究明清以后的历史，若不关注周边国家的相关史料，就会"一叶障目，不见泰山"，无法获知许多历史问题的真相。随着获取周边国家和地区的文献变得越来越容易，中国学术界现在兴起了一个新的研究视角，即所谓的"从周边看中国"，② 这里固然有关注周边国家的意涵，即用"异域之眼"看中国；更为重要的是，要用周边国家的史料与中国史料加以对比论证，多重史料互证，方能揭示历史的真相。本章所讨论的对象是明朝将领杨镐，其在明朝和朝鲜历史上都曾有重要的地位，中朝史料中都有不少关于他的内容，不仅详略有异，对其评价也有天壤之别。

中国学术界对这个"败军之将"似乎没有多少兴趣，真正对他进行的学术研究很有限。1948 年，王崇武发表了论文《论万历征东岛山之战及明清萨尔浒之战：读〈明史·杨镐传〉》③，详细解读了杨镐在岛山之战与萨尔浒之战中的作为以及中朝史料的差异，并分析其背后的原因。20 世纪 80 年代，李光涛写过一篇《丁应泰与杨镐——朝鲜壬辰倭祸论丛之一》④，全文分四个部分，列出中、

---

① 陈寅恪在《王静安先生遗书序》中指出，此"轨则"有三：（1）"取地下之实物与纸上之遗文互相释证"；（2）"取异族之故书与吾国之旧籍互相补正"；（3）"取外来之观念，与固有之材料互相参证"。参见《陈寅恪史学论文选集》，上海古籍出版社 1992 年版，第 501 页。

② 葛兆光在《从周边看中国》（中华书局 2009 年版）的序言中指出"从周边看中国"的学术意义，"不仅在观念上可能会促使我们重新认知历史中国和文化中国，在文献上可能会激活相当多过去不曾重视的日本、韩国、越南有关中国的资料，在方法上也会刺激多种语言工具的使用和学术视野的扩展"。

③ 王崇武：《论万历征东岛山之战及明清萨尔浒之战：读〈明史·杨镐传〉》，《中央研究院历史语言研究所集刊》第 17 本，1948 年，第 137—164 页。

④ 李光涛：《丁应泰与杨镐——朝鲜壬辰倭祸论丛之一》，初刊于《中央研究院历史语言研究所集刊》第 53 本第 1 分，1982 年；后收入氏著《明清档案论文集》，第 785—812 页。

朝、日相关史料，进而说明蔚山之战并非大败，实为大捷。近年出版的《明代抗倭援朝战争》①一书，涉及丁应泰弹劾杨镐一案，相关内容在第八章"中国抗倭援朝战争的历史评价"中，作者将此案中的各种奏折与诏书作为评价此次战争的一种史料甚至是一种观点，却未对此案进行深入的分析考证，亦未分析各种说法的深层根源。因此，爬梳史料，理清此案头绪，进而对比杨镐在中朝历史上地位的差异，或许可以对于此案甚至这次战争有一个较深入的了解，并对杨镐的历史功绩与地位给予较为清晰的定位。

一 杨镐到朝鲜前与朝鲜之接触

万历二十年，丰臣秀吉侵朝，朝鲜三都沦陷。明朝大军在总兵李如松等指挥下，开赴朝鲜，迅速收复平壤、开城等地，但在碧蹄馆受挫。万历二十一年四月，日军撤出汉城。于是，封贡之议起，一直到万历二十四年，封贡失败。万历二十五年正月，日军复大举侵朝。正月丙辰，朝鲜使臣前来明朝请援。二月丙寅，明廷复议征倭。三月，命山东右参政杨镐为佥都御史，经略朝鲜军务。随之，升兵部侍郎邢玠为尚书，总督蓟辽、保定军务，经略御倭。②

杨镐（？—1629），字京甫，号凤筠，又号沧屿，河南归德府商丘县人。万历八年进士，累官右佥都御史。封贡失败，朝鲜请援，大学士张位"力荐参政杨镐才，请付以朝鲜军务。镐遭父丧，又请夺情视事，且荐邢玠为总督。帝皆从之"。③在张位的举荐下，杨镐得以担负经略朝鲜军务的重任，与邢玠合作，共同指挥中朝大军与日军决战。

杨镐尚未到朝鲜，就积极筹划，努力与朝鲜君臣沟通，了解军情。而朝鲜君臣也很快知道杨镐为经理，他们想方设法打听杨镐的

---

① 刘子敏、苗威：《明代抗倭援朝战争》。
② 《明史》卷21《神宗本纪》，第279页。
③ 《明史》卷219《张位传》，第5778页。

性格与才干，因为这关系到朝鲜的命运。在最初的接触中，朝鲜似乎对杨镐有些不满，因为他们感受到了杨镐处事之凌厉与性格的急躁。中朝史料对此的记载有些相似，不过，差别也显而易见。谷应泰《明史纪事本末》没有这方面的记载，尽管有《援朝鲜》一卷，但是对杨镐几乎未给予多少笔墨。而《明史·杨镐传》曰："会朝鲜再用兵，命免镐罪，擢右佥都御史，经略朝鲜军务。镐未至，先奏陈十事，请令朝鲜官民输粟得增秩、授官、赎罪，及乡吏奴丁免役，大氏皆苟且之事。又以朝鲜君臣隐藏储蓄不饷军，劾奏其罪。由是朝鲜多怨。"[1] 夏燮《明通鉴》完全抄袭这段史料，并附一段评论，曰：

> 命将出师，必先量敌虑胜，成竹在胸，而后可以刻期奏捷。前此李如松等师出无功，已有明验。乃当撤兵之后，复命征倭，而所任者一庸懦无能之杨镐，不量其事之能济与否，轻率前驱，知彼知己之谓何？观镐所陈奏，事皆苟且，竟若助兵供饷全有恃于朝鲜者。以中国而征一倭，必借助于外藩之众，即使克捷，已伤国体。况朝鲜兵不习战，素为倭所轻。岛山一败，徒旅尽丧。而兹役也，以救朝鲜为名，而实则驱朝鲜之众尽化为沙虫猿鹤耳。失机辱国，莫此为甚。至于加募江南水军，为分路捣寇之计，而卒以无成，亦同归于谋国之不臧，庙堂既无长策，择帅又非其人，而欲憺威海峤，何可得耶![2]

尚未论述朝鲜战事，只是述及杨镐之疏引起朝鲜君臣的不满，夏燮就已经给这场战争下判断了，言辞之中多加指责。这段议论似是而非，明清有关朝鲜的史料，大多大而化之，许多细节并不清晰。而朝鲜方面的史料要丰富细致得多，有助于我们了解朝鲜如何

---

① 《明史》卷259《杨镐传》，第6685页。
② 夏燮：《明通鉴》卷71，中华书局1987年版，第1998—1999页。

“多怨”。

《朝鲜宣祖实录》对于杨镐前往朝鲜半岛之前后，记载得十分详尽。宣祖对杨镐也充满了好奇，亲自询问朝臣杨镐是什么样的人，李恒福曰：“中原人谓：‘其性快而无慈详仁厚之意，故所在地方，人皆苦之’云尔。”① 国王与大臣希望对于杨镐有比较深入的了解，但是据最初的了解，他似乎不是一个好打交道的人。果不其然，不久，朝鲜就领教了杨镐的厉害。

六月初一，杨镐尚在前往汉城的路上，就先派部将都司宁国胤充当使者，前来拜会朝鲜君臣，并送咨文。李恒福本以国王生病为由，不想让国王见他，宁国胤很不快，李恒福无法，只得请求国王接见。国王李昖纳闷“宁国胤何如人也？杨巡抚信任如此乎？”没有办法，只得见他，寒暄几句，宁国胤突然要求国王屏退诸臣，因为杨镐吩咐，有紧要事与国王单独笔谈。事出突然，宣祖也只得依从，给他纸墨笔砚。宁国胤书竟，招内官进于国王前。其书曰：“杨老爷万分为贵国留心经理，贵国当知他之心。但连年闻往来公差云云，说众陪臣，无一人为贵国干事者，俱迟缓延慢。上司心疑其中，或有如古之权臣掣肘者。若有此等之人，当密示知之。但要虚心直言，不可隐讳。”② 杨镐尚未到汉城，就如斯明目张胆地“干涉”朝鲜内政。这令宣祖十分吃惊，而且认为如若杨镐希望了解此情，应该亲自跟他讲，为何派他人前来传话。此事引起朝鲜君臣极大不安。次日，国王李昖就与诸臣讨论此事。诸臣议论纷纷，以为“杨御史咨文，多有未安之辞。其中畜疑云者，必以为防其所为之事矣”。国王李昖因之断定“杨镐为人，必是性急险辟之人，我国不幸矣”。而对于宁国胤所书之事，以为“盖欲操纵我国

---

① 《朝鲜宣祖实录》卷88，宣祖三十年五月丁巳，《朝鲜王朝实录》第23册，第231页。

② 《朝鲜宣祖实录》卷88，宣祖三十年六月庚申，《朝鲜王朝实录》第23册，第236页。

事尔"。① 可见，在最初的接触中，朝鲜君臣对杨镐充满了疑虑与
戒备。

但是杨镐的要求接二连三地发来，又要求朝鲜给明朝的咨文，
应该与经理衙门"酌定可否"，朝鲜深知此乃"甚妨于我国达情之
路"，引起诸多议论。② 接着又查问朝鲜军队情况，"近日，连见杨
经理、张参议咨文，其问我国兵数、船数、粮数、器械数，极详极
密，我国一不明白查报，朦胧酬答。今又张参议核计水营咨内，又
问我船若干，每船水兵若干，船上某样器械若干。指一穷问如此，
更不可模糊报答"，③ 要求朝鲜明确汇报士兵、战船、粮食等数目，
以便统一部署、统一指挥。但是朝鲜原本对这些情况皆不甚清楚，
备边司要求各地紧急查清情况。杨镐尚未到汉城，也尚未见到朝鲜
君臣，但是宣祖君臣已经感受到了他的雷厉风行，有些疲于奔命。
但从另一方面也能看出，杨镐对于朝鲜战事相当用心，在前往朝鲜
的路上，就试图摸清朝鲜的一切情况，以便统一号令，从而更好地
指挥战斗，足见他是一位尽心尽力的将领。尽管文书往来有所不
快，但对于杨镐之行事，朝方已有好感。五月，备边司启曰："伏
见杨巡抚，禁约各站号票，其事极为分明详尽。中国处事，严密如
此。其视我国无头绪，何如？"④ 可见，朝鲜君臣并未因咨文交涉
不快而否定杨镐的行事。

尽管在文书的往来中，朝鲜君臣感受到杨镐的凌厉，引起他们
的警觉，但是对于接待杨镐的问题则十分重视。获悉杨镐即将前
来，朝鲜君臣就商议迎接礼节，因为以前接待明朝将领大多未尽礼

---

① 《朝鲜宣祖实录》卷 89，宣祖三十年六月辛酉，《朝鲜王朝实录》第 23 册，
第 237 页。

② 《朝鲜宣祖实录》卷 89，宣祖三十年六月丁卯，《朝鲜王朝实录》第 23 册，
第 240 页。

③ 《朝鲜宣祖实录》卷 89，宣祖三十年六月乙酉，《朝鲜王朝实录》第 23 册，
第 256 页。

④ 《朝鲜宣祖实录》卷 88，宣祖三十年五月辛亥，《朝鲜王朝实录》第 23 册，
第 228 页。

节，朝鲜人自己也担心接待明将领不力，礼节不够周到。司谏院上启国王李昖曰："天将接待，其礼至重，固不可小缓，而牛游击等官入京，将至一朝，迄未相会；杨经理差官章中军，待之甚薄；刘天秩处，一不别为致问。顷日光化门前，诸将接宴时，所当往复禀定后，乃可举动，而遂使大驾，先诣幕次，终日等候，至麻都督差人邀致，然后两将官日暮来到，仅得成礼，体貌颠倒，极为未安。政院居喉舌之地，凡天将接待，随事覆逆，俾无未尽弊，而专不致念，或以日势大热，或以地湿，或以不为思量为辞，致令诸将官，皆有未满之意，其前后不察之失大矣。"① 其实，早在五月初九，礼曹就向国王汇报迎接杨镐的礼仪，"杨布政之行，与天使无异，接待之礼，不可不优……考诸近年天使往来时例，则碧蹄、开城府、黄州、平壤、安州、义州，皆有迎慰使，定州则别遣承旨迎慰。今亦依此例，令吏曹差出各处迎慰"②，得到了批准。朝鲜君臣决定将迎接杨镐的礼节照接待明朝使节办理。可见，杨镐尚未到朝鲜，朝鲜就已经了解了他的重要性，给予最高的礼遇。

因为南原失守，日军三路进攻汉城，汉城危在旦夕，杨镐遂率偏师，从平壤急行军赶至汉城。九月初三，国王李昖幸慕华馆，迎慰杨镐。国王李昖与杨镐相揖进茶，杨镐喝茶毕，遂长揖而出。首次相见，匆匆行揖礼，未及多谈。两日后，国工李昖在宫中正式接见杨镐。国王李昖说："大人光临陋地，请拜以谢。"国王李昖当即行四拜礼。朝鲜国工接见明朝使者只行揖礼，而见杨镐竟然行拜礼，且是四拜之礼，对其礼遇已非一般。可见，国王李昖对杨镐寄予厚望，朝鲜君臣深知战事如何，经理杨镐的作用至关重要，更何况是大敌当前，解汉城之围已迫在眉睫。次日，杨镐回帖曰："大国之风，表于东海，所从来久矣。不佞儒书生耳，爰接龙光，若披

---

① 《朝鲜宣祖实录》卷90，宣祖三十年七月癸丑，《朝鲜王朝实录》第23册，第268页。

② 《朝鲜宣祖实录》卷88，宣祖三十年五月己亥，《朝鲜王朝实录》第23册，第218页。

云雾而睹赤日。夫以兢业惕励之衷，即有敌国外患，正是多乱兴邦。岂有社稷长君，值寇在门庭，而顿欲倦勤之理……惟愿时几自饬，臣邻是吁，宁志济屯，绵昌旧业。即中国永厚藉焉，何止焜耀我征人？真切真切。"① 杨镐深知甚获礼遇，回帖以示感激之情，并表达了其誓杀日寇、捍卫朝鲜的决心。

对比中朝史料可以发现，《明史》《明通鉴》等明清史籍对于杨镐赴朝鲜之前史实的记载，一则简略，甚者《明史纪事本末》根本未曾提及；二则用"苟且之事""朝鲜多怨"这样笼统之词给予定位，各种史书之间的内容也没有差别，前后相传，后来的史书皆是抄袭前者。《朝鲜宣祖实录》中的记载则十分详尽，字里行间显示杨镐咨文所论之事并非"苟且之事"，而是关涉朝鲜命运的大事。尽管在交涉过程中，朝鲜君臣表现出不安与戒备，但对于杨镐之行事，已表示出钦佩。国王李昖接待杨镐行四拜之礼，给予最高的礼遇，体现朝鲜君臣对杨镐寄予厚望。一个具体而真实的杨镐形象展现出来，即其并非明清史书中有着严重偏见的"庸懦无能之杨镐"，而是一个办事雷厉风行、敢作敢为的大将！

二 汉城保卫战与稷山大捷

万历二十五年九月初，日军分三路进攻汉城。先陷南原府，府使任铉、判官李德恢、兵使李福男、接伴使郑期远皆被害。明将杨元仅以身免，全州府尹朴庆新、明将陈愚衷先期弃城逃跑。"两湖州县尽被陷没。丁壮削发，以益其众，老弱及妇女无遗斩杀，积尸如山。兵祸之惨，甚于壬辰。"② 朝鲜京师震动，汉城危在旦夕。杨镐接报，由平壤紧急驰援，并于九月初三抵达汉城。与国王李昖匆匆一见，李昖十分担心日寇进攻，对杨镐说："大兵未集，贼势

① 《朝鲜宣祖实录》卷92，宣祖三十年九月癸巳，《朝鲜王朝实录》第23册，第289页。

② 李廷馣：《四留斋集》卷8《行年日记（下）》，《影印标点韩国文集丛刊》第51册，韩国民族文化推进会1990年版，第343页。

如此浩大，今贼已到公州，将有直冲之患，未知前头防备，何以为之？"杨镐说："贼若犯突，则当观其势，量其众寡，可战则战，可守则守。"① 杨镐好像并没有万全之策，令朝鲜君臣不禁担心起来。

当时汉城面临强敌进攻，人心惶惶，国王李昖甚至将后宫嫔妃都撤出汉城，"本月初九日二更，国王宫眷、世子，皆潜隐出城，城中一空"。李昖将宗社也迁至城外，已做好弃守汉城的打算。杨镐的到来，给他们带来了希望。杨镐是朝鲜抵御日军进攻王京汉城最后的依靠，所以他们对于杨镐的举动十分关心。"今日杨经理若动，则城内民心，益无所恃。愿乞小留之意，百官呈文经理，恳告请停。"② 发现杨镐率数十骑潜出城，朝鲜君臣十分恐慌。他们急盼杨镐能够出良策，以解汉城之围。九月十四日，国王接到杨镐咨文，杨镐在咨文中分析了当时敌我形势。面对强敌，杨镐要求国王"出公私帑簿，犒享士卒，以作背城借一之气"，③ 加上明朝大军，方可抵御日军的攻击，捍卫汉城的安全。朝鲜对此似乎并不太满意。九月己丑，杨镐突然请国王李昖出视汉江，"上不得已而行，人心汹惧，士庶皆荷担而立，内殿避兵西幸"。虽然朝鲜君臣倍感恐惧，但就在当日，杨镐收到了前方捷报，原来他早就部署了作战计划。"先是，贼自陷南原，乘胜长驱，进逼京畿。经理杨镐在平壤闻之，驰入京城，招提督（麻贵）责不战之状，与提督定计，密选骑士之精勇者，使解生、牛伯英、杨登山、颇贵领之，迎击于稷山，诸军及我人皆莫知也。解生等伏兵于稷山之素沙坪，乘贼未及成列，纵突骑击之，贼披靡而走，死者甚多。又遣游击摆赛，将

---

① 《朝鲜宣祖实录》卷92，宣祖三十年九月壬辰，《朝鲜王朝实录》第23册，第288页。

② 《朝鲜宣祖实录》卷92，宣祖三十年九月戊戌，《朝鲜王朝实录》第23册，第292页。

③ 《朝鲜宣祖实录》卷92，宣祖三十年九月辛丑，《朝鲜王朝实录》第23册，第295页。

二千骑继之，与四将合势追击，又破之。"① 取得了稷山大捷，汉城之围遂解。可见，杨镐早有计谋，但是对朝鲜君臣只字未提，致使朝鲜君臣在惶恐之中度日。可以说，杨镐解汉城之围，运筹帷幄于谈笑之间，朝鲜君臣对其谋兵布阵竟然一无所知，收到前方战报，朝鲜君臣才喜出望外。更为重要的是，此战以后，日军不再北进，改变了主动进攻的策略，多数龟缩在南方的倭城之中，使得明日双方攻守易位，此后就以明军进攻为主，完全改变了战场上的态势，意义重大。

十月二十日，汉城之围已解，国王李昖在宫中接见杨镐，宾主双方行揖礼坐定之后，李昖对杨镐保卫汉城之举表示感谢，曰："顷者贼逼畿辅，都城几不守，人民散亡，无以为计，不得已奉宗社，迁于外，姑避寇虐矣。今则天兵大至，凶锋少退，故奉还宗社，再安京城。此莫非皇灵之远畅，又实由大人威德之致，不胜感激皇恩，仰拜大人之赐也。"② 也正因为杨镐解了汉城之围，此后朝鲜君臣世代皆曰杨镐有"再造"之恩。一百多年后的英祖二十六年（1750），英祖过素沙，望桥南平原浅草，问此处是否杨镐破倭之处，承旨黄景源答曰："经理密遣牛伯英、杨登山、解生、颇贵等，击倭奴于此，又遣摆赛将二千骑，为继援矣。"英祖遂"立马慷慨久之"。③ 可见，稷山大捷在朝鲜历史上影响深远。

让朝鲜国王感激不尽的稷山之捷，在明清史料中则甚少被提及。《国榷》载之曰："庚戌，时倭入朝鲜公州，犯稷山，副总兵解生中等拒却之，参将彭友德等追至青山共斩百五十二级。经理杨

① 《朝鲜宣祖修正实录》卷31，宣祖三十年九月己丑，《朝鲜王朝实录》第25册，第663页。
② 《朝鲜宣祖实录》卷93，宣祖三十年十月丁丑，《朝鲜王朝实录》第23册，第319页。
③ 《朝鲜英祖实录》卷72，英祖二十六年九月甲寅，《朝鲜王朝实录》第43册，第381页。

镐驰赴王京，击斩二十九级，倭少戢。"① 谈迁《国榷》对此战的叙述，是较为公允的，但是只讲了杨镐斩敌二十九级，对解汉城之围只字未提，这样因对整个战事情形并不清楚而作的论述让人觉得本末不清。在《明史》中，无论是《神宗本纪》还是《杨镐传》《朝鲜传》，皆无该史事的记载。李光涛即言："杨镐稷山大捷，参《明史》，是无记录的。所喜东国史籍一直都是大书特书的，可谓是深入人心的。"② 此论甚为公允。《明史纪事本末》尽管叙述了这次战争，但是主角变成了邢玠。其曰：

> 倭遂犯全罗，逼王京。王京为朝鲜八道之中，东隘为鸟岭、忠州，西隘为南原、全州，道相通。自二城失，东西皆倭，我兵单弱，因退守王京，依险汉江。麻贵请于玠，欲弃王京，退守鸭绿江。海防使萧应宫以为不可，自平壤兼程趋王京止之。麻贵发兵守稷山，朝鲜亦调都体察使李元翼由鸟岭出忠清道，遮贼锋，玠既身赴王京，人心始定。③

在谷应泰的叙述中，杨镐不见了，杨镐的功绩被说成邢玠的功劳。以后夏燮的《明通鉴》基本上完全抄袭这段史料。④ 在《明史纪事本末》等史书的叙述中，随后的整个战争中，邢玠都是指挥战争的主角，杨镐显得极不重要。那么是《朝鲜宣祖实录》记载得准确还是《明史纪事本末》等明清史书记载正确呢？毫无疑问，《朝鲜宣祖实录》可信。尽管邢玠与杨镐，一为经略，一为经理，彼

---

① 谈迁：《国榷》卷77，万历二十五年九月庚戌，张宗祥校点，中华书局1958年版，第4802页。

② 李光涛：《丁应泰与杨镐——朝鲜壬辰倭祸论丛之一》，初刊于《中央研究院历史语言研究所集刊》第53本第1分，1982年；后收入氏著《明清档案论文集》，第809页。

③ 谷应泰：《明史纪事本末》卷62《援朝鲜》，中华书局2015年版，第973页。

④ 参见《明通鉴》卷71，第2002页。

此互相协作，但具体的战事，皆是杨镐策划，出兵也是由其指挥。在《朝鲜宣祖实录》中，尽管国王李昖也称颂过邢玠，但是从未说解汉城之围是由邢玠所主导。

因而，从中朝史料对比中可以看出彼此记载之差别相当大。汉城保卫战对于朝鲜来说至关重要，稷山大捷解除了日军的威胁，使王京得以安全。但是中朝史料中的主角完全不同。朝鲜以杨镐为中心，因为战斗是杨镐指挥的，国王李昖对他不止一次地表示感激。而明清史料中，《明史》对此事完全失载，《明史纪事本末》则将主角换成了邢玠。无论从史料的原始程度还是可信程度来说，《朝鲜宣祖实录》都较为可信，反而是明清史料失之粗疏了。

三 蔚山之战的真相

中朝史料差别最大的恐怕是关于蔚山之战的记载了。稷山之战以后，明朝军队乘胜追击，扩大战果。丁酉年（1597）十二月，明军将日军围困在蔚山，展开了近半个月的蔚山之战。《朝鲜宣祖修正实录》对于此次战争有简略描述。其曰：

> 杨经理（镐）、麻提督（贵）进攻蔚山贼营，不利引还。时，贼将清正筑城于蔚山，为久留之计。经理、提督潜师掩击之，贼披靡不能支，奔入内城。天兵夺贼外栅，贪虏获之利，不即进军，贼遂闭门固守，攻之不克。天忽大雨，雨后甚寒，士卒皆瘴瘃，马多冻死。两南诸屯之贼，由水陆来援，经理恐为所乘，遽旋师，使麻贵与都元帅权栗留镇庆州。①

实际上，屯守蔚山之日军有四营，由加藤清正指挥。蔚山分内、外城，内城建在一座小山上，此山名为岛山。十二月中旬，明军已攻

---

① 《朝鲜宣祖修正实录》卷31，宣祖三十年十二月丁巳，《朝鲜王朝实录》第25册，第663页。

破了外城，遂再攻内城。明与朝鲜联军，将城四面包围，但岛山山势险峻、易守难攻，明与朝鲜军队轮番进攻，不果，且天公不作美。《朝鲜宣祖实录》对战事有更具体的记载："自二十六日夕下雨，至二十七日终日风雨，诸军冒雨进攻。二十八日，亦为进兵，死伤如前。二十九日，欲聚柴草，焚烧贼营，而天兵及我军，死伤甚众，不能进到城下，夜二更退来。且贼船或三十余只，或二十五六只，日日上来蓝江，相与放丸，日夕则退去。盖欲引出城内之贼，而诸军严兵待之，故徊徨而退。二十九日夜，有小船上来，贼徒三十余名，出到江边，欲乘船遁去，右协及吴总兵诸军厮杀，右协斩一级，吴军斩六级，余贼尽为伤抢，还遁入城。"[1] 可见，杨镐并非"贪虏获之利，不即进军"，而是指挥明军想尽办法，却久攻不下，加上连日风雨，更增困难。日军也损失惨重，城中士兵所剩不过二百余人，且大多饥渴交加、疲惫至极，奄奄待毙。既然久攻不下，杨镐便想将其困死，不料日援军从水陆两路发大军前来。此时，杨镐的部队已是人困马乏，无法应战，只得撤退，致使蔚山之战功亏一篑。

　　杨镐率军回到汉城，当即上疏朝廷，汇报此战经过。疏中陈：本来剿灭岛山之贼指日可待，甚至"不三两日，可生缚而生献之阙下"，没想到日军援兵四面前来，而明军早已疲惫，无法与日援军决战，只得撤回。将几乎到手的胜利果实就这样丢失了，杨镐自陈有责任，"臣宜罢归，仍愿治臣委任不称之罪。但乞余生，返衰经于陇亩，无致填壑于异域，终抱尸位遗亲之恨。另简才能者前来，专征讨之事，庶军伍之气色更新，海氛之清荡无难矣。臣不胜惶恐待命之至"。杨镐自觉在责难逃，故自请罢归，这可以说是一种遗憾心态的表露，他大概没想到这竟然真的会成为他的去向。明廷接到杨镐奏疏后，神宗下圣旨曰："屡报东征全籍，奋勇争先，

---

① 《朝鲜宣祖实录》卷96，宣祖三十一年正月丙申，《朝鲜王朝实录》第23册，第362页。

亲冒矢石，斩获数多，何遽遽有此奏，专无靖难之计？倭情甚狡。遂与总督等官，竭力筹划，务为万全退倭之计。"明神宗看到杨镐奏折时，尚未接到丁应泰的弹劾疏，故他不仅未准其辞职，反而加以鼓励，敦促他"竭力筹划，务为万全退倭之计"。①

与此同时，总督邢玠也上疏汇报此战情况，解释未能毕其功于一役的原因，曰："奈何风雨为阻，士马久疲，且水陆之援兵俱至，此时围不得不解，兵不得不撤，抚臣临时变通，班师而还，深为有见。"对于杨镐撤兵之举，深表赞同，认为这是明智之举，颇有见识。而且为杨镐请功曰：

> 是役也，奋勇争先，战胜攻取者，诸将士之戮力；设伏用正用奇者，提督麻贵之苦心，然独全藉抚臣杨镐。跃马身先士卒，环（擐）甲亲临行阵。主筹运算，无一事不经其心思，无一命不赖其指授。至于冒矢石而不顾，穷日夜而无休，励兵图贼，终始如一，盖尤为人所难也。是以堂堂正正，成此奇捷，厥功伟矣。今以劳瘁偶疾，而天宥忠良，旋当痊可。若逃然乞休，国之大事，更籍何人？伏乞天语勉留，暂行调理，另图战守。乃若职在王京，虽东顾西眄，南催北运，未敢一息之少停，然匣中之虎复出，釜里之鱼再游，未竟九箦之功，实乏万全之算。祸本不得早除，中原未即息肩，职固不得辞其责矣。②

邢玠将此战的功劳全归诸杨镐，认为完全是他筹划指挥所取得的。对于杨镐自请罢归，邢玠特别指出"若逃然乞休，国之大事，更籍何人"，企望神宗勉留。邢玠对于杨镐评价甚高，对其战功也推

---

① 《朝鲜宣祖实录》卷97，宣祖三十一年二月辛未，《朝鲜王朝实录》第23册，第384页。
② 《朝鲜宣祖实录》卷97，宣祖三十一年二月壬申，《朝鲜王朝实录》第23册，第387页。

崇备至。

此战亦受到朝鲜君臣的称颂。戊戌年（1598）三月十五日，蔚山之战已经结束，国王李昖亲往杨镐经理衙门拜会，对于杨镐的战功深表敬佩。其曰："自古大贼，宁有剿灭之理？岛山之举，实令凶锋褫魄，将有破竹之势。皇上之德，大人之恩，诚不胜感激。"尽管未能尽歼日军，国王李昖还是对明军的英勇善战表示钦佩，故亲自前往杨镐经理衙门致谢。杨镐对此战颇有遗憾，且自觉有责任，对曰："一举扫清，是俺本心，而兵力不齐，且缘贼援大至，以致班师。以此之故，业已具本辞职，方候圣旨耳。"听到杨镐谈起辞职之事，国王李昖当即表示："何可乃尔？愿大人终始济拯小邦，勿复为辞职之举。"① 可见，无论是朝鲜君臣还是邢玠等明朝指挥官，对于此战都有很高的评价。尽管有所遗憾，未能全歼敌军，但是绝非大败，而是一次相当重要的胜利。可是，这场理应获得嘉奖的战役，在明兵部主事丁应泰的眼中，却是一场丧师辱国的大败仗。

丁应泰，湖北武昌府江夏人，兵部主事，为赞画军务。他第一次赴朝是在戊戌年（1598）正月，抵达朝鲜时，恰好蔚山之战结束不久。浙江游击陈寅、中军周升曾因在岛山之战中得罪杨镐而受到惩处，遂怀恨在心。于是向丁应泰进谗言曰："岛山之役，遗弃资粮器械无算，天兵死者甚众，以军中带来杂役及买卖人等顶补其缺，干没饷银，不分给，各营军马绝粮累月云。"丁应泰闻知此事，即想参劾杨镐，于是前往拜谒，杨镐并不知丁应泰心思，还把他当成朋友看待。"出张阁老位所贻小帖示之，小帖中言岛山之战，经理功多，张欲为奥援，俾得褒宠云云"，② 这样，更增丁应泰不满，其遂上疏弹劾杨镐，词连大学士张位，掀起了一个惊天大

---

① 《朝鲜宣祖实录》卷98，宣祖三十一年三月庚子，《朝鲜王朝实录》第23册，第399页。

② 《象村稿》卷39《天朝诏使将臣先后去来姓名·记自壬辰至庚子》，《影印标点韩国文集丛刊》第72册，第281页。

案，不仅干扰了明朝征倭之进程，而且将朝鲜国王李昖也牵连进来，成为中朝关系史上一个重要的事件。

《明神宗实录》载录丁应泰疏文时，如斯记载："东征赞画主事丁应泰奏'贪猾丧师、酿乱权奸、结党欺君'。盖论辽东巡抚杨镐、总兵麻贵、副将李如梅等蔚山之败，亡失无算，隐漏不以实闻。而次辅张位、三辅沈一贯与镐密书往来，交结欺弊也。"① "因论镐所当罪者二十八事，可羞者十事；如梅当斩者六，当罪者十。又追论镐之经理朝鲜，以赂次辅位而得之。今观位与镐书云云，则人言不诬。"② 丁应泰弹劾之疏传入朝鲜，引发极大反应。无论是总督邢玠、明朝大部分将领还是朝鲜君臣，都颇感震惊，他们纷纷上疏与丁应泰辩驳，为杨镐说情。杨镐本人更是颇为错愕。

朝鲜国王在陈情疏中表达了吃惊的心情："臣始而疑，中而讶，终乃大骇！且愧且闷！如横舟巨海震风骇浪之中，篙师忽去，愍然以待死亡之无时也！"在杨镐未来之前，通过几次间接接触，朝鲜君臣对他有些不满，但是对于杨镐到汉城以后的战功则称颂不已。稷山大捷解汉城之围，蔚山之战，虽未收得全功，但也大大地打击了日军的气焰。更为重要的是，杨镐熟知朝鲜事务，对于朝鲜战事尽心尽力，正当他部署全面抗倭战争，收复失地、赶走倭寇之际，却受到弹劾，并被撤职归国，确实出人意料。朝鲜君臣的陈情疏，③ 对杨镐的人品与战功皆称颂备至，对丁应泰指责杨镐欺瞒隐漏、不以实闻，不予认同。

与此同时，明监军御史陈效上疏，指出"东事难欺，烦言难据"，其说："抚臣杨镐负气任事，严急招尤，功次未分，怨谤渐起，失意奸将与被逐流客，游言丧败，都市如簧。而赞画主事丁应泰堕奸将高策之计，复以其身证之，恐烦言一布，士庶交疑，恩仇

① 《明神宗实录》卷323，万历二十六年六月丁巳，第5995—5996页。
② 《明神宗实录》卷323，万历二十六年六月丁巳，第5996—5997页。
③ 《朝鲜宣祖实录》卷102，宣祖三十一年七月甲申，《朝鲜王朝实录》第23册，第458页。

徒快群谗，国家反成戏居。乞专敕科臣公同总督熟察情形，备查功罪虚实，公私不辨自明矣。"① 总督邢玠亦疏言："应泰以丧师酿乱，奏报不实。"② 而明朝部将吴惟忠、茅国器、许国威等二十三员也一同上疏，为杨镐辩护、请功，称："盖杨经理，先住辽阳道，即焦心力备，有征倭火器数万，搬运朝鲜。及任经理，札住平壤时，值南原失守，福地剥肤，鲜士民扶老携幼，悲号夜遁，数百里不闻鸣吠，鲜之君臣拟发宫眷，舣舟待逃。此何等景象，孰肯不爱死以磨虎牙也？杨经理挺身跃马，二昼夜驰至王京，分发诸将，授以方略，遂有稷山、青山之接（捷）。既在鲜京，益修战具，裹储粮走险集，出前所制运火器，急攻蔚山。乃冲冒矢石、雨雪，为士卒先，倭人惮之，自是不敢复出。鲜人获衽疮痍，伊谁之力？况当其时，南北异将，马步异用，若非杨经理推心一体调度，马以卫步，步以济马，则蔚山之役，必相猜忌，岂能使诸将，今（令）无间言？"③ 对杨镐之品行大加称颂。朝鲜国王、监军御史陈效、总督邢玠以及明朝部分将领的奏折都是为杨镐辩护、请功，但是并未被明廷采纳。明神宗传旨曰："有差出科臣，一并勘奏。"既然有不同意见，遂另派给事中徐观澜前往勘查。与此同时，明廷第二次将丁应泰派往朝鲜。戊戌年（1598）九月，丁应泰再赴朝鲜，一直到次年三月才返回。

　　可以说，除丁应泰之外，其余来自朝鲜的奏疏都在为杨镐辩护、请功，但依然无法改变明廷的决定，难道明廷只相信丁应泰之言吗？事实上，杨镐本人最清楚其中的原委。戊戌年（1598）六月二十日，与朝鲜重臣李德馨的一番谈话中，杨镐清楚地说明了根由。综合他们的谈话以及其他相关的史料可以看出，杨镐被弹劾，有三方面的原因。

---

① 《明神宗实录》卷 324，万历二十六年七月己亥，第 6023 页。
② 《明神宗实录》卷 324，万历二十六年七月己亥，第 6023 页。
③ 《朝鲜宣祖实录》卷 102，宣祖三十一年七月癸巳，《朝鲜王朝实录》第 23 册，第 465 页。

第一是朝中党争和政治斗争的结果。丁应泰系内阁首辅赵志皋的门徒。赵原本在家休养，已达七个月，突然回朝视事，并指使党徒丁应泰弹劾杨镐，只因杨镐是次辅张位极力举荐之人。弹劾杨镐，意在排除张位。杨镐自言："天下大事，不知终竟何如也。赵阁老（赵志皋），元来主封事之人，七个月被参告病在家，今忽出而示（视）事。丁应泰乃赵阁老之相厚人，今欲构陷张阁老（张位），又生出一番胡说。我之被诬，何足言也？"[1] 这次谈话的第二天，杨镐又对李德馨说："内边论议大变，科官又上本参张阁老，本兵又上本参李如梅，群议纷纭。赵阁老乃主封误事之人。前日皇长子冠昏礼时。阁臣论议又不同，乘此机而纠结奸党腹心，必欲去张阁老，乃曰：'误东事者，杨某也；错举杨某者，张某也。'阴嗾其类上本，而赵阁老从中票下圣旨，张阁老已不得安于其位矣。麻贵元是石尚书门生，无一毫杀贼意思。可怜国王，前后被瞒于天朝人，凡几遭哉？我今回家，身则自在矣。第事机无了时，此亦尔国造化。"因仰天叹曰："外边有倭贼，内边有奸贼，贼党亦多，未知天下事何如云云。"[2]《明史·张位传》载，神宗怒对张位说："镐由卿密揭屡荐，故夺哀授任。今乃朋欺隐慝，辱国损威，犹云无愧！"[3] 果然张位被夺职闲住，杨镐亦被撤职归国，赵志皋一箭双雕。这也揭示了中国政治斗争的一个重要特征：朝廷上层的政治斗争决定着军队以及地方上官员的命运，而许多地方上的事物，其根源就在朝廷。

第二是朝中主战派与主和派斗争的结果，这与第一个原因密切相关。首辅赵志皋与兵部尚书石星是主和派，主导封贡事务，但封贡之议失败，沈惟敬被杀，石星被下狱，首辅赵志皋也只得闲住。

---

① 《朝鲜宣祖实录》卷101，宣祖三十一年六月癸酉，《朝鲜王朝实录》第23册，第450页。

② 《朝鲜宣祖实录》卷101，宣祖三十一年六月乙亥，《朝鲜王朝实录》第23册，第451页。

③ 《明史》卷219《张位传》，第5779页。

朝鲜战事重起，在此情形下，张位才举荐杨镐经理朝鲜军务，自然引起主和派首辅赵志皋的不满，赵由此与主战派的张位、沈一贯产生矛盾。丁应泰上疏时，赵志皋已回朝视事，赵就借机发难，还是想以和为主。杨镐以为"天生沈惟敬，误了许多事，误了许多人。尔看今后，必有攻战不了事，羁縻为上策之论，纷然而起，军情动摇"，则是一种见解。[①]

而在明朝将领中，麻贵也是倾向于主和的，与力主征伐的杨镐有隙。对于麻贵与杨镐之间的嫌隙，朝鲜君臣皆有所闻。丁应泰之疏文中，不但弹劾杨镐，而且词及李如梅、麻贵，朝鲜在考虑上疏为杨镐辩护之时，国王李昖给诸臣下教曰："杨、麻两人，俱为被参，而今独辩杨而不及麻，有若以麻则实然者。非但语势可嫌，异日麻大人闻而诘之，将何辞以对之？麻与杨隙，必因此而转深，而一失麻心，事且去矣。更速商量以启。想今朝廷之上，异论横生，奸党充斥，区区移咨数行之文，不足以救之，而今见此咨文者，亦未必不以为朝鲜，以其麻、杨在其地，故姑为此说而伸救之，其中未必然也。"[②] 他们担心只为杨镐辩护却不理麻贵，会带来不好的后果，因而商量如何能使上疏更为周全。

第三是军队中南兵与北兵斗争的结果，这也是导火线。杨镐与李德馨谈话后第三天，国王李昖问李德馨，杨经理之被参，原因何在。李德馨答道："其举错（措）恍忽，不可知也。大概蔚山之役，南、北兵争功，情意乖戾，乃至于是也。"[③] 他们猜测乃是南兵与北兵争斗导致的结果。杨镐是河南人，他本是北方地主集团中的成员，故而和北方将领李如梅等人可能更为亲近，对南方将领会

---

① 《朝鲜宣祖实录》卷101，宣祖三十一年六月癸酉，《朝鲜王朝实录》第23册，第450页。

② 《朝鲜宣祖实录》卷101，宣祖三十一年六月甲戌，《朝鲜王朝实录》第23册，第451页。

③ 《朝鲜宣祖实录》卷101，宣祖三十一年六月丙子，《朝鲜王朝实录》第23册，第452页。

有一定程度的疏远，这样就引起了南兵的不满，所谓"南方群不逞之人，又托此人，为报怨于我"，朝鲜史料中提及，浙江游击陈寅等将领直接向丁应泰进谗言，内外结合，终于将杨镐这位功勋卓著的大将扳倒。所谓南北兵争功，国王与李德馨也议论过，其详情是，国王李昖说："大抵丁主事以陈寅为第一功，经理则以李如梅为首功云。二人争功之高下，予所难详，何人果为最优，右相知之乎？"李德馨曰："陈寅农所之战，大获首功，李如梅则旁观而得之云。而二十二日之战，李如梅为前锋，引贼而出，挺身击之；摆赛、杨登山夹而击之。小臣随后望见，陈寅亦闻之，跃马驰入，未及十里，已尽灭贼，斩首四百。此时则陈寅在后，安有第一功乎？至今遗恨。二十二日克捷之后，乘胜直捣，则有如破竹之势矣，而反自鸣金而退，军情皆以是归咎于经理耳。"① 明清方面的史籍都详记了所谓"鸣金而退"之事。可见，因为杨镐对北兵有所偏袒，致使南兵不满，陈寅等借机发难，以达到报复的目的。南北地主集团的斗争贯穿整个有明一代，② 即便在朝鲜战场上，亦能看到它深远的影响。

因此，导致杨镐被参劾的真正原因，并非所谓岛山战败，而是朝中党争、南北势力集团的纷争以及主和派与主战派对权力的角逐。正因为有这么多错综复杂的原因，尽管来自朝鲜为杨镐辩护的奏疏被接二连三地送到朝中，但明廷并未改变对杨镐的处置，只是另派给事中徐观澜前往查勘，看看是否符合实情。而丁应泰则越斗越勇，朝鲜国王先后上两封陈情疏为杨镐辩护之事惹得丁应泰十分不快，他遂再上一疏专门指责朝鲜国王。朝鲜史料记载，"丁应泰移怒我国，以口不忍言之说，构诬奏本，至为憯毒。一曰诱倭入犯；一曰愚弄天朝；一曰招倭复地；一曰用日本年号；一曰结党杨

---

① 《朝鲜宣祖实录》卷 101，宣祖三十一年六月丙子，《朝鲜王朝实录》第 23 册，第 452 页。

② 参见郑克晟《明代政争探源》。

镐，朋欺天子；一曰刚偾求援，移祸天朝。专以申叔舟《海东记》为证，构捏累千言"。① 丁应泰不把朝鲜国王放在眼里，直接上疏弹劾国王，这也是历史上绝无仅有之事。朝鲜国王李昖无法，也只得上疏自辩。经此一变，明朝征倭之役颇受影响。

朝鲜半岛相关的史料相当丰富，以《朝鲜宣祖实录》为主，详细记载了杨镐的战功以及朝鲜君臣的疏文。而《明神宗实录》则较为详细地将丁应泰之疏文收入，对于其他明朝将领与朝鲜国王的疏文，多不载录。明清史书在史料的选择上有轻重之分，在叙述此事时，也是详载对丁应泰有利的史料，几乎认同了丁应泰疏文中的言论，《明神宗实录》已说是"蔚山之败"，这样就造成中国的史书基本上说蔚山之战是败仗，而没有做过认真的分析。谈迁《国榷》较为公允地叙述了蔚山之战的前半段：万历二十五年十二月己卯，"麻贵进攻蔚山，游击摆赛以轻骑诱倭入伏，获四百余级，倭悉走岛山，筑三寨。庚辰，我攻岛山，游击茅国器以浙兵先登，连攻之，斩六百六十一级。倭坚壁不出，岛山石城而固，我仰攻多伤，第据水道困倭，旬日倭饥甚，至啗纸，我发炮辄命中而毙，倭佯约降缓攻，而行长来援，又虑我袭釜山也，选锐三千人，列帜江上"。② 但是接着则完全采用丁应泰的说法，其言：万历二十六年正月己丑，"杨镐弃师。初经略邢玠遣李右谏通倭将行长，约勿援清正。麻贵遣黄应旸贿清正议款，遽引兵进攻山寨。陈寅贾勇先登，垂拔，镐密令割级。茅国器以李如梅兵未至，不便首功，遂鸣金收兵。诘朝，如梅至，攻之不拔。朝鲜臣李德馨讹报江上倭大至，镐仓皇夜遁，诸军遂溃。倭袭南原，弃辎重亡算。行长纵兵逐北，我军失亡万计，镐、贵走星州，撤兵还王京"。③《明史》之说法，与此并无不同，曰："是役也，谋之经年，倾海内全力，合

---

① 李德馨：《汉阴先生文稿》附录卷1《汉阴先生年谱》，《影印标点韩国文集丛刊》第65册，韩国民族文化推进会1991年版，第498页。

② 《国榷》卷77，万历二十五年十二月己卯，第4804页。

③ 《国榷》卷78，万历二十六年正月己丑，第4805页。

朝鲜通国之众，委弃于一旦，举朝嗟恨。"①《明史纪事本末》在评价明朝援朝之役时，发出这样的议论："邢玠飞捷之书，杨镐冒功之举，罔上行私，损威失重，煌煌天朝，举动如此，毋怪荒裔之不宾也。向非关白贯恶病亡，诸倭扬帆解散，则七年之间，丧师十余万，糜金数千镒，善后之策，茫无津涯，律之国宪，其何以辞！而乃贪天之功，幸邀爵赏，衣绯横玉，任子赠官，不亦恶乎？"②《明史》竟然也作同样的论断："自倭乱朝鲜七载，丧师数十万，糜饷数百万，中朝与属国迄无胜算，至关白死而祸始息。"③ 不仅将杨镐"冒功之举"视作板上钉钉之事，而且否定了整个战争中明军的功绩，将战争的结束归诸丰臣秀吉之死，实在是大谬不然也！

四　杨镐被罢与朝鲜感恩

戊戌年（1598）六月二十二日，杨镐获知明廷的决定。七月初三，圣旨到，曰："东征独遣经理，经理、监军等官，责任甚重。转调兵饷，月无虚日，冀收全胜，以安外藩。乃轻率寡谋，致于丧师，又朦胧欺〔罔〕，奏报不实，法纪何在？杨镐革任回籍。且将士被坚执锐，临敌对垒，不避寒暑，倏尔死生奏报不实，俱候勘明处分。"④ 先将杨镐革职闲住，其他问题待勘。

七月十一日，杨镐辞归，国王李昖幸弘济院饯慰。杨镐布衣、布巾，形容枯槁，一身孝子打扮。《朝鲜宣祖实录》曰："来时起复，将官威仪，去时回籍，孝子衰麻。"李昖对杨镐说："小邦唯大人是仰，大人不意旋归，小邦何所依赖？今日无以为怀，不知所言。"说完，国王李昖难过得不能自已，以至于"呜咽哽塞，涕泪横流，左右侍臣，莫不掩面。经理标下，泪眼相视，经理亦为之惨

---

① 《明史》卷 259《杨镐传》，第 6686 页。

② 《明史纪事本末》卷 62《援朝鲜》，第 979—980 页。

③ 《明史》卷 320《朝鲜传》，第 8299 页。

④ 《朝鲜宣祖实录》卷 102，宣祖三十一年七月丙戌，《朝鲜王朝实录》第 23 册，第 460 页。

然动容"。杨镐说了一番劝勉的话，于是辞去。当时的汉城，"坊市父老，遮道号哭，经理于轿上慰勉之，垂涕而去"。① 行到开城，"城中男女，诉于轿前请留，经理含泪有不忍之色"。② 朝鲜君臣恋恋不舍，随后在陈情疏中论及此事：

> 自抚臣杨镐革任回还之后，群情懈溃，莫可收拾。远近传播，自相疑惑。或云"和议将讲"，或云"兵粮当减"。久役思归之士，胥动浮言。握兵对垒之将，皆无固志。小邦之人举皆惊慌，若无所依。扶携老稚，填咽辕门。攀驻牙旌，啼号不止。至于深山穷谷无知蠢动之民皆云"经理一去，贼必随至"，遑遑靡定，无复生意。行道悲嗟，景象愁惨。人情若此，同出至诚。夫岂有私于杨镐而然哉！③

可见，朝鲜君臣、士民对于杨镐之离去是真心难过，实际上这也是对杨镐在朝鲜战场上战功的一种最高的评价，他们担心杨镐一去，和议再起，甚至日军再来，不知何时才能将其赶走？好在万世德不久来到朝鲜，接替杨镐，加上中朝水军英勇奋战，终于在一年后将日军赶出朝鲜，战事也随之结束。叙功之时，水军总兵陈璘功第一。而杨镐当时正闲居于家，因为查勘给事中徐观澜查得真实情况，"及至军前，从容验问，据实具奏。经理得无他，我国被诬之状，亦一一分疏，举国咸服其明"。④ 丁应泰所言之事皆一一被澄清，杨镐也得以官复原职。

---

① 《朝鲜宣祖实录》卷102，宣祖三十一年七月甲午，《朝鲜王朝实录》第23册，第466页。

② 《朝鲜宣祖实录》卷102，宣祖三十一年七月戊戌，《朝鲜王朝实录》第23册，第469页。

③ 李廷龟：《月沙先生集》卷22《请留经理再奏》，《影印标点韩国文集丛刊》第69册，韩国民族文化推进会1991年版，第486—487页。

④ 《象村稿》卷39《天朝诏使将臣先后去来姓名·记自壬辰至庚子》，《影印标点韩国文集丛刊》第72册，第283页。

朝鲜国王对杨镐一直非常关心，一旦接见来自明朝的使臣或者将领，都会问及杨镐的情况。宣祖三十二年八月，国王李昖接见明朝通判陶良性，"上先问军门、四提督、杨经理起居"。① 十月，接见明游击茅国器时，获悉："杨经理有官矣。"《朝鲜宣祖实录》当即附上一段评语："名镐。为人清俭，抚恤残氓，出临外国，恩威并施。丁酉之乱，都城赖而镇静者，无非此人之功也。"② 过了两天，接到谢恩使申湜的状启，获知"闻东征叙功，昨昨已下，杨经理则起用，陈提督则世袭，刘提督升都督，同知徐给事亦起用，丁应泰只赏银五十两云"。③ 光海君时期，杨镐被任命为辽东都御史，经略辽东事务。朝鲜常常派使臣前往问安，并馈赠礼物，保持着密切的往来。1619年，在与努尔哈赤决战之前，杨镐请求朝鲜出兵援助，因为光海君对后金政策暧昧，朝鲜尽管派姜弘立率军一万前往协助，但并未发挥什么作用。明军在萨尔浒大败，杨镐被下狱，并于崇祯二年被正法。朝鲜君臣闻知，嗟叹不已。

朝鲜并未因杨镐的悲惨命运而减少对其称颂与感恩。就在杨镐离开朝鲜之际，朝鲜君臣即商议为杨镐立碑，以颂其功。早在戊戌年（1598）七月，明游击将军许国威就向朝鲜国王提及为杨镐勒石记功之事，国王李昖深表赞同，认为"当于通衢立之"，这样可以尽人皆知。④ 不久，朝鲜果然建《杨公去思碑》《杨公堕泪碑》⑤以宣扬其功绩。而朝鲜君臣颂扬杨镐之诗文更是屡见不鲜。李廷馨

---

① 《朝鲜宣祖实录》卷116，宣祖三十二年八月癸卯，《朝鲜王朝实录》第23册，第669页。

② 《朝鲜宣祖实录》卷118，宣祖三十二年十月丁亥，《朝鲜王朝实录》第23册，第691页。

③ 《朝鲜宣祖实录》卷118，宣祖三十二年十月己丑，《朝鲜王朝实录》第23册，第693页。

④ 《朝鲜宣祖实录》卷102，宣祖三十一年七月庚戌，《朝鲜王朝实录》第23册，第474页。

⑤ 此二碑现尚存，《杨公去思碑》在明知大学校内，现作为韩国重点文物得到保护。《杨公堕泪碑》则随意放置在明知大学附近的一小学校园内，不知何故，未被列为受保护的文物。

"镐勇于徇国，长于料敌，御下有纪，号令风生，东人赖安，称颂不忘焉"① 之语简明扼要地说出朝鲜称颂杨镐的原因。李廷龟作《都御史杨公去思碑》则曰："是其一战之功，实我东韩再造之基。不幸为人所构，遭诬而归，此东民之所以悲咤扼腕，愈久而愈不能忘也。"② 在铭文中曰："云胡不思？公实生之。攀慕莫追，汉城之阳，有祠辉煌。公像在堂，白羽纶巾，立须嚼龈，含噎未伸，英姿飒爽，镇我保障；没世瞻想，勒此贞珉，事与名新，万古精神。"③ 对杨镐东援之功给予极高的评价，以为朝鲜得以"再造"，实赖杨镐"生之"。19 世纪朝鲜北学派大师朴趾源在《杨经理镐致祭文》中称颂道："再造我东，系谁之功？天子攸命，苍屿杨公。"④ 他将"再造"之功，竟全归诸杨镐。

万历二十七年七月，朝鲜建宣武祠于汉城南，宣祖首先提出应以杨镐配享，于是崇享总督邢玠、经理杨镐，国王李昖亲书"再造藩邦"匾额，揭于宣武祠。为了求得杨镐画像，朝鲜几度努力，终于求得。

　　邢军门回还时，中军戴总兵延春，请各建生祠堂置肖像。先王既以允其请，且以为如建祠置像，则有功劳于我国者，无如杨经理，当求其肖像于中朝以生祠。每赴京使臣之行，至给别人情，以求其真。而杨镐远在河南，无从觅得，徒费人情往返而已。往年臣赴燕时，得逢旧时标下参军黄应阳，语及此事，应阳约以来春，当寻杨经理看花村山斋，此时当写真留待云。

---

① 《知退堂集》卷 11《东阁杂记坤·宣祖》，《影印标点韩国文集丛刊》第 58 册，第 176 页。

② 李廷龟：《都御史杨公去思碑》，《汉城金石文大观》，汉城三省出版社 1992 年版，第 41—43 页。

③ 《大义编》附集卷 3《都御史杨公去思碑》，第 737 页。

④ 《燕岩集》卷 9《别集·考槃堂秘藏·祭文·杨经理镐致祭文》，《影印标点韩国文集丛刊》第 252 册，第 133 页。

> 去番奏请使译官李海龙之归，启请传致书札觅来矣，李海龙艰难
> 寻得其家。则应阳答称，此画像逼真矣，而纸小无以展画样，须
> 令善画人再摸云。而传给于臣处，此乃先朝屡求未得者。而李海
> 龙尽心觅来，深为可嘉。其画像当与邢军门一体写置祠堂。①

可见，朝鲜为了求得杨镐画像煞费苦心。光海君二年，其画像被奉
安于武烈祠。肃宗三十年，画像改为位版。即便到了肃宗年间，还
有朝臣上疏："壬辰再造之恩，尚忍忘哉？神宗皇帝，赫然东顾，
动天下兵，复我疆土。天将之受命来战，如提督李如松诸人，其功
烈岂不伟烨，而犹不若经理杨镐之血心我东事也。"② 由此可见，
杨镐在朝鲜君臣心目中的地位非常高，而且并未随着时间的推移有
所淡化，这种情感反而越来越得到强化，并演化成为朝鲜的某种精
神寄托。

杨镐于万历二十五年六月到朝鲜，次年七月离开，在朝鲜半岛
只停留一年有余。发生在这期间不多的几件事，中朝史料的记载就
有天壤之别，对杨镐的评价也迥然不同。之所以会形成这样一种局
面，笔者以为有以下两方面的因素。

第一，尽管杨镐是明朝将领，所率领的部队也是明军主力，但
是抗倭援朝的事情发生在朝鲜半岛。在明、清两朝统治者看来，这
似乎不太重要。明朝只是把它看作万历三大征之一，所以《明实
录》等史书对其记载十分简略，对于整个战争的历程，并没有给
予足够的重视，载录史料就挂一漏万。同时，实录编撰者，借机党
同伐异，甚至颠倒黑白，故意歪曲事实。如上所言，丁应泰弹劾杨
镐，虽然朝鲜国王、总督邢玠、监军御史陈效以及明朝诸多将领纷
纷上疏为杨镐辩白，但是《明神宗实录》只是详载丁应泰之疏文，

---

① 《汉阴先生文稿》卷9《进杨经理肖像启》，《影印标点韩国文集丛刊》第65
册，第420页。
② 《朝鲜肃宗实录》卷60，肃宗四十三年八月乙巳，《朝鲜王朝实录》第40册，
第672页。

其他疏文一概略之，这样选择史料，并非秉持一种公正平实的态度，而是有很大的偏见。故而，《明神宗实录》将蔚山之战定为败仗，由此奠定了明清史书书写的基调。编完实录以后，其他史料很难被完整保存下来，后人便无法获得全面的资料，历史的真实面目也将被扭曲。相比其他史料而言，《明实录》有着得天独厚的优势，成为以后史书依从的范本，因为难以获得其他资料，以后无论是《国榷》《明史纪事本末》还是《明史》《明通鉴》，基本上均因袭《明神宗实录》的说法，不仅否定杨镐在朝鲜战场上的战功，而且否定整个明朝抗倭援朝战争的功绩，将战争胜利的原因归结于丰臣秀吉之死，实在极其荒谬。

此次战争的重要性，对于朝鲜王朝而言则完全不同，朝鲜王朝将这次战争称为壬辰倭乱和丁酉再乱，认为这是关涉自身生死存亡的大事，十分重视。朝鲜王朝乃明朝藩国，与明朝往来一直是朝中最为重要的大事，其原本就十分关注与明朝的关系。更何况，这次战争发生在其本土内，故朝鲜对明朝将领的一举一动都给予十分细致的叙述。明朝将领的战功直接关涉朝鲜半岛的光复。《朝鲜王朝实录》中关于杨镐的记载十分详尽，不仅对其行动、语言有详细的描述，而且对其衣着都有细致的载录。因而，《朝鲜宣祖实录》以及相关文集对于杨镐的记载不仅细致、系统、详尽，而且更为客观公正。

第二，中国历来有盖棺论定的说法，这也是一种评价人物的态度。杨镐是个悲剧性的人物，他在萨尔浒之战中大败，最终被正法。在"盖棺论定"的标准下，他注定是要被贬斥的，也是要承担相应责任的。作为主将，他对于萨尔浒之战的失败负有不可推卸的责任，编修《明神宗实录》的史官们不会宽容他。他既然要为萨尔浒战役负责，也就要为明朝抗倭援朝战争负责，即便有许多为他辩解的奏疏，实录的编撰者们也很难完全客观地分析、区别对待，所以最终采纳了丁应泰的奏疏。尽管丁应泰的奏疏漏洞百出，但是与"杨镐要为战争失败负责"相比，显得格外无关紧要，这也就造成了现在史书如斯记载的局面。试想一下，假如萨尔浒战役中，明军击败了努尔哈赤，那会是一种什么样的局面呢？可以肯定地说，关于蔚山之战将会是另一种写法。

萨尔浒之战影响了明清史家对杨镐的评价，但不会对朝鲜史家产生影响。因为，自国王李昑以来，朝鲜早已经感受到了杨镐战功所带来的安宁。这源于杨镐取得的稷山大捷解除了日军对汉城的威胁，他们也看到蔚山之战打击了日军的气焰。当丁应泰弹劾杨镐之时，国王李昑因为杨镐辩护而受到牵连，遭到丁应泰的弹劾。国王李昑谈及此事时，说："凡人之立于天地之间，但当为我之所当为而已，若夫横逆之侵，自外至者，初非所虑。而吉凶祸福，但当顺受而已，应泰之疏，不足以动予一毛。予为天朝东藩之臣，初为贼酋秀吉所胁，据义斥绝，败国亡家，颠沛流离，固守臣节，如水之百折而必东，万死而不悔。以此受罪，更有何言？目见奸孽横恣，忠良受诬，终必误天下大计，故不忍不陈情力辩，使吾君洞然照此鬼蜮之肝肺。予为杨经理而死，死有余荣，当含笑于地下矣。"①认为为杨镐而死，死有余荣。作为国王，竟然能够为杨镐说出这样具有献身精神的话来，可见他对杨镐的敬佩到了何种地步！也正因此，他们能较为客观地记录杨镐在朝鲜的作为与战功，给后人留下了一个大义凛然、办事雷厉风行、敢作敢为的大将形象，这与明清史籍中那个"庸懦无能"、胆小怕事、贪功邀赏的杨镐完全不同。

---

① 《朝鲜宣祖实录》卷104，宣祖三十一年九月癸卯，《朝鲜王朝实录》第23册，第497页。

第 六 章
丁应泰弹劾事件与明清史籍之建构

1597 年，封贡失败后，丰臣秀吉再度发兵侵朝，明廷迅速派兵前往救援。在战争的最后阶段，却发生了一个令朝鲜国王李昖极感屈辱的事件，即他竟然受到明朝兵部主事丁应泰的弹劾。一国之君，竟然被宗主国小小的兵部主事弹劾，真乃匪夷所思！这恐怕在整个中朝关系史上也是鲜见的。对于此事的经过，已有一些论著涉及其中的某些重要细节与重要人物。早在 1948 年，王崇武就发表了论文《论万历征东岛山之战及明清萨尔浒之战：读〈明史·杨镐传〉》①，详细解读了杨镐在岛山之战与萨尔浒战役中的作为以及中朝史料的差异，并分析其背后的原因。中国台湾学者李光涛写过一篇《丁应泰与杨镐——朝鲜壬辰倭祸论从之一》②，全文分四个部分，列出中、朝、日相关史料，进而说明蔚山之战并非大败，实为大捷。此文于史料搜集方面，功莫大焉。日本研究壬辰战争的论

---

① 王崇武：《论万历征东岛山之战及明清萨尔浒之战：读〈明史·杨镐传〉》，《中央研究院历史语言研究所集刊》第 17 本，1948 年，第 137—164 页。

② 李光涛：《丁应泰与杨镐——朝鲜壬辰倭祸论丛之一》，初刊于《中央研究院历史语言研究所集刊》第 53 本第 1 分，1982 年；后收入氏著《明清档案论文集》，第 785—812 页。

著不少，亦有论著详细讨论过此事。① 前一章讨论杨镐时，已初步提到这个问题，不过未能展开。本章试图在前人研究的基础上，对这件事的来龙去脉及其对明代中朝关系的影响略加梳理，而中朝史料对于此次事件的记载有着根本的不同，本章亦试图解说其背后的根源，希望深化对这场战争的理解。

一　岛山之战与杨镐被弹劾

丁应泰，湖广武昌府江夏县人，官兵部主事。戊戌年（1598）正月，以军门赞画前往朝鲜，五月回；九月再赴朝鲜，己亥年（1599）三月回。他两次赴朝，两次弹劾，先弹劾明朝经理杨镐，致使杨镐被罢官；再弹劾朝鲜国王李昖，搅得朝鲜君臣上下不宁，在朝鲜国内掀起轩然大波，也给明代中朝关系带来极大冲击。一个小小的兵部主事，竟然弹劾藩属国的君主，这在整个中朝关系史上恐怕也是绝无仅有的。丁应泰焉能有如此大的能耐？其背后有何缘由？这件事还得从明朝抗倭援朝战争的开始说起。

丁酉年（1597）正月，战事再起，兵部侍郎邢玠升为尚书，经略御倭。在大学士张位举荐下，杨镐经理朝鲜军务，与邢玠合作，共同指挥中朝大军，与日军决战。

就在杨镐开赴朝鲜之时，丁酉年（1597）九月初，日军三路进攻汉城。先陷南原府，明将杨元仅以身免，全州府尹朴庆新、明将陈愚衷先期弃城逃跑。朝鲜京师震动，汉城危在旦夕。杨镐接报，由平壤紧急驰援。九月初三，抵达汉城。"招提督（麻贵），责不战之状，与提督定计，密选骑士之精勇者，使解生、牛伯英、杨登山、颇贵领之，迎击于稷山，诸军及我人皆莫知也。解生等伏兵于稷山之素沙坪，乘贼未及成列，纵突骑击之，贼披靡而走，死

---

① 参见李啟煌「慶長の役の最末期における『丁応泰誣奏事件』と日・明將らの講和交渉」『日本史研究』第 389 期、1995 年、30—53 頁；鈴木開：「丁応泰の変と朝鮮—丁酉倭亂期における朝明關系の壹局面」『朝鮮學報』第 219 期、2011 年、39—71 頁。

者甚多。又遣游击摆赛，将二千骑继之，与四将合势追击，又破之。"① 杨镐指挥并取得了稷山大捷，汉城之围遂解。稷山之战以后，明朝军队乘胜追击，扩大战果。丁酉年（1597）十二月，明军将日军围困在蔚山，双方展开了近半个月的蔚山之战。《朝鲜宣祖修正实录》对于此次战争有简略描述。其曰：

> 杨经理（镐）、麻提督（贵）进攻蔚山贼营，不利引还。时，贼将清正筑城于蔚山，为久留之计。经理、提督潜师掩击之，贼披靡不能支，奔入内城。天兵夺贼外栅，贪虏获之利，不即进军，贼遂闭门固守，攻之不克。天忽大雨，雨后甚寒，士卒皆瘴疫，马多冻死。两南诸屯之贼，由水陆来援，经理恐为所乘，遽旋师，使麻贵与都元帅权慄留镇庆州。②

实际上，屯守蔚山之日军有四营，由加藤清正指挥。蔚山分内、外城，内城乃建在一座小山上，此山名为岛山。十二月中旬，明军攻破外城后，继续攻内城。明与朝鲜联军，将城四面包围，但岛山山势险峻、易守难攻。明与朝鲜军队轮番进攻，不果，且天公不作美。《朝鲜宣祖实录》对战事有更具体的载录：

> 自二十六日夕下雨，至二十七日终日风雨，诸军冒雨进攻。二十八日，亦为进兵，死伤如前。二十九日，欲聚柴草，焚烧贼营，而天兵及我军，死伤甚众，不能进到城下，夜二更退来。且贼船或三十余只，或二十五六只，日日上来蓝江，相与放丸，日夕则退去。盖欲引出城内之贼，而诸军严兵待之，故徜徨而退。二十九日夜，有小船上来，贼徒三十余名，出到

① 《朝鲜宣祖修正实录》卷31，宣祖三十年九月己丑，《朝鲜王朝实录》第25册，第663页。
② 《朝鲜宣祖修正实录》卷31，宣祖三十年十二月丁巳，《朝鲜王朝实录》第25册，第663页。

江边，欲乘船遁去，右协及吴总兵诸军厮杀，右协斩一级，吴军斩六级，余贼尽为伤抢，还遁入城。①

可见，杨镐并非"贪虏获之利，不即进军"，而是指挥明军想方设法，却久攻不下，加上连日风雨，更增困难。日军也损失惨重，城中士兵所剩不过二百余名，且大多饥渴交加、疲惫至极，奄奄待毙。既然久攻不下，杨镐便想将其困死，不料日援军从水陆两路发大军前来，此时杨镐的部队已是人困马乏，无法应战，只得撤退，致使蔚山之战功亏一篑。

诚如前一章所提到的，正在此时，丁应泰到了朝鲜，他受南兵将领陈寅等蛊惑。而杨镐接见丁应泰时，却把张位的信函拿给他看，于是丁应泰上疏弹劾杨镐等。"因论镐所当罪者二十八事，可羞者十事；如梅当斩者六，当罪者十。又追论镐之经理朝鲜，以赂次辅位而得之。今观位与镐书云云，则人言不诬。"② 因而引发轩然大波。

戊戌年（1598）七月初一，朝鲜国王李昖派陈奏使崔天健、书状官庆暹前往北京，希望将事实真相告知明朝君臣。朝鲜国王在陈情疏中表达了他获悉丁应泰奏疏时那种惊讶的心情："臣始而疑，中而讶，终乃大骇！且愧且闷！如横舟巨海震风骇浪之中，篙师忽去，慭然以待死亡之无时也！"他对杨镐到汉城以后的战功大加称颂。稷山大捷解汉城之围，蔚山之战，虽未收得全功，但大大地打击了日军的气焰。更为重要的是，他们深知杨镐熟知朝鲜事务，对于朝鲜战事尽心尽力，认为其正处于部署全面抗倭战争，收复失地，赶走倭寇之际，却受到弹劾，确实出人意料。陈情疏中，首先对杨镐称颂备至，其曰：

---

① 《朝鲜宣祖实录》卷96，宣祖三十一年正月丙申，《朝鲜王朝实录》第23册，第362页。

② 《明神宗实录》卷323，万历二十六年六月丁巳，第5996—5997页。

伏见抚臣杨镐，自膺简命，锐意东事，与督臣邢玠、按臣陈效，协谋宣力，殚竭思虑。其一心讨贼，尽瘁图报，素所蓄积，而勇往直前，不避险艰，当机刃发，任怨敢为，最其长处也。且莅任辽道，经理多年，谙委本国残败之状，痛惩棍徒科扰之弊，约己甚简，冰蘖自饬，束下甚严，秋毫不犯。至于樵汲，轮回标兵，而日供菜、粒，捐俸钱而取给，申明法禁，戒戢各营，驻过之地，民皆晏然。此则小邦三尺童子，亦所叹服。①

而针对丁应泰不顾事实胡编岛山之战的情节，国王李昖特别详细地说明了岛山之战的情形。

岛山之役，杨镐以文职大官，擐甲上阵，暴露虎穴，过十二昼夜，一同提督及诸将，励气督战，焚烧内外寨栅，斩获千余级，清正穷蹙一穴，渴馁几毙。是盖旷世之奇功，而不幸天雨急寒，士卒多伤，我势已疲，而贼援大集，固将有腹背受敌之患。杨镐与麻贵，密察事机，宣令左次，仍将遗下粮饷，尽行焚烧，挑选马军，身自为殿，贼不敢追蹑。即其事状，终始如此，令贼徒胆破，遇有小邦人扮作天兵貌样，则辄皆走避，不敢恣意樵采。是孰使之然哉？若征剿实绩，则既有小邦跟随陪臣，又有领兵诸将，目见具悉，其进退先后、人马失亡、功罪查核，自有公论。天日在上，岂容虚诳？②

疏中对杨镐的人品与战功皆称颂备至，而对丁应泰指责杨镐欺瞒隐漏之事，不以实闻，不予认同。与此同时，明监军御史陈效上疏，

---

① 《朝鲜宣祖实录》卷102，宣祖三十一年七月甲中，《朝鲜王朝实录》第23册，第458页。
② 《朝鲜宣祖实录》卷102，宣祖三十一年七月甲申，《朝鲜王朝实录》第23册，第458页。

指出"东事难欺，烦言难据"，其说："抚臣杨镐负气任事，严急招尤，功次未分，怨谤渐起，失意奸将与被逐流客，游言丧败，都市如簧。而赞画主事丁应泰堕奸将高策之计，复以其身证之，恐烦言一布，士庶交疑，恩仇徒快群谗，国家反成戏居。乞专敕科臣公同总督熟察情形，备查功罪虚实，公私不辨自明矣。"① 认为杨镐是"负气任事"，故而得罪一批将领，致使他们造谣生事，但完全是子虚乌有。总督邢玠亦上疏言："应泰以丧师酿乱，奏报不实。"② 而明朝部将吴惟忠、茅国器、许国威等二十三员也一同上疏，为杨镐辩护、请功，称："盖杨经理……乃冲冒矢石、雨雪，为士卒先，倭人惮之，自是不敢复出。鲜人获祛疮痍，伊谁之力？况当其时，南北异将，马步异用，若非杨经理推心一体调度，马以卫步，步以济马，则蔚山之役，必相猜忌，岂能使诸将，今（令）无间言？"③ 并对杨镐之品行大加称颂。朝鲜国王、监军御史陈效、总督邢玠以及明朝部分将领的奏折都是为杨镐开脱、为其请功而批驳丁应泰之疏的，但是明廷并未接受，神宗皇帝传旨曰："有差出科臣，一并勘奏。"有这么多明朝将领替杨镐说情，又有朝鲜国王之陈情疏，丁应泰竟然又上一疏，不仅继续弹劾杨镐，而且攻击明朝诸将。

尽管朝鲜与明朝诸将皆为杨镐鸣不平，但是于事无补。获知丁应泰前后奏疏，明神宗所发的第一道圣旨如下：

> 东征独遣经理，经理、监军等官，责任甚重。转调兵饷，月无虚日，冀收全胜，以安外藩。乃轻率寡谋，致于丧师，又朦胧欺〔罔〕，奏报不实，法纪何在？杨镐革任回籍。且将士被坚执锐，临敌对垒，不避寒暑，倏尔死生奏报不实，俱候戡明处分。其经理员缺，便着吏部公同会推，有才望知兵的三四

---

① 《明神宗实录》卷324，万历二十六年七月己亥，第6023页。
② 《明神宗实录》卷324，万历二十六年七月己亥，第6023页。
③ 《朝鲜宣祖实录》卷102，宣祖三十一年七月癸巳，《朝鲜王朝实录》第23册，第465页。

员来看。仍举风力科臣一员前去，会同奏主事丁应泰，将兵马、钱粮，持公严截，分明公开，仍酌议东征之事。师老财匮，如何结局，俱从实奏请定夺，勿得徇私，扶同欺罔，致于宪典。其南北官兵，荷戈远涉，当一体抚恤，何得偏护，致误不均？今后再有这等的参来，重治不饶。该部知道。钦此。①

圣旨所讲几点很重要：一是杨镐被革职回籍，这对朝鲜而言是个很大的打击；二是明廷会推，将派新的经理前来接替杨镐；三是对于南北兵之矛盾，朝廷亦深知，故而责令"当一体抚恤"。可见，朝廷对于明朝军队在朝鲜半岛的情况相当了解，这也从一个侧面反映出，南北兵之争正是杨镐受参的一个重要原因。

七月十一日，杨镐辞归，国王李昖幸弘济院饯慰。杨镐布衣、布巾，形容枯槁，一身孝子打扮。《朝鲜宣祖实录》曰："来时起复，将官威仪，去时回籍，孝子衰麻。"国王李昖对杨镐说："小邦唯大人是仰，大人不意旋归，小邦何所依赖？今日无以为怀，不知所言。"说完，国王李昖难过得不能自已，以至于"呜咽哽塞，涕泪横流，左右侍臣，莫不掩面。经理标下，泪眼相视，经理亦为之惨然动容"。杨镐也说了一番劝勉的话，于是辞去。当时的汉城，"坊市父老，遮道号哭，经理于轿上慰勉之，垂涕而去"。② 行到开城，"城中男女，诉于轿前请留，经理含泪有不忍之色"。③ 朝鲜君臣恋恋不舍，随后派李元翼上第二份陈情疏，并论及此事。

可见，朝鲜君臣、士民对于杨镐之离去是真心难过，实际上这也是对其在朝鲜战场上所取得战功的一种最高评价。杨镐受到弹劾

① 《朝鲜宣祖实录》卷102，宣祖三十一年七月丙戌，《朝鲜王朝实录》第23册，第460页。
② 《朝鲜宣祖实录》卷102，宣祖三十一年七月甲午，《朝鲜王朝实录》第23册，第466页。
③ 《朝鲜宣祖实录》卷102，宣祖三十一年七月戊戌，《朝鲜王朝实录》第23册，第469页。

被革职回籍，并不表示此事已经结束，相反，才刚刚开始。如上所述，朝鲜又派李元翼去北京，上第二份陈情疏。而明廷为了慎重起见，再派给事中徐观澜与丁应泰一同前往查勘。戊戌年（1598）九月，丁应泰再来朝鲜，一直到次年三月才返回。不过，丁应泰第二次赴朝，不仅没有改正前次的错误，反而变本加厉，将朝鲜国王李昖牵连进来，一并弹劾。

二　李昖被弹劾与朝鲜辩诬

丁应泰的官不大，但是气焰很高，权力也很大。戊戌年（1598）九月，丁应泰第二次来朝，继续查勘朝鲜战事情况，但他并无公心，首先拿明朝将领许国威开刀。因为丁应泰参奏杨镐以后，许国威等人带头上疏为杨镐鸣不平，故而丁应泰一到朝鲜，就抄了许国威的家，这种做法引起朝鲜实录纂修者的不满，史臣评之曰："许游击上本伸救杨镐，应泰深嫉，必欲陷之。及其入来，移寓游击下处搜探行李，拿究家丁，百端构捏，期于中毒，其为凶惨，无所不至。"① 丁应泰专来报复，完全没有公心。此外，他又令家丁将各营写子拘来，"主事分遣家丁，拿致各将营写子的各人，今年正月各营阵亡军士，务要从实开录，速行呈报。书子的共通二十人，推阅良久，或有至被夹棍者，令拘在里头，不放出外，故敢启"。② 丁应泰采取非法手段，强行逼供，要求各部文书将阵亡军士姓名、数目全部开列出来，重新搜集对杨镐不利的材料，在刑讯逼供之下，各文书只得虚报数目，为其所用。丁应泰遂得出岛山之战，明军"死者四千八百，又死伤六千"的结论，但刑讯逼供所得来的数目，极不可信。

与此同时，由于朝鲜国王两次上疏辩驳，为杨镐说情，丁应泰

---

① 《朝鲜宣祖实录》卷104，宣祖三十一年九月戊子，《朝鲜王朝实录》第23册，第491页。
② 《朝鲜宣祖实录》卷104，宣祖三十一年九月己丑，《朝鲜王朝实录》第23册，第492页。

十分恼火，到了朝鲜后，他积极搜集证据，不久，就上疏明廷，直接弹劾朝鲜国王李昖。当时丁应泰尚在朝鲜境内，其弹劾朝鲜国王的奏疏全文如下：

> 臣行次夹江中洲，见豆黍丰茂，询之辽人在途者，曰"此膏腴地，收获数倍西土。先年，朝鲜与辽民争讼之，都司屡经断案，鲜人不平。万历二十年，遂令彼国世居倭户，往招诸岛倭奴，起兵同犯天朝，夺取辽河以东，恢复高丽旧土"等语，臣不胜骇异。臣行次定州，而臣从役，以布数尺，换鲜民旧书包裹食物，书名《海东纪略》，乃朝鲜与倭交好事实也。自丙戌年遣寿蔺，赍书礼，达日本萨摩诸州及对马岛诸郡诸浦，或受图书，约岁通倭船互市，或受朝鲜米豆，至纳细布千匹、米五百石于伊势守，转达日本，皆献纳互市之实迹也。且国王诸酋使舡有定数，接待诸使有定例，倭馆使舡大小船夫有定额，给图书有职掌，迎候供宴，有定仪。复详其天皇世系、国王世系，与夫政令、风俗历历指掌，且假日本之使，而通给琉球。又按其图说，而熊川、东莱、蔚山其恒居倭户二千有奇，畠山殿副官书契中，明言国王和亲。由是观之，绸米之说有据，而招倭复地之说非虚语也。不谓关白雄酋，乃因其招，而乘其敝，遂一举而袭破其国，则鲜君臣之自贻戚也。
>
> 朝鲜应科人习三经，则既知《春秋》大义，当谨奉天朝正朔，何为又从日本康正、宽正、文明等年号，而大书之，且小字分书永乐、宣德、景泰、成化纪年于日本纪年之下，则是尊奉日本，加于天朝甚远，而书又僭称太祖、世祖、列祖、圣上，敢与天朝之称祖、尊上等，彼二百年恭顺之义谓何，而皇上试以此责问朝鲜，彼君臣将何说之辞？况其舞文，訾辱中国先代帝王，即其一序，已自概见，朝鲜君臣轻蔑中国，已非一日。招倭构衅，自启祸戎，而刚愤求援，动称死节。我皇上恩

勤字小，发帑遣师，已复还全土界矣。乃又固争礼文，再勤皇上东顾之忧，且自偷安逸，移祸天朝，不知何所底极。夫邦君无道，六师移之，三代不易之大法也。

今朝鲜国王（姓讳，即李昖）暴虐臣民，沈湎酒色，乃敢诱倭入犯，愚弄天朝，复与杨镐结党，朋欺天子，即我皇上宽仁，不忍遽加诛讨，而天鉴祖灵，必夺其魄，而斩其后矣。督臣邢玠、按臣陈效与提督麻贵，以及自（司）道、将领等官，何乃未勘之先，今自商计一疏，扶同欺罔，明日令人保留，循私曲庇？既阴诱（姓讳）差陪臣李元翼，上疏保留，颂镐功德。大猾许国威承望风旨，恣逞刀笔，强写诸将连名奏疏，称讼杨镐。乞敕镇抚，自将党贼许国威、彭友德及陪臣李元翼等，依律鞫问穷究，来历明白，则群奸不得倒持国柄矣。臣今居鲜，发奸欺，恐诸奸又将惑鲜君臣，为登山入海之语，骇人耳目然后，彼有爵有土，忍弃世守之国，蹈亡命之流，则将奚往？此智者所不能惑也。伏望皇上，将臣所奏，并进呈《海东纪略》，敕下廷臣，秉公评议。朝鲜君臣是否绝倭愚弄中国？是否绝倭愚弄天朝？邢玠、陈效、麻贵等是否循情扶同欺罔？是否循私曲庇？而诸党奸谋，自不能掩众目，而逃公论也。①

之所以将丁应泰弹劾朝鲜国王李昖之奏疏全文录入，是因为这在中朝关系史上极为罕见。丁应泰之奏疏中，实际上指责朝鲜国王李昖几大罪状。

第一，听辽民说朝鲜为了恢复辽河以东的"故土"，"诱倭入犯"。丁应泰不经意间得到的《海东纪略》一书，正是朝鲜"诱倭入犯"的证据。事实上，丁应泰第一次去朝鲜时，就向朝鲜求书。时当乱世，朝鲜书籍散逸，难以应对，但丁不从，朝鲜君臣只得勉

---

① 《朝鲜宣祖修正实录》卷32，宣祖三十一年九月癸未，《朝鲜王朝实录》第25册，第667页。

强应付。① 丁应泰对于财物方面的求索并不多，只是要求朝鲜为其搜求书籍以及当下的官制等。正因为丁应泰关注朝鲜的书籍，当得到《海东纪略》时，便发现此书中详细介绍了朝鲜与日本交通的情形、礼仪、日本天皇的世系等完全关于日本的内容，故而将其作为朝鲜通倭的证据。而朝鲜沿海，还有世居倭户，这不正是朝鲜通倭的有力证据吗？

第二，朝鲜轻视中国，不尊明朝。书中不遵明朝正朔，僭称祖称宗，有违藩国礼仪。"何为又从日本康正、宽正、文明等年号，而大书之，且小字分书永乐、宣德、景泰、成化纪年于日本纪年之下，则是尊奉日本，加于天朝甚远，而书又僭称太祖、世祖、列祖、圣上，敢与天朝之称祖、尊上等。"不守本分，有犯上作乱之嫌。

第三，朝鲜国王李昖"暴虐臣民，沈湎酒色"，与杨镐结党，欺骗天子。于是请求皇上派使臣前来查勘，查验是否真实。

如果说丁应泰前两份奏疏乃是专为弹劾杨镐与明朝诸将，第三份奏疏则是不分青红皂白地弹劾朝鲜国王李昖。将原本只是涉及明朝将领的弹劾扩大到了朝鲜君臣，这样事情就更大了。因为这不只是明朝内部的党同伐异，而是变成了涉及双方关系的事情了。究其原因，乃是朝鲜国王为杨镐鸣不平，希望明廷保留杨镐的经理一职，使朝鲜战事不至于受到影响，能够确保尽快平定丰臣秀吉之乱。丁应泰之指责实乃大谬不然也，竟然提出"诱倭入犯"之罪名，真是欲加之罪何患无辞！这一份奏疏，进一步激化了矛盾，将朝鲜国王李昖推到了风口浪尖。

丁应泰直接弹劾朝鲜国王李昖，李昖获知后，仿佛当头一棒，给政院下备忘记曰："予为天朝东藩之臣……目见奸孽横恣，忠良受诬，终必误天下大计，故不忍不陈情力辩，使吾君洞然照此鬼蜮

---

① 《朝鲜宣祖实录》卷97，宣祖三十一年二月甲申，《朝鲜王朝实录》第23册，第395页。

之肝肺。予为杨经理而死，死有余荣，当含笑于地下矣！"表现出一种问心无愧、大义凛然的态度。不过，"今圣旨未下，方在俟罪待命之中，岂敢以藩王自处，偃然无异平日乎……自今凡一应机务，令世子处决"。他自觉不能再行国王之责，要世子代行国王事务。而丁应泰之弹劾，令他痛不欲生，"况自近日以来，积伤渐尽，昼夜胸痛，匙粒不下，眼疾尤重，咫尺不辨，两耳闭塞，不分人语。腰下蹇湿，寸步不能自致，夜则辗转不寐，倚壁达朝，昼则昏困如醉"。[1] 言辞之中，充满忧愤之情，一方面觉得为"杨经理而死，死有余荣"；另一方面则陷入深深的苦恼之中，夜不能寐，百病丛生，竟然要"俟罪待命"，由世子监国。可见，丁应泰之弹劾给朝鲜国王带来了极大的困扰，令其寝食不安，难以自处。丁应泰区区一明朝主事，竟然搅得朝鲜君臣不安。国王李昖知道之所以受到丁应泰的弹劾，"盖因我国之直言陈奏，力救经理，而为此泄愤之举也"，他非常清楚丁应泰这道奏疏背后的根源，堂堂一国之君，竟然奈何不得一个小小的明朝主事！

下了备忘记后，国王李昖就"杜门俟罪"，不理朝政了。政院当日连上两道奏书，请求国王收回成命，皆留中不下。二十三日，政院再上一道奏书，还是留中不下。李昖处于极度的惶恐不安之中，数日不理朝政，政院上疏亦留中不下。随后政院、大司宪、弘文馆等诸官纷纷上疏请求国王理政，与此同时，一部分朝鲜大臣在领议政柳成龙的带领下，前往明科道官所请愿，为国王申冤，得到答复曰："皇上发大兵十万，费百万银，数十万粮，救援属国。丁主事之言动，不得皇上之意。此处既有邢老爷、陈御史，而俺实主张此事。国王安心定意，以济大事，勿以此言摇动。"[2] 朝鲜诸臣得到这样的安抚才返回宫中。见此情形，丁应泰接伴使白惟咸转来

---

① 《朝鲜宣祖实录》卷104，宣祖三十一年九月癸卯，《朝鲜王朝实录》第23册，第497页。

② 《朝鲜宣祖实录》卷104，宣祖三十一年九月丙午，《朝鲜王朝实录》第23册，第502页。

丁应泰之言："杨镐到尔国，法度严重，且爱民，国王一遭奏保，是厚道；而杨镐鸣金一退，偾师辱国，实中外之罪人。而国王又遣李陪臣，救一杨镐，而大咈众人之意，故我到平壤，乃上论尔国事。"[1] 明确点出他弹劾朝鲜国王乃是因为国王不该救杨镐，故而他要报复。可见，丁应泰毫不讳言其用意。

朝鲜国王一月未理事，以"待勘"，一直到十月癸酉（二十一日），方派李廷龟起草辩诬奏文，驳斥丁应泰之疏，并将兵曹判书李恒福擢为议政府右议政，充上使，以兵曹参议李廷龟升嘉善拜工曹参判，充副使，以司宪府掌令黄汝一充书状官，赍奏驰往北京，为自己辩诬。因为丁应泰之奏疏所言"一则曰诱倭入犯；一则曰愚弄天朝；一则曰招倭复地；一则曰交通倭贼。或以为结党杨镐，朋欺天子；或以为刚愤求援，移祸天朝"，故而不得不辩。

首先，针对丁应泰所谓"诱倭入犯"之罪，疏文着重陈述朝鲜与日本交往之缘由以及《海东纪略》一书的来历。指出正统年间，申叔舟前往日本，此事当时即上报明廷，"至于《海东记略》，则乃是陪臣申叔舟得倭人所记其国风俗世系地图，遂因其本藁，附以小邦馆待倭奴事例，作为一册，名为《海东国记》。盖小邦与日本，声迹邈然，只是来则不拒，略为羁縻之计而已。至申叔舟往来之后，稍知其国事迹，因誊出一编，以为异国奇闻"。所谓"诱倭入犯"，完全是无稽之谈。

其次，所谓尊正朔的问题，乃是学习《春秋》之做法。"盖此书只因其国所记而添注，故其国僭称年号之下，分注天朝年号，以标日本僭称之某年，为天朝建元之几年。如曰嘉吉元年即正统六年云者是也。大书者本记也，分书者添注也。如一即字，其意尤明。《春秋》因鲁史所作，故大书鲁元年，其下分注周平王几年，亦可因此而有疑于尊周之义乎。"故而不能以《海东纪略》一书的年号表述方式，指责朝鲜不尊正朔。

再次，所谓称祖称宗之事，乃是"无知妄作之罪"，"至于称祖一事，则小邦海外荒僻。自三国以来，礼义名号，慕仿中朝，多有侔拟。至我先臣康献王凡有干犯者，一切厘正，以至微细节目，亦未尝不谨，以为上下截然之分。传之子孙，守如金石。而独其称号，则自新罗、高丽，有此谬误。盖以臣民袭旧承讹，猥加尊称，相沿而不知改，此实无知妄作之罪"。① 朝鲜国王称祖称宗，乃是自新罗以来就沿袭下来的做法，并不是朝鲜时期才有的，这也是一个"无知妄作"之罪。

最后，分析之所以被丁应泰弹劾，"然臣之得此于赞画者，亦有其由。臣顷于杨镐之去，抗奏保留，论议相左，激以至此"。可见，李晬非常清楚其背后的缘由。疏文的最后说："然臣之意，则只以杨镐久在小邦，一心讨贼，小邦之人，方倚此而成功，一朝受枉，边机将误，却恐大事渐跌，他议或间，恳乞专任，以毕天讨。是臣区区，保无他意。臣失职辜恩，方俟严谴，尚安敢结党朋欺，以重臣罪？且赞画东来，亦膺帝命，再疏三疏，筹度何事？督抚、按镇，殆尽一网，东征将士之专意主战者，皆被诋斥，且惧在事之幸完，务坏诸人之成绩，使军情疑沮，诸将解体，其主意所在，盖可知矣。"② 疏文与丁应泰之奏疏针锋相对，对其一一进行驳斥，并且对丁应泰之意图大加质疑，因为"督抚、按镇，殆尽一网，东征将士之专意主战者，皆被诋斥，且惧在事之幸完，务坏诸人之成绩"，实乃大谬不然也。

朝鲜辩诬使到北京后，当即呈奏稿于兵部，兵部尚书萧大亨谓使臣曰："何来迟也？皇上见丁赞画参奏及《海东记略》，置于香案，待尔国奏及辨久矣。"于是，神宗皇帝览奏下兵部圣旨：兵部

---

① 《朝鲜宣祖修正实录》卷32，宣祖三十一年九月癸未，《朝鲜王朝实录》第25册，第667页。

② 《朝鲜宣祖实录》卷105，宣祖三十一年十月癸酉，《朝鲜王朝实录》第23册，第523页。

会同部府九卿科道，共同议论此事。① 不久，第二批辩诬使李元翼从北京回来，他告知国王丁应泰再参详情："丁之再参我国，路逢崔天健闻知。盖到帝京闻之，众议莫不以应泰为妄，十三道御史及六科给事，皆以丁为非。虽吏胥亦以为风丁妄言，何必对辨云。况东事，圣意牢定，异论不得横生，虽或有之，皆不得行。"② 二月十九日，朝鲜获知明廷兵部等九卿讨论所谓朝鲜国王"诱倭入犯"之事，无人认同此说，最后还得出"朝鲜世笃忠贞，无替德通倭之理，疏极悲惋，有局高踽厚之情。载赖我皇上坚彼百年不二之心，免行一时无端之勘"的结论，③ 终于为朝鲜国王昭雪。尽管明廷没有采纳丁应泰之论，但此事对于朝鲜所造成的困扰极大，国王数月不理政，使得双方的宗藩关系处于十分紧张的状态，因为此乃前所未有之事，尤其在这种大敌当前理应团结一心共同杀敌的形势下。

在这次辩诬的行动中，朝鲜先后派出三批辩诬使臣。第一批是戊戌年（1598）七月一日，针对丁应泰弹劾杨镐，朝鲜国王派陈奏使崔天健、书状官庆暹前往北京，专为杨镐辩诬，并试图澄清岛山之战的情况。当时杨镐尚未离开汉城，朝鲜试图陈情，让杨镐留在汉城，指挥抗倭。第二批是杨镐七月十一日离开汉城以后，戊戌年七月下旬再派李元翼为陈奏使，前往北京，指出杨镐离开以后明军无人指挥，战事极受影响，此批使臣于次年正月方回到汉城。第三批是宣祖三十一年十月二十一日，派陈奏使右议政李恒福、副使工曹参判李廷龟、书状官司艺黄汝一赴京，乃是因丁应泰弹劾朝鲜国王一事而专赴北京为国王李昖辩诬。李恒福去北京，还随身携带

① 《月沙先生集》卷 2《戊戌朝天录》之《序》，《影印标点韩国文集丛刊》第 69 册，第 252 页。

② 《朝鲜宣祖实录》卷 108，宣祖三十二年正月庚寅，《朝鲜王朝实录》第 23 册，第 556 页。

③ 《朝鲜宣祖实录》卷 109，宣祖三十二年二月己巳，《朝鲜王朝实录》第 23 册，第 578 页。

《海东诸国记》等书，为国王辩护。明兵部会同九卿科道共同商议此事，李恒福一一辩明，终于为国王昭雪。使团于次年（万历二十七年）闰四月十三日回到汉城。三次辩诬之行，尽管前两次皆没有达到目的，只是表达了朝鲜的愿望以及说明岛山之战的真相，但第三次达到了目的，使得丁应泰弹劾朝鲜国王之举没有得逞，算是取得了外交上一个小小的胜利。

三 丁应泰弹劾事件之影响

丁应泰，一个小小的兵部主事，先弹劾明朝经理杨镐，再弹劾朝鲜国王李昖，而明廷竟然听信其言。

诚如前一章所分析的，这乃是明廷中主战派与主和派党争的体现，也是军队中南北兵争斗的表现，以致最终酿成这样一桩惊天大案。同时，这件事也与杨镐本人的个性有关。作为杨镐的接伴使，李德馨说："大概经理之为人，性禀颇欠周详。南、北军兵待之，不能脱彼此形迹，故南兵皆怨之，怨杨者，皆付于丁。"[1] 他时常与杨镐在一起，十分了解杨镐的个性，对明朝军队中南、北兵之不和也了如指掌，故而认为，应是南兵推波助澜，将对杨镐的意见全都告诉了丁应泰，加上朝中赵志皋的支持，赵要打击张位，因而就产生出这样的惊天大案来。

丁应泰弹劾事件，在随后朝鲜与明朝的交往中成为一个极为重要的标志性事件，表现在以下几个方面。首先，丁应泰在朝鲜可谓臭名昭著，朝鲜弘文馆有言："丁应泰，以罔极谗人，鬼蜮为谋，诬捏我国，尺童闻其名，犹且竖发。"[2] 朝鲜人常常将明朝对朝鲜不友好之人比作丁应泰。如毛文龙当时骚扰朝鲜甚剧，"毛将与金致问答之辞，极为不测，真一应泰也。明白陈奏，而监军接见时，

---

[1] 《朝鲜宣祖实录》卷101，宣祖三十一年六月丙子，《朝鲜王朝实录》第23册，第452页。

[2] 《朝鲜宣祖实录》卷122，宣祖三十三年二月己卯，《朝鲜王朝实录》第24册，第36页。

亦常痛辨我国冤痛可矣。此人至轻、至妄，凡所为之事，愈往可虑。勿为寻常"。① "今此毛将所为，一如丁应泰矣。"②

其次，丁应泰之奏疏论及《海东纪略》一书中朝鲜国王"称祖称宗"，指责其有违礼制，而朝鲜亦承认此举乃沿袭前朝而来，是"无知妄作"，故而稍有僭越，丁应泰弹劾事件成为朝鲜后续处理有关祭祀、国王是否加徽号等问题的鉴戒。国王李昖去世后，明廷派使臣前来致祭，朝鲜君臣已上徽号、宗号，但还需明廷所赐谥号，故而明朝天使前来颁赐谥号时，朝鲜君臣已在李昖牌位上书上徽号、宗号。又因为有过丁应泰弹劾朝鲜擅自上宗号的前车之鉴，故而在明朝天使前来之际，朝鲜君臣担心再次受到斥责，有人指出："国之大事在祀，祀固人君所当必慎。而况丁应泰事，前鉴不远，恐有前头难言之事。"③ 故而一直在讨论，是让明朝天使亲祭于"真主"之前，还是设一"假主"，不书宗号，让天使祭之。此事件重大，引起朝鲜君臣广泛讨论，有赞成者，也有反对者。反对者如弘文馆副提学郑协等曰："我国之用宗号，非礼也。然其沿袭之久，至于数百年而不改者，盖出于臣子尊君父之至情而已。如欲遮前掩后，以护其失，则非但失礼之中，又失礼焉。况当天朝赐祭之日，行此假主之举，则其回互苟且之失，为如何哉？人君以至诚为道，丝毫之伪，一萌于心，如人有病，先见于脉，虚谬动于几微之间，而疑阻行于千里之外。"④ 当时礼曹启曰："今日处变之道，只有设假与改题两款而已。设假之非古，物议哗然，改题之未安，圣教至严，此间处置，实关大事体，有非该曹所能定夺。"后来诸

---

① 《朝鲜光海君日记（太白山本）》卷176，光海君十四年四月壬申，《朝鲜王朝实录》第31册，第52页。

② 《朝鲜光海君日记（太白山本）》卷178，光海君十四年六月庚寅，《朝鲜王朝实录》第31册，第130页。

③ 《朝鲜光海君日记（太白山本）》卷106，光海君八年八月辛酉，《朝鲜王朝实录》第29册，第33页。

④ 《朝鲜光海君日记（鼎足山本）》卷15，光海君元年四月甲戌，《朝鲜王朝实录》第31册，第422页。

臣议定："今适因他事改题，姑停四字之书，以待后日追填，亦是达权之意，而差胜于假主之设。"① 终于将这个难题解决。

四 《明神宗实录》等明清史籍对此事件的建构

以上论述丁应泰弹劾事件，基本上是以朝鲜方面的史料为基础展开论述的，但是若与明清方面的史籍相对照，会发现二者有着根本的不同。其实，关于壬辰抗倭史事，朝鲜学人已注意到《明史》记载与朝鲜史书的不同。有人即言："壬辰倭变时胜败事实，考诸'明史'及我东所传，多有不合。年代不至甚邈，文献非无可征，而尚如此，况邃复之事，人异说、书异记者乎！遂致邪正倒换，名实乖谬，甚可叹也。"② 已经看到明朝与朝鲜双方对同一事件记载的差异，这种差异恐怕不仅是史料来源的不同所致，还有许多其他深层的原因。

尽管有朝鲜的两次陈情疏，还有明朝诸多将领的奏疏，但是《明神宗实录》对于岛山之战的描述，依然是在丁应泰奏疏的基础上展开的，其曰：

> 己卯，进攻蔚山，游击摆赛以轻骑诱倭入伏，获级四百余，倭尽奔岛山，于前连筑三寨。翼日，游击茅国器统浙兵先登，连破之，获级六百六十一，倭坚壁不出，岛山石城新筑，坚甚。我师仰攻，多损伤，诸将曰：倭艰水道，饷难继，第围守之，清正可不战缚也。乃分兵围十日夜，倭至啮纸充饥。先用炮者，炮发辄命中，瞰我师稍息，佯约降缓攻，而行长来援，行长亦虑我袭釜营，止选锐倭三千，虚张帜蔽江上。明年正月三日，经理闻报，即仓皇夜遁，倭袭两协，弃辎重无算。

---

① 《朝鲜光海君日记（鼎足山本）》卷15，光海君元年四月戊寅，《朝鲜王朝实录》第31册，第424页。

② 尹愭：《无名子集文稿》第10册《论壬辰事》，《影印标点韩国文集丛刊》第256册，第414页。

于是赞画主事丁应泰疏劾镐与李如梅党欺贪懦状，可万言，上遂罢镐。是役也，陈寅乘胜登蔚城，援枹鼓之，可灭此朝食，忽鸣金而退。镐不欲寅功在李如梅上也。故功垂成而复败。镐罢后二十年，奴酋难作，复起镐为经略，仍用李如梅为大帅，而有三路丧师之事。盖镐与李氏兄弟比，以辽事首尾数十年，卒以破坏，故致恨。亡辽者，以镐为罪魁云。①

《明神宗实录》的这段史料对于岛山之战的记载，完全采用丁应泰弹劾杨镐的疏文，而且将丁应泰弹劾杨镐之事陈述出来，可见，其完全依从丁应泰之叙述。明明当时还有许多辩白奏疏，甚至明朝九卿会议讨论结果也在，但是《明神宗实录》的编撰者们并没有采纳，也没有对此进行辨析。为何会出现这样的状况呢？其最后两句将原因点了出来，对岛山之战的这种态度，与萨尔浒之战的失败有直接的关系。诚如王崇武所言："《实录》以天启元年下诏纂修，迨崇祯四年书成，时建州之祸方殷，明臣之推原乱本者，每以萨尔浒一役为发轫，而辽东四路出师，镐固主帅也。史臣积愤之余，至对镐在岛山功绩，亦鲜平情之论。"② 因为编《明神宗实录》之时，萨尔浒之战尚不久远，大家记忆犹新，于是实录的编撰者们就将两场战事的失败都归咎于杨镐。这在一定程度上也说明，《明实录》的编撰者们之所以采信丁应泰疏文的说法而不用其他史料，乃是认为萨尔浒之战失败，杨镐应当承担相应的责任，而不顾岛山之战的复杂性，只采用他们理所当然认为对的史料。正是这一基本的立场，决定了对杨镐功过的判断，甚至影响了对明朝整个抗倭援朝战争的评判，所以明清史料不仅对岛山之战的评价如此，对于整个抗倭援朝战事的评价也是极低的。

---

① 《明神宗实录》卷 317，万历二十五年十二月丙戌，第 5912 页。

② 王崇武：《论万历征东岛山之战及明清萨尔浒之战：读〈明史·杨镐传〉》，《中央研究院历史语言研究所集刊》第 17 本，1948 年，第 138 页。

再仔细考察与丁应泰弹劾案相关的史料，更可以佐证这个论断。对于丁应泰之疏，明廷曾组织九卿六科会商讨论，《万历邸钞》虽有"有旨：朕览此奏，关系军国切要重务，着五府大小九卿科道官，公同看议来说"① 的记载，但没有收录讨论的全文。而《明神宗实录》中，竟然只字未提会商之事，不能不说这是《明神宗实录》的编撰者故意偏心，刻意为之。《朝鲜宣祖实录》中对此事有非常详尽的记载，几乎每位朝臣皆以为丁应泰之疏文偏激不可信。而对于朝鲜国王之辩诬使行，《明神宗实录》只是简单提及。万历二十六年八月庚申条曰："朝鲜国王李昖奏：大兵既集，抚臣被参，群情疑阻，事机将失，乞洞察实状，亟回乾断，策励抚镇，以毕征讨。上曰：杨镐等损师辱国，扶同欺蔽，特差科臣查勘，是非自明，不必代辩。"② 这段史料非常奇怪，因为李昖的本意，乃是为杨镐请功辩诬，可是《明神宗实录》所摘取的奏文，丝毫看不出来朝鲜是为杨镐辩诬，反而是从神宗的话中才让人隐约感觉到朝鲜乃是为杨镐辩诬。朝鲜第二次派遣辩诬使臣来到北京，《明神宗实录》如斯记录："朝鲜告急，国王李昖奏：自抚臣杨镐革任西回，军情懈弛，全、庆疑惧，我势先动，贼焰益张，悖言谩语，无复忌惮，又非前日比。边书告急，朝报夕至，日今事势十分危急，而主管无人，督臣邢玠又尚未到，举目仓皇，茫然无依。伏乞委任荩臣，趁期征讨。"③ 这是朝鲜所上的第二次为杨镐辩诬的疏文，而《明神宗实录》所摘取的部分，完全看不出来是为杨镐辩诬，只是说朝鲜没有经理，战事无人督管，也看不出来朝鲜对杨镐的拳拳之意与感恩之心。这里所编造出来的事实，真可谓"精心策划，用心良苦"。而对于丁应泰弹劾朝鲜国王之疏文，也未予记载，只是说："兵部赞画主事丁应泰疏论总督邢玠等赂倭卖国，尚书萧大

---

① 《万历邸钞》，台北正中书局1982年版，第1137页。
② 《明神宗实录》卷325，万历二十六年八月庚申，第6030—6031页。
③ 《明神宗实录》卷327，万历二十六年十月乙卯，第6052页。

亨与科道张辅之、姚文蔚等朋谋欺罔。又言朝鲜阴结日本，援
《海东记》与争洲事为证，语多不根。上寝其奏不下。"① 内容相当
简略。《明神宗实录》较详细地记录了朝鲜国王李昖的辩诬奏文，
这是朝鲜国王所上的三份奏疏中唯一得到比较详细介绍的，其内容
是为朝鲜国王洗脱罪名的。一辩丁应泰所谓的"诱倭入犯""不近
人情"；二辩《海东纪略》一书之来历，即该书乃是正统年间申叔
舟前往日本的使行记录；三辩夹江贸易已禁绝，"至曰招倭同犯，
夺取辽河以东，恢复旧土，言之罔极至于是乎"。② 而同一日的记
载中，详细载录了监察御史于永清弹劾丁应泰之疏文，指出丁应泰
"既据诸将之囊橐而掣其肘，复造不根之毁谤而摇其心。倭未退则
曰我军有罪，倭既退则曰我军无功，甚至刺眉割发，百计陵轹，恐
不激变不止也"。③ 接着又引刑部尚书萧大亨与吏科给事中陈维春
弹劾丁应泰之疏。二月辛未（二十一日），兵部萧大亨等会议，因
朝鲜国王"逡巡恐惧，待命日久，乞降敕驰慰王心"而一致认为
丁应泰之奏疏"其在于今坚执求胜之私意，遂至罗致之太苛"。④
可见，当时的朝臣并不认同丁应泰的说法，对朝鲜国王深表同情。
尽管对于讨论的经过并没有十分详细的说明，但可以基本上把握住
事件发生的原委，只不过这对于杨镐在岛山之战中作用的评价来
说，没有任何的改变。前两份奏疏主要是为杨镐辩诬，并为其请
功，却皆从略，甚至都未出现杨镐的名字，因而《明神宗实录》
编撰者可谓有意为之，只采信丁应泰疏文，朝鲜国王辩诬文中凡有
关杨镐的言论皆被略去，使人无法了解其中的真相。

　　战事结束后，论功行赏，有科臣杨应文再勘蔚山功罪，"疏论抚
臣杨镐、总兵李如梅虚骄纵肆，损伤隐匿之状，宜行褫斥"。于是朝
中再次就此事展开讨论，其实，杨应文之言，乃是丁应泰之翻版，

---

① 《明神宗实录》卷330，万历二十七年正月丙午，第6109页。
② 《明神宗实录》卷331，万历二十七年二月壬子，第6114—6116页。
③ 《明神宗实录》卷331，万历二十七年二月壬子，第6116—6117页。
④ 《明神宗实录》卷331，万历二十七年二月辛未，第6129—6130页。

有人提出不同意见，以为："科臣于杨镐、李如梅议加褫斥，不少假借，则亦何说之辞。然而本官初抵平壤，值倭势长驱，正朝鲜危急存亡之秋，而能匹马东驰，身先士卒，不可谓无功。"神宗以为杨镐"功罪自不相掩，命吏部议处以闻"。① 十日之后，杨镐以巡抚原官叙用，《明神宗实录》在此处却有这样一段评论性的文字：

> 镐轻率寡谋，东征时偏听李如梅等，纵酒戏谑。蔚山之役，举垂成之功而败之，为勘科所纠。朝议以倭已荡平，姑原其罪。乃后来谬起为督帅，俾征建酋，遂致三路丧师，几危社稷。良可恨也。②

这是《明神宗实录》中第二次论及蔚山之战，并马上与萨尔浒之战的失败联系起来，予以贬斥和责难。这十分清楚地表明，萨尔浒之战的失败，对于《明神宗实录》的编撰者而言有着深刻的影响，也正是萨尔浒之战的失败使得《明神宗实录》的编撰者明显偏向丁应泰之论，而不顾蔚山（岛山）之战的真相。同时，其他明末史籍以及清修《明史》，皆依从这样的论断，而未去探求岛山之战的真相，一个不但极端贬斥杨镐，而且进一步贬低明朝抗倭援朝功绩的谎言就这样被明清史书传承下来。因此，明清史籍对于这次战争几乎无一例外是加以贬低的。谈迁《国榷》较为公允地叙述了蔚山之战的前半段，曰：万历二十五年十二月己卯，"麻贵进攻蔚山，游击摆赛以轻骑诱倭入伏，获四百余级，倭悉走岛山筑三寨。庚辰，我攻岛山，游击茅国器以浙兵先登，连攻之，斩六百六十一级。倭坚壁不出，岛山石城而固，我仰攻多伤，第据水道困倭，旬日倭饥甚，至啮纸，我发炮辄命中而息，倭佯约降缓攻，而行长来

① 《明神宗实录》卷339，万历二十七年九月乙卯，第6290—6292页。
② 《明神宗实录》卷339，万历二十七年九月乙丑，第6299页。

援，又虑我袭釜山也，选锐三千人，列帜江上"。① 但是接着《国权》则完全采用丁应泰的说法，其言：万历二十六年正月己丑，"杨镐弃师。初经略邢玠遣李右谏通倭将行长，约勿援清正。麻贵遣黄应旸贿清正议款，遽引兵进攻山寨。陈寅贾勇先登，垂拔，镐密令割级。茅国器以李如梅兵未至，不便首功，遂鸣金收兵。诘朝，如梅至，攻之不拔。朝鲜臣李德馨讹报江上倭大至，镐仓皇夜遁，诸军遂溃。倭袭南原，弃辎重亡算。行长纵兵逐北，我军失亡万计，镐、贵走星州，撤兵还王京"。②《明史》评价抗倭援朝战争时说："是役也，谋之经年，倾海内全力，合朝鲜通国之众，委弃于一旦，举朝嗟恨。"③《明史纪事本末》在评价明朝援朝鲜之役时，发出这样的议论："邢玠飞捷之书，杨镐冒功之举，罔上行私，损威失重，煌煌天朝，举动如此，毋怪荒裔之不宾也。向非关白贯恶病亡，诸倭扬帆解散，则七年之间，丧师十余万，糜金数千镒，善后之策，茫无津涯，律之国宪，其何以辞！而乃贪天之功，幸邀爵赏，衣绯横玉，任子赠官，不亦恶乎？"④《明史》竟然也作同样的论断："自倭乱朝鲜七载，丧师数十万，糜饷数百万，中朝与属国迄无胜算，至关白死而祸始息。"⑤ 将杨镐"冒功之举"视作板上钉钉之事，进而否定整个战争中明军的功绩，将战争结束的原因归诸丰臣秀吉之死，实在是大谬不然也！

可见，对于涉及中朝双方的史事，必须尽可能地利用双方的史料，仔细辨别真伪，才有可能得到史事的真相，否则极有可能只得到片面的认识。当然并非说凡涉及中朝交往的史事，朝方史料都是可靠的，中方史料都是不可靠的，岛山之战只是一个特例，而对于其余史事则需要具体问题具体分析。

----

①　《国权》卷 77，万历二十五年十二月己卯，第 4804 页。

②　《国权》卷 78，万历二十六年正月己丑，第 4805 页。

③　《明史》卷 259《杨镐传》，第 6686 页。

④　《明史纪事本末》卷 62《援朝鲜》，第 979—980 页。

⑤　《明史》卷 320《朝鲜传》，第 8299 页。

　　同时，从这个事例中可以看出，即便是号称典型朝贡关系的明鲜关系，也并非想象中的和谐，明鲜关系每每受到明廷内部事务的影响，朝鲜国王李昖就是因为被牵扯进杨镐事件之中，而被丁应泰弹劾的。这尽管并不多见，但是亦反映出明鲜宗藩关系中的复杂性。

第 七 章
提督董一元与泗川之役

　　1597 年，丁酉再乱，日军发动第二次侵朝战争，发生了一系列战役。其中以南原之役、蔚山之役和泗川之役影响最大，当时明廷认为这是三场败仗。对于蔚山之役的评价，中朝两国有着截然不同的看法，蔚山之战原本是场胜仗，但被明朝兵部主事丁应泰颠倒黑白地硬说成大败仗，朝鲜国王派使臣前往明廷辩诬，竟然演变成了中朝间的外交事件。南原之役与泗川之役，① 则是两次影响较大的败仗，但是两场战争明军主帅的命运不同，南原之役的主将杨元被斩首，泗川之役的主将董一元则未受大的处分，原因何在？即便是败仗，中朝日间的史料也有些差异，有关这次战役的经过以及明军伤亡的数字有不同的说法，明军士卒伤亡的确切数字是多少？本

---

　　① 有关泗川之役的研究，中国学术界迄今未见一篇论文，只是李光涛在《朝鲜"壬辰倭祸"研究》一书第八章"泗川之役"中，主要采纳《朝鲜宣祖实录》和《宣庙中兴志》等书中的史料，详细叙述了此战的经过，但未对相关细节作考释。韩国与日本学者有关泗川之役的研究，最早见于韩国李炯锡《壬辰战乱史》下卷，该书对于战争的经过有所论述。亦有几篇论文，如村井章介《从岛津史料看泗川战斗》（韩国泗川文化社编：《泗川历史与壬辰倭乱》，1998 年）、笠古和比古《丁酉再乱と泗川倭城战斗》（韩国泗川文化院编：《壬辰倭乱与津里城》，2003 年）、李章熙《壬辰倭乱时泗川战斗及其战迹地调查》（韩国国防部战史编辑委员会编：《军史》第 19 辑，1989 年）、李尚洪：《丁酉再乱时泗川地区的战斗与朝明军冢的构成》（《韩国中世史研究》2006 年第 20 号）。这几篇论文，从日本史与韩国史的立场出发，梳理了与这场战争相关的内容。

章将就这些问题略加考释，力求探其真相，以便更深刻地理解这场战争。

一 泗川之役之背景与中日双方兵力之分析

1598 年，蔚山之役后，因为受到丁应泰的弹劾，明军统帅经理杨镐被罢职回国，万世德取而代之。当时，日军正虎视眈眈，颇具威胁。"九月，倭将清正及行长分屯蔚山、顺天两邑，沈安顿吾屯泗川，其势连亘千里，首尾相应，急报日至。朝臣震恐，争献车驾出避之计。"① 明朝史料有更详细的记载："东路则清正，据蔚山，自去冬攻围益增，筑西生机张，在在屯兵，而恃釜山为根本。西路则行长据栗林、曳桥，建坚寨数重，凭顺天城，与南海营相望，负山襟水，最据扼塞。中路则石曼子据泗川，北恃晋江，南通大海，为东西声援。萨摩州兵慓悍，称劲敌。"② 针对日军的这种情况，鉴于岛山之战中明军无水军增援，早在戊戌年（1598）二月，经略邢玠就令都督陈璘率广东兵为水军，将明军分为四路应对，"中路（李）如梅、东路（麻）贵、西路（刘）綎、水路（陈）璘，各守汛地，相机行剿。"③ 正准备进攻之时，中路主将李如梅因其兄李如松在辽东战死而被明廷调回辽东。于是，经略邢玠指令董一元取代李如梅为中路主将。

董一元乃宣府前卫人，出身将门之家，其父董旸、兄董一奎皆为一时名将。《明史》称："一元勇如兄，而智略过之。"④ 嘉靖以来，他历任蓟镇游击将军、石门寨参将、副总兵、昌平总兵官。万历十五年为蓟州总兵时被罢，旋起用为副总兵。征讨哱拜之乱时有

---

① 吴克成：《问月堂先生文集》卷 3《杂著·壬辰日记（下）》，《影印标点韩国文集丛刊续编》第 10 册，韩国民族文化推进会 2005 年版，第 518 页。
② 范景文：《昭代武功编》卷 10《邢司马征平秀吉下》，《续修四库全书》第 389 册，上海古籍出版社 1996 年版，第 655 页。
③ 《明史》卷 320《朝鲜传》，第 8298 页。
④ 《明史》卷 239《董一元传》，第 6212 页。

功，升中府佥事。1597 年，朝鲜丁酉再乱之时，董一元隶属邢玠麾下，参赞军务。李如梅离任，他接任为御倭总兵官，为中路主帅，被委以主攻驻守泗川的岛津义弘①部队的重任。泗川县，位于朝鲜王朝庆尚道，最初名史勿县，新罗景德王时，改名泗水，归属固城郡。高丽初，属晋州任内，高丽显宗辛亥年（1011），更名为泗川。高丽明宗壬辰年（1172），始置监务，朝鲜王朝沿袭其建制。太宗癸巳年（1413），例改为泗川县监。乙未年（1415），始置兵马使，兼判县事。世宗五年（1423），改称兵马佥节制使。其在半岛南部是一个军事重镇，隶属晋州掌管，"东距固城十二里，西距晋州八里，南距晋州未文乡十七里，北距晋州十六里"，② 地理位置相当重要。因此，日军派岛津义弘统率萨摩兵驻守于此。岛津所驻守的泗川城，是一种怎样的情形呢？《征韩伟略》如斯曰：

> 义弘所筑城，号之泗川城。其列寨者四，永春、望津、晋州故馆，明人称故馆为旧寨（《征韩录》）。望津之寨，尤为天险，北倚晋江，东筑永春，西筑昆阳，三寨鼎力，为掎角，皆峙于新寨之前。新寨三面环海，一面通陆，义弘居之。③

可见，当时岛津义弘所筑之泗川城相当坚固，其列四寨，彼此互相协防、相互依存，乃易守难攻之地。

---

① 日本对于岛津义弘的研究论著甚多，略举数例。白井忠功「島津義弘の旅：『島津義弘海行記』」日本立正大學『大學紀要』第 97 輯、1993 年；太田秀春「文祿の役における島津義弘の動向と倭城普請」鹿児島國際大學附置地域総合研究所『地域総合研究』第 2 期、2007 年；山本博文「島津義弘 家康を恐怖させた大突破の男（戰國大名究極のサバイバル戰略）」『文藝春秋』第 2 期、2016 年；清水有子「島津義弘の東南アジア貿易」『日本歴史』第 775 輯、2012 年。还有其他一些涉及岛津义弘的论著，恕不一一列举。
② 韩国国史编纂委员会编：《朝鲜世宗实录·地理志》卷 150《庆尚道晋州牧泗川县》，第 651 页。
③ 《征韩伟略》卷 5，吴丰培编：《壬辰之役史料汇辑》（下），第 754 页。

　　日军驻守泗川的主将名字，在中朝史料中，有"岛津义弘""石曼子""沈安度""沈安道""沈安顿吾"等不同说法。朝鲜国王李昖亦曾就此询问明军游击茅国器："沈安道、石曼子、义弘，初非三个人，而实是一人之名乎？"① 茅国器给予肯定回答。可见，这个问题在当时就引起许多误会，即便是朝鲜国王亦有所耳闻。其实，当时明军多称之为"石曼子"，《明神宗实录》及相关史书中皆用此名，乃"岛津"的日文读音"しまづ"转化而来的。而其他名字多出现在朝鲜史料中，朝鲜史料中亦偶用"石曼子"的名字。而"沈安度""沈安道""沈安顿吾"等名字的出现，乃是朝鲜人读"岛津"发音不准所致，因这种错误，当时朝鲜有传闻他与沈惟敬同姓"沈"，故而沈惟敬能够自由出入日军军营。赵庆男《乱中杂录》引述当时的传闻曰："是时，人言腾播，箕城贼将有沈安度者，与惟敬同姓，以此惟敬出入贼中云。"这种说法引得赵庆男发出感慨：

　　　　愚窃疑其诬矣！贼将岛津兵库头义弘，是时与义智同在平壤。岛津，姓也；兵库头，官也；义弘，名也。后丁酉之乱，行长、义弘自河东直向南原，时沈惟敬在辽东送管下牛把总止之，而不得其时。亦云行长、安度等兵及其退屯也，义弘阵泗川，我国人皆曰泗川贼将沈安度与沈游击同姓，以此见之。沈姓之说必其虚矣！倭贼号其将，必以官而不名，如顺天之贼号中纳言行长，曰注乐甲，倭音与我异，中音注纳音乐言音甲，而我人传闻者，以注乐甲为行长之名，以此疑沈安度之说。后问走回人，则倭音岛为沈安，津为度云，惟敬同姓之说分明诬矣！壬辰犯顺贼将三十六，丁酉再犯贼将二十七，沈安度则名

────────────

　　① 《朝鲜宣祖实录》卷108，宣祖三十二年正月辛丑，《朝鲜王朝实录》第23册，第561页。

无，此由倭音传播之误。①

由此可知，朝鲜人怀疑沈惟敬之所以与日人和谈，且为日人接受，乃是因为日将有名沈安度者，与沈惟敬有同姓之缘，故而接受他的和谈。赵庆男则予以批驳，认为这是无稽之谈，主要有以下几个理由：第一，之所以会出现这种误传，乃是因为朝鲜人对日文发音不明，对日人姓名不熟，故而弄混；第二，日人多称官职，而不会直呼其名，所以言"沈"为姓者，明显错误；第三，日将中没有名叫沈安度的人，壬辰日军将领36人，丁酉日军将领27人，姓名皆可考，唯独没有名叫沈安度者，故而此说必谬。可见，当时有许多谬传，赵庆男力证其误，并解释其因何而错，所言甚是。

事实上，当时朝鲜人对于岛津义弘这支日军的战斗力还是相当了解的。《朝鲜宣祖实录》曰："泗川留驻倭将沈安顿吾（即石曼子也），乃萨摩州强悍之兵。与关白一度交锋，死伤各数百，未决雌雄而退。"② 岛津义弘曾经与关白丰臣秀吉争锋，不分胜负，可见其战斗力相当强。而在《看羊录》中，有更为详细的记载，其曰：

> 有曰义弘者，称岛津兵库头（岛津者，姓也；兵库头者，武库之长也）。世据萨摩、大隅、日向等州，地近大唐及琉球、吕宋等国。唐船、蛮船，往来不绝。倭之来往天朝地方及南蛮者，路必由此。唐货、蛮货，充物市肆。唐人、蛮人，列廛比屋。义弘武勇，又冠诸倭。倭人皆曰使义弘居用武之地，虽并吞日本无难。其麾下极精勇，又皆世臣。及信长之季，尽吞九州。（西海一道，总九州壹岐、对马不数焉。）秀吉代立，

---

① 《乱中杂录一·壬辰下》，《大东野乘》（四），第509页。
② 《朝鲜宣祖实录》卷111，宣祖三十二年四月丙寅，《朝鲜王朝实录》第23册，第599页。

亲往争之，卒无成功。义弘自归六州于秀吉，而据前所有三州。①

可见，岛津义弘世居萨摩、大隅、日向等州，其地处于日本西南部，是日本与朝鲜半岛、明朝、琉球以至吕宋等交通的要道。岛津义弘对于周边之朝鲜、明朝、琉球等多有了解，平时与外国交往非常频繁，贸易往来极为密切，因而其所据之地相当富裕，是当时日本对外交往最为频繁的区域。此外，岛津义弘所率之部卒相当英勇，战斗力强。在织田信长之时，岛津义弘率部吞并了九州、壹岐、对马等地方，扩大了地盘，锻炼了队伍，部队战斗力得以加强。在丰臣秀吉取代织田信长之时，岛津义弘还率部与丰臣秀吉争天下，被打败后，割让六州给丰臣秀吉，自领三州。他虽系丰臣秀吉之败将，被迫臣服，但是丰臣秀吉并未灭掉他，将他派往朝鲜，其部成为侵略朝鲜极为重要的一支部队，成为日军主力之一。当时岛津所部到底有多少人呢？就在战事发生之时，《朝鲜宣祖实录》有曰：

至于贼数去留多寡，则本贼去来无常，朝夕异形，各处边臣驰报，多得于走回人等传说，前后不同，委难的指。姑据各处哨报，庆尚左道蔚山郡，约有一万余名，即清正所领，西生浦约有四五千名，或云一万余名。釜山浦约有四五千名，梁山郡约有四五千名，即甲斐守所领。右道金海府，约有一万余名，即丰直茂所领，德只岛约有四五千名，固城县约有六七千名，巨济县约有四五百名，晋州约有四百余名，永新县约有二千余名，泗川县约有七八千名，或云一万余名。昆阳郡约有三百余名，南海县约有一千余名，即平义智、平调信等所领，昌

① 姜沆：《看羊录·壬辰丁酉入寇诸将倭数》，朝鲜金华斋重刊，高宗五年（1868）印本，第45a页。

原府、熊川县两处留贼，未知的数，而熊川县即大营丰茂守所领。①

从这段史料看，当时岛津所部日军有 7000 人到 1 万人，也就是说最多 1 万人，即便加上周边其余各部也不足 2 万人。

当时董一元所部明军的情况又如何呢？朝鲜史料亦有记载。申钦在《象村稿》中曰：

> 是年九月，军门经理（邢玠）分遣诸将于四路，大举征之……提督董一元主中路。副总兵李如梅、游击将军涂宽、游击将军郝三聘、游击将军叶邦荣、游击将军卢得功、游击将军茅国器、游击将军安本立、副总兵李宁、副总兵张榜等咸统于一元。②

其对各路人马皆有说明，根据申钦《象村稿》卷 38《天朝先后出兵来援志》所提及中路董一元所统部属，现将其所载各部所统士卒数目列表如下（见表 7-1）。

表 7-1　董一元所部将士数目

姓名	籍贯	职务	士卒来源	统领士卒数（人）	备注
董一元	宣府人，号小山	御倭总兵	马兵	5000	亲兵之数目乃估算
茅国器	浙江绍兴，号行吾	游击将军	浙兵、步兵	3100	

① 《朝鲜宣祖实录》卷 104，宣祖三十一年九月庚戌，《朝鲜王朝实录》第 23 册，第 510 页。
② 《象村稿》卷 38《天朝先后出兵来援志》，《影印标点韩国文集丛刊》第 72 册，第 263 页。

续表

姓名	籍贯	职务	士卒来源	统领士卒数（人）	备注
叶邦荣		游击将军	浙兵	1500	
卢得功		游击将军	浙兵	1500	战亡
李宁	辽东铁岭卫	副总兵	辽兵、马兵	2000	
郝三聘	大同，号龙泉，字汝贤	游击将军	马兵	1000	
涂宽		游击将军	步兵	850	
安本立	广宁，号卓吾	游击将军	马兵	2500	
张榜	浙江人	备倭都指挥使	步兵	4600	
祖承训	辽东人	副总兵	遵化步兵	7000	

马兵 9500 人，步兵 19550 人，合计 29050 人

资料来源：《象村稿》卷 38《天朝先后出兵来援志》，《影印标点韩国文集丛刊》第 72 册。

根据申钦所记载的数目推算，董一元所统率的明军士卒人数为 29050 人，也就是 3 万人左右。申钦记载明军四路南北兵合计"十四万二千七百余"，[①] 这个估算也大体合理。也就是说，基本上是明军 3 万人与日军 1 万人作战。从数量上看，明军有很大的优势，即便面对的是号称"慓悍"的"劲敌"岛津义弘之部队，也毫不逊色。董一元部队，马兵占三分之一，步兵占三分之二，也大体上合乎情理。两军对垒，最终结果如何呢？

二 有关泗川之役几种说法异同之考释

泗川之役发生在戊戌年（1598）九月底十月初。当时，邢玠指挥明军四路进击，与日军展开决战，但进展皆不大顺利，以中路董一元之失败最大，伤亡最多。有关这次失败，中、朝、日史料多有载录，尽管情节基本相同，但细节上还是有较大差别。朝鲜史料中有赵庆男《乱中杂录》、《朝鲜宣祖实录》、申钦《象村稿》等

---

① 《象村稿》卷 38《天朝先后出兵来援志》，《影印标点韩国文集丛刊》第 72 册，第 264 页。

著述的记载；而明朝史料《明神宗实录》、茅元仪《武备志》等书中也有载录；日本《丰臣秀吉谱》《征韩伟略》等史书更是极尽渲染，大肆夸耀日军之胜利。下面就这几种史料的记载略做比较分析，以澄清事实。

朝鲜王朝赵庆男《乱中杂录》曰：

> （九月）二十六日，董一元败军于法叱岛。初一元进围贼城，连日攻战。义弘登城备御，日日示弱。一元谓诸将曰：可以灭此朝食。督军薄城，义弘募兵持焰焇数斛，潜埋城外。掘旁穴，持火潜伏，自领军出战，佯败入城。城门不闭，天兵追入。义弘纵兵逆战，死尸山积。俄而火发军中，士卒烧尽。众贼大呼乘之，死者不可胜言。一元仅以身免，遁向三嘉之路。贼兵追至晋州，屯于帝释堂，未久还阵。即以大兵输入南江站军粮一万二千余石。一元至星州，收兵留镇，居昌站军粮八千余石，亦为散失。①

从赵庆男的记载看，这次泗川之战，有几点值得注意。第一，董一元之败，乃败于岛津义弘之计谋。董一元连日攻战，岛津义弘则日日示弱，却在大战之时，诱敌深入泗川城内后，伏兵大起，断其后路，又用火攻，击败明军。第二，明军损失惨重，死亡甚多。董一元仅以身免，损失粮草亦多。第三，董一元败于火攻，此火并非明军火药库爆炸，而是岛津义弘故意设伏所致。第四，此战的时间为宣祖二十六年九月二十六日。

赵庆男的说法，只是一家之言。《朝鲜宣祖实录》较其说法有所不同。《朝鲜宣祖实录》逐日记录战事的情况，让我们更能把握战事的发展进程。其写法是详细载录前线传来的启文，因为从前线到后方有一定的路程，所以其对战事的记载较之前线发生的时间总

---

①　《乱中杂录三》，《大东野乘》（五），第125页。

是晚些日子。十月初一（癸丑），邢玠的接伴使卢稷启曰：九月二十八日，董一元攻入泗川，斩获八十余，日军退入新寨。初四日，接获董一元接伴使李忠元启：明军攻泗川时，有四百日军逃入新寨。斩获日军八十，明军游击卢得功战死，日军副将亦被打死。初八日，再接获军门邢玠都监启，则曰：

> 董提督差官来言"董提督既攻晋州，乘胜进逼，泗川、东阳（疑为'昆阳'之误）之贼，不战而散走。遂进攻新寨，以大炮打破城门，大兵欲入之际，茅游击阵，火药失火，阵中扰乱，倭贼望见开门，迎击左右，伏兵四起，大兵苍黄奔溃，死亡之数，几至七八千，提督退晋州"云矣。①

从十月初一到初八，后方连续接到前线传来的三道启文，一个比一个详细，战事的全貌得以呈现。其所陈述之细节与赵庆男《乱中杂录》中的大有不同。第一，最初董一元进攻很顺利，攻克晋州之后，乘势而来，泗川、东阳（昆阳）之敌军，皆不战而逃。第二，进攻新寨之时遇挫。先以大炮轰城门，城门即将被攻克之时，茅国器阵中火药失火，遂乱阵脚。城内之日军遂乘机反攻，明军遂败。第三，明军死亡人数"几至七八千"，相当惨重。董一元只好退守晋州。

申钦《象村稿》中有更多细节，其曰：

> 董一元统大兵攻沈安顿吾于泗川。按察副使梁祖龄、监军提督与诸将会伽倻山下，调察贼势。是月十九日，督向三嘉，夜驰百一十里，黎明涉南江，屯于望晋峰前野，贼望见大军而遁。昆阳、永川、新宁之贼亦焚寨而遁。二十一日，提督遣麾

下犹骑往昆阳，斩十二级。提督留七日不战，待西路之报。二十七日，我国将官等固请决战。提督以步兵二千、马兵一千授郑起龙为先锋，抽出各营精锐合四千亲领之，直抵泗川城下。贼出城拒战，有贼将一人锦袍金铠，跃马以前，中军方时新射，中其颊斩之。卢得功先登，中丸而死。诸军合击，斩一百三十级，日未暮，提督整军回营。翌月初一日，提督复进贼栅逼之。火起彭信古军中，各军大乱惊溃，人马相蹂。贼乘之，挺剑乱斫，提督仅以身免。①

相当完整地呈现了这场战争的全貌。事实上，战事最初阶段，董一元部进展顺利，屡有斩获。从九月十九日开始，前三天进展顺利，但是之后董一元竟七日停止不战，留待西路进军消息，错过了最佳时机。明人茅元仪《武备志》对此事的叙述与《象村稿》的叙述类似：

于九月二十日伏火屯聚，俟我师渡，焚粮以应之。至期如所约，遂大胜，夺其营，倭退守于泗川……二十八日夜半，袭泗川，骁将李宁以先入，失道陷没，我兵反为所乘。及晓，我兵四集，倭奔败，遂斩获数百。倭弃城奔新寨，乃烧其东阳仓。二十九日，议取新寨，即义弘所居也。国器曰："倭虽败，而士尚众，并归大营，其守必力，攻之不下，而援兵四集，往事可鉴也。不若先攻固城，倭方挫，未敢出救。固城拔，则新寨绝。此长策也。"一元狃于屡胜，掀髯曰："疾雷不掩耳，寨将不战而下矣。"遂进师，城几坏而木杠破，药烟障目，倭遂乘之，我兵大败奔溃。国器欲死守望津，而诸将已不能军，乃还星州。②

---

① 《象村稿》卷38《天朝先后出兵来援志》，《影印标点韩国文集丛刊》第72册，第264—265页。

② 茅元仪：《石民四十集》卷97《考二·朝鲜近事考》，《续修四库全书》第1387册，第145—146页。

关于战事发生的时间，赵庆男说是九月二十六日，与其他说法明显不同。大致而言，从九月十九日董一元发起与泗川日军作战开始，一直到二十一日，都进展顺利，连连获胜。但是此后到二十八日，董一元始终滞留不进，因而错失战机。二十八日、二十九日攻泗川城，互有胜负。十月初一，在攻城之时，发生火药爆炸之事，战事逆转，明军大败。

日本史料《丰臣秀吉谱》对于新寨之前的战事，并不讳言一直是董一元采取主动，明军取得了胜利，只是在明军围攻新寨之时，岛津义弘部队伺机反攻，大败明军。事实上，董一元军已经攻破了日军三寨，只剩下新寨了。十月初一，董一元指挥大军对新寨发起猛攻。

> 九月，董一元在晋州，屡运谋欲攻新寨……茅国器率兵涉河，日本兵出拒之。时望津城火，日本兵先归救火，国器乘胜攻入望津而放火。董一元遣兵破永春城，而纵火千近里。其夜又急攻昆阳，月下挑战，岛津兵士所斩馘虽颇多，而多寨不传，故去昆阳，保于泗川，于是董一元聚兵将与义弘相战……董一元使茅国科持金帛，到新寨，说义弘以和亲之事。郭国安亦赞其画，然义弘遂不从，不受金帛而还之。于是董一元聚兵，二十八日夜半，将袭泗川。时义弘兵在泗川者，可三百骑也……迟明，董一元率军进攻泗川，城兵恐其被围，即遣人于新寨乞援兵，而后骑步三百出城奋战……一元军兵既攻入城中而扬火……既而，明兵烧东阳之粮库，进围新寨……
>
> 十月朔日，董一元遣茅国器、叶邦荣、彭信古步兵三列，郝三聘、师道立、马呈文、蓝芳威马步四列攻新寨。国器、邦荣、信古到城壁下，以木杠欲破门扉，时木杠破，而火烧其药，黑烟瞹曃，明兵迷骚。义弘急击之，明兵败走。忠恒率兵击彭信古三千兵，大破之，纵横翦屠，三千兵悉死，其幸免者仅五六十余也。郝三聘、师道立亦同败奔。国器、邦荣见之，

谓城中无人，即督一万众均进向城，义弘帅残兵五千，大呼竞击明兵，亦忘死相战。然精兵千骑悉死。依是诸军皆败北，蓝芳威亦逃走……至是明兵大败陷死亡者，不知且千万也。①

这段日本史料关于战争细节的记载，可补中朝史料的不足。在董一元攻破永春、昆阳，并围攻泗川之时，他派遣茅国科前往岛津义弘所处之新寨议和，"董一元使茅国科持金帛，到新寨，说义弘以和亲之事"。这才是二十一日之后董一元一直滞留不进，直到二十八日才再进攻的原因。他希望岛津义弘能接受和谈，免得兵戎相见，彼此伤害。② 而十月初一明军失败之情况也较为清晰。明军步兵三列、骑兵四列围攻新寨，三列步兵攻入城下，即便彭信古营火药爆炸、进攻受挫，茅国器与叶邦荣部还是继续进攻。虽然明军的进攻受到激烈抵抗，但骑兵部队先逃，步兵进攻受挫，才是导致战事失败的原因。从细节上来说，日本史料的陈述更为清楚，并还原了不少情节。

战事结束后，董一元给朝鲜国王的一份揭帖中陈述了战事情况，曰：

> 昨藉威庇，得破望晋山、泗川诸寨，继攻沈安道，不期各寨余孽，尽投归并，而水陆援倭皆至。虽然四集我兵，力攻已

---

① 林罗山：《丰臣秀吉谱》（下），第54—55a－b页。该书于明历四年（戊戌年，1658）初秋由吉且荒川四郎左卫门梓行。《丰臣秀吉谱》《征韩伟略》《武备志》中都记载在岛津义弘营中，有位明朝人郭国安为明朝军队的内应，并策应茅国器之攻城，在城中放火。而日本人山本正谊之《岛津国史》（刊于明治38年）更认为郭国安乃岛津所安排之反间人物。此说法太过传奇，情节也多有渲染之疑，笔者以为不可信，故存而不论。

② 事实上，在明代抗倭援朝战争之中，两军交战之前，明军将领与日方之间交涉和谈之事并非鲜见。刘綖于朝鲜战场西路战线与小西行长议和、杨镐于东路战线蔚山之役期间与加藤清正议和，都是类似的例子。可见，这样的和谈，虽有些违背常理，实系16世纪朝鲜战争期间两军将领的常态。

有成效，可期结局矣，不意天不从人，我兵炮药，一篓火发，躲焰一闪，而倭即乘烟突出，混战良久，彼此皆有损伤。暂退息兵，以图再举。①

董一元如此轻描淡写地汇报其失败的经过，引得《朝鲜宣祖实录》纂修者批评："泗川之败，提督之军，过半致死，资粮、器械，尽为贼有，提督仅以身免，今乃曰彼此皆有损伤云，则其虚张夸诞之习，至此可见。"② 认为董一元部队死伤过半，辎重全部丧失，他本人仅以身免，却说彼此皆有损伤，觉得其"虚张夸诞"，所言不实，遂对董一元的说法予以严厉批评。不过，其所谓"提督之军，过半致死"，是否准确，值得探究。

三 泗川之役明阵火药爆炸与士卒伤亡数目分析

明军失败，最主要的原因是阵中火药爆炸，原本处于主动进攻的态势逆转，以致大败。上文多处提到明军阵中火起，邢玠都监启称"茅游击阵，火药失火"，董一元虽未明言，但也提及此事，那么具体情形是怎样的呢？对于火药是如何起火的，《邢司马征平秀吉》文中有清楚的叙述：

董将军一元分派马步协攻，步兵游击茅国器、彭信古、叶邦荣三营则攻城，骑兵游击郝三聘、马呈文、师道立、柴登科四营后应，步兵游击蓝芳威攻东北水门，副将祖承训殿攻围。自辰至未，彭信古用大杠击寨门，碎城垛数处，步兵齐至壕，砍护城栅，涌入急，营中杠破火药，发烟涨天，倭乘胜冲杀，

① 《朝鲜宣祖实录》卷105，宣祖三十一年十月戊辰，《朝鲜王朝实录》第23册，第521页。
② 《朝鲜宣祖实录》卷105，宣祖三十一年十月戊辰，《朝鲜王朝实录》第23册，第521页。

固城援倭亦至，我师骑兵先溃，遂奔还晋州。①

这段史料清楚地交代了明军攻城的情形，三个步兵营用大炮攻城，从辰时到未时，攻了四个时辰，已经击碎城垛数处，并用大木杠顶击城门，几乎打破城门。步兵涌入城壕，清除栅栏，即将攻破城门之际，彭信古营一尊大炮忽然炸裂，引燃火药，明军阵中发生急变，马兵先逃，步兵随之，日军从城中杀出，明军大败。

可见，火药爆炸不是出在茅国器营，而是在彭信古营。"（彭信古）江夏人，与丁主事同乡。或云黄州人。泗川之败，皆信古之罪也。以其兄遵古、好古，方在内用事，故得免军法之诛，仍授节将之任。"②《朝鲜宣祖实录》对彭信古极尽批评之言，曰："贪饕狂纵，日以克钱为事，标下军兵，无不怨骂。"言其每日沉溺于酒肉，贪污军兵粮饷，致使部属怨声载道，骂不绝口。十月十七日，《朝鲜宣祖实录》载录明监察御史陈效题本，分析失败原因：

　　是日进攻，贼不敢出战，偶因营中水药（应是火药之误）被焚，烟焰蔽空，我兵走避，贼遂乘势突来。马兵望风失奔，步兵失势狼狈，贼追至江始回。我兵损伤甚众，所有粮草尽行丢弃。功在垂成，坏于顷刻，此岂天意？人谋亦甚疏矣。全军皆出，不设老营，马步齐攻，并无后应，俱失算也。一见倭来，望风披靡，骑兵在先，纵横塞道，而步兵委之锋镝，此本道所为，扼腕切齿。盖迩来大阿到持，法令不肃，有罪不惩，何以警后？查得步兵措手不及，稍有可原。马兵先逃，则罪浮于步。而马呈文、郝三聘二营，实先倡之。乞查实参处等因到臣，臣按查马呈文、郝三聘，畏敌先奔，罔念援抱之义，委众锋镝，全无死绥之忠。一败顿损国威，三尺难逃天宪。合听督臣审实，明正军法。游击师道立、柴登科、茅国器、叶邦荣、蓝芳威、原任游击彭信古、原任副将祖承训等，不能设伏戒严，遇贼冲突，竟尔捧头鼠窜，致使困兽，蹂躏我军。均应重惩，姑令戴罪杀贼，用期后效。①

又，日本人川口长孺《征韩伟略》对于相关细节的记述，可以给予补充，其曰：

战自卯至巳，明兵用木杠打破城门一扇。而信古兵皆京城亡赖，不善火器，木杠破药发，半天俱黑，明兵自惊乱。义弘父子乘机一时杀出，彭兵先走（《平攘录》）……郝师骑兵方环城而射，见信古败，亦走（《平攘录》）。国器、邦荣察我兵空城逐北，谓乘虚陷城。其兵一万许，旋旆将再攻城。岛津忠长悟之，防敌兵……皆令下马短兵相接苦战。明兵恃众竞进，围之数重……（日）俄发矢铳，舆隶惊，前军回顾，忠长乘机奋战，敌遂退，我兵益竞追击（《征韩录》）。蓝芳威欲断后不能，一元术尽，众皆溃。②

尽管《征韩伟略》站在日本的立场，与前面提及的《丰臣秀吉谱》相同，对于明军之败有夸大之嫌，但其所提供的相关细节有助于我们掌握这次失败的具体情形。从其所述可知，尽管彭信古营因火药爆炸而先奔，但并没有完全影响战事的进行，只是茅国器、叶邦荣攻城失利，日军乘势杀出，才最终导致战事大败。

《明神宗实录》亦曰：

---

① 《朝鲜宣祖实录》卷105，宣祖三十一年十月己巳，《朝鲜王朝实录》第23册，第521页。
② 《征韩伟略》卷5，吴丰培编：《壬辰之役史料汇辑》（下），第758—760页。

不意诸将轻敌失防，因惊丧师，倭军一合，马步皆逃，追奔逐北，所伤实多。是役也，见敌先奔，临阵四溃，全无将纪，大偾王师者，都司马呈文、游击郝三聘也；号令不严，致临戎失火，施救无策，因而避敌偷生者，步兵彭信古、茅国器、叶邦荣、蓝芳威，马兵师道立、柴登科、祖承训；总兵董一元筹倭既无胜算，对垒益多轻率，按法定罪，均无可贳。①

"因惊丧师"四字，相当精辟，之所以会出现这种情况，李光涛说："考一元之败，由于轻敌，由于屡战屡胜之后而败，由于军中药柜失火，赤焰漫空，马兵先惊，在阵中乱冲乱闯，步兵因而站不住，一军大乱，人马自相践踏，致为日人所乘而败，同时，更因一元自信自用，不从人言而败。"② 因此，综合而论，明军失败主要原因有三。第一，董一元临时接手指挥中军，对所部了解不多，治军不严，诸部也未必全听指挥，几乎是各自为战，但董一元又盲目乐观，对战争形势认识不足。第二，董一元指挥没有章法，步兵在前，马兵在后，不设老营，没有后应，考虑不周全。第三，明军中马、步兵本来就有矛盾，一有风吹草动，就阵脚大乱，各自逃命，若日军乘势掩杀过来，势必失败。事实上，彭信古营虽发生火药爆炸，其部卒死伤也很惨重，但是最先逃亡的并不是他，而是在其后的马兵马呈文、郝三聘等部，明军整个战线因此被牵动。从日本人的记述中可知，三营步兵作战英勇，尽管不敌日军，但是一直住跟日军厮杀，反而是骑兵作战不力先逃，故战罢，"该总督邢玠分别疏参，诏斩马呈文、郝三聘以徇，彭信古等充为事官，董一元革宫衔降府职三级，各戴罪立功"。③ 一场原本颇有优势的战斗就这样以失败而告终，而且伤亡惨重。那么，明军伤亡情况到底如何呢？

---

① 《明神宗实录》卷328，万历二十六年十一月壬午，第6067页。
② 李光涛：《朝鲜"壬辰倭乱"研究》，第260页。
③ 《明神宗实录》卷328，万历二十六年十一月壬午，第6067—6068页。

李光涛说："是役明兵损失，或云死伤七八千，或云四五千，《日本外史》则更云斩首三万级，是又《外史》之一胡说也。"① 此乃战争中死伤人数之疑问。《征韩伟略》中则说："此日义弘、忠恒追击明兵，自午至申，斩首三万八千七百余。其余投望津河水而死，义弘、忠恒手亲所斩杀许多，萨兵死者，市来清十郎、濑户口弥七二人而已。"② 实在是匪夷所思。现在泗川的朝、明战亡士卒冢，也就是安葬这次战争中战死的朝鲜与明朝士卒头颅冢，网上传说安葬了 3.6 万人，③ 这是否属实呢？

朝鲜史料中多有提及伤亡人数的，日军将被杀士兵的鼻子与头颅割下来，将鼻子带回日本，而把头颅埋在泗川。《朝鲜宣祖实录》载庆尚道观察使郑经世启曰："初十日贼营逃来断发唐人处，详问贼情，则言：'生擒天兵三四百，以茅游击军，则不为削发，其余尽削，欲送日本。天兵铳筒、弓子、筒介、马、骡、驴、衣服等物，相为买卖，唐环刀、枪，打破铸丸。接战时，斩获天兵，削取鼻子头颗，积置东门外，数不下四五千云云。'"④ 引述从战场逃回士卒之言，说明军死亡"数不下四五千"，被俘三四百，各种物资皆被丢弃。申钦则曰："贼追至望晋峰，步军死者三千余人，骑兵亦多堕崖死。提督欲收散卒下营，而诸军已皆奔溃，不能军。遂留祖、茅、杨、蓝、彭、秦六将于三嘉，冒夜驰还陕川。"⑤ 又有曰："而董兵尤为败衄，死伤殆万余。"⑥ 亦有曰："桥在泗川北五

---

① 李光涛：《朝鲜"壬辰倭乱"研究》，第 260 页。

② 《征韩伟略》卷 5，吴丰培编：《壬辰之役史料汇辑》（下），第 760—761 页。

③ 360 百科词条"朝明联合军战殁慰灵碑"中引泗川文化院院长吴弥根之言，参见 http://baike.so.com/doc/1113660 - 1178324.html，最后访问日期：2016 年 11 月 10 日。

④ 《朝鲜宣祖实录》卷 105，宣祖三十一年十月乙亥，《朝鲜王朝实录》第 23 册，第 524 页。

⑤ 《象村稿》卷 38《天朝先后出兵来援志》，《影印标点韩国文集丛刊》第 72 册，第 264—265 页。

⑥ 《问月堂先生文集》卷 3《杂著·壬辰日记（下）》，《影印标点韩国文集丛刊续编》第 10 册，第 519 页。

里，董提督丧师于此，士卒为江水所阻，死者几万余。而董以银贿梁按使，匿不以闻云。"① 可见，朝鲜史料有三千、四五千、万余、接近万余等说法，不一而足。在这几种说法中，申钦的说法与《朝鲜宣祖实录》的说法比较接近真实，而其他两种说法有些夸大，为什么这么说呢？

前文已经考证过，董一元所指挥的中军大概有 3 万人，包括 1 万马兵、2 万步兵，而岛津义弘所部则 1 万有余。如果按日本史料的说法，明军死亡 3 万多，几乎全部被消灭，明显是不合情理的。从上面所分析的情形看，战事开始阶段，明军一直处于主动进攻的态势，只是因为彭信古营中火药爆炸，引发慌乱，明军撤军逃离，战事方发生逆转。日军是从城内攻击明军，城外并无日军，所以明军比较容易逃离战场。明军死伤的士卒，大部分并非日军打死，而是自相践踏而死。且从前面的分析看，明马兵在后，步兵在前，马兵先逃，也不会践踏步兵，步兵互相冲撞，其损失要较被马兵践踏小得多，故而，笔者以为《朝鲜宣祖实录》引郑经世启文的说法较有道理，明军死亡四五千，或者再多一两千，总数六七千为比较合理的数字，与申钦所言"步兵死者三千余人，骑兵亦多堕崖死"的数目也不会相差太远，这里面当然也包括与明军共同进攻的朝鲜战亡士卒，如果给一个确切数字，六千左右是较为合理的。如果泗川的明军士卒冢只属于这次战争伤亡士卒的话，那么其所埋葬的应是六千人左右，而绝不是《征韩伟略》所谓的三万八千七百余人。

四　泗川之役后岛津义弘与董一元的命运

岛津义弘虽然取得了泗川之役的胜利，但是终究逃脱不了失败的命运。戊戌年（1598）十一月十九日，在露梁海战中，他被李舜臣与陈璘指挥的中朝联合水军歼灭。传说在岛津部中有位叫郭国

---

① 孙启阳：《聱汉先生文集》卷 1《排闷录·十水桥》，《影印标点韩国文集丛刊续编》第 11 册，韩国民族文化推进会 2006 年版，第 181 页。

安的华人，是其重要的谋士，他愿意帮助明军。董一元令其参谋官史世用持万世德谕文往岛津营中。岛津遂召行长等各部长官，"说称：'天兵新来甚多。若不乘此谕文撤去，后日欲归无名。'众倭将皆听撤去"。① 先是，丰臣秀吉卒前命令撤回侵朝日军，加上岛津等劝说，日军将领小西行长等准备撤归。十一月，岛津义弘率泗川日军，自领船数百艘，乘夜潮援助小西行长，陈璘与李舜臣率诸船为左右协，朝军屯于南海观音浦，明兵屯于昆阳竹岛。岛津船队过露梁之时，"一捧锣响，炮鼓兼动，两军突发，左右掩击，矢石交下，柴火乱投，许多倭船太半延爇"。② 左议政李德馨驰启曰：

> 本月十九日，泗川、南海、固城之贼三百余只，合势来到露梁岛，统制使李舜臣领舟师，直进逆战，天兵亦合势进战。倭贼大败，溺水致死，不可胜计，倭船二百余只败没，死伤者累千余名。倭尸及败船木版、兵器、衣服，蔽海而浮，水为之不流，海水尽赤……余贼百余只，退遁南海，留窟之贼，见贼船大败，弃窟遁归倭桥，粮米移积于南海江岸者，并弃而遁去。行长亦望见倭船大败，自外洋遁去。③

日军船只三百余艘，二百败没，损失三分之二，这些泗川之日军最终还是败在明朝与朝鲜水师联军之手。中朝联军也有损失，朝鲜水军统制使李舜臣与明副总兵邓子龙皆战死。战事结束之时，关于石曼子有多种传说，一曰"生擒倭将一名，自称石曼子"；④ 一曰石

---

① 《朝鲜宣祖实录》卷107，宣祖三十一年十二月壬申，《朝鲜王朝实录》第23册，第548页。
② 《乱中杂录三·戊戌》，《大东野乘》（五），第131页。
③ 《朝鲜宣祖实录》卷106，宣祖三十一年十一月戊申，《朝鲜王朝实录》第23册，第536页。
④ 《朝鲜宣祖实录》卷107，宣祖三十一年十二月壬申，《朝鲜王朝实录》第23册，第548页。

曼子被杀。

即如朝鲜有这样的说法，"泗川贼沈安道焚垒泛海"，"而沈安道兵为李统制所击，尽歼于水上，得脱者一二艘，安道被擒于庆尚右水使李芐臣。此十一月十八日事也"。[1] 明确说沈安道即石曼子被擒。宣祖三十二年正月初一，朝鲜国王拜见邢玠，邢玠说："石曼子杀死，正成就擒，贼船上金屏、金扇等物，皆获之。"国王说："沈安道烧死，正成生擒之报来到，而莫闻其详。今始知之，何莫非皇恩罔极，大人措画之功耶？"[2] 他从邢玠的口中听说石曼子（岛津义弘）被烧死。但二十日后，他拜见茅国器时，则得到另一种说法：

> 上曰："予得闻于军门，石曼子战死云，然则其说误矣。"游击曰："石曼子不死矣。"上曰："见边臣塘报，倭人及天兵三名，持义弘书，送于唐将云，未知何书。"游击曰："书中别无他言。书中有云'久留鲜邦，终得生还，恩不可忘也'云矣。且倭贼顷言'欲得朝鲜米、布，如前岁赐'云，俺答以'若言岁币，则天兵在此，何出此言'云矣。"[3]

可见，邢玠说岛津义弘死于战争之中，国王说见塘报有持义弘信函给明将，茅国器给予证实，说岛津义弘回到日本后，信函中只言"久留鲜邦，终得生还，恩不可忘也"，可见传闻岛津义弘战死的消息不确。这种真假不一的传闻，在某种意义上，反映了明朝将领的心思与朝鲜史籍的春秋笔法。事实上，朝鲜对于岛津义弘返回日

---

① 《謦汉先生文集》卷4《日录》，《影印标点韩国文集丛刊续编》第11册，第238页。

② 《朝鲜宣祖实录》卷108，宣祖三十二年正月壬午，《朝鲜王朝实录》第23册，第552页。

③ 《朝鲜宣祖实录》卷108，宣祖三十二年正月辛丑，《朝鲜王朝实录》第23册，第561页。

本之后的情况有所关注：

> 己亥春，其家臣有受入万石之地者，有异谋，义弘设策，赐之死。其子方在日向川，年十七，修城池十二所以叛，义弘亲往攻围，暴骨如山，仅陷三城。金吾、清正等请遣援兵则义弘辞之曰：吾褊裨叛吾当诛夷，岂烦人援兵哉！叛者亦广树赂于家康等，冀得通狂免死云。义弘之精兵健卒，太半伤死于一年之间，家康等心喜之云。①

事实上，岛津义弘返回日本的次年（1599），其部将伊集院忠栋父子先后发动叛乱，岛津亲往平定，实力大伤，"义弘之精兵健卒，太半伤死于一年之间"，这令其政敌德川家康非常欣喜。岛津义弘实力之削弱，对于德川家康来说，意味着其统一大业过程中又少了一个劲敌。

泗川之役后，董一元并未被严惩，只是降职三级，给予戴罪立功的机会。其于战争结束后返回，明以东征功成，大肆封赏。泗川之役中，董一元大败，虽然有降职处分，但最终颁功之时，还是以为他的功劳较大，将其官复原职，并赏银币，② 算是有一个好的结果。

综上所述，泗川之役是万历抗倭援朝战争中的一次战役，尽管是一场比较大的败仗，但总体而言，影响有限。同时，失败的原因并非因日本军队主动进攻，而是明军自己的兵营火药爆炸，自乱其阵。整个战争中，明朝与朝鲜联军在战场上与日军对抗，因实力不济而被打败的情况较少。即便是碧蹄馆之役，李如松率亲兵与日大军遭遇，以少敌多，也几乎打成平手。可见，当时明军战斗力不弱。而明军的失败，大多与自身的指挥、组织有关，且多是因为内

---

① 《看羊录·壬辰丁酉入寇诸将倭数》，第45b页。
② 《明神宗实录》卷339，万历二十七年九月乙卯，第6289页。

部拆台、互不帮助，或许这是一个可以反思明军在战场上失败原因的典型案例。

同时，有关战事的资料很多，中、朝、日三方都有记载，但多有不同。各种传闻、史实、假托之词充斥于三国史书之中，后人研究切不可只执一种说法而罔顾其他。这次战争中所涉及的人名如岛津义弘、石曼子、沈安道等，以及相关史实如明军死亡的人数、岛津义弘是否战死等，都有多种传闻，只有将各种资料进行比勘、考证，方有可能求得历史的真相。现今中国学术界掀起一种"从周边看中国"的研究视角，① 也就是用周边的史料、周边的视角来重新审视中国历史，这样可以澄清中国历史上的许多问题。而同时应有一种"从中国看周边"的视角，缺少了中国的视角，朝鲜史、日本史研究也会"一叶障目，不见泰山"，进而走入偏狭的境地。这两种视角都是值得我们每一位历史研究者重视的。

_____

① 参见复旦大学文史研究院编《从周边看中国》。

第 八 章
水师提督陈璘与露梁海战

万历抗倭援朝将士群体中，明水师部队是一个相对特殊的群体，不仅仅因为他们是丁酉再乱时才正式被派往朝鲜参战的，更重要的是，水师统帅陈璘有着特殊的地位。战争结束论功行赏之时，陈璘被明廷视作战功第一的明军将领。在战场上，他跟朝鲜水师统制使李舜臣通力合作，屡战屡胜，取得振奋人心的战绩，据传他的后人仍有部分生活在韩国。① 这些特殊性使得对陈璘的研究具有很强的现实意义。事实上，中国学术界不断关注关于陈璘的研究，甚至为其举办过专场学术研讨会，有关会议论文集也在筹备出版中。② 即便如此，笔者觉得依然有进一步探讨的必要，故此专章讨论。

一　陈璘两度被征召

壬辰年（1592）和丁酉年（1597），日军两次侵朝，明廷两次

---

① 参见尚玉河《明朝将领陈璘的后裔在朝鲜》，《东方世界》1985 年第 4 期。
② 研究陈璘的论著不少，参见黄学佳《抗倭英雄陈璘》，广东人民出版社 2010 年版；颜广文《论"壬辰之役"中的陈璘》，《东亚人文学》（韩国）2006 年第 9 辑。特别值得一提的是，2015 年 11 月 27 日在广东翁源，中山大学历史学系和翁源县委宣传部联合举办了"民族英雄陈璘及其时代国际学术讨论会"，三十余位海内外学者与会，宣读论文，涉及陈璘生平的各个阶段。尽管有不少论文论及陈璘赴朝参战之事，但依然不够系统，尤其对陈璘在战事中的地位，所论还相当模糊，故有进一步探讨的必要。

派兵援朝，陈璘则两次被征召。尽管第一次陈璘并没有踏入朝鲜半岛，但已引起朝鲜君臣的期待。第二次他作为中朝水师联合部队的总指挥，取得了辉煌战绩。

陈璘（1532—1607），字朝爵，号龙崖，广东翁源人，嘉靖至万历年间著名将领。年轻时，陈璘就平定过林朝曦、林朝敬叛乱，在讨平大盗赖元爵及岭东残寇、高要邓胜龙、揭阳钟月泉等叛乱中，表现英勇，屡立战功。短短几年，便从把总升到副总兵，正当他春风得意之时，却因"贪渎"罪名受到弹劾，被革职闲住。1592 年夏秋时节，朝鲜经略宋应昌组建援朝大军，两广总督萧彦当即上疏推荐陈璘，称赞他："身经百战，气雄千夫……谈粤之宿将，无有两者。"[①] "以参将陈璘素熟倭情，屡经荐牍。"[②] 朝廷命陈璘为神机七营参将，后又被改为神枢右副将。不久，他被提拔为署都督佥事充副总兵官，协守蓟镇。万历二十一年正月，陈璘改授统领蓟辽、保定、山东等处防海御倭副总兵。当时山东巡抚孙矿致书陈璘，商讨海防事宜：

> 御倭水兵，今得足下为之帅，固令挥篙橹，足以摧歼夷艘矣。海中形势，不敏近亦耳剽其概。大抵自旅顺至登莱，乃往日士民所走通道也。中岛屿接连，而黄城、灶矶二岛最大，不敏止辖山东，固当只言山东。顾念在同舟内，并谈之。今议调募水兵大略可一万，登莱分调三千，近已奉有旨，无容言矣。其外七千，鄙意以为足下可自率三千驻旅顺。旅顺悬出海中，东盼登莱，西顾山海，北望天津，固海中绾毂道也。而别令二将各领二千，一驻于黄城，一驻于灶矶，令四处会哨，庶几足为掎角矣。其天津或无须用水兵，但用陆兵防备可也。何如何

①　萧彦：《制府疏草》卷下《遵明旨举将材以备任使疏》，台北艺文印书馆 1976 年版，第 76 页。

②　《明神宗实录》卷 249，万历二十六年六月己酉，第 4641 页。

如？若足下所见不同，即望酌议详示。诸部将何人熟于水技，陈九霄、杨亮皆陆战有功者，其于水寨事，果兼通否？用人贵因才授任，倘未相宜，不妨更置。更惟熟筹之，似密教焉。①

陈璘系当时明水师最高统帅，负责黄海、渤海的海防，其统领的水师是明军援朝最重要的后援部队。故而山东巡抚孙矿直接跟他商讨黄、渤海布防事宜，建议他以旅顺为中心，再各派兵一千把守黄城岛（今隍城岛）和灶矶岛（今砣矶岛），即可控制海上要道，为朝鲜前线作后盾。

当时陈璘虽未踏入朝鲜半岛，但朝鲜君臣已知悉其名字，并认为他将率军抵达。万历二十一年三月初八，都承旨沈喜寿上启，提到他和洪纯彦面见提督李如松时，李如松认为"夜来经略传帖，陈璘兵近当来到，刘綎兵亦且不远，俺到平壤，即点抄精锐，旋旋拨送，以待后兵之至，保为尔国，必破此贼。但倭子元来通贡，自嘉靖年间停废，今若许贡，由宁波而往来，则必无尔国之患，何忧之深也"。② 过了几天（十二日），备边司上启曰："南兵加请之事，左议政尹斗寿既以此进去，而刘、陈（刘綎、陈璘）两将之军，亦已出来云，姑观势为之。"③ 二十日，经略赞画刘黄裳、职方清吏司主事袁黄移咨曰："宣镇兵已来二千，叶参军所炼神兵一千，与江上飞将陈璘兵三千，蜀骁将刘总管番兵一万，开元二关胡骑三千，相继过鸭绿水矣。"④ 二十七日，国王李昖接见经略远接使尹根寿，讨论明军出兵事宜，特别提到陈璘。事实上，碧蹄馆之役

---

① 孙矿：《月峰先生全集》卷9《与陈副将璘书》，清嘉庆十九年（1814）静远轩重刊本，第75a页。

② 《朝鲜宣祖实录》卷36，宣祖二十六年三月癸亥，《朝鲜王朝实录》第21册，第658页。

③ 《朝鲜宣祖实录》卷36，宣祖二十六年三月丁卯，《朝鲜王朝实录》第21册，第661页。

④ 《朝鲜宣祖实录》卷36，宣祖二十六年三月乙亥，《朝鲜王朝实录》第21册，第667页。

后，封贡和谈已开启，战争处于停滞状态，陈璘并未成行。明军正考虑将大部队撤回，只留刘綎驻守，尹根寿说："军皆回还，而只有刘綎兵，恐不能成事。请促陈璘之兵，则经略以为，虽非此军，亦可成事云矣。"国王李昖则说："陈璘远在关内，何能及期乎？"①尹根寿提出将陈璘调来，以充实力量，国王李昖则认为陈璘还在关内，赶不过来。尽管当时陈璘还没有到朝鲜半岛，但朝鲜君臣已对他寄予厚望。

万历二十一年四月，倭寇退出王京汉城，屯驻釜山，朝鲜大部分领土被收复，只有釜山及沿海一些地方还被日军占领。明军只留一小部分协守朝鲜，绝大部分撤回国内，陈璘亦改任他职，重回广东，调为协守漳州、潮州。不久，因故被兵部尚书石星劾罢，再次闲居于家，在仕途上第二次受挫，一直到朝鲜战火再起，方重被征召。

1597 年，封贡失败，丰臣秀吉第二次派大军侵略朝鲜，明军亦再次被派往朝鲜。有鉴于壬辰援朝时明水师未曾参战，经略邢玠上任伊始就上疏强调必须派水兵一同征讨，"为今之计，须得急调浙、直、淮、安、闽、广舟师一二万，由近而远，陆续自外洋，以抵朝鲜"，②以弥补壬辰援朝时没有水师的短板。有关明水师调兵情况，邢玠有清晰的陈述：

> 陈璘所统广兵五千一百名，已于三月二十一日，由张家湾起行……水兵内，吴淞二千名，近以李天常代领，报二月二十四日出洋。南京二千二百八十名，万邦孚统领，二月二十八日到天津。福建一千三百二十名，白斯清统领，已驻天津，俟船完出洋。浙江三千一百五十四名，沈茂统领，于去年十二月二

---

① 《朝鲜宣祖实录》卷 36，宣祖二十六年三月庚辰，《朝鲜王朝实录》第 21 册，第 712 页。

② 《经略御倭奏议》卷 2《催发水陆官兵本折粮饷疏》，姜亚沙等编：《御倭史料汇编》第 4 册，第 111 页。

十六日起行，今报已过德州。广东三千，张良相统领，亦已起行。在途狼山一千五百名，福日升统领。该凤阳巡抚褚钤报，正月二十六日，船至山东灵山卫境上候风，梁天胤沙兵三千名，于正月二十日，从外出海前进，此皆在途实数，陆续驰催去讫。①

邢玠这封奏疏中将明水师各部都交代得很清楚，其水兵分别来自广东、浙江、南京、福建等地。他特别提到因水师将领缺乏，副总兵邓子龙自荐前往，"原任副总兵邓子龙禀称，生平惯于水战，立功半属鲸波，且有横海捣虚誓不与贼俱生之志，以补杨文员缺，似属相应"。② 朝廷果真批准老将邓子龙前往朝鲜为明水师副总兵，与陈璘并肩作战。万历二十六年三月，经理杨镐移咨朝鲜国王，报告有关明调兵情况，其中特别提到水兵，"总兵阵（陈）璘本营，领广东兵五千；游击李（季）金，领浙兵三千三百驻全罗道地方。未到：游击张良相领广东兵三千；游击沈茂领浙兵三千一百；游击副（福）日升领狼山兵一千五百，把总梁天胤，领江北兵三千"。③ 杨镐这篇咨文跟邢玠的奏疏刚好相互印证，与后来赵庆男载录明水师情况"水路则提督陈璘主之。游击许国威、季金、张良相、沈茂、福日升，参将王元周，把总李天祥、梁天胤等咸统"④ 基本相似。从以上史料看，明水师超过两万人。

万历二十六年六月十二日，陈璘率领水师抵达汉城，国王李昖亲自接见。陈璘当即给国王李昖上揭帖曰：

① 《经略御倭奏议》卷4《催发续调兵马疏》，姜亚沙等编：《御倭史料汇编》第4册，第236—237页。

② 《经略御倭奏议》卷4《催发续调兵马疏》，姜亚沙等编：《御倭史料汇编》第4册，第239—240页。

③ 《朝鲜宣祖实录》卷98，宣祖三十一年三月甲寅，《朝鲜王朝实录》第23册，第406页。

④ 《乱中杂录》第三，姜大杰、徐仁汉编：《壬辰倭乱史料丛书·历史编》第8册，第183页。

不佞是役，自冬组（徂）夏，间关余七月矣。无非彰皇明字小之仁，恤贵国苍生之苦。然而逐逐征途，曾无表树，鄙心诚愧之也。顾辱贤王厚德，接伴之臣并遣，宴享之惠重颁，所以劳远人、尊皇命者，至矣。顾不佞其曷承之，不敢自外，拜人参、绵绸、绵纸，余附归壁（璧），肃此为谢外。舟师尚缺治器，烦饬当事官员，取解哨一万斤、小瓦礶（罐）一万个，石灰十担，以济急需。将使顿奴，只是不归，一帆不返，永绝争桑之患，肃清瀚海之波。斯为报明德耳，并沥以闻，惟贤王其照之。①

陈璘这封揭帖向国王表明了以下几层意思。第一，尽管历经七个月准备才到朝鲜，但此行的目的就是要解救朝鲜百姓于水火之中。第二，刚到朝鲜，尚未有寸功，承蒙朝鲜国王惠赐厚礼，除个别东西收下外，其余的一并奉还，对朝鲜国王的厚待表示衷心感谢。第三，他所率领的兵船上还缺少一些必需的战备物资，希望朝鲜能够为其补充。最后他表达了誓死赶走日本侵略军的决心，以报答朝鲜国王的厚爱。这是陈璘来到朝鲜之后给宣祖的第一封揭帖。迄今未见陈璘有文集留传，而收录于《朝鲜宣祖实录》中陈璘的几封揭帖，相当珍贵，从中可见陈璘的性格与心志，故全文照录。陈璘水师的到来，从根本上扭转了朝鲜水师的劣势。但他作战情况如何，朝鲜君臣心里无底，并不了解。六月二十三日，国王李昖与大臣议事，特别问道："水兵都督陈璘，名将乎？"李恒福说："名将也！"② 可见，朝鲜君臣对于陈璘寄予厚望，其给受过重创的朝鲜水师带来了新的希望。

事实上，壬辰倭乱时，朝鲜在跟日军作战中，唯独水军统制

① 《朝鲜宣祖实录》卷101，宣祖三十一年六月乙丑，《朝鲜王朝实录》第23册，第447页。
② 《朝鲜宣祖实录》卷101，宣祖三十一年六月丙子，《朝鲜王朝实录》第23册，第452页。

使李舜臣指挥的水兵屡屡告捷。李舜臣（1545—1598），字汝楷，本贯德水（今朝鲜黄海北道开丰郡），嘉靖乙巳生于汉城，万历丙子进士及第。丰臣秀吉侵朝前夕，李舜臣任全罗道水军节度使。他积极备战，成功恢复建造出朝鲜古代之龟船。"其制如伏龟，上覆以板，钉以锥刀。使敌人不得登踏。藏兵其底，八面放铳，以此为先锋，烧撞贼船，常以取胜。"[1] 时人李秉模作《龟船颂》曰："风涛可凌也，矢石可犯也，拍竿可撞也。可战可守，可迟可速，居有突堂之安，士无暴露之忧。"[2] 在日军侵朝初期，朝鲜陆军毫无抵抗力，日军几乎是所向披靡。唯独李舜臣指挥的水师，屡屡打败日水军，先后取得了玉浦、唐浦、闲山岛前洋等战役的胜利。随后，朝鲜设立水军统制使，李舜臣以本营兼领此职。

水军统制使的设立，本为朝鲜水师的壮大提供了条件，但这引起庆尚道右水使元均的不满，"耻出其下，始贰于公"。朝鲜国王李昖将元均调为忠清道兵使，但"均积憾不释，缔交朝贵，构诬公百端"，[3] 李昖听信谗言，疏远李舜臣。封贡议起，战事趋缓，日将小西行长借机施反间计，李舜臣因之罹祸。丁酉年（1597）二月，李舜臣被下狱，尽管领议政柳成龙百般疏救，但李舜臣仍被罢为普通士卒，朝廷命其从军自效。

元均接替李舜臣为水军统制使，彻底改变李舜臣的指挥策略。因其性格残暴，士卒多离心离德，以致军心涣散。万历二十五年七月，元均率全部水师冒险攻袭釜山日水军营。日军诱敌深入，包抄围攻。"我国诸将苍黄动船，艰难结阵。鸡鸣，倭船不知其数，来

---

① 李舜臣：《李忠武公全书》卷10《附录二·（李舜臣）谥状（大提学李植）》，《影印标点韩国文集丛刊》第55册，韩国民族文化推进会1990年版，第332页。

② 《李忠武公全书》卷12《附录四·龟船颂（判府事李秉模）》，《影印标点韩国文集丛刊》第55册，第375页。

③ 《李忠武公全书》卷10《附录二·（李舜臣）谥状（大提学李植）》，《影印标点韩国文集丛刊》第55册，第333页。

围三四匝，荆岛等处布满无际。且战且退，势不相敌，我舟师退屯于固城地秋原浦，贼势滔天，我国战船全被烧没，诸将军卒焚溺尽死。"① 经此一役，朝鲜水师受到了毁灭性打击，数百艘战舰被毁，存者仅十二。统帅元均被杀，朝鲜水师大本营闲山岛亦被日军占领。闲山岛战略位置极为重要，"在朝鲜西海口，右障南原，为全罗外藩。一失守则沿海无备，天津、登莱皆可扬帆而至"。② 在此非常时刻，国王李昖下令恢复李舜臣水军统帅职务。经此折腾，朝鲜水师元气大伤，根本无法再跟日军抗衡。陈璘率领士卒两万、战船五百艘驰援，大大充实了水师的力量，从根本上扭转了水军兵力上的劣势。

二　陈璘统率中朝联合水师与朝鲜君臣的纠结

万历二十六年六月，陈璘率部抵达汉城，受到朝鲜国王李昖的接见，陈璘表达了强烈的杀敌立功的决心，同时向国王表达了掌控中朝联合水师指挥权的想法。七月中旬，他南下古今岛，与朝鲜水师组成联合舰队。大明水师的到来，大大增强了战场上水师的实力。但是在中朝水师配合过程中，发生了一些小小的摩擦，核心问题就是李舜臣指挥的朝鲜水师是否情愿接受陈璘的指挥。

喻政在《陈大将军传》中称："本年二月，公奉命以原官充御倭总兵，改领水兵，自鸭绿以南，惟公制之。"③ 此话并非虚言。万历二十六年六月二十六日，陈璘即将离开汉城南下，国王李昖在汉江边给陈璘设宴送行。陈璘当即提出："俺受命天朝，总领水兵，舟师、边将，当为节制。陪臣等倘有违误者，一以军法从事，

---

① 《朝鲜宣祖实录》卷 90，宣祖三十年七月辛亥，《朝鲜王朝实录》第 23 册，第 267 页。
② 《明史》卷 320《朝鲜传》，第 8296 页。
③ 喻政：《陈大将军传》，康熙二十五年《翁源县志》卷 7《艺文志》，《稀见中国地方志汇刊》，中国书店 2007 年版，第 105—111 页。

断不饶贷。此意南边将士处，另加申饬。"也就是说，他要统领整个水师，朝鲜水师各将皆应受他节制，不得有违，否则他可以军法处置，希望国王向南边的朝鲜水师将士宣谕。李昖虽然当面满口答应，但之后又认为不妥，希望备边司商议此事。备边司分析利弊得失后，得出的以下结论。第一，"天将与我军同处，事多妨碍。凡事勿论难易，督责急于星火，至于临机进取之间，自任己意，情志不通"。第二，受到节制后，朝鲜水师可能功过难明。"功之所在，则使我军不得措手，事有失误，则辄为归咎。"既然如此，备边司提出两手准备：一方面以"本国舟师，于荡败之余，不能成形，其间器械、舟船，力未多办。士卒皆海边渔户、闾阎白徒，未经训炼，恐未能一一恰当于大人神算指挥之中"为借口，予以推辞；另一方面告诫水军统制使李舜臣等将领对于陈璘的命令，需认真对待，谨慎从事，不得怠慢。实际上，朝鲜君臣并不想让陈璘指挥整个水师部队，因为他们已感觉"大抵唐将接待之事，无有纪极，日久则节节难处"，所以不愿自找麻烦。国王同意了他们的处理办法。[①] 故而从一开始，就存在着一个矛盾。陈璘希望由他掌管中朝水师的指挥权，于是跟朝鲜国王一见面，就提出了这个要求。这可能也是明廷的意见，所以国王表面答应，实际上却心有不甘，指令备边司商讨应对办法。备边司提出可以朝鲜水师部队刚刚恢复，人员以渔民为主，不好管理，不应让陈璘烦心为借口委婉拒绝。与此同时，又可指令李舜臣等水师统帅必须认真对待陈璘的号令，不得违误。实际上，这是因为朝鲜君臣有感于明军将领不好伺候，故而不想受其节制。朝鲜君臣心有不甘，又不好当面违背，故表面上维持陈璘统领的局面。朝鲜君臣这样矛盾的态度，在李舜臣身上有着直接体现。

《李忠武公全书》和一些朝鲜私家史书中，记录了李舜臣跟陈璘

---

① 《朝鲜宣祖实录》卷101，宣祖三十一年六月庚辰，《朝鲜王朝实录》第23册，第455页。

交往的一些私事，两人似乎互相体谅、相互配合。陈璘水师的到来，极大增强了水师的力量。"分布忠清、全罗、庆尚诸海口。初，贼泛海出没，官军乏舟，故得志。及见璘舟师，惧，不敢往来海中。"① 七月十八日，陈璘水师抵达古今岛时，李舜臣大摆宴席，欢迎明军。陈璘对李舜臣很钦佩，李舜臣对陈璘亦很敬重。《李忠武公全书》记载，明水兵初到营地，由于原来多为地方军，军纪不太好，加之身处异国，以"天兵"自居，不免骄横暴虐，致使朝鲜军民颇有怨言，陈璘亦未觉察。李舜臣施小计，"命撤庐舍示以移阵意"，② 令陈璘警觉，"是后，都督（陈璘）军有犯，公（李舜臣）治之如法，天兵畏之过于都督"。③ 陈璘不以自己系"天朝"主将而目空一切，主动承认错误，取得李舜臣谅解。此后，一旦发现部卒有违法者，李舜臣可以依法惩治，这就为双方共事奠定了基础。相处时间越长，尤其是历经几次战斗之后，李舜臣显示的卓越才干，令陈璘感到由衷钦佩。李舜臣称陈璘为"老爷"，陈璘对于李舜臣亦"必以李爷而不名"。临敌之时，陈璘与李舜臣商讨对策，对李舜臣说："公非小邦之人，若入仕中朝，当作天下大将，何局促于是也？"陈璘给朝鲜国王上书称颂道："李舜臣有经天纬地之才，补天浴日之功。"又奏闻明神宗，神宗特予嘉奖，赐其都督符印，以至于"军中耸观，国人荣之"。④ 当时朝鲜人评价陈璘"善于水战，长于抚卒"，但"性暴猛，与人多忤，人多畏之"。⑤ 陈璘唯独佩服李舜臣，"出则与舜

---

① 《明史》卷 247《陈璘传》，第 6405 页。

② 《李忠武公全书》卷 10《附录二·（李舜臣）谥状（大提学李植）》，《影印标点韩国文集丛刊》第 55 册，第 329 页。

③ 《李忠武公全书》卷 9《附录一·（李舜臣）行录（从子正郎芬）》，《影印标点韩国文集丛刊》第 55 册，第 319 页。

④ 权文海：《宣庙中兴志》卷下，《域外汉籍珍本文库》第 1 辑史部第 1 册，西南师范大学出版社、人民出版社 2009 年版，第 431 页。

⑤ 柳成龙：《惩毖录》卷 2，姜大杰、徐仁汉编：《壬辰倭乱史料丛书·历史编》第 1 册，韩国晋州博物馆 2002 年版，第 166 页。

臣并轿，不敢先行"。① "素服舜臣智略，待为兄弟。"② 根据《李忠武公全书》与朝鲜相关私家史书，两人在私下交往中，相处得似乎相当融洽。

《朝鲜宣祖实录》记载了两人关系的另一面，或许可以说是"公"的一面。陈璘与李舜臣组成中朝联合水师部队，二人共同商议、制订作战计划。七月二十四日，李舜臣指挥朝鲜水师在折尔岛伏击日军船只，斩获七十余日军首级，这是中朝联合水师部队首次成功的合作。八月传来捷报，邢玠跟朝鲜国王报告："陈都督遇贼于海洋，斩级二十七颗，生擒二名，陷溺六船，朝鲜水兵亦获利云。"③其时，国王李昖尚未接到战报，只是表示感谢而已。实际上这就是中朝联军的折尔岛之战。不久，国王李昖接到李舜臣的告状信："顷日海中之战，我军铳炮齐发，撞破贼船，贼尸满海，仓卒之际，不得尽为钩斩，只斩七十余级。天兵望见贼船，避入远洋，一无所获。及见我军斩获之数，陈都督立于船舷，顿足叱退其管下，恐吓臣等，无所不至，臣等不得已送分四十余级。季游击亦送家丁求级，臣送五级，皆作帖谢之矣。"④ 李舜臣指责陈璘不积极作战，却要跟自己分享战斗成果，最后只好分敌军首级四十颗给陈璘，五颗给季金。后来备边司接到明廷要上报首级数的要求时，还有点犯难："李舜臣折尔岛之战，得斩七十一级，而陈都督夺四十级，季游击夺五级。都督迫令舜臣，以只斩二十六级成状启，舜臣依所言以二十六级，假成状启以送，且别为状启，以实状驰启。及王按察南下闻之，移咨我国，问其首级事，至并令送其状启。今若送实状，则必陷都督

① 《惩毖录》卷2，姜大杰、徐仁汉编：《壬辰倭乱史料丛书·历史编》第1册，第167页。

② 金时让：《紫海笔谈》，《大东野乘》卷71，《朝鲜群书大系》第13册，朝鲜古书刊行会1907年版，第401页。

③ 《朝鲜宣祖实录》卷103，宣祖三十一年八月丁巳，《朝鲜王朝实录》第23册，第476页。

④ 《朝鲜宣祖实录》卷103，宣祖三十一年八月丙寅，《朝鲜王朝实录》第23册，第483页。

于大罪，当以假状送之。"《朝鲜宣祖实录》进而指责道："东征将士，无不贪饕，陈璘贪人之功，以为己功。若此而望其成功，不亦难乎？"① 从这条史料中看，陈璘似乎过于霸道，夺李舜臣之功，其实这样的指责毫无道理。因为陈璘是中朝水师总统帅，每次作战都是中朝水师联合行动，李舜臣是水师先锋，他事先投入战斗是职责所在，明军随后配合也无可厚非。但李舜臣内心不服，故对陈璘要他分享战功的要求表示不满。这也是朝鲜备边司听说陈璘要成为联合水师统帅时的担忧，因而指令表面答应，实际上可虚与委蛇，不予理睬。这个矛盾在随后的战斗中始终存在，也成为《朝鲜宣祖实录》批评陈璘的口实。

对于如何解决这个问题，国王李昖表示忧虑："前后见统制使状启，则陈都督所为，如果不许，极为寒心。自此舟师之事去矣，而水路遮截，挟击之计左矣。本司宜善图之，令接伴使或微露其迹于军门。"提议可以委婉地跟邢玠提出来，看看能否解决。备边司回复国王："自陈提督下去之时，臣等已有此虑，而无善处之策，闷默而已。近日阵中所为之事，统制使状启外，得于所闻者，无不寒心。如此掣肘，万无成事之理。然自此若微露其意，而传播于其耳，则军门处置之前，舟师必有难处之事，故臣等之意，先使接伴使，密议于戴中军处，以为'刘提督方欲以陆兵攻曳桥。然必水、陆合势，乃可图。万一号令不一，而水、陆之势难合，则大事不成。前日刘提督在京时，欲禀于军门，并为节制我国水兵，使之通行约束，其后别无定夺之事，未知此计如何云云'，观其意向，微禀于军门，则庶几事迹不至大露，可免后日生怒激发之患。依此试之无妨。"② 对陈璘的做法表示不满，提出先跟邢玠手下戴延春说明刘綎也曾表示要节制水陆军却未成，此后再无节制之事，故而希望陈璘也不要节

---

① 《朝鲜宣祖实录》卷105，宣祖三十一年十月丙辰，《朝鲜王朝实录》第23册，第516页。

② 《朝鲜宣祖实录》卷104，宣祖三十一年九月庚寅，《朝鲜王朝实录》第23册，第492页。

制朝鲜水师，同时表达了希望将他调回陆地，指挥陆上战斗的意愿，之后再将告知戴延春之事向邢玠提出来。这样委婉地提出建议，目的是避免激怒陈璘。可见，朝鲜君臣从上到下都不希望陈璘节制朝鲜水师，李舜臣之所以告状，很大程度上也是因为不满陈璘节制，故而借题发挥，借机发难。

备边司随后获悉："陈都督与陆路三提督，分管水、陆，非但出于军门分付，亦朝廷之所知，今必不以我国之言，调回陆地。臣等之所虑者，因此等事，若陈都督怀愤发怒，随事生梗，则调剂极难。"① 他们方知这是明廷的安排，不可能按照他们的意思去调整，只得按下不动。李舜臣却不断向朝鲜国王抱怨："陈都督招臣谓曰：'陆兵则刘提督总制，水兵则俺当总制，而今闻刘提督欲管舟师云，是乎？'臣对以不知矣。臣整齐舟师，虽欲下海，乘机剿贼，每为提督所抑止，不胜闷虑云。"② 李舜臣当面不好否认陈璘的指挥节制，却总是在私底下向国王抱怨。不管李舜臣内心如何不满，也不管朝鲜君臣如何想摆脱陈璘的指挥，至少在形式上，他们并没有公开向陈璘提出来，陈璘仍是中朝联合水师舰队的总指挥，而李舜臣的军事行动听从陈璘指挥。

岛山之战后，因丁应泰弹劾杨镐，对其肆意攻讦，明廷派给事中徐观澜赴朝鲜勘战。徐观澜对国王李昖说："俺奉天子之命，查此东征功罪，若不知将官之贤否，则恐勘之不实也。"希望国王能够如实将他了解的情况陈述出来。国王说："诸大人罔不尽心于小邦之事。而闻今番之举，陈都督大人血战海上，多数斩获，而小邦不幸，不得成功矣。"③ 特别提及陈璘的战功，希望予以表彰，并没有说陈

---

① 《朝鲜宣祖实录》卷 104，宣祖三十一年九月庚寅，《朝鲜王朝实录》第 23 册，第 492 页。

② 《朝鲜宣祖实录》卷 104，宣祖三十一年九月庚寅，《朝鲜王朝实录》第 23 册，第 492 页。

③ 《朝鲜宣祖实录》卷 105，宣祖三十一年十月庚辰，《朝鲜王朝实录》第 23 册，第 526 页。

璘夺李舜臣战功为己功之事。可见，朝鲜国王也只能将对陈璘为中朝联合水师总统帅的不满埋在心底，不敢直接向明勘军将领汇报。

因此，陈璘始终以中朝水师联军统帅自居，尽管朝鲜君臣心有不甘，李舜臣内心不快，但表面上还是加以配合。

三　陈璘指挥中朝水师联军取得露梁大捷

万历二十六年九月，邢玠指挥三路大军南下进攻：麻贵率部为东路军，攻击驻守蔚山的加藤清正；董一元率部为中路军，进攻泗川的岛津义弘；刘綎率部为西路军，攻击驻守西端顺天的小西行长，朝鲜各部策应。陈璘指挥的中朝水师联军，配合刘綎攻打西路顺天的小西行长。邢玠设定："三路权虽分属，而谊实同舟。如贼犯东路，则中路遣兵驰援，西路扬兵捣巢以牵之。贼犯西路，则中路遣兵驰援，东路扬兵捣巢以牵之；贼犯中路，则东西二路，或遣兵驰援，或扬兵捣巢以牵之。果声势重大，则邻境大将亲统精锐往来策应，务要同心勠力，合计共谋，庶成臂指之势。"① 邢玠的设想相当周全，但在具体执行过程中，却不尽如人意。

刘綎西路军进攻之小西行长，有一万五千余士卒，驻守全罗南道顺天附近的曳桥倭城内，倭城相当坚固，刘綎部队有一万三千六百人，还有权栗的一万名朝鲜将士，李德馨负责运输粮草，他们一同南下，将倭城围困。刘綎事先跟陈璘联络，希望陈璘、李舜臣率水师从海上包抄，两面配合，共同对敌。围攻之时，小西行长派使者跟刘綎联系，希望和谈。从九月下旬到九月二十八日，刘綎与陈璘、李舜臣水陆联军共同进攻，双方互有胜负，最终并未攻破倭城。十月初三，陈璘与李舜臣的联军趁着涨潮，从海上进行攻击。陈璘越战越勇，不觉潮水渐渐退去，虽经李舜臣提醒，但并未听从，不久明军沙船二十三只搁浅沙滩。小西行长发现后，派士卒出城攻击，

---

① 《经略御倭奏议》卷4《议三路屯守疏》，姜亚沙等编：《御倭史料汇编》第4册，第277—278页。

明军船只十九艘被焚毁，四艘被夺走。在朝鲜水师掩护下，明水师撤出。其时日军主力跟中朝水师激战，陆上一面空虚，李德馨、权栗都提醒刘綖趁机进攻，刘綖当时刚得到董一元中路军失败的消息，故而不听，错失良机。虽然双方事先约定好联合进攻，刘綖却临阵变卦，不予配合。事后，陈璘大怒，跑到刘綖营地，亲手将刘綖帅旗撕裂，"责以心肠不美，即其具咎军门"。后来刘綖又故意先撤军，陈璘愤然曰："宁为顺天鬼，不忍效汝退也！"① 陈璘与刘綖因之交恶，关系极僵。

此战结束后，陈璘又给朝鲜国王李昖写了一封揭帖，说明他的职责所在，也对朝鲜将士作战之勇猛表示赞赏：

> 不佞滥膺阃外之司，谬忝安攘之任，其于功罪，不容少假，故二十二日之战，贵国舟师，果属少巽，不佞既以中国之典，薄示戒惩，安得不告贤王，用彰军礼？然而各官改过不吝，尽祛畏怯之心，大奋酬主之志，嗣复数战，勇往直前，死伤相继矣。承谕命权栗查勘，窃谓权栗闻知之真，似不如不佞见知之审耳。至如狡倭，舟师要击，铳死甚多，即未获收功，亦足以破其胆，而我之官兵死伤，亦二三百计。大抵矢、炮交加，存亡呼吸，安能尽免？然而悍虏嗜斗，譬之骄子，不挞之流血，则其啼不止，将恐有狂妄雄逞之心也。今大修战具，刻日更进。但愿申饬诸将，肩持危定倾之心，效尝胆卧薪之志，勿怀姑息，勿惑采言。或置间谋，以洞（诇）邪谋；或奋戎机，以收一成一旅之效。庶几早纾中外之辛劳，急解倒悬之望。惟殿下其图之。②

《朝鲜宣祖实录》并未记载作战之时朝鲜军队如何不力，朝鲜其他史书

---

① 《宣庙中兴志》卷下，《域外汉籍珍本文库》第 1 辑史部第 1 册，第 432 页。
② 《朝鲜宣祖实录》卷 106，宣祖三十一年十一月甲午，《朝鲜王朝实录》第 23 册，第 531 页。

也未见其详。从陈璘这封揭帖中看，在最初的战斗中，朝鲜士卒进攻不力，陈璘略施惩戒，随后朝鲜士卒奋勇争先，表现英勇。陈璘对朝鲜国王派权栗查勘提出异议。实际上，在陈璘看来，这是他的职责所在，不得不为之。尽管中朝联军有些小摩擦，但配合越来越密切，随后在露梁海战中得到考验，并成为中朝水师联合作战的史诗绝唱。

露梁海峡位于朝鲜庆尚南道莲台山和南海岛之间，该海峡两岸依山，水道狭窄。海峡西面小岛很多，星罗棋布，地势险要。它是西路顺天日军和中路泗川日军水上咽喉要道，也是顺天（曳桥）日军通往对马岛的海上捷径，乃兵家必争之地。万历二十六年八月十八日，丰臣秀吉病死，遗命从朝鲜半岛撤军。十月，日政府指令日军撤退，令东部加藤清正部自蔚山直接撤回，中路岛津义弘和西部小西行长二人协议撤退。二人议定，顺天日军先撤，然后按泗川、南海、固城等顺序，依次向东部巨济岛集结，候船返国。陈璘与李舜臣获悉此事后，在露梁海峡拦截，阻断小西行长退路。中路岛津义弘率部来援，中朝水师迎头痛击，于是一场空前惨烈的海战就展开了。有关露梁海战的情形，李德馨上启汇报曰：

> 本月十九日，泗川、南海、固城之贼三百余只，合势来到露梁岛，统制使李舜臣领舟师，直进逆战，天兵亦合势进战。倭贼大败，溺水致死，不可胜计，倭船二百余只败没，死伤者累千余名。倭尸及败船木版（板）、兵器、衣服，蔽海而浮，水为之不流，海水尽赤。统制使李舜臣及加里浦佥使李英男、乐安郡守方德龙、兴阳县监高得蒋等十人，中丸致死。余贼百余只，退遁南海，留窟之贼，见贼船大败，弃窟遁归倭桥，粮米移积于南海江岸者，并弃而遁去。行长亦望见倭船大败，自外洋遁去事。①

---

① 《朝鲜宣祖实录》卷106，宣祖三十一年十一月戊申，《朝鲜王朝实录》第23册，第536页。

李德馨的汇报言简意赅，虽见其大概，但许多细节仍值得探究。具体而言，可析之如下。

其一，露梁海战前，陈璘是否答应给小西行长让路？十一月初八，中朝联合水师获悉小西行长将遁归，即组织大军拦截。十九日，与日中路援军岛津义弘大战于露梁。其间十日，小西行长曾请求陈璘与李舜臣网开一面，放其返日。先是，水师拦截之时，明西路陆军刘綎与朝鲜权栗部据曳桥西北，并分兵截蟾津水路，从陆上截断中路日军之声援。水陆两路夹击，使小西行长处境极为艰难，于是，他先向刘綎乞和。刘綎贪其财物，允其请，遂派人告诉陈璘，"行长将撤归，可无阻也"。① 小西行长以为无事，遂派出十多艘船出猫岛，但被陈璘与李舜臣所率水师击败。小西行长遂向陈璘乞和，据《宣庙中兴志》，在刘綎劝说下，陈璘默许，但李舜臣坚决不从，并敦促劝慰，陈璘省悟，遂拒绝小西行长之求和，拒绝让路。《朝鲜宣祖实录》则另有说法：朝鲜国王怀疑陈璘与刘綎一样希望讲和："行长非畏水兵而撤渡，无乃陈提督与刘提督，作为一心讲和乎？"李德馨为陈璘辩护说："陈、刘两将，胥不相好。刘遣吴宗道，请于陈璘，开途出贼，陈璘大责吴宗道，终不许之云矣。"② 陈璘并未答应，反而大骂刘綎派来的吴宗道。陈璘积极指挥作战，与李舜臣同仇敌忾，共同阻击日军撤退。小西行长无法脱逃，十九日，岛津义弘前来救援，在露梁海峡受到中朝水师阻击。

其二，陈、李二人舍身相救，生死与共。《李忠武公全书》记录两人一组通信，陈璘原信："吾夜观乾象，昼察人事，东方将星将病矣。公之祸不远矣！公岂不知耶？何不用武侯之禳法乎！"③ 李舜臣答曰："吾忠不及于武侯，德不及于武侯，才不及于武侯。

---

① 《宣庙中兴志》卷下，《域外汉籍珍本文库》第 1 辑史部第 1 册，第 432 页。

② 《朝鲜宣祖实录》卷 109，宣祖三十二年二月壬子，《朝鲜王朝实录》第 23 册，第 567 页。

③ 《李忠武公全书》卷 1《答陈都督（璘）书》，《影印标点韩国文集丛刊》第 55 册，第 115 页。

此三件事，皆不及于武侯。而虽用武侯之法，天何应哉！"① 翌日，果有大星坠海之异象。《宣庙中兴志》有类似叙述：陈璘夜观天象，发觉"东方将星病矣"，因之劝慰李舜臣"祈禳之事，古有行之者，惟子图之"。李舜臣以为死生有命，祈禳无益，不听。大战开始后，李舜臣与明水师副总兵邓子龙为先锋，陈璘坐巨舰指挥。李舜臣身先士卒，"亲自援袍先登"，杀入日舰群中，日舰遂将李舜臣的战舰团团围住，陈璘见到李舜臣处境危急，"遂挥众将拨船指戈入援"，以解救李舜臣，日船见明指挥舰冲入，遂舍李舜臣转而围攻陈璘船只，日军杀上陈璘船只，差点击中陈璘。而陈璘幸得其子陈九经以死保护，被刺中亦毫不懈怠，杀得鲜血淋漓。在陈璘旗牌官协助下，终于把爬上舰的日军杀尽，但日船依然"鳞集于璘船"，② 陈璘遂令放炮，日军以鸟铳还击，陈璘战得极其艰苦。日船围攻陈璘船时，李舜臣得以摆脱险境，但他并未旁观，亦杀入重围，与陈璘共同对付顽敌。双方不避锋镝，犯死直救。

其三，邓子龙与李舜臣之死。《两朝平攘录》《明史稿》《明史》等中国史料载，邓子龙处境危急时，李舜臣舍身相救，二人双双遇难。《两朝平攘录》记载最为详尽：李舜臣、邓子龙为先锋，"正遇倭船无数渡海，子龙欲夺头功，亲率家丁（皆江西人）二百余，齐上高丽船，冲锋奋击，杀贼无数。不期后船用火器失手，反打邓船，蓬樯俱着，我兵窜伏在一边，被倭乘势登舟，将邓副将及家丁皆砍死，李统制见邓将有失，奋勇前救，亦及于难"。③但查朝鲜史籍，所载颇有出入。关于二人之死，《乱中杂录》《宣庙中兴志》《李忠武公全书》等皆有详细记述。对于邓子龙的死因，其记载与中国史籍所述无异，乃朝鲜兵施火器时，误投中邓子龙船，日军乘机杀了邓子龙及其家丁。朝鲜兵并不知道是邓子龙的

---

① 《李忠武公全书》卷1《答陈都督（璘）书》，《影印标点韩国文集丛刊》第55册，第115页。

② 《宣庙中兴志》卷下，《域外汉籍珍本文库》第1辑史部第1册，第433页。

③ 《两朝平攘录》，吴丰培编：《壬辰之役史料汇辑》（下），第183页。

船，还以为是日船，"误相指认曰：'贼船又火矣。'遂励气争先，益增欢呼"。① 而说李舜臣是在救邓子龙时遇难，乃误传。李舜臣是在与陈璘共同攻击袭击他们的日船时，中"飞丸"而死的。《宣庙中兴志》载："贼酋三人坐楼船督战，舜臣尽锐攻之，射殪一首，贼皆舍璘船来救，璘得出。与舜臣军合发虎蹲炮，连碎贼船，而飞丸中舜臣左腋。舜臣谓其下曰：战方急，勿言我死！急命以防牌蔽之，言讫而绝。"② 此说基本可信。

其四，陈璘如何知悉李舜臣死讯，史书记载有较大出入，归纳起来大致有三种说法。一说以《昭代年考》为代表。"璘船为贼所围，挥其兵救之，贼散去，璘使人于舜臣谢救已，闻其死，以身投于船者三，曰：'吾意老爷生来救我，何故亡耶！无可与有为矣！'"③ 二说以《文献备考》《国朝宝鉴》《紫海笔谈》为代表。大战接近尾声，"（璘）望见舜臣舡争首级，大惊曰：'统制使死矣！'左右曰：何以知之？璘曰：吾观统制使军律甚严，今其舡争首级而乱，是无号令也！战既罢，问之，则果然矣"。④ 三说以李舜臣从子正郎李芬写的李舜臣《行录》为代表。李舜臣中弹后，告诫身边的长子李荟、从子李莞不要发丧，不要宣布他已死的噩耗。当时只有李莞、李荟以及李舜臣的一个贴心仆从金伊知悉，其他如亲信宋希立等人皆不知，仍然挥旗督战如故。"贼围都督船几陷，诸将见公船麾促，争赴救解。战罢，都督急移船相近曰：'统制速来速来！'莞立于船头哭曰：'叔父命休！'大恸曰：'既死之后，乃能救我！'又抚膺哭之良久。"⑤ 仔细分析三种说法，前二者

① 《宣庙中兴志》卷下，《域外汉籍珍本文库》第 1 辑史部第 1 册，第 433 页。

② 《宣庙中兴志》卷下，《域外汉籍珍本文库》第 1 辑史部第 1 册，第 433 页。

③ 《李忠武公全书》卷 13《附录五·纪实（上）·昭代年考》，《影印标点韩国文集丛刊》第 55 册，第 403 页。

④ 《紫海笔谈》，《大东野乘》卷 71，《朝鲜群书大系》第 13 册，第 401 页。

⑤ 《李忠武公全书》卷 9《附录一·（李舜臣）行录（从子正郎芬）》，《影印标点韩国文集丛刊》第 55 册，第 321 页。

皆疑。战斗正酣，李舜臣忽中弹身亡。弥留之际，特告诫下属"慎勿言我死"，以稳定军心。因之，只有身边数人知悉其死讯。第一说认为陈璘围解，遂派人去谢恩，因而知悉，此说有几点不可信。陈璘围解，大战正酣，且战在海上，谢恩既非其时，亦不可能；即便陈璘派人去谢救命之恩，使者亦不可能知悉李舜臣死讯，否则军心必动摇，难以再战，与事实不符。第二说乍看起来有些道理，因为陈璘素知李舜臣号令严厉，约束士兵很严，因见李舜臣部卒争取首级财物，毫无纪律约束之状，便推知其死。但由此看来，若李舜臣士卒皆知其死讯，他们又是何时知悉的？是在战斗结束时就知悉了还是在此之前呢？此说也不大可信。相比之下，李舜臣从子所写《行录》更为可信，理由如下：一则，李芬虽未提及他本人参与战斗，但他与李舜臣长子李荟、从子李莞关系密切，李荟、李莞是李舜臣弥留之际在其身边之人，《行录》所载必定源自他们之口，故而可信；二则，李舜臣虽死，然李荟、李莞督战如故，诸将勇猛如初，与其他记载相符；三则，战斗结束，陈璘想叫李舜臣共同庆祝胜利，见其船遂大叫"速来"，此时战斗已取得胜利，因而报告李舜臣死讯，于情理上说得通，故此说可信。

其五，陈璘哀悼李舜臣。陈璘获悉李舜臣死讯，极感意外，几不自持，"仆于船上者三"，捶胸顿足，悲从心来，明水兵亦"投肉而不食"，三军同悲。战罢，虽然总督邢玠催促他速赴汉城，陈璘还是亲至长山县，见到李舜臣长子李荟时，"下马掺手痛哭"，悲不自禁。问李荟做什么官，答曰："父丧未葬，非得官之时。"陈璘说："中国则虽在初丧，不废赏功之典，尔国缓矣，吾当言于国王。"[①] 表示要为李荟请官。陈璘祭奠李舜臣英灵，表达哀思，特撰祭文曰：

---

① 《李忠武公全书》卷9《附录一·（李舜臣）行录（从子正郎芬）》，《影印标点韩国文集丛刊》第55册，第321页。

呜呼统制！远藩（四字缺）邦家（五字缺），安危之智。提一旅之残疲（二字缺）县之黑子，绝敌西窥，修我内备。枕戈浴铁，终日或不暇给；缮艘制器，辛岁无少已。招徕流离者万家，畔贼逃归者千计。露梁之战，统制前锋，舳舻几陷，我且汝卫，而既脱于虎口，贼由是失锐。徐且战以且却，遂禽弥而草薙。余谓统制可免夫斯祸，孰知中流矢而捐逝。忆而平居对人尝曰："辱国之夫，只欠一死！"顾今境土既归，大仇已复，缘何犹践夫素厉！呜呼统制，该国凋残，谁为与理？兵戎狼狈，谁为振起！岂惟失祈父之爪牙，且丧令鲜之百雉！缅怀及此，讵不流涕！灵魂不昧，鉴是泥沮。①

此文表达了其对李舜臣功勋的赞赏，以及大仇已复、国土已安而战将却捐躯于国的哀痛。陈璘与李舜臣在战斗中结下了生死情谊，现大战已罢，却只留下自己一人，这令陈璘痛不欲生。故人已去，今后"无可与有为者"，陈璘心胆俱裂。尽管在合作中双方有过一些摩擦，但历经生死情谊，一切皆值得怀念。

最后，陈璘的战功如何，是否值得肯定，也是必须讨论的问题。露梁海战中，岛津义弘部队大部分被歼灭，只有小部分逃回日本，他的营地被收复。顺天的小西行长趁着大战正酣，率部从外洋逃走，倭城亦被明军收复。战后不久，陈璘先后给朝鲜国王上过三封揭帖，皆与露梁海战有关。十一月二十五日，上第一封揭帖：

九十日（十九日）自寅至巳，与釜山、泗川等贼舟，大战于露梁岛，中外将士之用命效勤，自有贵国口碑，不必烦赘。而统制使李舜臣身先士卒，中丸而殒。本官忠恳，想简在殿下，更不必道。惟是统制之职，不可一日缺官。意者，就以

---

① 《李忠武公全书》卷12《附录四·祭李统制文（都督陈璘）》，《影印标点韩国文集丛刊》第55册，第370—371页。

李纯信升补，第不知于贵国铨衡相合否耳。万希留神，早断用慰。引领临风，不仞祈仰。①

十二月初二，陈璘给国王再上一揭帖，简述露梁海战后的战争状况：

> 行酋伺舟师鏖战于露梁，潜踪奔遁，反旆追之，则已漂洋去矣，不能无余恨也。整兵进击南海，二十一日四更，薄巢贼，船已空，唯城上犹有火光，良久旋灭。此晓登巢，贼从后山宵遁，而马粪尚暖，始知去而未久耳。米、梁（粱）、菽、粟，搬顿水涯，不能装载者，委积如山，大约万数。大小铳炮、火药、兵械与日用之具，无一不有，牛马牲畜亦众。姑俟稍定，当发师徒，入山搜捕，使一喙不留，用光京观也。李舜臣员缺，亟望简命，用纾引领。②

十二月二十一日，他上第三封揭帖，简述战功情况：

> 本府统率诸将，抵于露梁，见李舜臣被围，本府躬统兵丁，斫斩数十百人，贼始退。乘胜尾追二十余里，贼死于煨烬，沉没海中，不能尽拔，共计擒斩三百二十名颗。千总陈九经（璘之子）生擒倭将一名，自称石曼子。阵亡副总兵邓子龙、统制使李舜臣。③

---

① 《朝鲜宣祖实录》卷106，宣祖三十一年十一月丙午，《朝鲜王朝实录》第23册，第535页。

② 《朝鲜宣祖实录》卷107，宣祖三十一年十二月癸丑，《朝鲜王朝实录》第23册，第538页。

③ 《朝鲜宣祖实录》卷107，宣祖三十一年十二月壬申，《朝鲜王朝实录》第23册，第548页。

露梁海战后一个月里，《朝鲜宣祖实录》就载录了三封陈璘给朝鲜
国王的揭帖。第一封主要陈述李舜臣战死情况，希望国王尽快任命
新的统制使，以便能够尽快指挥朝鲜水师参战。第二封揭帖简述随
后的战况，并再次敦促尽快任命水师统制使。最后一封则是简单汇
报露梁海战战绩与伤亡情况。陈璘之所以如此频繁地向朝鲜国王汇
报，想必也清楚李昖对他担任中朝联合水师的指挥官有些担心，他
希望通过主动向国王汇报，一则消除朝鲜君臣的疑虑，再则能够得
到国王的体谅与支持。他给朝鲜国王汇报战况，言简意赅，实事求
是。陈璘的苦心并未换来理解，朝鲜国王反而对其战功表示怀疑。
朝鲜国王以备忘记传于政院说：

> 陈都督战功，固为非轻，但其贺帖，以忠壮勇义立论，而
> 措辞似过。都督不过海上一战之捷耳。凶贼之退去，初非以此
> 捷也。岂至于平定一方，马伏波之上乎？况其斩级之数，时未
> 计验，亦未知战状之如何耳。且予私窃疑之，行长之得以晏然
> 扬帆而去者，恐陈都督未必不与闻于此也。安知与刘提督，彼
> 此潜谋，阴为约和，实许其退去，而阳于我国人所见处，攘臂
> 大言，外为愤慨之状乎？唐将处事，率多诡谲，其心不可
> 测也。①

国王李昖不仅直接指出陈璘此战只是一次胜利而已，不可过于夸
大，而且说日军退去并不一定就是因为战败，还怀疑陈璘与刘綎勾
结，故意将日军放走。这样的怀疑，实在过分。随后他又跟朝臣提
及："水兵大捷之说，恐是过重之言也。"引得李德馨不得不辩白：
"水兵大捷，则不是虚言也。小臣遣从事官郑彀往探，则破毁船本

---

① 《朝鲜宣祖实录》卷107，宣祖三十一年十二月己未，《朝鲜王朝实录》第23
册，第542页。

板，蔽海而流，浦口倭尸积在，不知其数。以此见之，可知其壮捷也。"① 李德馨当时是与陈璘等并肩作战的，他的辩白多少消除了国王李昖的一些怀疑。即便如此，在《朝鲜宣祖实录》的编修官看来，露梁海战的胜利似乎依然不能看成陈璘之功，以至于如此论道："露梁之战，来贼退遁，竟收全捷，成功则天也。"② 他们认为，露梁海战的胜利多少有些运气成分。在此基础上，朝鲜史籍对陈璘的战功表示质疑，如《择里志》云："璘以舜臣故，得贼级最多，及戊戌撤还，璘所上级，独多于诸天将。后见《明史》，论东征功，以璘为首，至于裂土受封，中国又何知此为舜臣功也！杨镐有功而被逮，陈璘因人而成功，皇明赏罚之颠倒，有如是矣！"③ 由质疑露梁海战之功，进而否定陈璘的首功。诚如前文已论，李舜臣受陈璘指挥，每次作战，李舜臣只是先锋官，听令于陈璘，战功归诸总指挥陈璘，合情合理，朝鲜人指责陈璘夺其功以为己功的说法，毫无道理。

总之，从上文的叙述来看，朝鲜君臣对于陈璘担当中朝联合水师的指挥，内心有所不甘。陈璘对此并非毫无觉察，他总时不时地给国王上揭帖，汇报战事状况，就是希望能够消除朝鲜君臣的疑虑，以获得他们的支持。陈璘与李舜臣的配合，还是相当默契的，他们彼此尊重，相互支持，尤其是在露梁海战中共同对敌，结下了生死情谊，可歌可泣。陈璘的战功，也是毋庸置疑的。

四　陈璘撤归与朝鲜王朝后人的追忆

朝鲜国王李昖虽内心有所怀疑，会见陈璘和经略邢玠时，还是

---

① 《朝鲜宣祖实录》卷109，宣祖三十二年二月壬子，《朝鲜王朝实录》第23册，第567页。

② 《朝鲜宣祖实录》卷109，宣祖三十二年二月丁巳，《朝鲜王朝实录》第23册，第572页。

③ 李重焕：《择里志》原文8《全罗道》，卢道阳韩文译本，《明知大学文库》第23种，汉城明知大学出版部1980年版，第244页。

说了很多夸奖之词。露梁海战结束后，李昖给陈璘的回帖中称颂道："节下以楼船之师，扼贼于露梁，身先诸将，奋勇直前，碎其艅艎，俘斩无算，妖氛廓清，威灵远畅。盖小邦被兵七载，始见斯捷，麟阁第一之功，非节下而谁哉？"① 国王客套地将胜利的第一功劳归于陈璘。万历二十七年三月，在汉城接见陈璘时，李昖特别恭维道："今番之举，大人背城决战，亲冒矢石，诸寨之贼，皆畏大人之威声，一时遁去。若非大人，则七年盘据之贼，岂为退去？"② 随后拜会经略邢玠时，李昖说："三路之贼一时遁去，陈大人大捷于海上，皇恩罔极，亦莫非诸大人之功也……天朝大人莫不尽心于小邦之事，而陈大人最为力战。"③ 如斯言论，不一而足。日军撤归，朝鲜大局已定，明大军撤还，议留一小部分军队于朝鲜，邢玠本想留刘綎镇守，但朝鲜君臣认为"刘之事不厌此邦之心，决不可留，陈都督（璘）可以兼统水、陆，留之似当"。④ 可见，他们对陈璘还是很尊敬的。后来因明朝内部动乱不止，自顾不暇，明军遂全部撤回。叙功之时，邢玠对部下发牢骚说："朝鲜但叙陈璘功，则我当参。朝鲜与三大将（刘綎、董一元、麻贵）之事，则令各将，自与国王论辩。"⑤ 尽管心存疑虑，朝鲜君臣对陈璘之功，也还表示推崇。

国王李昖特地到陈璘馆舍表示感谢，说道："东洋之捷，万世之大功，小国之不亡，皆大人之赐也。今者大人将为西还，不谷为

①　《朝鲜宣祖实录》卷106，宣祖三十一年十一月丙午，《朝鲜王朝实录》第23册，第535页。

②　《朝鲜宣祖实录》卷109，宣祖三十二年二月癸丑，《朝鲜王朝实录》第23册，第570页。

③　《朝鲜宣祖实录》卷106，宣祖三十一年十一月丁未，《朝鲜王朝实录》第23册，第535页。

④　《朝解宣祖实录》卷107，宣祖三十一年十二月乙卯，《朝鲜王朝实录》第23册，第539页。

⑤　《朝鲜宣祖实录》卷108，宣祖三十二年六月癸卯，《朝鲜王朝实录》第23册，第563页。

之缺然。"① 四月二十二日，陈璘率部辞归。一大早，国王李昖在
慕华馆要为陈璘饯行，但"都督以御史丧枢在后，故忙迫出去，
不及相见"，② 未得饯行，引得朝臣不满，纷纷上疏弹劾政院安排
不周，失礼过甚。有曰：

> 自上接待天将，出于至诚，大小之行，饯慰之礼，无小欠
> 缺。今此陈都督之行，严刻非不早定，而政院供职怠忽，都督
> 临发，始请举动，致令大驾，忙迫出门，未及接见。虽使承旨
> 请留，而迈迈不顾，其心未必无憾恨之意。况此提督于我国，
> 最有功劳，接待之礼，尤不可不至，而致有莫大之悔。请色承
> 旨罢职，都承旨及同参承旨，并命推考。且伺候郎厅、接伴使
> 等，亦不无怠慢之罪，请命推考。③

陈璘临别前，国王未得饯行，一众官员皆被弹劾，特别强调陈璘
"最有功劳"，诸司安排不力，故皆应受到惩处。此事最后不了了
之，但从此开启了朝鲜追忆陈璘之先声。

万历抗倭援朝战争结束，《明史·神宗本纪》道："总兵官陈
璘破倭于乙山，朝鲜平。"④ 将战争的最后胜利归诸陈璘乙山之捷。
万历二十七年七月，给事中杨应文在报功章奏中称颂道："陈璘报
国，誓捐七尺，推锋力敌万人，自攻打倭巢及荡灭援倭，血战无虑
数十番，而露梁、昆阳、昌善之役，从昏逮明，连昼复夜，毁舟七
八百只，斩溺二万余名，石曼函首，正成等就俘。天日为昏，海波

---

① 《朝鲜宣祖实录》卷 111，宣祖三十二年四月庚午，《朝鲜王朝实录》第 23
册，第 602 页。

② 《朝鲜宣祖实录》卷 111，宣祖三十二年四月辛未，《朝鲜王朝实录》第 23
册，第 604 页。

③ 《朝鲜宣祖实录》卷 111，宣祖三十二年四月辛未，《朝鲜王朝实录》第 23
册，第 604 页。

④ 《明史》卷 21《神宗本纪》，第 280 页。

尽赤，史册所载，未能或加。"① "论功，璘为首，绖次之，贵又次之。进璘都督同知，世荫指挥佥事。"② 陈璘被授予东征首功，此乃实至名归，毋庸置疑。归国后，陈璘参与平定播州杨应龙叛乱，1606年死于广东提督任上。据传朝鲜在北京的使臣获知陈璘病逝的噩耗后，当即祭奠，并赋诗一首，表达深深的哀悼与无限的怀念。诗曰：

> 前身杨仆将舟师，碌碌黄金笑出奇；此日讴歌穷海沸，当时鬓白满车随。
>
> 丹青仿佛还多事，文字揄扬亦一时；惟有终南与江汉，千秋不尽海邦思。③

确实，明清易代之后，尤其当朝鲜肃宗（1674—1720年在位）、英祖（1724—1776年在位）时，朝鲜举国陷于浓厚的尊周思明氛围中，陈璘与李如松和杨镐等东征将领一样，化作明朝符号，成为当时朝鲜君臣追思祭奠的对象。

朝鲜后人追忆陈璘，跟关王庙分不开，这又与朝鲜历史上第一座关王庙乃是1597年陈璘于古今岛所建有关。"于时关王之灵感于陈公之梦，赖其阴骘，竟树大捷之功"，④ 以水师屡战屡捷，归功于关王"阴骘"，故在古今岛建关庙，崇享关公，开创了明朝将领在朝鲜建造关庙之先例。明将离开之时，包括汉城的东、南关王庙在内，已建了六座关庙。明军撤回，汉城关王庙由朝鲜王廷经管，成为朝鲜王廷祭祀的组成部分，光海君时规定"关庙祭礼则依纛

---

① 喻政：《陈太保传》，收入《韶州府志》卷34，《中国方志丛书》，成文出版社1966年版，第690页。

② 《明史》卷247《陈璘传》，第6406页。

③ 喻政：《陈太保传》，收入《韶州府志》卷34，《中国方志丛书》，第691页。

④ 申璿：《陈都督东征纪实》之《关王庙重修记》，《朝宗岩文献录续集》，汉城景仁文化社1982年版，第442页。

所例，每年春秋惊蛰、霜降日，遣官设行矣"。① 地方上的关王庙则逐渐荒废，一直到肃宗年间，随着肃宗倡导尊周思明理念，关王庙的香火才又兴旺起来。

宣祖以后的朝鲜君臣很少关注关王庙，即便是汉城东、南关王庙，虽有武士把守，但也逐渐破败，地方上无人管理的关王庙就更加破败不堪。肃宗年间，开始统一修缮全国各地的关王庙。肃宗三十六年，朝鲜性理学宗师宋时烈门人副提学金镇圭（1658—1726）在调查全国各地关王庙的情况后启奏国王，特别提到古今岛关王庙：

> 今惟当讲定其享祀之仪节……且古今岛关庙，实陈都督璘所建，而忠武公李舜臣与陈璘同时效力于御倭，故所以配食此庙。则祭文中宜其该记事实，而知制教所撰进者，语意疏漏，殊甚未莹，不可以其已启下而置之，使之添入此意，改付标启下后，令香室改书追送，前下送祭文，使之还送而烧火。②

因为要统一关王庙的祭祀礼仪，所以对于地方上关庙的情况，要先详细调查清楚，并且将相关建筑统一修缮。此段史料，恰恰是对安东、星州、古今岛关王庙调查的情况，并提及祭文的撰写应当根据情况适当予以修改。对于祭祀礼仪也进行了统一规范，规定皆以东、南关王庙为准，"以依京中东、南关庙例。祭时用惊蛰、霜降，而祭羞则依宣武祠例，不用笾豆而用燕馔矣"。"祭官东南关庙献官例。以二品武臣差遣，执事皆用武官。"③ 只是地方上的关

---

① 《朝鲜光海君日记》卷 54，光海君四年六月甲子，《朝鲜王朝实录》第 27 册，第 422 页。

② 金镇圭：《竹泉集》卷 30《礼曹古今岛安东星州关王庙祭仪磨炼启》，《影印标点韩国文集丛刊》第 174 册，韩国民族文化推进会 1995 年版，第 447 页。

③ 《竹泉集》卷 30《古今岛安东星州关王庙享祀仪节磨炼节目》，《影印标点韩国文集丛刊》第 174 册，第 448 页。

王庙，其祭祀的供品稍逊，"下邑所建，亦不可尽如国都庙享。至于配位，宜降杀于主享武安王。祭羞笾豆各四、簠簋各二、豕全体、爵三，配位笾豆各二、簠簋各一、豕椎体、爵一"。① 这样，全国关王庙祭祀实现了标准化，使得地方上关王庙的祭祀活动也走上正常化、规范化之路。

显宗七年（1666），地方官节度使柳斐然重修古今岛关王庙，以陈璘、邓子龙、李舜臣配享。肃宗三十六年，朝鲜王廷正式将陈璘、邓子龙和李舜臣作为古今岛关王庙的从祀对象。与此同时，陈璘和李舜臣也被作为汉城东、南关王庙的配享对象。肃宗年间，以明朝将领作为关王庙的从祀对象，这是朝鲜关王庙祭祀上一个大的突破，有深刻的象征意义，为朝鲜关王庙的祭祀刻画了一种新的"明朝"的标志。

为何要以明朝将领作为从祀对象？而在所有从祀将领中，唯独李舜臣是朝鲜将领，为何单独将他作为与明朝将领一样的陪祀对象，有何用意？领议政李颐命有非常清楚的说明，他论及陈璘、李舜臣从祀于古今岛关王庙：

> 关王之庙于是，而腏食陈、李，其义如何？噫，关公生炳大义，没为明神，千秋正气，拂郁于宇宙。明兴，盖多灵异，中国至今家尸而户侑。公灵如水，无不之矣，何独不可祀于东土也！陈公奉天讨扬皇灵，宜得神理之助顺，况精诚之发，旷世可感乎！李公功闻天下，身殉国难，振华夏之威，殆庶几焉。陈、李之交，肝胆亦相照矣。《易》曰方以类聚，苟其类也，虽百世之久，万里之远，皆可聚焉。若三公之义烈，其可谓之非类乎？同閟宫胏螘，何疑之有！昔夫子修《春秋》而欲居九夷，盖悲王迹之熄也。关公尝好读《春秋》，其雄魂可安

---

① 《竹泉集》卷30《古今岛安东星州关王庙享祀仪节磨炼节目》，《影印标点韩国文集丛刊》第174册，第448页。

于今日中土之腥膻乎？将乐我东思汉之风乎？意其风马云车，左都督、右统制，共临晼于此邦，圣朝之因遗迹致禋祀，岂无其义也！①

之所以将李舜臣作为与陈璘一样的陪祀对象，是因为他"功闻天下，身殉国难，振华夏之威"，故而可以与"天将"并列从祀。朝鲜认为陈璘、李舜臣与关羽是一类英灵，生前皆建功立业，尽管是"百世之久，万里之远"，但依旧可视为一类。更为重要的是，在最为重要的东、南关王庙中，也只是以陈璘与李舜臣作为陪祀对象，选择陈璘而不是李如松或者杨镐，其有深意焉。朝鲜陆军不堪一击，无法与明朝将士匹敌，只有水师统制使李舜臣战功卓著，可以与明朝将领并列，更为重要的是，他的战功都是与陈璘联合作战共同取得的。在最为关键的露梁海战中，陈璘是总指挥，李舜臣是先锋将领，最终取得了大捷，这是朝鲜与明朝生死与共的典范，故以他们二人作为从祀对象，蕴含着深刻的象征意义，表达了朝鲜王朝与明朝互为依存、密不可分的关系。②

英祖二十六年九月，英祖路过水原，登秃城山城，他对随行大臣承旨黄景源等说："秀吉之乱，都督陈璘率广西、广东舟师，与行长战于露梁大破之，行长遁去。南汉被围，总兵官金日观率山东诸镇舟师往救之，师未至而城已下，虽不成功，予何忍忘皇恩也？"③将陈璘露梁大捷视作明朝皇恩的代表，表达追忆之情。陈璘就这样作为明朝的象征之一，存在于朝鲜王朝后期尊周思明的氛围之中。

---

① 李颐命：《疏斋集》卷14《古今岛关王庙碑》，《影印标点韩国文集丛刊》第172册，韩国民族文化推进会1995年版，第367页。

② 参见孙卫国《从"尊明"到"奉清"：朝鲜王朝对清意识的嬗变，1627—1910》之第三章，台湾大学出版中心2018年初版，2019年再版。

③ 《朝鲜英祖实录》卷72，英祖二十六年九月乙丑，《朝鲜王朝实录》第43册，第382页。

明清易代，据说陈璘的后代到了朝鲜，"公之孙监国守卫使泳潎，当崇祯之末，义不共戴天也，故自南乘舟浮海漂到于东国之南海，子孙世居于海南山二皇朝洞，乃建祠宇，春秋奉享焉"。① 现在流传着陈璘有后代生活在韩国的说法。朝鲜历史上传闻石星、李如松等东征将士都有后代生活在朝鲜半岛，但大多只是民间传说。当朝鲜王朝尊周思明氛围盛行时，朝鲜君臣都希望能够找到这些将士的后代，但都失望而归。关于陈璘后代是否真的东渡的问题，在《朝鲜王朝实录》等官方史料中，难以找到相应的佐证，即便他们有家谱流传，似乎也只能作为一种传说而已，真实与否，很难断定，但似乎也不是那么重要了。

万历抗倭援朝战争中，明军开赴朝鲜，在跟朝鲜合作抗击日本侵略的战争中，由明朝将领主导，应该是完全不成问题的，尤其是陆上战役中，朝鲜部队几乎不堪一击，大多在日本入侵过程中已被击溃，故由明朝将领主导作战，朝鲜君臣并未见有什么不满。壬辰与丁酉年间，皆是如此。唯独水师合作中，尽管陈璘从最初见到朝鲜国王时就提出要节制朝鲜水师，但因朝鲜君臣一直对其不满，便表面应付，背后不平。主要原因大概不外乎三点：第一点，由李舜臣指挥的水师是朝鲜军队中唯一与日军作战几乎保持不败的部队，即便元均丧败，但又在鸣梁海战中取得了胜利，找回了信心，故而在跟日军作战方面，他们能够主动掌控；第二点，陈璘率领的水师，尽管人数多、战船多，但朝鲜对于他们战斗力如何并不清楚，且他们初来乍到，对朝鲜海防情况并不熟悉，故而朝鲜君臣不放心；第三点，在既往跟明朝将领合作过程中，朝鲜君臣认知到明将不好伺候，也担心难以融洽。在历经数次战争后，李舜臣尽管也有过怨言，与陈璘的合作却越来越融洽，彼此相互尊重，终于取得了关键性的露梁大捷。因为陈璘是总指挥官，每次作战，李舜臣是先锋官，把陈璘的战功说成是夺李舜臣之功为己功，则是厚诬古人，

————————

① 《李忠武公全书》卷16，韩国成文阁编辑部1988年版，第409页。

国王李昖的质疑与《朝鲜宣祖实录》的讥刺，都是毫无道理的。陈璘与李舜臣的合作，可以说是万历抗倭援朝战争中的典范，在随后数百年的追思中，他们成为朝鲜关王庙崇祀的对象，同时化作明朝的符号，成为朝鲜尊周思明思潮中不可磨灭的记忆。

第 九 章
《纪效新书》与朝鲜王朝军制改革

万历抗倭援朝战争中，明军将士开赴朝鲜，抗击日本侵略军，使得朝鲜"藩邦再造"。同时，朝鲜军队的重建，跟明朝南兵将士分不开，与戚继光的《纪效新书》更是有着直接的关系，故特别讨论此问题，以见明朝将士赴朝的另一个重要影响。朝鲜军队在壬辰倭乱初期被日军打得溃不成军。万历二十一年正月，平壤大捷之后，朝鲜王朝君臣获悉明南兵将士作战英勇，又了解到这支部队乃经戚继光训练的士卒，以戚继光所著《纪效新书》为训练军队的兵书，遂设法购来此书，组建训练都监，重建朝鲜军队。此书成为朝鲜王朝训练士卒、组建军队的指导性兵书，①对之后的朝鲜军制产生深远影响。一部兵书的传入，使朝鲜王朝重建了军队，具有如此深远的影响力，这在东亚书籍交流史上是绝无仅有的，也是这场战争中特别值得重视的一件事。检视此书的传入过程，探寻其对朝鲜军制的影响，不仅具有重要的学术价

---

① 李裕元称："《纪效》一编传海左，八般遵袭百年余。"参见李裕元《嘉梧稿略》第 3 册《皇明史咏·戚继光》，《影印标点韩国文集丛刊》第 315 册，韩国民族文化推进会 2000 年版，第 93 页。

值，亦有一定的现实意义。① 在一定意义上，也可以深化对明朝抗倭援朝将士的了解。

一 明南兵在平壤大捷中的表现与《纪效新书》之东传

万历二十年四月，日军在釜山登陆，一路长驱直入，很快就将朝鲜军队击溃。国王李昖北狩，王京汉城、平壤等相继陷落，多半国土被日军占领，李昖只好紧急向明廷求援。在兵部尚书石星力主之下，明朝最终派宋应昌为经略、李如松为提督，率领四万大军开赴朝鲜。万历二十一年正月，明军一举将平壤收复，取得了平壤大捷。在平壤战役中，来自浙江的南兵表现最为英勇。"（南兵将领）吴惟忠中丸伤胸，策战益力。骆尚志从含球门城，持长戟负麻牌，耸身攀堞，贼投巨石，撞伤其足，尚志冒而直上。诸军鼓噪随之，贼不敢抵当。浙兵先登，拔贼帜，立天兵旗麾。"② 战后，朝鲜君臣认识到"是战也，南兵轻勇敢战，故得捷赖此辈"。③ 朝鲜左议

---

① 有关此书传入朝鲜王朝的情况及其影响，已有论著论及。如范中义《戚继光传》（中华书局 2003 年版）简单介绍过《纪效新书》传入朝鲜的情况。祁山《〈纪效新书〉传入朝鲜半岛的背景及影响》（《山东青年政治学院学报》2013 年第 5 期）着重讨论了平壤大捷后朝鲜君臣对《纪效新书》的重视。杨海英、任幸芳《朝鲜王朝军队的中国训练师》（《中国史研究》2013 年第 3 期）讨论了朝鲜训练都监的成立、朝鲜军队的训练过程与结果、朝鲜王朝军队的中国训练师，是讨论《纪效新书》对朝鲜影响比较深入的论文，对朝鲜军队中中国训练师的考订，尤有价值。韩国学者卢永九就《纪效新书》发表过两篇论文：《宣祖代〈纪效新书〉所载阵法之研究》（《军史》第 34 辑，1997 年）着重探讨朝鲜宣祖时期对于《纪效新书》阵法的研究；《朝鲜增刊本〈纪效新书〉的体制与内容》（《军史》第 36 辑，1998 年）对朝鲜刊本《纪效新书》有比较详细的介绍。事实上，《纪效新书》有十八卷本和十四卷本，朝鲜刊行此书，乃是在十四卷本基础上，增加了《练兵实纪》的部分内容，扩充为十八卷本。

② 《朝鲜宣祖实录》卷 34，宣祖二十六年正月丙寅，《朝鲜王朝实录》第 21 册，第 601 页。

③ 《朝鲜宣祖实录》卷 34，宣祖二十六年正月丙寅，《朝鲜王朝实录》第 21 册，第 601 页。

政柳成龙曰："提督攻城取胜，全用南军。"[1] 南兵作战英勇，表现突出，但战后李如松叙功之时却"右北军而退南兵"，[2] 令朝鲜君臣为南兵鸣不平，甚至直接批评道："李提督以天朝大将……反为贪功所使……岂非可耻之甚乎!"[3] 他们获知南兵皆戚继光训练过的士卒，于是希望获得戚继光训练士卒所使用的《纪效新书》。

戚继光（1528—1588），字符敬，定远人。世袭登州卫指挥佥事，嘉靖中历浙江参将，以破浙东倭，进秩三等。嘉靖三十八年，戚继光到义乌招募矿工、农民数千人，仅用一年多的时间，就将其训练成能征善战的精锐之师。戚继光在东南沿海抗倭十二年，从浙江打到福建、广东，大小近百战，每战必胜，将东南沿海倭寇扫平。他将训练士卒的条款汇编成册，题名为《纪效新书》。主体十八篇，"曰束伍、曰操令、曰阵令、曰谕兵、曰法禁、曰比较、曰行营、曰操练、曰出征、曰长兵、曰牌筅、曰短兵、曰射法、曰拳经、曰诸器、曰旌旗、曰守哨、曰水兵"。[4]《纪效新书》是一部针对东南抗倭而训练士卒、极具实用性的兵书。隆庆二年五月，戚继光调任总理蓟昌保练兵事务，他又在北方练兵，针对北方蒙古兵的特点，分别建立了步兵营、骑兵营、辎重营和侦察部队营。他重新编订练兵条款，并汇编成册，题名《练兵实纪》。经过戚继光的严格训练，蓟镇士卒成为一支训练有素、战斗力极强的部队。万历十一年，戚继光被谪调广东。次年，在十八卷本《纪效新书》和《练兵实纪》的基础上，重新编订出十四卷本《纪效新书》，总括了他在东南沿海抗倭与蓟镇练兵抗虏的经验，成为一部在军事理论

---

[1] 《朝鲜宣祖实录》卷35，宣祖二十六年二月壬辰，《朝鲜王朝实录》第21册，第625页。

[2] 《朝鲜宣祖实录》卷37，宣祖二十六年四月乙巳，《朝鲜王朝实录》第21册，第691页。

[3] 《朝鲜宣祖实录》卷36，宣祖二十六年三月丁卯，《朝鲜王朝实录》第21册，第661页。

[4] 《四库全书总目》卷99《子部·纪效新书》，第840页。

上颇有建树的兵书。清修《四库全书》只收了二十部兵书，但戚继光所著的《纪效新书》（十八卷本）与《练兵实纪》两部兵书都被收入，可见其在中国军事史上的影响力。

事实上，早在壬辰战争之前，朝鲜君臣对于戚继光就有所耳闻。万历二年朝天使赵宪出使明廷，在蓟州见到一支明朝军队，纪律严明，对百姓秋毫无犯，甚为敬佩，经打听后方知是戚继光的部队。赵宪刚好读过戚继光所写的三文帖，① 遂写道："（戚继光）忠诚甚笃，文字兼美，真间世名将也。山东登州人。蓟州人曰：戚公曾任南方边帅，时适有倭寇，与战之时，戚公以其子为偏将而失律，仗义斩之，卒胜于敌，与岳公无异。今镇北方，善谋善御，有急必援，虏不敢近。"② 对戚继光心生敬佩。十一月回国后，赵宪上书国王，报告见闻，并说："盖以主将威信之素著，故军畏其令，而不敢扰民也。"③ 呼吁朝鲜军队要学习戚家军的严明纪律，对士兵严加节制。赵宪提出："伏愿圣明以杨兆、戚继光之事，命儒臣作传，而并印其文，广布于中外将士。使倚命自画之徒，有感慕而兴起，则彼知当今之世，果有如许名将。虽垂翅回溪之人，终能奋翼于渑池矣。"④ 这是朝鲜君臣最早获知戚家军的情况。没想到十几年后，这支军队竟然开赴朝鲜，成为明军主力之一，与朝鲜军队共同抗击日军的侵略。

壬辰倭乱初期，朝鲜军队被击溃。朝鲜开国之初，"国朝兵制，总于五卫，兵曹为本兵，都总府领之。更休上番，则为宿卫之

---

① 此处所提到的"三文帖"，未曾找到。迄今为止，收集戚继光资料最全的《戚继光研究资料粹编》（张德信、王熹合编，范中义、李克修订，三卷本，黄海数字出版社 2016 年版）中，没有"三文帖"。

② 赵宪：《重峰先生文集》卷 10《朝天日记·上》，《影印标点韩国文集丛刊》第 54 册，韩国民族文化推进会 1990 年版，第 366 页。

③ 《重峰先生文集》卷 3《质正官回还后先上八条疏·甲戌十一月》之《军师纪律之严》，《影印标点韩国文集丛刊》第 54 册，第 196 页。

④ 《重峰先生文集》卷 3《质正官回还后先上八条疏·甲戌十一月》之《军师纪律之严》，《影印标点韩国文集丛刊》第 54 册，第 197 页。

卒；有事兴发，则为战阵之卒。其中羡卒，有衣冠而陪卫者，有纳布而资给正军者，此外无他兵矣"。① 五卫制是其主体，兵农结合；战时为兵，闲时为农。这样的兵制，军队衣食自给，朝廷也没经济负担。但士卒战斗力不强，无法抵御强敌入侵。"升平数百年，猝值乙卯之乱，创行济胜方略束伍之制。及壬辰乱益甚，而五卫因又积废，至是无复可循。"②"壬辰兵燹之后，五卫凋弊，皆不堪战。"③ 壬辰倭乱之时，朝鲜军队不堪一击，五卫制也随之瓦解，所以军队急需重建。朝鲜君臣将明南兵作为学习的榜样，戚继光《纪效新书》则为他们学习南兵提供了可能。

《纪效新书》是如何传入朝鲜的呢？朝鲜兵曹判书李德馨最早注意到此书。作为李如松的陪伴使，在平壤大战中，李德馨亲眼看到明南兵英勇善战，主动询问其教习之方，被告知来自戚继光的《纪效新书》，遂想方设法获取此书。④ 国王李昖对于此书也甚为关心。战事结束后，李德馨告知国王明军攻城情况："以佛狼器、虎蹲炮、灭虏炮等器为之。距城五里许，诸炮一时齐发，则声如天动，俄而火光触天，诸倭持红白旗出来者，尽僵仆，而天兵骈阗入城矣。"国王得知，使用火炮南兵乃戚继光用《纪效新书》训练出来的，便称赞戚继光为"心智出众之人"，⑤ 当即表示要学习此书，训练朝鲜军队，提升战斗力。于是，前去拜谒李如松。"初，平壤之复也，上诣谢都督李如松，问天兵前后胜败之异，都督曰：'前

---

① 《朝鲜显宗改修实录》卷10，显宗四年十一月戊寅，《朝鲜王朝实录》第37册，第353页。

② 黄胤锡：《颐斋遗稿》卷13《书兵学指南后》，《影印标点韩国文集丛刊》第246册，韩国民族文化推进会2000年版，第286页。

③ 《朝鲜显宗改修实录》卷10，显宗四年十一月戊寅，《朝鲜王朝实录》第37册，第353页。

④ 《朝鲜显宗实录》卷9，显宗五年八月甲辰，《朝鲜王朝实录》第36册，第428页。

⑤ 《朝鲜宣祖实录》卷49，宣祖二十七年三月戊戌，《朝鲜王朝实录》第22册，第239页。

来北方之将，恒习防胡战法，故战不利。今来所用，乃戚将军《纪效新书》，乃御倭之法，所以全胜也。'上请见戚书，都督秘之不出。上密令译官，购得于都督麾下人。"① 李昖以国王之尊向提督李如松讨要此书，竟然不得，这种说法未必真实，但为此书传入朝鲜增加了些许神秘色彩，也衬托出朝鲜希望获得此书的热切心情。

可见，在平壤大捷之后，朝鲜君臣从明军手中购得《纪效新书》，自此开始军队的重建。事实上，从《纪效新书》的刊行情况来看，万历抗倭援朝战争期间，是此书刊行的第一个高峰，② 南兵将领携带此书开赴朝鲜，也是意料之中。此后，朝天使出使明朝时，国王李昖特地指令要购买《纪效新书》，因为此书版本不一，国王特指令："戚继光所撰《纪效新书》数件，贸得而来。但此书有详略，须得王世贞作序之书贸来。"③ 朝鲜国王亲自指令购买某本书，且指明所要版本，在中朝书籍交流史上也属罕见，由此可见此书在朝鲜国王心目中具有十分重要的地位。

二 朝鲜训练都监的建立与朝鲜依《纪效新书》之练兵

平壤大捷之后，在明朝将领与朝鲜君臣的共同努力下，朝鲜开始了练兵计划。国王批准设立训练都监，以《纪效新书》为教材，"戚继光《纪效》之书，今为兵家之玉律"。④ 军队重建得以展开，《纪效新书》始终被奉为圭臬，由此奠定了朝鲜随后三百多年军队的建制。

---

① 《朝鲜宣祖修正实录》卷28，宣祖二十七年二月庚戌，《朝鲜王朝实录》第25册，第646页。

② 参见高扬文、陶琦《戚继光研究丛书总序》，戚继光撰，曹文明、吕颖慧校释：《纪效新书（十八卷本）》，中华书局2001年版，第18页。

③ 《朝鲜宣祖实录》卷42，宣祖二十六年九月丙子，《朝鲜王朝实录》第22册，第103页。

④ 丁若镛：《与犹堂集·第五集·政法集》卷23《牧民心书》卷8《练卒兵典》，《影印标点韩国文集丛刊》第285册，韩国民族文化推进会2002年版，第495页。

朝鲜最初的练兵计划，受明南兵将领骆尚志敦促，由领议政柳成龙着手准备。朝鲜肃宗年间，文臣金楺曰："万历癸巳夏，柳西厓成龙病，骆参将尚志来访，尽日言练兵守国之要。西厓遂募京城居民七十余人，送于骆公麾下，学习鸟铳、筤筅、长枪、用剑等艺。骆公教之甚悉，或亲自击剑使枪以导之。"① 时当碧蹄馆之役后，明朝与日本开始封贡和谈，战事处于相对平静的状态，骆尚志敦促柳成龙练兵，并亲自教导。《东国文献备考》亦曰："骆尚志言于相臣柳成龙曰：朝鲜方微弱，而贼犹在境上，此时练兵最急。乘天兵未回，学习技艺，则数年间皆成精锐，可以御倭。成龙驰闻于行在，因使所带军韩士立招募得七十余人，请教于骆将。骆拨帐下张六三等十人为教师，习枪、剑、筤筅等技，上命设都监，以大臣尹斗寿领其事。"② 柳成龙练兵之后，朝鲜国王方顺应其事，设立训练都监，专门负责练兵之事，重建朝鲜军队。

事实上，朝鲜练兵、重建军队，是明军将领们的共同愿望。明经略宋应昌亦曾敦促朝鲜国王加速练兵计划。万历二十一年八月，宋应昌移咨朝鲜国王："亟行全罗、庆尚、京畿等道，令陪臣募选膂力精壮军人，以多为善，即使陪臣管辖，尽发副将刘綖、吴惟忠、骆尚志等营……令其所服衣甲与南兵同，所执器械与南兵同，令各营教师训练起伏击刺之法与南兵同，不数月间自与南兵无二。倭来则助我兵以与战守，由此渐渐加增，渐渐熟练。"③ 可见，在练兵以加强朝鲜的自保能力上，明将领与朝鲜君臣想法一致。练兵事务专由训练都监负责，那么训练都监是由谁创立的呢？

---

① 金楺：《俭斋集》卷30《丙丁琐录（丙辰丁巳）》，《影印标点韩国文集丛刊续编》第50册，韩国民族文化推进会2007年版，第611页。

② 弘文馆纂辑：《增补文献备考》卷109《兵考一·制置一》，韩国学中央研究院藏书阁藏本（番号：2-2095），1908年，第19a页。

③ 《经略复国要编》卷10《移朝鲜国王咨（同年八月初四日）》，吴丰培编：《壬辰之役史料汇辑》（上），第802—803页。

宣祖四十年五月，柳成龙卒，《朝鲜宣祖修正实录》论之曰："成龙于壬辰乱后建议，始置训练都监，仿戚继光《纪效新书》，抄选炮、射、杀三手，以为军容。修缮外方山城，修镇管法，以为备御之策，成龙去位，皆废不行。独训练都监仍存，至今赖之。"① 另有史书记载："王见戚继光所撰《纪效新书》，甚嘉其制，别设训练都监，命大臣一员以领之。择武弁重臣为大将，抄择丁壮勇锐，分属部伍，储养训练，颇有条理。"② 可见，训练都监乃是柳成龙请命、国王李昖批准设立的，其用《纪效新书》来加以训练，以重建朝鲜军队。

训练都监成立于何时呢？查《朝鲜宣祖实录》，最早出现"训鍊都监"③ 一词，乃是在宣祖二十六年八月，备忘记曰：

> 今日贼势，有万可虞。备边司自前处事弛缓，经贼二年，未尝练一兵、修一械，只望天兵，惟俟贼退，无乃不可乎？前日练兵事传教，而予言不得施矣。虽然似不可如是悠悠，以待其亡，今山陵都监已毕。予意别设训鍊都监，差出可合人员，抄发丁壮，日日或习射、或放炮。凡百武艺，无不教训，事议处。④

从这段史料中可以看出，当时朝鲜君臣正商议是否成立训练都监。两天后，国王与朝臣讨论训练都监的训练事项，提出士卒不仅要练

① 《朝鲜宣祖修正实录》卷41，宣祖四十年五月癸亥，《朝鲜王朝实录》第25册，第701页。

② 《月沙先生集》卷50《昭敬大王行状》，《影印标点韩国文集丛刊》第69册，第297页。

③ 笔者按，《朝鲜王朝实录》中"训练都监"多写成"训鍊都监"，朝鲜史料亦多用"训鍊都监"，但理当是"训练"而不是"训鍊"，故而凡原始材料是"训鍊都监"，一概保留，在正文行文中，则用"训练都监"。

④ 《朝鲜宣祖实录》卷41，宣祖二十六年八月庚子，《朝鲜王朝实录》第22册，第78页。

习火炮，还要进行跑步与各种技击的训练。① 十月初六就已经有训练都监提调官上书了。因此，训练都监的成立时间，应该是在宣祖二十六年八月以后十月之前。② "训鍊都监则乃是为国家练兵之所"，③ 是朝鲜后期最主要的练兵机构，其依照《纪效新书》，针对士卒训练制定了一套严格的制度。

训练都监成立以后，着手招募士卒，聘请明朝将领为教师，学习《纪效新书》，"专以此书为师，而中外无复异者"。④ 训练之前，首要任务是要弄懂《纪效新书》的内容。国王李昖阅读此书时也不能完全理解，"上在海州，以示柳成龙曰：'予观天下书多矣，此书实难晓。卿为我讲解，使可效法。'成龙与从事官李时发等讨论，又得儒生韩峤为郎，专掌质问于天将衙门"。⑤ 国王自己不懂，便让柳成龙为他讲解。国王还曾问大臣们是否能完全读懂，身为兵曹判书的李德馨亦说"未尽解"。⑥《纪效新书》内容对于朝鲜人来说很难懂，乃是情理之中的事，因为其中许多是浙江土语与口语，"是编自《束伍》至《水兵》，改十八篇为十八卷，其文取便口讲，使兵伍听而易于晓畅，不以润色为工。皆在浙时亲试诸行

---

① 《朝鲜宣祖实录》卷41，宣祖二十六年八月癸卯，《朝鲜王朝实录》第22册，第79页。

② 杨海英、任幸芳的文章《朝鲜王朝军队的中国训练师》（《中国史研究》2013年第3期）以柳成龙的记述为据，将训练都监的成立时间考订为宣祖二十六年十月，纠正了《朝鲜宣祖修正实录》的错误，后者以为是在宣祖二十七年正月。事实上，训练都监的首任提调是尹斗寿，而非柳成龙。柳成龙十月接任提调，之前是尹斗寿，柳成龙的记述也不够精准。

③ 崔有海：《嘿守堂先生文集》卷11《杂著·治国如治病论（月课）》，《影印标点韩国文集丛刊续编》第23册，韩国民族文化推进会2006年版，第264页。

④ 《颐斋遗稿》卷13《书兵学指南后》，《影印标点韩国文集丛刊》第246册，第286页。

⑤ 《朝鲜宣祖修正实录》卷28，宣祖二十七年二月庚戌，《朝鲜王朝实录》第25册，第646页。

⑥ 《朝鲜宣祖实录》卷49，宣祖二十七年三月戊戌，《朝鲜王朝实录》第22册，第239页。

阵，具有明效而纪者也"。① "虽其词率如口语，不以润色为工。"②
《四库全书总目》亦言："其词率如口语，不复润饰，盖宣谕军众，
非如是则不晓耳。"③ 浙江口语，对朝鲜人来说自然是天书，即便
用汉字写成，他们也难以明白，所以朝鲜人要将其摘抄重编，以便
士卒理解。为了弄懂此书，延请明朝将领讲授，是最有效的办法。
"训鍊节目，其载《纪效新书》者，至详至密。今当一切依仿为
之，但其文字及器械名物，有难晓处。趁此天兵未还之前，令聪敏
之人，多般辨质，洞然无疑，然后可以训习。"④ 朝鲜练兵，"部分
演习悉如戚制，数月而成。是年，皇朝教练游击胡大受之出来，盖
为教三手请来也。韩峤翻译《杀手诸谱》，又质问枪法于游击许国
威，为《后谱》"。⑤ 可见，理解《纪效新书》对于朝鲜人来说相
当困难，在明朝将士撤回之前，延请明朝将领为教师，国王李昖对
此事颇感紧迫，指令训练都监："《纪效新书》紧要之条，亦宜精
抄，武士教诲，试讲论赏。大概都监不但教以铳炮刀枪之技，如此
事，并察而举行，如何？言于训练都监。天将大衙门，今皆撤还。
一路诸事，尽心至诚，当倍加于初来之时。"⑥ 表达一定要认认真
真地学习《纪效新书》，帮助朝鲜将士弄懂此书之意。同时，柳成
龙指令儒生韩峤积极向明朝将领请教，以便尽快掌握此书内容。

　　根据《纪效新书》之精神，朝鲜国王李昖从"练将""练兵"
"修械"等方面开始全方位重建朝鲜军队。

---

① 参见张海鹏《纪效新书跋》，戚继光撰，曹文明、吕颖慧校释：《纪效新书
（十八卷本）》"附录"，第363页。
② 参见吴之勤《纪效新书后序》，戚继光撰，曹文明、吕颖慧校释：《纪效新书
（十八卷本）》"附录"，第364页。
③ 《四库全书总目》卷99《子部·纪效新书》，第840页。
④ 《朝鲜宣祖实录》卷43，宣祖二十六年十月丙戌，《朝鲜王朝实录》第22册，
第108页。
⑤ 徐荣辅、沈象奎编：《万机要览·军政编二》之《训练都监·设置沿革》，汉
城景仁文化社1972年版，第216页。
⑥ 《朝鲜宣祖实录》卷129，宣祖三十三年九月癸丑，《朝鲜王朝实录》第24
册，第125页。

其一，"练将"即组建精干的指挥官队伍。对将领的选择，是练兵成败的关键。国王对此十分用心，他深知"练将尤重于练兵"，"兵虽训鍊，用兵者无其人，则如列棋子于局上，而使凡手著之，虽甚整齐，依旧不胜也。今宜于京外武士中，搜访将来可堪统兵者，为训练部曲之任，学习阵法，自大将以下，以及哨官、旗队总，皆于平日，自练其兵，临战自用其军，然后庶几所养即所用，所用皆所养也。此《新书》所以既言练兵，而以练将终之者也"，① 严格遵循《纪效新书》的精神，重视将领的选择，以保证练兵的效果。于是，"（柳）成龙为都提调，武宰臣赵儆为大将，兵曹判书李德馨为有司堂上，文臣辛庆晋、李弘胄为郎属"。② 后来进一步将其完善，"都提调一员，大臣领之；粮饷提调一员，户曹判书兼之；军色提调一员，兵曹判书兼之；大将则专管练习，以武臣习兵者为之"。③ 以大臣总管其事，户曹提供粮饷，兵曹提供武器，大将专管练习，武臣亲自教导，"盖五卫废而后都监始重"，④ 这是重建朝鲜军队最重要的建制。具体到训练都监的下属官员，置大将一人，从二品；中军一人，正三品；从事官二人，正五品；把总，从六品；哨官，从九品。"把总、哨官随兵数定员，每兵百人一哨官，每五哨一把总。若兵逾数千以外，则把总之上，又置营将，秩以从三品可也。"⑤ 另有书吏、皂隶、小史若干人，从上到下，建立了一套严密的官制，力求保证训练都监切实有效地

① 《朝鲜宣祖实录》卷50，宣祖二十七年四月己未，《朝鲜王朝实录》第22册，第250页。
② 《朝鲜宣祖修正实录》卷28，宣祖二十七年二月庚戌，《朝鲜王朝实录》第25册，第646页。
③ 申厚载：《葵亭集》卷7《兵政论》，《影印标点韩国文集丛刊续编》第42册，韩国民族文化推进会2007年版，第371页。
④ 李敏叙：《西河先生集》卷13《训练都监粮饷厅重修记》，《影印标点韩国文集丛刊》第144册，韩国民族文化推进会1995年版，第229页。
⑤ 柳馨远：《磻溪随录》卷15《职官之制上》，汉城东国文化社1958年版，第307页。

训练军队。

其二，严格选拔士卒，精心编排队伍。戚继光特别注重选兵，认为招募士卒"其法惟在精"，选拔乡村老实之人，不要市井油滑之士。① 朝鲜选兵，亦遵循"精择"的原则，国王李昖曾下教曰："第练兵虽勤，简兵当精。今以冗杂无勇者，择之不精，苟充行伍，只习安坐放丸试钯，恐非所谓练兵之道也……予意大加简阅，汰其身残、力弱、体钝、足重、年多之人，只取精壮，又必习跑、习步。"② 壬辰倭乱之时，朝鲜饥民遍地，柳成龙招募饥民，加以训练。对于入选者，订立严格标准："募饥民为兵，应者颇集，赵儆设法以限之，能举一巨石，能超越一丈墙者入格。饥民疲困，虽壮士不能举重奋身，或应募伺候，而死于门外，入格者十仅一二。旬日得数千人……数月而成军容。"③ 严格挑选士卒，成为首要任务。

士卒招募入伍后，要精心编排、严格训练。朝鲜练兵，特别重视《纪效新书》之《束伍篇》，此乃十八卷本《纪效新书》的第一篇，其曰："治众如治寡，分数是也。分数者，治兵之纲也。束伍者，分数之目也。故以束伍为第一。"④ 所谓束伍，就是合理组织编排队伍，使之能最好地发挥战斗力。朝鲜备边司论之曰：

> 《纪效新书》中，所论将家之事，其说多矣。然其精神，尽在于《束伍》一篇。今人徒知多聚军卒，则可以御贼，而

① 戚继光撰，曹文明、吕颖慧校释：《纪效新书（十八卷本）》卷1《束伍篇》，第41页。

② 《朝鲜宣祖实录》卷50，宣祖二十七年四月戊午，《朝鲜王朝实录》第22册，第250页。

③ 《朝鲜宣祖修正实录》卷28，宣祖二十七年二月庚戌，《朝鲜王朝实录》第25册，第646页。亦参见柳成龙《西厓先生文集》卷16《训练都监》，《影印标点韩国文集丛刊》第52册，韩国民族文化推进会1990年版，第325页。

④ 戚继光撰，曹文明、吕颖慧校释：《纪效新书（十八卷本）》卷1《束伍篇》，第40页。

不知有《束伍》分部之法，故参差紊乱，不成头绪。以此而可望于赴汤蹈火乎？故我国士卒之善溃，其罪不在于士卒，而在于将帅。其时不知有《束伍》之法故也。黄海道四千精兵，虽果骁健，而若但以名数，依前纷杂，不为《束伍》，则临时亦不可用矣。①

为了让朝鲜军官更好地领会《束伍篇》之意，特别将《束伍篇》单独印出，并做解释，"《纪效新书·束伍篇》付卷，今已印出二件，为先下送，而《束伍解》一款，则臣等颇为翻译，务令易晓，并为誊书下送，使之依仿行之"，② 使朝鲜将领认真领会《束伍篇》，对士卒予以精心编排，建立严格的制度，以保障练兵行之有效、组织管理切实可行。这样经过一段时间的摸索，训练都监建立了一套良好的组织系统，"今训练之军，以哨统队，以队总伍；一伍长所率，则只是四人也；一队所统，则只是六伍也；一哨所统，则乃是三队也。如使哨官责队长，队长责伍长，则所操者约，而所及自广，此军政之大纲也。惟其如是，故《新书》又有申连坐之法。一伍中，军士未精，器械钝弊，号令不行，则并与军卒、伍长而治之；一哨中如此，则并与哨官、队长而治之。其道也，如目网之隶纲；如枝叶之附干，所谓哨官、队长、伍长等，各尽其心，各操其属，昼夜刻意，其庸劣者汰之，未习者熟之，如恐不及，而时月之间，兵无有不精者矣"。③ 设置官员，层层负责，能够提纲挈领，便于管理。队伍的具体编排方法则为：

---

① 《朝鲜宣祖实录》卷50，宣祖二十七年四月戊午，《朝鲜王朝实录》第22册，第250页。

② 《朝鲜宣祖实录》卷50，宣祖二十七年四月戊午，《朝鲜王朝实录》第22册，第250页。

③ 《朝鲜宣祖实录》卷50，宣祖二十七年四月戊午，《朝鲜王朝实录》第22册，第250页。

旗队分署之法，凡十人为一队，三队为一旗，三旗为一哨，五哨为一司，五司为一营，五营为一军。虽哨司以上，随时变通，而其大数则本然也。凡一队并计队长，火兵则十二人也。则一旗三十六人，一哨一百八人。加旗总三人，则一百十一人也。于是五哨一司，为五百五十五人。五司一营，为二千七百七十五人。今拟都统营，其步卒养之于京城之中者，只存一营之数，即二十五哨。又骑士二哨，为二百二十五人，如步卒之例。又骑兵九哨，为九百九十九人，若加四人，步卒、骑兵共为四千人。其养兵之费，宜以是而为准也。左御营、右卫营各步卒二十五哨，骑士二哨，则其数各三千人也。不足者各三人。然则三营门，京养之卒，通共万人而已。①

根据《纪效新书》之《束伍篇》，训练都监建立了一套严格的组织系统，以将领兵，层层统属，号令严密，一切行动听从指挥，因而保证了军队行动一致、团结一心，也为练兵的成功提供了前提条件。

其三，延请明朝将领为教师，讲解《纪效新书》，传授各种火器及刀剑的用法。② 训练都监是根据《纪效新书》创立的，其练兵精神皆来自《纪效新书》，延请明朝将领作为教师，手把手地传授各种武艺，乃当务之急。国王李昖曾亲自问兵曹判书李德馨"教师尽力教练乎"，李德馨告知："教师逐日教练，作队劝奖，故杀手则比前大胜。"③ 即便如此，还是遇到许多问题，训练都监提调

① 《与犹堂全书·第五集·政法集》卷2《经世遗表·夏官兵曹》"都统营（即训练都监）"，第29页。

② 对于此问题，杨海英、任幸芳在《朝鲜王朝军队的中国训练师》（《中国史研究》2013年第3期）一文中有相当系统的论述，特别考订出每位教师的名字、简历以及在朝鲜的教授经历。

③ 《朝鲜宣祖实录》卷65，宣祖二十八年七月己卯，《朝鲜王朝实录》第22册，第527页。

官多次上书国王，希望采取更切实有效的办法，尽可能地解决困难，以使明朝教师安心传授。如曰：

> 训练节目，其载《纪效新书》者，至详至密。今当一切依仿为之，但其文字及器械名物，有难晓处。趁此天兵未还之前，令聪敏之人，多般辨质，洞然无疑，然后可以训习。此意前已启达，今朝使郎厅李自海，往质于骆参将留营之人骆尚忠称云者。尚忠，乃参将亲属。又有宋侍郎所送金文盛七人，同在一处，见自海，言以侍郎之命，将就刘总兵之营，训练我国之军，来此数日，而粮料支待疏阔，多有怨恨之色，至欲还去。以此未得发言而退……况今则南方之人，多聚于此，其间谙练军事，识虑广博者何限？必须待之以恩，使之倾倒所有，传授于我，则其为后日之利，庸有既乎？且质疑时，事知译官一人，与自海同为往来，质正疑处如何？且金文盛最晓阵法，人物亦甚温藉云。亦令接待堂上，亲去问其来由，使之训诲为当。①

此处可知，因为不完全懂《纪效新书》，朝鲜官员要求尽可能地向明朝将士请教；派李自海前往明将骆尚忠的营中并向他学习；同时，请求以总兵刘綎部队中的人为训练都监教师，训练朝鲜士卒。朝鲜大臣担心明朝将士回国之后，朝鲜士卒学艺不精，半途而废，因而提出要培养朝鲜自己的将领为教师，曰：

> 我国之事，自前但皆弓矢一技，其于枪刀、筤筅、藤牌、铙钯、鸟铳等长短之技，皆不学习。自数年来，幸因天将、天兵来聚京中，依放（仿）习之。其于精妙手法及奇正之辨，

① 《朝鲜宣祖实录》卷43，宣祖二十六年十月丙戌，《朝鲜王朝实录》第22册，第107—108页。

犹得其粗，而未得其精。今若中途废坠，则数年之后，渐至遗忘，天兵既去，此法终不可传，诚为可惜。近日天将中许游击，自谓得妙于诸技，洞晓《纪效新书》之法，故自都监抄出杀手中最为精习者十二人，名为教师队，使加设主簿韩峤领之，就正于游击阵中，颇有所学。艺成之后，当以此辈为教师，编教中外军人，则其法庶可流行于我国，不至湮废。而所谓以一教十，以十教百者在此矣。韩峤自都监设立时，主管教训及兵书校正等事，颇有其劳。若除授实职，以劝前头，而更加尽心训诲，则不无有益矣。①

国王对此提议十分赞赏，表示要亲自接见这十二人，认为应当增加这样的朝鲜教师。对于明朝将领中特别有才学的教师，朝鲜君臣更是想要留住他们，以为己用。如兵曹判书李德馨启曰："骆总兵手下，深于各样火炮及剑枪之技者，三四人留驻教兵事，臣于谈话间，每为恳请，则各兵俱有归思，总兵难于强留，从自愿留置云。有中军贾大才，各样武艺，妙绝无双，千总闻喻，自戚继光时，从事于行阵之间，谙练火炮制度。两人甚温雅，才又如此，今若留之，必有大益于国家。措辞请留，总兵不无勉从。"朝鲜国王批示："移咨宜当，急速图之。"② 可见，朝鲜君臣想方设法向明朝教师学习，力求学全学精。明朝教师一方面亲身教授朝鲜将士读通《纪效新书》原著，帮助他们深刻领悟书中的含义；另一方面手把手地教授朝鲜将士使用各种武器、火炮，传授各种武艺，朝鲜将士的战斗力迅速得到提高。因此，训练都监在很短的时间内就能卓有成效地实现强兵的目标，明朝教师功不可没。

其四，学习各种兵器，培养"三手"等"特殊兵种"。戚继光

---

① 《朝鲜宣祖实录》卷83，宣祖二十九年十二月庚午，《朝鲜王朝实录》第23册，第127页。

② 《朝鲜宣祖实录》卷47，宣祖二十七年正月辛卯，《朝鲜王朝实录》第22册，第205页。

强调武器的重要性，"彼有精器而无精兵以用之，是谓徒费；有精兵而无精器以助之，是谓徒强"。① 因此，他发明了多种火器，还建造了多种战船、战车。"器械不利，以卒予敌，手无搏杀之方，徒驱之以刑，是鱼肉乎吾士也。器习利，而无号令、金鼓以一其心，虽有艺，与徒手同也。三军既熟悉吾令，则当精乎艺。"② 对于武器，戚继光非常重视，认为其与练兵同等重要。朝鲜兵练"三手"，即要掌握专门武器，成为专门兵种，以提高战斗力。

戚继光训练士卒，要求加强耳、目、手、足、心和阵营的训练，朝鲜训练都监也严格遵守，"兵之所以贵乎练者，只以练手、练足，以至练心、练胆，艺高而勇生，手熟而胆大，惟此之为急耳"。③ 并特别强调"夫金鼓、旗帜，所以练其耳目也；弩、铳、钏、戟，所以练其手足也；号令、约束，所以练其心胆也；进退、前却，所以练其实战也。其他营垒、器械、瞭望、哨探等节，无不练习精熟，如手持而足行，然后始可为可用之兵"，④ 从这些方面进行系统的训练。更重要的是，士卒被分成"三手"，即杀手、射手、炮手，"丸者称炮手，枪刀者称杀手，弓者称射手，统名之曰操练军"，⑤ 各自训练使用不同的武器，"三手"遂成为掌握特殊技能的专业性兵种。"三手"要有高强的本领，全面发展。宣祖二十七年六月，训练都监启曰："炮手，则当初设都监训练，其后又设义勇队，以习刀枪，名曰杀手，数月之间，颇有其效。"⑥ 训练都

---

① 戚继光撰，邱心田校释：《练兵实纪·杂集》卷2《储练通论·原火器》，中华书局2001年版，第236页。

② 《长兵短用说篇》，戚继光撰，曹文明、吕颖慧校释：《纪效新书（十八卷本）》卷10，第157页。

③ 《朝鲜宣祖实录》卷62，宣祖二十八年四月丙寅，《朝鲜王朝实录》第22册，第486页。

④ 《朝鲜宣祖实录》卷50，宣祖二十七年四月己未，《朝鲜王朝实录》第22册，第250页。

⑤ 《乱中杂录二·癸巳下》，《大东野乘》（四），第625页。

⑥ 《朝鲜宣祖实录》卷52，宣祖二十七年六月甲戌，《朝鲜王朝实录》第22册，第304页。

监成立不足一年，"三手"队伍已成规模。对于"三手"作战如何配合才能最大限度地杀敌取胜这个问题，平时训练之时就格外注意，"炮手、射手，各二三十人，或四五十人，精为抄择。炮手则鸟铳三柄三巡，射手则片箭三矢三巡。贯革百步，贯三十分，边十五分。炮手与射手为耦，试才胜负。且杀手，亦为抄择分边，彼此两两对耦，相战胜负，先击刺者为胜，被击刺者为负"。① 尽管如此，朝鲜训练都监要求"三手"在掌握一种技艺之余，还需要掌握其他技艺，方算称职。

> 杀手技艺，五器相资，临阵各有所用，而今者都监之名杀手者，不曾备得《纪效新书》之制，炮多杀少，不成真套，重以论议嗤笑，使人专无兴心。始事累年，无模如此，诚可寒心。至于剑技，则炮手、射手，亦必兼习而后，可以防御到近之贼。各军一体，皆习剑事。前此亦为启下公事，今依上教，各别劝奖为当。炮手又须兼习各样大炮。《纪效新书·比较篇》内，亦似以佛狼、虎蹲、神飞等炮试放，而较其高下，岂专习鸟铳而已哉？火器翻译，分给各哨，使之预讲试放之法，来春为始，以前项各样大炮，轮回试才为当。②

此后，对"三手"的要求越来越高，要求他们会使用更多的兵器。"英宗己卯，庄献世子命增入竹长枪、旗枪、锐刀、倭剑、交战、月刀、挟刀、双剑、提督剑、本国剑、拳法、鞭棍十二技，并前棍棒等六技，是为十八技。而正宗庚戌，又增骑枪、马上双剑、马上月刀、马上鞭棍、击球、马上才等六技，编《武艺图谱通志》，为

---

① 《朝鲜宣祖实录》卷61，宣祖二十八年三月丙申，《朝鲜王朝实录》第22册，第467页。

② 《朝鲜宣祖实录》卷83，宣祖二十九年十二月庚午，《朝鲜王朝实录》第23册，第127页。

二十四技。"① 他们主要的技艺为"三手"，也就是说既要能够使用火器，又要能够使用短兵器，应该成为多面手。

经过一段时间的训练，朝鲜军队粗具规模。宣祖二十八年九月十日，国王在西郊亲临讲武，"赏赉大将以下将官等有差。（大将赵儆，儿马一匹，中军元慎以下将官，各白绸二匹赐给，盖褒其平日勤劳于教习也。）仍令射官、炮手，作耦试才，且试杀手儿童马上才，赏其入格者有差"。② 这是对于训练都监练兵成果的一次展示，很显然，朝鲜国王比较满意。《朝鲜宣祖实录》的纂修官员论曰：

> 升平二百年，军政不修，虽有骑、步、正、甲之兵，而铃（钤）辖未整，条理紊乱，茫不知坐作、击刺、旗麾、金鼓之为何事。小有边警，则驱田亩荷锄之人而战之，无惑乎以国予敌也！变乱之后，上闵其不教而弃之，募聚精壮，设局教训，以柳成龙、李德馨主之，又请唐教师以教之，盖其法，中朝名将戚继光所著《纪效新书》也。锐意操练，三载于今，忧其馈饷之不足也，则减御膳以供给之；愍其卒岁之无术也，则出内藏而俵给之。旬一试才，朔六开阅，五技既熟，羸弱成勇，井井焉，堂堂焉，束伍分明，哨队有伦，庶可有施于缓急，而必不至如前日之望风奔溃也。③

这段史评充分说明，训练都监在朝鲜君臣心目中的地位非常重要。朝鲜升平二百年，日军入侵，朝鲜军队溃不成军，在此国将不国之时，朝鲜在明朝军队的帮助下，以明朝南兵将士为教师，成立训练

---

① 《万机要览·军政编二》之《训练都监·设置沿革》，第216—217页。
② 《朝鲜宣祖实录》卷67，宣祖二十八年九月己卯，《朝鲜王朝实录》第22册，第553页。
③ 《朝鲜宣祖实录》卷67，宣祖二十八年九月己卯，《朝鲜王朝实录》第22册，第553页。

都监，重新组织新的军队，又以戚继光《纪效新书》为蓝本训练士兵，不足三年，取得的效果令人震惊。宣祖三十年六月，训练都监练兵，京城、地方训练成军的部队已近两万人，其中陆军使用的军器寺各样大炮达三百位。① 1597 年，封贡和谈失败，丁酉再乱之时，朝鲜军队已粗具规模，成为明朝军队抗倭的重要辅助力量，在战场上发挥了一定作用。

三　朝鲜王朝训练都监之演变与影响

宣祖三十一年十二月，明与朝鲜联军将侵朝日军赶出朝鲜，取得了抗倭战争的胜利。此后，在战争中设立的训练都监并没有废弛，而是变成朝鲜后期最重要的军事机构以及朝中重要的权力机关，一直影响着朝鲜后期的军事发展。在随后三百多年的演变中，其对朝鲜王朝政治、军事、社会等方面的影响相当深远。

宣祖朝重臣李廷龟极其看重训练都监的作用，明确指出"今日国家之所谓重兵，在于训鍊都监……而外此则无闻焉"。② "先王朝训练都监设立之后，三手诸军，稍有可观。外方束伍，虽不无冗杂，而亦有成效之处。苟能练习不废，统领有人，缓急足以有用"，③ 充分肯定训练都监的贡献。李晬光则称："训练都监，自宣祖朝甲午年创设，教习炮枪等技。今则事权渐重，为一大衙门。主兵之官，只管军簿，奉行文书而已。"④ 训练都监为"一大衙门"，而兵曹竟然沦为服务机构了。有大臣指出："当初训练都监之设，虽不无弊端之可论，而八年教训，成才者多，内而宿卫，外而防

---

① 《朝鲜宣祖实录》卷 89，宣祖三十年六月甲戌，《朝鲜王朝实录》第 23 册，第 248 页。

② 《月沙先生集》卷 30《陈弊札（甲辰春）》，《影印标点韩国文集丛刊》第 69 册，第 36 页。

③ 《月沙先生集》卷 30《兵曹判书时启辞（戊申）》，《影印标点韩国文集丛刊》第 69 册，第 4 页。

④ 李晬光：《芝峰类说》卷 4《官职部·官制》，《朝鲜群书大系续续》第 21 辑，朝鲜古书刊行会大正四年（1915）版，第 97 页。

成，多赖于此，则亦不无所益。"① 可见，训练都监既训练了士卒，又培养了人才，成为朝鲜后期重要的军事与政治机构。

训练都监的军事训练，在制度上均依照《纪效新书》进行，"我朝兵制，实本戚继光之《纪效新书》。而内则四营简阅，互有出入；外则诸道团束，自相沿袭"。② 到了近代，训练都监依然非常重要，仍然是新选武士训练的重要机构。高宗时领议政李裕元说："我国无教练局，壬辰后得戚继光《纪效新书》，演成《兵学指南》，别立训练都监，习十八技，此是武艺别监创设之始也。其时柳成龙为都提调、赵璥为大将，尚今学其法矣。因其制，新选武士，付之训局教练似好。"③ 可见，训练都监一直是朝鲜训练士卒的机构，三百年未改变，相当重要。

战争过后，朝鲜规定各道"每式年抄择精壮户首二百人，名之以束伍炮手，治装上送，以备各哨之阙额。使地部加出三手粮于各道田结元税之外，以为廪资"，保证兵源，保证供给。仁祖以后人数增加，总数达到四千人，又设马兵三百人，"马、步军都数五千余人"，特设粮饷厅，"广置屯田，蓄积贩卖，以资军中用度，器械、旗鼓之备，皆出其中"。又置别队，"初为七千，后加至一万三千七百"，总人数竟达到四万一千一百余人，后来又分别设立御营厅、总戎厅、守御厅、精抄厅等，其所领兵卒数目，分别达到二万八十人、一万四千八百九十一人、二万余人、八千九百六十人，④ 训练都监队伍越来越壮大，成为朝鲜后期最主要的军队，不仅驻守京城，而且分驻各道。汉城守卫由训练都监负责，"都城七门，都监将校军兵定

---

① 《朝鲜宣祖实录》卷 126，宣祖三十三年六月甲戌，《朝鲜王朝实录》第 24 册，第 75 页。

② 徐滢修：《明皋全集》卷 7《兵学通后序》，《影印标点韩国文集丛刊》第 261 册，韩国民族文化推进会 2001 年版，第 139 页。

③ 《嘉梧稿略》第 9 册《新选武士教练议》，《影印标点韩国文集丛刊》第 315 册，第 347 页。

④ 《朝鲜显宗改修实录》卷 10，显宗四年十一月戊寅，《朝鲜王朝实录》第 37 册，第 353 页。

送守直事，定夺矣。每门，将校一人，军兵十名式，领卒严加把守之意"。① 训练都监队伍成为朝鲜京城重要的卫戍部队，也是最重要的国防护卫力量，分驻各道。训练都监，是朝鲜军队职业化的重要发展阶段。其特点是兵农分开，士卒以专业化和职业化为主，平时专门训练，以加强军队的战斗力。其中炮手、射手和杀手，即所谓"三手"，各道每年为每个兵种精择二百人，汇集京师，加强训练，部队战斗力得以大大提升。这种办法，持续实施了三百余年，成为朝鲜后期最主要的军事制度，确保了朝鲜王朝的稳定。训练都监虽是最重要的军事机构，但在之后的发展中，也产生了一系列问题。

首先，抗击日本侵略战争结束后不久，练兵已不认真，制度渐渐走样，以至于出现"按图审形，率多龃龉于《新书》，非其制之各守也，习之者失其本耳"的现象，② 甚至于将官缺失，亦不依时补充。国王李昖统治晚期就已出现这样的苗头，当时有大臣批评道："近来操练之方，劝奖之规，渐至废坠。都提调久阙，副提调长在病，告都厅及各将官多缺，句管无人，军心解体，积年操演之功，一朝将弃，诚非细虑。请令备边司，另加申明，都提调及郎厅等官，急速差出，使之察任。"③ 将官空缺，竟然不予补充，练兵事务焉能坚持。因此，练兵也很难贯彻《纪效新书》的精神，变得徒有其表。同时，朝鲜将领面对其他军事威胁时，不思变通，竟然毫无作为，以致一败涂地。有曰：

国家自壬辰之难，设置重兵于内外者二：内曰训鍊都监、

---

① 李森：《白日轩遗集》卷3《请训练都监各项禀处启（三月十五日）》，《影印标点韩国文集丛刊》第192册，韩国民族文化推进会1997年版，第49页。

② 《明皋全集》卷7《兵学通后序》，《影印标点韩国文集丛刊》第261册，第139页。

③ 《朝鲜宣祖实录》卷126，宣祖三十三年六月甲戌，《朝鲜王朝实录》第24册，第75页。

外曰统营。李如松之破行长于平壤也，实用戚少保继光《纪效新书》。少保浙江名将，屡破倭有功者也，昭敬王以千金购其书，募都下游手子弟，授其榴炮火车之具，进退击刺之状，此都监之所由设也……然都监实为辇下亲兵，则岂但使其用于制倭，一遇他敌，则曰非吾所学，晏然而已哉。然北虏之变，圣主去齿，颠倒狼狈，无以异于壬辰，而其辱又有甚焉。曾未闻都监之兵，举一刃发一矢，婴其锋者，其于胜败之数，未有毫发损益，岂御倭之法，不利于御胡欤！予观少保小传曰：公在浙则有《纪效新书》，在蓟则有《练兵实纪》，而北虏畏公与谭纶，并称号为谭、戚。然则《新书》之法，以公自用而犹不利于御胡，故又有《实纪》之作也欤。后之人不料彼我之长短，敌势之同异，而一以是从事者，是犹为龙之饵而欲以擒虎，设虎之阱而蕲其钓龙，不亦过欤！①

训练都监，乃是学习戚继光《纪效新书》所得，专门用来对付倭寇，但是此法并不适用于所有的外来之敌，比如对于清兵征伐就毫无办法。因为即便是戚继光也并非以一法对抗一切敌寇，对于北边之敌，其另著有《练兵实纪》，朝鲜也不能完全拘泥于《纪效新书》，应该学习其他办法，去应对其他敌人，更不应该以此为借口，不思变通。戚继光南拒倭、北御虏，以步兵抗倭、以骑兵拒虏。"今按戚家即浙江名将戚继光，在南时作《纪效新书》以御倭。后为北将，作《练兵实纪》并《杂集》，专用车战法以御虏，其用兵甚缜密有法度。"② 批评者指责因缺少车战的准备，无法抗拒清兵的征伐，以至于"丙丁北变，在在奔溃，亦可惩矣"。当然，这只是一种看法，朝鲜无论是否准备车战，都无法抵御清兵的

---

① 徐荣辅：《竹石馆遗集》第 2 册《序·送人序》，《影印标点韩国文集丛刊》第 269 册，韩国民族文化推进会 2001 年版，第 364 页。

② 柳元之：《拙斋先生文集》卷 12《记戚家车战法》，《影印标点韩国文集丛刊续编》第 28 册，韩国民族文化推进会 2006 年版，第 180 页。

进攻，批评者把这种失败看成朝鲜学习戚继光《纪效新书》不精所致，"况继光初而御倭，晚而御胡，用固各有变，而我国乃胶于癸巳，以后近二百年，偏习之久，不或省其本法之全也"。① 事实上，兵书只是提供抵御外敌的可能性，是否能最终成功，取决于是否有足够的兵力、英明的指挥，以及上下一心、同仇敌忾的意志，而不可过分夸大一部书的影响力。

其次，随着训练都监人数的增加，朝廷财政负担越来越重。为了保证供给，朝鲜为训练都监设置新营库、军饷库、下都监库、外策应所库、粮饷厅等储藏兵器、粮饷、器械之所。与五卫制不同的是，训练都监的兵制分为京军与外军。京军，兵农分开，为职业化的军队，朝廷保障士卒的后勤供给，但这给朝廷带来了极大困扰。外军，既要承担杂役，又要承担兵役，地方官府并不保障供给。诚如《朝鲜宣祖修正实录》所言：

> 本朝六军之法，只抄良民著籍，给保三人，试艺而授军职。其技则弓矢，其阵法则用世祖大王所定阵书法。兵农不分，无事则上番京师，有事则属镇管出征而已。然而贱人从母之法久行，良民日缩，军额大耗。至是，尽用公私贱人入束伍。而戚氏之制，又与阵书异同。京军则自官廪养，兵农已分；外军则既有本役，又入束伍，无给保，无廪食，被抄者怨苦，逃亡相继，为州县之弊矣。②

朝鲜军制原本兵农不分，以农养兵，以兵护农，但是设立训练都监之后，打破了这种制度。尽管士卒增多，但因后勤无保障，粮草不济，导致新的制度无法持久。京城尚好，外埠百姓则负担更重，苦

---

① 《颐斋遗稿》卷13《书兵学指南后》，《影印标点韩国文集丛刊》第246册，第286页。
② 《朝鲜宣祖修正实录》卷28，宣祖二十七年十二月甲辰，《朝鲜王朝实录》第25册，第653页。

不堪言。显宗年间，有大臣指出：

> 我国曾无给料之兵，而壬辰乱后，宣庙朝相臣柳成龙，因饥民赈恤，抄其丁壮，教以戚继光兵法。其数初不满数百，而厥后渐加，然丙子前，扈卫军不过二千。今则炮手数至五千五百余人，此外又有别队千人，御营兵千人，精抄五百，禁军七百，各厅军官且近万人，比之丙子前，则其数倍蓰矣。今常税之入十二万石，而费于养兵者八万石，只以四万石为国用，已甚不足，而又欲捐此，以救饥民，其亦难矣。[①]

因为要供养士卒衣食等各种所需，朝廷的财政负担加重，这引起大臣反对。为了解决训练都监士卒后勤供给问题，从宣祖年间开始，朝鲜王廷特设"三手米"，专为训练都监提供支撑。

> 宣祖癸巳，设训鍊都监。三南、海西、关东五道始收三手米（射手、炮手、杀手），以为兵食。三南每一结收米一斗二升，海西、关东收米二斗二升（京畿之始有而后减，三南之减斗颠末，船运上纳之规，作木作钱之式，详见收税条）。属之户曹，今之别营是也。英宗庚辰受教，虽免税之田三手米则勿许免。[②]

"三手米"税收名目设立以后便不间断地征收，成为百姓无法免除的税种。当时有人对此税收提出批评，即如丁若镛所言："三手米之征于田结，即一时权宜之政，不可以为法者也。孔子曰：'名不

---

① 《朝鲜显宗改修实录》卷26，显宗十三年九月辛卯，《朝鲜王朝实录》第38册，第124页。

② 《万机要览·财用编》之《三手米》，第307页。

正，则言不顺。'名之曰三手米，则征于田结，其言不顺，不若直以增税为名。我邦田税，本近貉道，增之无所愧也。"① 该税收名目名不正言不顺，却一直征收，增加了百姓的负担，李晬光亦批评道：

> 养兵，以养民为本；不养民而能养兵者，未之有也。我国之兵，不为预养，而仓卒调用，遇敌崩溃，势所必至。虽使韩（信）、白（起）为将，亦无奈何！壬辰之已事可鉴。今内而训练都监，外而诸道列邑，设炮杀束伍之制。视往时，军容稍若可观，而民力已竭，倒悬日甚。既失休养生息之方，恐无缓急效用之实，任事者盍亦思其本乎！②

其对于训练都监所带来的问题，一针见血地提出了批评，并特别指出，养兵必须先养民。训练都监带来的问题是伤民，给百姓带来过重的税负，其根本原因为兵农分开。

> 按兵农之分，莫大之害也。养兵而少则不足为有用，多则民先病而国随溃，此理势之必然。而唐宋以来，得失昭然可验者。我国旧无京兵，宣祖壬辰以后，始设京炮。盖当军政大坏，国势板荡之日，因时变通也。夫京师，居重御轻之地。虽有番上之军，而京师亦不可无居守之兵。汉之南北军，唐之南北衙，盖此意也。然但当可以备守卫，不可使过多。量其税入，可养万兵，则定以四五千。可养五六千，则定以二三千，可也。本国事力，不过养一二千，过此则有害矣。大抵养兵，终必受害，而不无一时之效。唯明者，为能远见。凡人溺于目

---

① 《与犹堂集・第五集・政法集》卷 7《经世遗表》卷 7《地官修制・田制七》之《续大典・户典・收税》，《影印标点韩国文集丛刊》第 285 册，第 126 页。

② 《芝峰类说》卷 3《兵政部・兵制》，《朝鲜群书大系续续》第 21 辑，第88 页。

前，故始之开端，终必增益。①

兵农虽分开，但增加了百姓的负担，使得此制度的消极影响越来越严重。"生民切骨之冤，莫如军役，训练都监炮保之役，其尤大而最急者也。炮保之役，岁纳棉布一匹，又纳后钱五十五文。而布之贵贱，视棉丰歉，故棉布一匹，以钱代纳，则贵或过五百文，贱不下四百文，而又有五十五文。此所以民不聊生，散而之四，至于十室而九空者也。"② 训练都监的存在给百姓增加了极其严重的负担，以至于民不聊生。为了解决这个问题，也为了更好地满足训练都监的后勤补给，朝鲜王廷做了两方面努力。

一方面，拨给训练都监以田地，使其屯田，以解决粮食问题。当时拨给训练都监田三千三百三十结三十负一束，其中"京圻六百六十六结六十六负九束、湖西四百六十四结十六负九束、湖南一千一百三十结二十二负六束、岭南五百四十一结五十九负、海西四百三十四结五十五负八束、关西六结八十四负二束、关东四十二结五十负、水原府四十一结四十负五束、广州府二结三十四负二束"，③ 供给屯田，以补助军需，但带来如下后果：

> 府五面山火粟，属之训练都监，名之曰屯田。每岁，都监遣监官收税，为监官者掊克为事，民不堪其苦，散亡相续。环五回颓垣破壁，大抵皆屯田为之祟也。子曰苛政猛于虎，而谓圣明在上而其政或有类是者耶！余不胜蠹然而伤也。④

① 《磻溪随录》卷21《兵制·训练都监》，韩长庚译注，韩国忠南大学1968年版，第395页。
② 俞莘焕：《凤栖集》卷5《题全义县蠲徭节目》，《影印标点韩国文集丛刊》第312册，韩国民族文化推进会2003年版，第92页。
③ 《万机要览·财用编二》之《免税》，第269—270页。
④ 蔡济恭：《樊岩先生集》卷9《诗·伊州录·前屯田歌》，《影印标点韩国文集丛刊》第235册，韩国民族文化推进会1999年版，第188页。

屯种田地，为训练都监之收税田，官员克扣，肆意搜刮，致使百姓流离失所，亦非良策。

另一方面，训练都监印书以筹措经费。"都监自罢屯田，思所以足食者，必毛举而锥撅之无遗。间印诸书，鬻之为军储。"① 其刊行的第一部书是《韩昌黎集》。"《昌黎集》，乃壬辰倭乱后，训练都监以财窘之故，用安平大君字本，刻聚珍字，印此书，买之而裕用者也。"② 此后，训练都监用印书筹集经费，聊胜于无。

即便朝鲜王廷采取多种办法，但最终还是难以解决训练都监士卒的后勤保障问题，尤其到朝鲜王朝后期，情形每况愈下，"不成貌样"。

> 训鍊都监，名大实无。五军门中最为凋弊，不成貌样。虽有保人布一千四百余同，而此则尽是军兵等奉足之资。今年灾减，将近三百同，其数不足。前头自朝家画给，然后可以充给，姑不当烦达。而七色军则乃是大将前排陵幸时，亦入于御前差备者也。粮饷厅之设置，本为都监七色军战巾军服等物，例自该厅备给。而近来该厅，不知本意，且甚凋弊。应为之事，亦不举行。军卒之疲弊，无异乞人。以此形势，实无措手之道。臣考见粮饷厅屯田元数则五千九十余结，时起一千三百余结，陈荒三千七百余结。臣意以为陈荒三千七百余结，姑为属之都监，限三四年，起垦收税，以实军需，亦为改备军兵服色，使之鲜明何如。③

---

① 李恒福：《白沙集》卷 2《训练都监印韩昌黎集跋》，《影印标点韩国文集丛刊》第 62 册，韩国民族文化推进会 1991 年版，第 196 页。

② 《研经斋全集续集》第 16 册《题家藏昌黎集后》，《影印标点韩国文集丛刊》第 279 册，第 411 页。

③ 《白日轩遗集》卷 3《请训练都监军需补用启（戊申正月三十日○训将时）》，《影印标点韩国文集丛刊》第 192 册，第 49 页。

训练都监的物资供应一直是个大问题，朝鲜君臣为此多方设法解决，但并没有实际成效。

综上所述，丁酉再乱之后，训练都监逐渐壮大，朝鲜王廷不断设立新的分支机构，扩大练兵数量，训练都监成为一个大衙门，训练士卒四五万人，是朝鲜后期非常重要的政治与军事机构。训练都监的士卒，京军为职业军队，不与农事，外军又杂役合一，负担很重。为了确保后勤供给，朝鲜王廷采取许多办法，拨给其田地，使之屯田自给，还刊行书籍以筹集经费。甚至在全国范围内设立"三手米"税收名目，以此来确保训练都监的正常运作，但所练士兵越来越多，依然是杯水车薪，无济于事。在经费得不到保障而练兵机构也日趋式微的情况下，相臣不再管事，选兵也并不严格。训练都监自始至终以《纪效新书》作为练兵的准则，严格遵守，却也因此被指责不思变通，导致朝鲜军队在后来对抗后金的战争中毫无作用。即便如此，在高宗时期，其依然是朝鲜练兵最重要的机构。

四　朝鲜增刊本《纪效新书》与诸节刊解读之图书

诚如前文所论，朝鲜宣祖君臣十分看重《纪效新书》，用尽各种办法获得该书。最初从明朝将士手中购得，之后又派朝天使前往明朝购买，即便如此，依然不满足，最后又将该书重新编排刊印。[1] 朝鲜最初是将明朝版本原版翻印。显宗五年，朝鲜新编《纪效新书》增订本，对明朝版本有所改变，号称十八卷本，但与明朝十八卷本完全不同，而是在十四卷本基础上加以编排，并吸收了《练兵实纪》中的某些部分，从而成为一个新版本。[2]

---

[1]　韩国现存《纪效新书》版本，参见全寅初主编《韩国所藏中国汉籍总目》（三），汉城学古房2005年版，第227—228页。

[2]　在曹文明、吕颖慧校释的《纪效新书》十八卷本和范中义校释的《纪效新书》十四卷本中，校释者均认为传入朝鲜的只是十八卷本，十四卷本是否传入朝鲜，他们并未明言，亦未注意到朝鲜所刊行的十八卷本并非明朝的十八卷本。朝鲜增订本对于进一步研究《纪效新书》的流传意义重大。

十八卷本乃戚继光作于浙江抗倭之时，学界一般认为此本成于嘉靖四十一年。① 十四卷本则成书于万历十二年，是在十八卷本的基础上，融合了《练兵实纪》的精核而编成，其内容更为丰富，理论性也更强。朝鲜增订本则是在十四卷本的基础上，融合《练兵实纪》的内容，尤其是将《练兵实纪》中"杂集"部分融入其中而编成的。三个版本相比，朝鲜增订本有以下几个特点。

第一，朝鲜增刊本成于显宗五年，② 以戚继光万历年间所刊行的十四卷本为底本，进一步增加内容而成。事实上，从一开始，朝鲜君臣就青睐于十四卷本。朝鲜国王李昤在朝天使前往北京购买此书前，特别叮嘱要买有王世贞序的版本。因为只有十四卷本才有王世贞的序，十八卷本则没有。十八卷本基本上是戚继光在浙江练兵时的条令汇编，操作性强，理论性弱。十四卷本则融合了《练兵实纪》的许多内容，理论性得到提升，更有指导意义。朝鲜增订本虽也是十八卷，但与明刊之十八卷本完全不同。实际上它是在十四卷本基础上，增加了一些新的内容，较之十四卷本更为详细。

第二，朝鲜增刊本所增加的内容，后四卷为"别集"，特别重视图表，增加了许多图示。对于朝鲜人而言，文字解说较为晦涩难懂，而图示较为形象，有利于他们更容易地掌握相关内容。这些图示集中在《别集》之卷15到卷17中，也是最为重要的内容。这些图示来自《练兵实纪》，存在的目的是更好地理解和领会《纪效新书》的内容。同时，卷5《手足篇》还收录了十八卷本中卷14"拳法解""拳法图（习法）"的内容，显示对于拳法的重视。

第三，朝鲜增刊本在十四卷本基础上，增加了四卷，称为

① 参见黄仁宇《万历十五年》之《戚继光：孤独的将领》，中华书局2007年版，第152—188页；曹文明《前言》，戚继光撰，曹文明、吕颖慧校释：《纪效新书（十八卷本）》，第5页。

② 参见卢永九《朝鲜增刊本〈纪效新书〉的体制与内容》，《军史》第36辑，1998年。

"别集"，分别为"阵图篇"、"车营篇"、"骑营篇"和"登坛口授"，这些内容皆来自《练兵实纪》，乃是对《练兵实纪》的进一步融合与吸收。可见，朝鲜在学习、领会戚继光《纪效新书》的同时，也试图对明刊版本予以修正和完善，因而编成了完全不同的增订本。

事实上，从一开始，朝鲜君臣就对《纪效新书》进行了改编，以便为其所用。针对《纪效新书》"武有图无谱，阵法散出不备"，国王李昖"命训鍊都监删焉"；柳成龙则"撰阵法以演习，谱武艺以翻译"；"选韩峤勘校及草本成，厘为三卷，遂楷书投进。命以为将士操练之规，乃用铸字，印数百本，颁中外矣"。① 因而朝鲜王朝最初采用的版本，就是经过编选而自行刊印的，这也成为他们学习演练的蓝本。

最初朝鲜延请明将教授《纪效新书》，以便弄懂书中内容，后来又自编各种材料，将《纪效新书》的内容予以消化。在随后三百多年的时间里，根据《纪效新书》与《练兵实纪》，朝鲜自编了许多兵书，以便领会《纪效新书》的精神。现据相关材料，将朝鲜所编兵书列表如下（见表8-1）。

表 8-1　《纪效新书》《练兵实纪》与朝鲜所刊相关兵书一览

书名	作者	卷数	刊行年代	主要内容	备注
《纪效新书》	戚继光	十八卷	初刊于嘉靖四十一年	十八卷本乃针对东南抗倭所作训练士卒的兵书。分束伍、操令、阵令、谕兵、法禁、比较、行营、操练、出征、长兵、牌筅、短兵、射法、拳经、诸器、旌旗、守哨、水兵十八篇	此书的版本甚多，明代有二十余种，清代有四十余种，朝鲜、日本都有甚多刊本、刻本和抄本，此书对于近世东亚影响深远

① 《药圃先生文集》卷3《纪效新书节要序》，《影印标点韩国文集丛刊》第39册，第481页。

书名	作者	卷数	刊行年代	主要内容	备注
《纪效新书》	戚继光	十四卷	成书于万历十二年	此本融合了为东南抗倭与北方抗虏训练士卒的方法，戚继光晚年删订而成，凝聚了他一生练兵的经验。分束伍、耳目、手足、比校、营阵、行营、野营、实战、胆气、舟师、守哨、练将十二篇	有万历十六年、万历二十年、万历二十一年、万历三十二年以及崇祯十七年刊本和抄本，清至民国时期以及朝鲜都没有刊本，日本有弘化二年（1845）、文久三年（1863）翻刻本和补刻本
《练兵实纪》	戚继光	《练兵实纪》九卷、《杂集》六卷	成书于隆庆年间	此为戚继光在蓟镇练兵时所书，融合了《纪效新书》的治军精神，依敌情不同做了相应调整。分练伍法、练胆气、练耳目、练手足、练营阵（场操、行营、野营、战约）、练将九卷，另有《杂集》六卷，是练兵条令的汇编，书中特别强调练将，注重火器与车步骑阵法的运用	有万历、天启、乾隆、嘉庆、道光、咸丰、光绪年间多个刊本、刻本和抄本。朝鲜、日本亦有多个版本
摘抄本			宣祖年间	《操练图式》《拳谱》《武艺诸谱》各一册，摘录《纪效新书》之部分内容编辑而成	乃朝鲜训练都监最初练兵的教材
《兵学指南》	戚继光	四卷一册或五卷一册	英、正年间皆有刊本	训练都监成立，为了使朝鲜士卒更易理解《纪效新书》而编成，内容全出自《纪效新书》，文字更通俗易懂。李裕元曰："我国《兵学指南》，即出于《纪效新书》矣。"	传说初编出自柳成龙之手，后有崔橘解本、正祖命编本、李象鼎演义本（《兵学指南演义》）
《兵学通》	正祖御定	一卷	正祖年间	"凡其进退格斗，经纬奇正，无一不返于戚氏之遗典。"主要讲授戚氏御倭阵法	

续表

书名	作者	卷数	刊行年代	主要内容	备注
《武艺图谱通志》	正祖御定	五卷	正祖十四年	《兵技总叙》、《戚茅事实》、韩峤所撰《技艺质疑》、引用书目、二十四技有说有谱有图、冠服图说、《考异表》附其末。谚解一卷，书凡五卷，御制序弁其首	此书乃综合《纪效新书》及之前诸书的内容，以图谱为主的兵书

注：对于戚继光著作的介绍，参见范中义《戚继光传》；戚继光撰，范中义校释《纪效新书（十四卷本）》（中华书局2001年版）；戚继光撰，曹文明、吕颖慧校释《纪效新书（十八卷本）》；戚继光撰，邱心田校释《练兵实纪》。此表中说明朝鲜与日本所刊行的多个版本，即是此书在东亚流传的体现。

除部分解读《纪效新书》的著作，如《杀手诸谱》《后谱》等之外，全面解读而摘抄的著作中，最重要的就是《兵学指南》、《兵学通》和《武艺图谱通志》三本书，其中以《兵学指南》最为重要。传说此书最初出自柳成龙笔下，后经多次修订、翻印，正祖亲自审订，成为朝鲜后期最重要的兵书，有曰：

> 自古为兵家之言者，孙、吴尚矣。如诸葛武侯之《心书》、李卫公之《问对》，即后世之孙、吴。而宋仁宗朝，尝命枢臣曾公亮等，撰《武经总要》。至皇明嘉隆间，少保戚继光亦著《纪效新书》，备载战阵方略卒伍教练之制。此又挽近言兵者之所取以为宗师者也。昔在壬丁，我国再遭倭难，明天子为之发兵东救。而其时总戎受脤，多是宿帅，能识边事，晓军机者。我之将士，亦得以扣质疑难于帷幢之暇，仍取戚氏《新书》，撮其操练之要，名之曰《兵学指南》，则今国家之设厅讲授，称为能么儿者，即此法也。①

————————

① 金锡胄：《息庵先生遗稿》卷8《行军须知序》，《影印标点韩国文集丛刊》第145册，韩国民族文化推进会1995年版，第245页。

《兵学指南》成为朝鲜长期学习《纪效新书》最重要的参考书，以及朝鲜王朝官方讲授戚氏兵法的教材。"盖自明名将南塘戚继光，南御倭北御胡，有所撰《纪效新书》行天下，此亦其所出尔。"正祖亦曰："此（《兵学指南》）因戚继光《纪效新书》而钞节为书者……我国练兵之制，以是为津梁，故中外诸营皆有藏板，屡经剞劂，讹舛颇多，义例亦互有详略。予命宣传官李儒敬鸠合诸本，舍短取长，间增其格头注释，刊印颁行，藏其板于壮勇营。"① 正祖亲撰序，称赞戚继光曰：

> 戚帅继光，明朝人也，跨制南北，历典机宜，战守伟绩，至于今焜耀史乘。而其所撰《纪效新书》十八篇，精粗悉备，显微无间。训其法，虽阡陌襁褓之贱，可能按形而与知。穷其神，即熊黑之将、兔藻之士，尚且望洋而茫无津筏，信乎其为韬钤之尸祝。而我东之《兵学指南》，又节约《新书》之编也。为卷者五，为目者九，提要以便省检，疏义以决旨归。门分类搜，立之学官，则凡我东水陆征缮，京外团练，实无不《新书》乎自出。②

由此可见，此书在朝鲜产生了极其重要的影响。自始至终，朝鲜君臣都极其看重《纪效新书》的作用，国王大臣也都能深刻认识到此书的重要性。

后来朝鲜人又编《兵学通》一书，乃是希望"通一国之兵制而一之于《新书》也"，此书"凡其进退格斗，经纬奇正，无一不返于戚氏之遗典，而中外一、水陆一矣"。③ 又有曰："右御定《兵

---

① 正祖：《弘斋全书》卷 183《群书标记·兵学指南》，《影印标点韩国文集丛刊》第 267 册，韩国民族文化推进会 2001 年版，第 565 页。
② 《弘斋全书》卷 183《群书标记·兵学指南》，《影印标点韩国文集丛刊》第 267 册，第 566 页。
③ 《明皋全集》卷 7《兵学通后序》，《影印标点韩国文集丛刊》第 261 册，第 139 页。

学通》一卷，先朝取戚继光御倭阵练之法，而手定以赐诸军营者
也。"① 所以，后来朝鲜所编之兵书，始终离不开《纪效新书》，或
以之为榜样，或回归到此书的精神中去，此书也成为朝鲜后期的兵
学经典。

正祖十四年四月，正祖命李德懋与朴齐家编《武艺图谱通
志》，载录二十四技图谱，其中"棍棒、藤牌、狼筅、长枪、镋
钯、双手刀，六技出于戚继光《纪效新书》"，此书中还有"戚继
光、茅元仪小传曰《戚茅事实》"，以凸显戚继光与茅元仪对朝鲜
的重要性。② 李德懋在此书凡例中特别指出："戚氏《纪效新书》、
茅氏《武备志》，俱为是编之表准，匪比他书之泛引者。故他书则
曰某书、曰云云。至于戚、茅之书，特书'戚继光曰云云'、'茅
元仪曰云云'，匪曰卑之，以示惯串习尚之意。又撰戚、茅小传，
载于卷首，俾人人知其事实。"③ 因为戚继光的《纪效新书》与茅
元仪的《武备志》是朝鲜特别看重的兵书，故而在编辑之时，特
别予以关照和说明，并在书前作二人小传，希望人人得知其事，进
一步体现了《纪效新书》在朝鲜的重要性。正祖御制序曰：

> 宣庙既平倭寇，购得戚继光《纪效新书》，遣训局郎韩
> 峤，遍质东来将士，究解其棍棒等六技，作为图谱。而孝庙光
> 承前烈，频行内阁，某手某技，益大以阐，则击刺之法，于是
> 乎稍广团练矣。然六技而已，其目未之加焉。及至先朝己巳，
> 小朝摄理庶务，以竹长枪等十二技，增为图谱，俾与六技，通
> 贯讲习事，在显隆园志，而十八技之名始此。肆予绳武仪式典

---

① 《与犹堂集·第一集·诗文集》卷14《跋兵学通》，《影印标点韩国文集丛刊》
第285册，第309页。
② 《朝鲜正祖实录》卷30，正祖十四年四月己卯，《朝鲜王朝实录》第46册，
第132页。
③ 李德懋：《青庄馆全书》卷24《武艺图谱通志凡例》，《影印标点韩国文集丛
刊》第257册，韩国民族文化推进会2000年版，第359页。

刑，又以骑艺等六技，复增为二十四技。已而命晓习考据者二三人，衰合原续图谱，隐栝义例，笺释其源流，评骘于制度，使名物艺术之妙用，一展卷管领，名其书曰《武艺图谱通志》。①

可见，朝鲜兵书是在《纪效新书》基础上一点点扩充并逐步完善的。《纪效新书》是朝鲜后期兵书之源，正祖时编成《武艺图谱通志》一书，乃集大成之作。高宗年间，领议政李裕元向国王建议："夫编伍约束，莫如戚继光之《纪效新书》。而我国武事，专靠是书。惟当日讲其方略，时习其射御，为他日干城推谷之材，实是缓急之可仗。以此申饬于京营各道，令介胄之士，依旧式练习各技，期有成效，似好。"② 其所言"我国武事，专靠是书"，可见《纪效新书》对于朝鲜后期军事影响是何等深远。

综上所述，壬辰倭乱初期，朝鲜五卫制军队全被消灭。李如松率明军攻打平壤之时，朝鲜君臣见到明南兵作战英勇，战斗力强，获悉是经戚继光训练的部队，于是想方设法购得《纪效新书》。由国王李昖督促，柳成龙负责，成立了训练都监，又在明南兵将领的协助下，开始练兵，重建军队。朝鲜训练都监训练军队，一切依照《纪效新书》的做法。朝鲜将领向明南兵教师学习《纪效新书》，力求弄通全部内容。开展"练将"、"练兵"和"练器"，拣择精干的将领，训练职业化军队"二手"，使之掌握各种武器的使用。丁酉再乱之时，训练都监所训练的朝鲜军队粗具规模，成为明军重要的辅助力量。

在随后三百多年的时间里，《纪效新书》始终是朝鲜学习兵法最重要的兵书。根据此书，朝鲜编辑了很多更为通俗易懂的兵书，

---

① 《弘斋全书》卷9《武艺图谱通志序·庚戌》，《影印标点韩国文集丛刊》第267册，第143页。

② 《朝鲜高宗实录》卷11，高宗十一年三月壬戌，《朝鲜王朝高宗纯宗实录》第1册，第451页。

其中以《兵学指南》《兵学通》《武艺图谱通志》最为重要。编辑这些兵书，有助于更深刻地领会《纪效新书》的精核。训练都监成为朝鲜后期最重要的军事机构，开启了朝鲜王朝军队职业化的建制。但因为兵农分开，造成了很大的财政困难，朝鲜王廷只好向百姓征收"三手米"税、开辟军队屯田机制，以解决训练都监的后勤供应，这给朝鲜社会造成了一定的影响。"兵法"或能解一时之急，但任何时候任何兵法都无法真正使国家强大，正如《纪效新书》没有能够使明朝延续一样，如若不从内部解决问题，再多的兵书也无法让朝鲜王朝摆脱腐败和覆亡的命运。

可见，《纪效新书》从宣祖时期传入朝鲜到高宗年间，始终被奉为圭臬。它是朝鲜训练都监建制的指导、朝鲜训练士卒的典章，成为对朝鲜影响最为深远的兵书，在东亚书籍交流史上有着独特的地位。可以说这是明朝将士尤其是南兵英勇善战、以身作则直接影响的结果，也可以说是明朝军事影响朝鲜王朝的一种体现。

余　论

　　万历二十七年四月，战争早已结束，明东征将士陆续撤出朝鲜，回到国内。在风雨飘摇的晚明岁月中，等待他们的并非荣誉和鲜花，而是不得不又投入播州之役、萨尔浒之战以及在辽东与后金的诸多战争中，直到战死沙场。1644 年，随着大明王朝的崩塌，他们的事迹也一并随风而逝。万历抗倭援朝的功过，四百多年来任人评说，但迷雾始终未曾消散。因为党同伐异，最初《明神宗实录》的叙述就故意偏颇，使后人不得明军抗倭援朝的真相。改朝换代后的清朝，官私史家有意抹杀和贬斥明东征将士的战功，更增疑惑。进入 20 世纪学术专业化的时代，民族主义史学盛行，韩国、日本学术界更是刻意贬低明东征将士的战绩，甚至丑化他们的形象。故而弄清历史真相，还其本来面目，是我们当仁不让的责任，也是本书撰著的出发点。综合全书的讨论，围绕万历抗倭援朝战争中明东征将士群体的研究，主要有几个大的问题需要认真思考和总结。

一　三国史料与东亚视野

　　万历抗倭援朝战争是中、日、韩三国共同的历史，交错的历史场景，给三国留下丰富的历史资料；相似而又有差别的历史记忆，为我们认知这场战争提供了不同的视角。因而研究明东征将士群体，就必须全面占有三国史料，跳出民族主义史学的窠臼，以东亚视野进行客观分析与研究，方能获得历史的真相。

这场战争的主要史料是汉文史籍，辅以日文、韩文、西班牙文等史籍。如何利用这些史籍，摆脱国别史的局限，是首先需要注意的问题。三国根据各自的历史对这场战争的名称有不同的称呼。中国方面，有"万历朝鲜之役""万历抗倭援朝战争""明代抗倭援朝战争"等不同的说法。最初明朝将之称为"朝鲜之役"，与"宁夏之役"（万历二十年二月至七月，镇压宁夏哱拜之乱）、"播州之役"（万历二十六年至二十八年，明军平定贵州土司杨应龙之叛）合称"万历三大征"。将一场影响整个东亚的战争与两场镇压国内叛乱的战斗相提并论，可见明朝人对这场战争的重要性认识不足，由此，也奠定了中国学术界对于这场战争的基本认识。20 世纪 50年代，抗美援朝战争爆发，这场战争随之被称为明代抗倭援朝战争。朝鲜方面，将 1592 年日本的入侵称为"壬辰倭乱"，将第二次入侵（1597）称为"丁酉再乱"。1592 年为壬辰年，1597 年为丁酉年，故以干支纪年为其命名。朝鲜历史上还有"丁卯胡乱"（1627）、"丙子胡乱"（1636），乃是指清朝征服朝鲜的两次战争。历史上朝鲜国王没有年号，都是用中国皇帝的年号纪年，同时采用干支纪年，所以用干支纪年来命名这两次战争。日本方面，将第一次（1592）侵朝战争称为"文禄（元年）之役"，将第二次侵朝战争（1597）称为"庆长（二年）之役"，或合称为"文禄庆长之役"、"朝鲜征伐"之役、"征韩"之役。"文禄庆长之役"是日本战国时代最著名的一场战争，也是唯一的跨国战争。这是用日本天皇的年号来为这场战争命名。

从三国所用名称来看，有很大不同。第一，三国都是从本国历史出发来给这场战争定位的，名称上都有本国历史的特色。第二，日本"朝鲜征伐"之役的说法，鲜明地体现了日本是侵略者的特征；而明朝之抗倭援朝，则是一种被动应对的体现；朝鲜用干支纪年表示，似乎看不出主动还是被动，实际上显示了一种被宰割的命运。第三，三国如果只从本国历史出发进行研究的话，自然就有许多局限，所以很有必要在东亚视野下来全方位地研究这场战争，避免只是从本国历史出发的局限性。

三国史料对战争历史的书写有着相当大的差异，必须将其作为一个整体考虑，对多方史料加以对照、考释，才能求得战争真相。中国（明、清两朝）方面，明人有关朝鲜战事的史书不少，最重要的是官方所编之《明神宗实录》。明人私家所撰史书涉及此事的就更多了，主要有瞿九思《万历武功录》十四卷、诸葛元声《两朝平攘录》五卷、茅瑞征《万历三大征考》五卷、宋应昌《经略复国要编》十四卷、邢玠《经略御倭奏议》十卷（不全）、萧应宫《朝鲜征倭纪略》一卷、王士琦《封贡纪略》一卷、钱世祯《征东实纪》一卷、侯继高《两浙兵制》或《全浙兵制考》四卷、黄俣卿《倭患考原》二卷等。宋应昌、邢玠、萧应宫、王士琦与钱世祯等皆是在战场上征战过的明朝将领，他们的记录乃第一手材料。其中又以宋应昌的《经略复国要编》和邢玠的《经略御倭奏议》最为重要，二书分别收录两人在经略任内及事后的疏奏、文移、檄牍、函札，以及各部题奏、朝鲜谢恩咨文等，是研究万历抗倭援朝战争的重要参考资料。此外，沈德符《万历野获编》、王锡爵《召见纪事》一卷、赵志皋《召见纪事》一卷、方从哲《乙卯召对录》三卷、董其昌《万历事实纂要》三百卷、茅元仪《武备志》等，皆或多或少涉及明征战朝鲜之事。清朝私家史书记载此事者，有谈迁《国榷》、谷应泰《明史纪事本末》、夏燮《明通鉴》等，官方纂修的则以《明史》为主，关于朝鲜之役的相关史实与人物，都有相当多的篇幅，是重要的参考资料。但党争问题及明清易代等因素使得这些史书都存在不同程度的问题，无法客观真实地叙述这场战争，无法如实记载明将士的功过。

有关这场战争的汉文史料，以朝鲜王朝所编的史书最为系统。朝鲜王朝原来所编之《承政院日记》具有极大价值，但壬辰倭乱期间，光海君之前的全部毁于战火，现留存的只有仁祖到高宗时期的史料。现存最重要的官方资料是《朝鲜王朝实录》，其中《宣祖实录》一百一十六册二百二十一卷和《宣祖修正实录》八册四十二卷，对于壬辰战争有大量记载。李光涛根据《朝鲜王朝实录》编著《朝鲜壬辰倭乱史料》，全书凡五册，主要以《朝鲜王朝实录》为据，将与壬辰战争相关史料全部摘录成篇。日本史料集成编纂会编『中国・朝鲜の史籍における日本史料集成：李朝實録之部』，全书十二册，其中有不少是关于壬辰战争的史料。另外，朝鲜王朝官方所编《国朝宝鉴》、《国朝宝鉴别编》以及各司誊录等诸多史书，也有不少重要资料。朝鲜王朝私家编辑的史书相当多，当今韩国学者姜大杰、徐仁汉编辑《壬辰倭乱史料丛书》，其中包括历史编、文学编各十册以及《事大文轨》。历史编主要有柳成龙《惩毖录》、李舜臣《李忠武功全书》、吴希文《琐尾录》、赵庆男《乱中杂录》、申炅《再造藩邦志》、郑庆云《孤台日记》。文学编既有汉文书籍，亦有韩文书籍，包括《於于野谈》《青丘野谈》等多部野谈资料，还有多种抗倭人物传记资料和《壬乱日记》《惩蛮录》《锦溪日记》《万死录》等多部日记。《事大文轨》则是朝鲜宣祖、光海君两朝与明朝的往来文书汇编。另有《宣庙中兴志》《壬辰录》等多部史料笔记，又，李廷龟、李德馨、柳成龙、申钦、李舜臣、姜沆等一大批重臣文集中，也包含丰富的资料，以诗歌、日记、人物传记、墓志等为主。而在《燕行录》与《通信使录》中，也有如李廷龟《庚申朝天录》和黄慎《日本往还日记》这样重要的使行资料。韩国所存汉文资料数量庞大，记录战事与人物也相当全面。

日本史料丰富，许多战争文书史料散落在各家图书馆、博物馆与藩王家族文书之中，几乎所有参战的将领家族都有文书及实物留存，数量极大，如《太阁史料集》《岛津史料集》《宗氏实录》《四国文书集》《伊达史料集》等，还有类书《史料综览》《古事类苑》《大日本古文书》等，专书史料亦不少，如《多闻院日记》《毛利家文书》《黑天长政记》《毛利秀元记》《朝鲜军记大全》

《朝鲜阵物语》《朝鲜物语》《丰太阁征韩秘录》《丰太阁朝鲜役》《将军家谱》《正实朝鲜征讨始末记》《太阁记》《征韩伟略》《日本外史》等。北岛万次以日本史料为基础，参阅中朝史料，摘编成《丰臣秀吉朝鲜侵略关系史料集成》①，为我们进一步检索资料提供了一个很好的范本。更重要的是，日本留下了丰富的实物资料，诸多将领的盔甲、火枪、战刀、文书、信函等，被收藏于全国各大博物馆中，给这场战争的研究提供了重要实物资料。

　　从资料上来说，要尽可能地收集中、日、朝三方资料，互相比证甄别，决不能只执一端，不及其余，否则难以获得历史真相。

　　古代中国，记载周边国家的史料失之粗疏，且有些不求甚解。明朝出兵朝鲜半岛，原本是近世东亚世界一件非常重要的大事，但是在明、清两朝看来，这似乎并不大重要。明朝只是把它看成万历三大征之一，所以《明实录》等史书对其记载十分简略。作为天朝大国的实录，载录本朝皇帝起居、本朝政事、制度沿革、官员任免等内容才是最为关键的。即便载录明军在朝鲜半岛的战事情况，也是因为其涉及明朝将领的任免与奖赏，才给予一定的关注，对于整个战争历程，并没有给予足够的重视，因而载录史实就挂一漏万，相当粗疏凌乱。同时，实录的编撰者往往借机党同伐异，甚至颠倒黑白，故意歪曲事实。明朝实录"不实"的问题，不少明代史家就曾加以批评。有关明东征将士的记叙，有诸多问题。如对宋应昌、李如松、杨镐、丁应泰、陈璘等主要将领的记载皆不完整；对朝鲜战事的记录，一鳞半爪，既不全面，也不甚公正。甚至因为杨镐在萨尔浒之战中失败，需要负责任，所以明廷依从丁应泰的诬告，将蔚山之战写为败仗，以后明清史书的基调由此奠定，历史的真实面目被扭曲。

　　《明神宗实录》这种贬低与漠视的书写方式，在明清易代之

后，不仅没有得到改变，反而进一步强化。一则清朝为明朝修史，修史的目的是树立清朝的正统，凡不利于本朝正统塑造的内容，或删或贬。二则明东征将士也是清朝在辽东战场上的对手，本是忌讳的对象，故采取贬视的态度。故而一贬再贬，无论私家之《明史纪事本末》还是官修之《明史》，皆采取删减、贬低、抹杀的态度，对明东征将士的评价十分消极，对整个战争也采取否定的态度。这就造成中国史料天生的不足，问题过多，值得认真研究。

这场战争，对于朝鲜王朝来说意义完全不一样，实乃关涉其生死存亡的大事，因而十分重视。朝鲜王朝是明朝的藩国，与明朝往来是朝中最为重要的大事，其原本就十分关注与明朝的关系。而壬辰、丁酉战争发生在朝鲜半岛上，所以朝鲜对于明朝将领的一举一动，都给予十分细致的记录。明朝将领的战斗成败，直接关涉朝鲜半岛能否光复，王朝能否早日获得安宁。因而《朝鲜王朝实录》中关于宋应昌、李如松、杨镐、陈璘等明东征将领的记叙十分详尽，对于我们探寻战争的真相也尤其重要。每一条材料的背后，皆有其写作者的动机。与明清史料故意贬斥的态度不同，《朝鲜宣祖实录》中对李如松、杨镐、陈璘等明朝将领的评价都非常高，对于他们的战绩给予充分肯定。朝鲜是战争的直接受害者，其史料与明清史料不同，处处在维护这些明朝将领，为他们求情说好话。明朝将领如果不是真的有功，根本不可能赢得朝鲜君臣的称颂，从情理上来说，这本身就说明其材料是真实可信的。因为主要研究明东征将士群体，故而本书主要采用中朝史料进行比勘，并适当参稽日本史料，采取"从周边看中国"的视角进行研究，力求驱除迷雾，求得真实。

采取中朝史料进行比勘，并不是说，一旦发现记载不同，朝鲜方面的史料就一定正确。于朝鲜而言，如果是与朝鲜相关的史实，大多是朝鲜方面的记载既详细又更接近真实。如果是关于中国王朝的内政，那就不一定了，反而是朝鲜方面道听途说的为多。明清两朝，朝鲜经常派使臣前往北京，每次使行，使臣们都要及时向国王上报状启，报告其沿途所见所闻，回国以后，还要向国王汇报。这种状启中，当然有不少真实情况，但也有不少是道听途说甚至凭空想象出来的内容。因此，需要用明清方面的史料来加以比勘，以剔除其谬误，还其真相。当我们"从周边看中国"的同时，还有一个"从中国看周边"的视角，哪一种都并非绝对，哪一种都有局限，关键是要具体情况具体分析，以便能够用多重史料、从多重视角去尽可能地接近历史的真实，还原历史真相。

二 明东征将士的人数与来源

明清史籍，不管是《明神宗实录》还是《明史纪事本末》、清官修《明史》等，对于明东征将士的总人数都没有记录。所幸战争结束后，朝鲜王朝申钦受国王李昖之命，编辑《征倭诏使将臣录》，后分为《天朝先后出兵来援志》《天朝诏使将臣先后去来姓名》等篇章，连同《壬辰倭寇构衅始末志》《本国被诬始末志》《本国被兵志》《诸将士难初陷败志》等多篇文章，一并构成"征倭志"，收录于其文集《象村稿》中。对于明军将士，申钦按照所属衙门，依据时间先后，清楚地记录了各部将领、部卒来源及相关将士数量。随后，朝鲜多部史籍，如申炅《再造藩邦志》、吴庆元《小华外史》、李肯翊《燃藜室记述》、不著撰人《宋经略书》和千万里《思庵实纪》中都有记载，各书所载数字大同小异。宋应昌《经略复国要编》与邢玠《经略御倭奏议》中，收录多篇有关征兵的奏疏，其中记录的士卒人数与朝鲜史书的记载皆可对应，可印证其所载之数字真实可信。

万历抗倭援朝战争七年间，明军参战总人数在23万人左右（诸家史书记载最少为221500人，最多为234000人），其中的数字出入，基本在合理的范围内，因为有不少部队是两次甚至多次前往朝鲜，算法会有不同，出现差异也在情理之中。最主要的两次出兵：第一次是1592年，提督李如松率部前往，参与平壤大捷之明军将士人数为46300人，加上刘綎率领随后赶到的8000人，一共

54300人，诸家记载相差无几；第二次是1597年，由经略邢玠、经理杨镐率领的部队一共有14.3万人左右。这两次出兵的人数，加上封贡和谈时期经略顾养谦、孙矿以及册封使李宗诚、杨方亨率领的士卒以及因其他情况前往朝鲜的将士，一共有23万人左右。

日本侵朝的兵力方面，1592年春，丰臣秀吉动员全国兵力达335000人，有235000人被送到了名护屋城中，最终将158800人分成九个军团派往朝鲜。①1597年3月，丰臣秀吉动员121100人参加第二次朝鲜之役，②这样两次侵略朝鲜，日军一共有279900人。总人数超过明军。

韩国学术界一直诟病明军将士的来源。基于韩国学术界看法的西方学者，也鹦鹉学舌般地指责明军士卒，说道："和绝大多数的明朝士兵一样，李如松的远征军主要是由雇佣兵和征召来的流民、不法之徒或时运不济的农民组成。他们的爱国之心十分淡薄，参军的主要目的是获得食物、金钱和搜刮战利品的机会，所谓的军纪不过是上级军官的死亡威胁，否则他们常常目无法纪，有时对友军的威胁甚至比对敌人还大。"③这样的说法完全出于无知，扭曲了事实。事实上，明东征将士乃是当时明朝最精锐的部队。

两次出征，明朝部队最主要的来源有三个：久经沙场的九边兵、掌握先进火器的京营兵与南兵、英勇善战的川兵与夷兵，他们都是明朝的正规部队。就人数来讲，九边兵是马兵，有12万多人，接近总数的一半；南兵是步兵，有8万多人，掌握火器，是当时明军战斗力最强的部队；丁酉再出兵时，还有陈璘率领的水兵，有2万多人，这些都是明朝最精锐的部队。壬辰倭乱之时，李如松统率

① 参见「毛利家文书」北岛万次编『豊臣秀吉朝鮮侵略關係史料集成』上册、179—182页。
② 参见「島津家文书」北岛万次编『豊臣秀吉朝鮮侵略關係史料集成』下册、450—454页。
③ 塞缪尔·霍利：《壬辰战争》，方宇译，民主与建设出版社2019年版，第227—228页。

的主力部队，刚刚平定宁夏哱拜之乱，就马不停蹄地赶往朝鲜战场。李如松是当时明军最有威望的将领，他的部将如杨元、刘綎、麻贵、李如梅等都训练有素、作战经验丰富。第二次援朝的明军将领中，邢玠以兵部尚书领朝鲜经略，杨镐以右金都御史兼领经理朝鲜，其部将李如梅、麻贵、刘綎、陈璘、董一元、解生等皆为一时之选。朝鲜之役结束以后，他们又成为平定播州之役的主力，杨镐则成为萨尔浒之战的经略。无论是将领还是士卒，都是当时明朝最具战斗力的，因而韩国学术界的相关议论完全是无稽之谈。

三　明东征将士在战争中起主导作用

在民族主义史学的推动下，当今韩国学术界极力贬低明军将士在战争中的作用，他们将朝鲜之役胜利的关键归诸李舜臣的水军和全国各地的义兵。[①] 深受韩国学术影响的加拿大学者塞缪尔·霍利说："需要强调的是，明军的参战并非决定性因素，日本人的失败是不可避免的，明军的到来只是加快了它的到来。"[②] 确实相对于陆军来说，李舜臣指挥的朝鲜水军屡屡取得胜利，很大程度上给朝鲜民众带来了信心。但是在两次侵略朝鲜之时，日本水军都只有不到 1 万人的兵力，不足其侵朝兵力的十分之一。李舜臣指挥的水军取胜，固然可喜可贺，十分难得，但是不足以动摇日本侵朝的决心。更何况日军第二次侵朝初期，李舜臣因为党争被下狱，由元均指挥的朝鲜水军几乎全军覆没，即便随后李舜臣在鸣梁海战中再次击败日本水军，取得了胜利，但也不足以改变整个战争的态势。随

---

① 在当代最为重要的韩国通史——韩国国史编纂委员会编的 25 卷本《韩国史》（韩国国史编纂委员会 1981 年版）第 12 卷《两班社会的矛盾与对外战争》中，专有一节论述壬辰战争，大标题为"日本侵略"，次目为：（1）日本侵略战争的准备；（2）倭军的侵略；（3）宣祖西迁；（4）义兵蜂起；（5）水军胜利；（6）反击战争与媾和会谈；（7）丁酉再乱；（8）倭乱的影响。（第 279—326 页）如此叙述此次战争，将战争的胜利归诸李舜臣领导的水军和义兵，对明朝军队的叙述皆是负面的。

② 塞缪尔·霍利：《壬辰战争》，第 216 页。

后陈璘指挥的大明水军的到来，才从根本上扭转了形势。而散布各地的义兵，虽然取得过局部战斗的胜利，但完全不足以改变整个战争的态势。事实上，明东征将士才是决定整个战争胜负的关键性因素，这主要体现在以下几点。

第一，日军两次侵朝战争中，两次改变战局的关键性战役，都是以明军为主导进行的。万历二十一年正月，李如松率军击败小西行长，取得平壤大捷。随后小西行长、加藤清正率部退回朝鲜南部，并于四月撤出汉城。万历二十五年九月，经理杨镐率解生、牛伯英、杨登山、颇贵等在稷山大败黑田长政的进攻，保卫了汉城的安全，日军从此不再北上进攻，进入全面溃败的阶段，战争的格局由此扭转。也正因此，李如松和杨镐一直深受朝鲜君臣的尊敬，他们被视作"藩邦再造"的功臣。

第二，在七年战争期间，最为关键的战役都是以明军作为主力跟日军展开的。上面提到的两次战役之外，尚有碧蹄馆之役、岛山之战、泗川之战和露梁海战等。露梁海战乃以陈璘为总指挥，以李舜臣为先锋，由中朝水军联合作战而取得最后的胜利。其他几次战役似乎并不都是胜仗，也成为评判明朝将士的几次关键性战役。综合中朝史料来看，碧蹄馆之役，李如松猝不及防之下面对的是以少敌多的局面，明军最初只有数千人，日军一开始就有三四万人，后来杨元率一万多人救援，总体人数不如日军，但是死伤相当，日军并没有取得决定性的胜利。只是战争中，李如松的家丁死伤过多，对他的心理打击较大，从此改变了他主战的决心，因而明日转入封贡和谈阶段。岛山之战和泗川之战有点类似，最初阶段明军都进展顺利，占了上风。岛山之战因为天久雨不利进攻，而日援军又到，所以功亏一篑，实际上并非败仗。泗川之役则是明军队伍中火药爆炸，因惊而乱，最终失败。事实上，明军与日军作战，真正被日军打败的情况很少，大多是内部出事而导致失败。可见，战场上，影响明军战斗力的关键因素是指挥的协调与彼此的配合。

事实上，从整个战争的局面来说，明朝的党争直接左右着前线将领的命运。朝中主和派与主战派的斗争、南人与北人的不和、文官与武将的争斗，直接影响着朝鲜战场上将官们的合作。如平壤大捷，李如松明明有大功，但因奏功时右北兵而贬南兵，激化了与经略宋应昌的矛盾，故受到弹劾诬告，其背后反映的乃是朝中的党争，各种矛盾斗争交织在一起，错综复杂，只有细细把握其中的奥秘，才能真正揭示历史的真相。这是研究这场战争必须要把握的原则，因为李如松的悲剧几乎发生在随后每一位明朝将领的身上，甚至朝鲜国王也难以置身事外。由首辅赵志皋与兵部尚书石星主持的封贡和谈失败后，主和派失势，而主战派次辅张位、沈一贯得势，重用杨镐等援朝。兵部主事丁应泰在主和派赵志皋的支持下，借岛山之战，向主战派发起进攻，不仅使杨镐罢归，而且使朝鲜国王也受到牵连，成为轰动一时的外交事件，直接影响了战争的进程。因此，朝鲜战场上的事情，与明朝国内政局息息相关，要全面深入地了解战事的真相，必须联系明朝国内政局的变化。

第三，在陆上战争中，明军与朝鲜军队配合作战，明军统帅作为总指挥，朝鲜军队听候调遣，这是必然的结果，因为明军是主力，而朝鲜军队是配合作战的。故而当 1598 年明水军统帅陈璘到达朝鲜，在跟国王见面之时，就提出来要跟陆上部队一样，自己作为中朝联合水师的总指挥，朝鲜水军要受其节制。尽管朝鲜君臣心有不服，水军统制使李舜臣也每每告状，但是他们根本不敢当面向陈璘提出异议，只能表面维持陈璘总指挥的局面。随后的海战都是中朝水师联合行动，陈璘为总指挥，李舜臣是先锋，露梁海战的大捷就是这样取得的。在露梁海战中，李舜臣虽然战死，但整个战局并没有受到影响，因为总指挥是陈璘，一切战舰听陈璘调遣。而陈璘直到取得最后的胜利，才知悉李舜臣的死讯。这充分说明抗倭战争是以明军为主导展开的。

第四，壬辰倭乱初期，朝鲜军队就被日军击败，从此溃不成军，之后虽然有义兵，但只是小打小闹，无法建立一支与日军抗衡的部队。朝鲜君臣在平壤大捷之中看到明南兵将士作战英勇，又使用火器，战斗力极强，于是想方设法购来戚继光的《纪效新书》，设立训练都监。根据《纪效新书》的做法，邀请南兵将领吴惟忠、骆尚志等人为教师，重建朝鲜军队。丁酉再乱之时，朝鲜君臣都恳求明朝多派南兵来援。南兵是朝鲜效仿学习的榜样，后来朝鲜就是依《纪效新书》，仿效南兵，重建了军队，影响一直持续了三百多年。

第五，在后勤保障方面，朝鲜王朝国力弱小，土地贫瘠，粮草不丰。壬辰战乱之初，大批粮草被日军焚毁或者被饥民抢夺。从此主要的后勤保障都需要明朝提供，明军既供应粮草，又拨付白银。朝鲜国力过弱，几乎难以完成从鸭绿江边运送物资到前线的任务。丁酉再援之时，明朝实施海运，物资供应方勉强得以保障。明朝粮草既提供给明军，也供给朝鲜君臣和百姓，有力缓解了战事的紧张。①

因而，从以上几个方面来看，明朝军队才是决定朝鲜战事的关键因素，而并非可有可无的力量。

四　如何看待明东征将士后人东渡朝鲜之说法

传说石星、李如松、李如梅、陈璘等人的后代，在明朝灭亡以后，都想方设法逃到了朝鲜半岛，成为朝鲜王朝的臣民。笔者在前文中对此问题进行了具体讨论。除了李如松的后代之外，其他几人后代的情况都无法在《朝鲜王朝实录》等朝鲜王朝官方史书中找到确切的信息，只有民间传说的资料，即便有家谱流传，但也因无法跟官方史料相互印证，故不大可信，很难说确有其事。但这些传说即便不是真的，也有重要的历史意义。为何这么说呢？

---

① 参见宗惠玉《明军援朝御倭战事中给养不足问题刍议》，《博物馆研究》1990年第2期；陈尚胜《壬辰御倭战争初期粮草问题初探》，《社会科学辑刊》2012年第4期；万明《万历援朝之战时期明廷财政问题——以白银为中心的初步考察》，《古代文明》2018年第3期；孙卫国《万历朝鲜之役前期明军粮饷供应问题探析》，《古代文明》2019年第4期。

　　战争结束后，朝鲜国王李昖常常对朝臣说："一则曰皇恩罔极，二则曰皇恩罔极，一念对越如在左右。"① 李昖把明朝东征将领看成施予"皇恩"的具体执行者，为了表示对明东征将士的感激之情，他建造了许多碑、祠、庙，作为崇祀明东征将士的场所。最主要的有宣武祠、武烈祠、愍忠坛，还有明朝将领建造的关王庙。碑则相当多，如杨经理去思碑、杨公堕泪碑、望日思恩碑、明游击将军蓝公种德碑、釜山平倭碑、明委官林济碑、游击将军季公清德碑等，主要用于记载明东征之恩，表达了朝鲜君臣的感激之情。其中对石星、李如松、杨镐、邢玠四人尤为特别对待。兵部尚书石星是明朝出兵拯救朝鲜的决策者，提督李如松乃收复平壤的功臣，邢玠是丁酉援朝时明军经略，杨镐则是保卫汉城、取得稷山大捷的主将，他们四人成为朝鲜重点崇祀祭奠的对象。朝鲜在平壤建武烈祠崇祀石星、李如松及其部将，在汉城建宣武祠崇祀邢玠、杨镐，② 从此开启朝鲜王朝怀念祭奠明东征将士之先河，也使得从朝鲜两班贵族到平民百姓，对于明东征将领姓名皆耳熟能详。

　　仁祖臣服清朝，朝鲜王朝成为清朝藩国，但在随后二百多年的岁月中，朝鲜王朝高举尊周思明的大旗，长期坚持尊周思明的活动。1704 年，肃宗在昌德宫中后苑建大报坛，崇祀明神宗皇帝。后来英祖将崇祀范围扩大到明太祖与崇祯皇帝，国王每年亲自祭奠，并下令修缮明朝将领陈璘等在全国所建之关王庙，将明朝将领作为关王庙从祀的对象，尤其是将陈璘与李舜臣列为汉城关王庙的崇祀对象，再次掀起追怀明东征将士的热潮。此后更是以明末九义士后人为主，设立汉旅，令其为大报坛守值人员，参与国王对大报坛的祭祀，甚至设立专门的科举考试，无形中提升了明朝后裔的地

---

① 吴庆元：《小华外史》卷 5，第 303 页。
② 参见孙卫国《大明旗号与小中华意识——朝鲜王朝尊周思明问题研究，1637—1800》第二章第一节"朝鲜崇祀明朝东征将士之祠庙"，第 99—114 页。

位，而这对于朝鲜普通百姓而言，具有强大的吸引力。① 也就是在这样的氛围之下，出现了石星、李如松、陈璘等人后代的传说。正祖听说找到了石星的后人，还特别派人去调查，但最终查无实据。因此，这些明朝东征将领后代传说的出现，与朝鲜王朝后期长期坚持尊周思明的氛围分不开，在某种意义上，是朝鲜王朝长期追思明东征将士氛围所催生出来的。因而探讨这个现象，也有重要的学术与思想史意义。

总之，本书以明东征将士群体为研究对象，首先考辨出明东征将士群体整体人数、主要来源、指挥体制，随后围绕石星、宋应昌、李如松、杨镐、丁应泰、董一元、陈璘等重要将领展开论述，试图厘清万历抗倭援朝战争中的主要问题，呈现明东征将士在战争中的地位与作用；并以《纪效新书》东传朝鲜，朝鲜王朝效仿南兵，建立训练都监，重建朝鲜军队，反衬明军的重要性。本书可以深化我们对这场战争的认识，但这只是笔者研究这场战争的一个阶段性成果。本书有关明军将领的选择还不够全面，邢玠、刘綖、麻贵甚至沈惟敬等，都是深入研究明军将士群体的重要对象，留待以后进一步拓展。真正要系统、全面、深入认识这场战争，仍需进一步努力，期待今后有机缘，能够真正从东亚出发，完成一部东亚视野下万历朝鲜之役的研究著作，更全面而系统地呈现战争的历程、影响与意义。

---

① 参见孙卫国《大明旗号与小中华意识——朝鲜王朝尊周思明问题研究，1637—1800》第四章第三节"朝鲜尊周与对明遗民后裔的优待"，第213—225页。

附录　西方人视野中的壬辰战争[*]
——评塞缪尔·霍利《壬辰战争》

　　1592 年 5 月 23 日，丰臣秀吉派遣 15 万大军，分为 9 个军团，渡过对马海峡，发动侵朝战争。明朝很快应朝鲜王朝请求，派大军赴援。战争持续 7 年，直到 1598 年 12 月，最后一批日军撤回，方告结束。这是近世东亚所发生的一场世界性大战，参战三国随后的政治格局发生了巨变，对于近世东亚的历史走向有着深远影响，余波一直延续到今天。这场战争不仅引起中、日、韩三国学者极大关注，对于西方学者也有一定吸引力，与之相关的英文著作陆续出版，加拿大籍学者塞缪尔·霍利（Samuel Hawley）的《壬辰战争》（*The Imjin War*）即其中比较重要的一部，且被译成了中文，理应给予适当的学术评价。

一　塞缪尔·霍利与其屡遭退稿的畅销书

　　塞缪尔·霍利出生于韩国首尔，在加拿大读完本科和研究生，之后又回到韩国，曾任延世大学助理教授。他发现壬辰战争对于英语世界的读者来说"几乎不为人知"。[①] 于是，他花了 4 年时间，

---

　　[*]　本文曾以《孙卫国评〈壬辰战争〉：一部有趣而稍显偏颇的"壬辰战争史"》为题，发表于 2020 年 3 月 28 日的《澎湃新闻·上海书评》。

　　①　塞缪尔·霍利：《壬辰战争》，"新版序言"，第 1 页。

在 2003 年完成该书稿。他"将本书描述为面向大众的通俗历史读物"①，故联系"文学经纪人和出版机构"，却得到 47 封拒绝信。该书最终于 2005 年 10 月由英国皇家亚洲协会韩国分会和加州大学伯克利分校东亚研究所联合出版。初版 2000 册，很快售罄，2008年再版，2014 年出版修订本。作为一部叙述远离西方的古代东亚战争的英文通俗读物，该书取得的销售成绩相当不错。2019 年 8月，该书经方宇翻译成中文，由民主与建设出版社出版。中译本"出版后记"称赞该书"是一部史诗，一部关于朝鲜这个'美丽而悲伤的国度'的史诗"。②

全书以日本侵略朝鲜的战争经过为主线，以蒙太奇的方式，穿插着介绍发生在中、日、朝三国间的国家大事，既有朝鲜战场上拼杀的战争场景，也有发生在三国后方的战争准备、党争事件、三国间的外交往来，还有琉球、菲律宾与日本之间的纠葛。全书以立体的方式，完整地将这场东亚世界大战的多重层面叙述出来，描写生动，引人入胜，是一部关于壬辰战争以及近世东亚史重要的通俗历史读物。

二 一部以文学手法写作的历史著作

塞缪尔·霍利在韩国完成该书，他自言以《壬辰战争》为书名，乃是"鉴于本书主要依据的是朝鲜资料和朝鲜人的视角"③，但他西方人的身份，使得该书跟一般韩国人的著作又有所不同。中、日、韩三国学者在研究这场战争时，都难免受到各自民族国家认同的限制，对于战争的叙述总会有一些局限，塞缪尔作为一位"局外人"，这样的限制会少很多，这也就决定了该书的特点。

---

① 塞缪尔·霍利：《壬辰战争》，"新版序言"，第 1 页。
② 塞缪尔·霍利：《壬辰战争》，第 493 页。
③ 塞缪尔·霍利：《壬辰战争》，"前言"，第 4 页。

第一，该书中文译名为《壬辰战争》，只是英文的正书名，没有翻译的副书名 *Japan's Sixteenth - Century Invasion of Korea and Attempt to Conquer China*（"十六世纪日本对朝鲜的侵略及其征服中国的企图"），呈现该书主要特色：以日本侵略朝鲜的战争历程为主要线索，加以叙述。尽管作者自言试图以朝鲜人的视角来写，其实并非完全如此。战争是日本丰臣秀吉发动的，以他为中心，日本侵略军的行动成为该书叙述的主要脉络，朝鲜与明军的行动都是被动应对，叙述时也是次要和辅助性的。

丰臣秀吉是整本书的焦点人物，他的一举一动、子嗣情况、心路历程、个人喜好、行为习惯等都成为全书关注的重点，构成全书叙述的一条重要线索。在作者看来，这些都与战争走向密切相关。如 1589 年 6 月，他的长子鹤松出生，取名"舍"。1591 年 9 月，舍病死。4 个月后，他收 23 岁的外甥秀次为养子和继承人，传关白之位于他，自己做了太阁。因为没有嫡系子嗣，丰臣秀吉觉得很有必要完成征服明朝的任务，因而他决定发动侵朝战争。1592 年 8 月 30 日，母亲大政所病逝，他非常伤心，侵略中国的野心也大打折扣。1593 年 8 月 29 日，秀吉侍妾淀殿在大阪再诞下一子，取名为"拾"，即后来的秀赖。秀吉对儿子的关心胜过朝鲜战事，他遂离开朝鲜战争指挥部所在地名护屋，直到去世，再也没有回去。在作者看来，是否有嫡系的继承人，左右着丰臣秀吉的侵朝决心。同时，在叙述大战之余，作者对秀吉的个人爱好，如茶道、能剧等，总不吝笔墨，呈现他生活的多种面向。

更为重要的是，该书一直坚信 1592 年 5 月丰臣秀吉派日本 9 个军团侵朝的最终目的是打通朝鲜半岛的道路，攻入明朝，最终占领北京。当小西行长与加藤清正等率部进入汉城时，丰臣秀吉接到战报，踌躇满志，以为攻占北京指日可待，因而在给养子秀次的信中，分二十五条勾勒他建立海外帝国的计划，此即所谓"二十五条觉书"。他认定朝鲜之役胜利在望，"朝鲜将是继本州、四国和九州之后，日本的第四个'岛屿'"。① 进而在信中安排据守京都、汉城、北京的人选，显得自信满满，十分嚣张。当封贡和谈失败之后，1597年，他第二次发动侵朝战争，"前一次的目的是先征服中国，再征服全亚洲，而第二次入侵只是为了夺取土地"。② 与此同时，书中对日军9个军团及其指挥官，尤其是第一军团小西行长与第二军团加藤清正的情况给予非常细致的叙述。

有关封贡和谈，在作者看来，几乎可以说是小西行长与沈惟敬、谢用梓、徐一贯等所设计的一个骗局。因为小西行长、内藤如安将明朝的要求篡改，按照他们认为的丰臣秀吉的喜好加以陈述，而宋应昌与沈惟敬等又将日本的要求按照明廷能够接受的条件进行了篡改。双方都欺瞒了上司，以致最后当明朝册封使来到大阪城行册封礼，西笑承兑翻译明神宗册封诏书时，丰臣秀吉才最终明白所谓的"封贡"完全不是他所设想的样子，当场发飙，和谈失败。在分析双方做如此欺瞒之事的原因时，作者提到了两点：一方面，当时篡改文书是外交上相当普遍的惯例，篡改者并没有觉得不应该做；另一方面，丰臣秀吉自以为是，下属很难有机会陈述实情，明朝与朝鲜使臣也没有机会禀报实情，故而最终酿成一场闹剧。这样的解说，在逻辑上说得通，为厘清封贡和谈问题提供了一种思路。

第二，作为一部战争历史书，该书在篇章结构安排方面，具有很不一般的特色，整部书对于重要战役虽有关注，但并不将其作为叙述节点，反而是用一些看似不经意的细节或者言辞，作为章节的标题。用叙事的方式完整地呈现这场战争的发生、发展、变化以及最后的落幕，给读者一个整体印象。这样的写法，相当成功。

从章节安排来看，全书共分6个部分。第一部分"东亚三国"介绍16世纪东亚三国传统的中华天下秩序、明朝与朝鲜宗藩关系的特征，奠定全书的基础。第六部分"余波"，简述战争的影响，

① 塞缪尔·霍利：《壬辰战争》，第131页。
② 塞缪尔·霍利：《壬辰战争》，第321页。

梳理战争以来东亚三国国际关系的变化以及战争对当今三国关系的影响。中间四个部分则与战争密切相关。"战争前夜"重点叙述战争的历史背景、日本军队的建制，并分析丰臣秀吉侵朝的原因、朝鲜的军队情况及其国内政事状况。"壬辰倭乱"叙述 1592 年日军侵朝经过、主要战役、朝鲜之抵抗、李舜臣水军的胜利、朝鲜义兵之蜂起。在作者看来，丰臣秀吉原本信心满满，要率大军直入明朝，但因为李舜臣水军大败日水军，阻遏了日军海上供给线，使得丰臣秀吉失去了进攻的意愿；义兵蜂起，拖延了日军进攻的步伐，日军将领也失去再进攻中国的意愿。"僵局"部分涉及时间最长，从 1593 年到 1597 年夏，包括明朝出兵经过，李如松取得的平壤大捷以及遭遇的碧蹄馆之败等；日军撤出汉城，明朝派两使臣前往名护屋，日本使臣前往北京；明朝册封使的前来，丰臣秀吉之盼望与失望；朝鲜国内之党争；等等。重点关注明军的救援和明朝与日本的和谈。"丁酉再乱"主要叙述和谈失败之后，丰臣秀吉再度派兵侵朝的目的、与明－朝联军的战斗、日军最后撤军等。

与这场战争相关的重要战役，如日军首次侵朝、李舜臣水军抗击战、明军平壤大捷、碧蹄馆之役、晋州之役以及后期的几次大战，在全书目录中并无体现，而是全都融于整个叙述之中，给人完全不同的印象。一定意义上说明这些战役虽然重要，但不足以左右整个战争的态势，只能是战争中的一环而已，显示出作者高超的讲故事的能力。

第三，该书有强烈的全球史视野，关注的不只是中日朝三国战争，还涉及西班牙、葡萄牙、菲律宾、暹罗、印度、琉球等国，实际上是当时丰臣秀吉所能了解的整个世界的战争。

全书叙述先从 1543 年汪直（书中译为王直）给日本种子岛主时尧介绍火绳枪入手，以将葡萄牙的火绳枪传入日本。16 世纪 60 年代，火绳枪以每年数千支的速度传播到日本各地，为丰臣秀吉侵朝战争奠定了火器基础。当丰臣秀吉趁机攫取大权并统一日本全境之后，他将目光投向了朝鲜和明朝。战争中，双方火器的使用，显示出这场战争完全不同的特点，即由冷兵器时代进入热兵器时代，这场战争展示了西方军事技术因素的重要影响。天主教徒成为日军主力，以小西行长为首的第一军团和黑田长政的第三军团，几乎可以说是以天主教徒为主的军队，其同时也是日军侵朝的主力部队之一。书中穿插叙述菲律宾总督几次与丰臣秀吉的交往，成为战争中一个不可或缺的因素。即便在明朝军队中，也能看到刘綎部队中有暹罗兵、琉球兵。战后，被掳朝鲜人作为奴隶被卖到东南亚、中东甚至欧洲地区，成为战后影响深远的事件。这样也就将这场战争的全球性意义揭示出来，更深刻地展示了它的影响力。

总之，该书融学术性与通俗性于一体。作者既关注宏大的战争场面，也对最重要的人物——丰臣秀吉的个人生活、心理变化给予相当的关注，两相结合，更增加了该书的趣味性和可读性。作者自言是以文学的手法来写一部历史著作，这样的定位相当准确。

三 重视日韩而忽略中国

该书优点突出，缺点亦明显。应该说，作者对日本史和韩国史有较精深的了解，但缺乏中国史方面的基本素养，其最大的问题就体现在对明朝将士的漠视上。

第一，书中有关中国史的叙述错谬甚多，漠视明朝将士的战绩，对明朝与明军的评价过于负面。全书对明朝将士的功绩几乎未做肯定性的叙述，总是夸大消极影响。

第一部分介绍明朝历史背景，谈到 16 世纪的明朝，"它庞大、富裕，令人惊叹，是众多偏远国度名义上的宗主国。不过，它虽然看上去无所不能，实际上已经孱弱不堪，政治、经济和军事弊端导致国内危机四起，片刻不得安宁……从 16 世纪 70 年代到 17 世纪第一个十年，危机几乎成了家常便饭"。[①] 对明朝的基本认识十分消极，评价相当负面，一开篇就定下否定的论调。之后凡是提到明

---

① 塞缪尔·霍利：《壬辰战争》，第 30 页。

朝的事情，都以否定的态度做出评说。

作者在讲到明朝火器时说："明朝虽然兵多将广，却缺乏先进的火器，只有旧式的佛郎机铳和做工不良、可能在枪手脸庞炸裂的鸟铳。"① 这种说法，体现作者对明朝火器缺乏基本了解。事实上，明朝当时的重型火炮远比日本的火绳枪有优势。李如松攻城之时，日军根本无法抵挡明朝火炮的攻击。作者进而抹杀明军援朝的功绩，说道："需要强调的是，明军的参战并非决定性因素，日本人的失败是不可避免的，明军的到来只是加快了它的到来。"②

作者对于明军将士的评价极为负面，"和绝大多数的明朝士兵一样，李如松的远征军主要是由雇佣兵和征召来的流民、不法之徒或时运不济的农民组成。他们的爱国之心十分淡薄，参军的主要目的是获得食物、金钱和搜刮战利品的机会，所谓的军纪不过是上级军官的死亡威胁，否则他们常常目无法纪，有时对友军的威胁甚至比对敌人还大"，③ 进而否定明朝出兵的意义，"虽然明朝尊重东边忠心耿耿的属国，它的存亡却不是明朝最为关心的。明朝首要的目标是保护自己的边界……在接下来的战争中，朝鲜人从中国人那里得到的军事援助必定比他们请求的要少，而由此带来的麻烦比预想的更多"。④ 这样的论断过于笼统，并没有举出具体事例。

事实上，明朝派往朝鲜的部队，是当时最精锐的部队，由辽兵、九边兵、南兵、西南夷兵等组成。壬辰援朝时，当时特别给兵部侍郎宋应昌加经略衔，命其为最高统帅；朝中最具威望的总兵李如松为提督，手下都是身经百战意气风发的将领。丁酉再乱时，明朝派遣的依然是最能征善战的将领和朝中精兵，却被视作雇佣兵和

---

① 塞缪尔·霍利：《壬辰战争》，第 81 页。
② 塞缪尔·霍利：《壬辰战争》，第 216 页。
③ 塞缪尔·霍利：《壬辰战争》，第 227—228 页。
④ 塞缪尔·霍利：《壬辰战争》，第 228 页。

流民，只能说这是作者的无知。明朝出兵，完全是出于宗主国的义务，坚持宗藩关系中的"事大字小"原则，从维护藩属国朝鲜的利益出发，朝中从未担心日本会威胁边境的安全。如果作者通读过《朝鲜宣祖实录》——通篇记录对明朝"再造藩邦"的恩情，就绝不会做出那样毫无根据的、肆意贬低的论断。

第二，依从日本、韩国的说法，过于夸大日本军队与朝鲜义兵的作用，完全是日本、韩国学术界说法的翻版。诚如前面提到的，作者漠视明军的功绩，对其给予十分消极的评价，因为作者实际上是在韩、日学术研究基础上进行综合陈述，所以其内容反映的是当下日本、韩国学者评价这场战争的基本论调，他们强调明朝的衰败与明军的贪婪，丝毫看不到明军的英勇善战。如果与书中对朝鲜的叙述进行对比，这样的判断就更有依据。

尽管全书以日本侵略为主线，但对朝鲜的情况十分重视，评价相当积极。作者重视李舜臣的水军与朝鲜义兵的作用，特别强调，日军侵朝首先败在水军上，没有强大的水军，是丰臣秀吉侵朝失败的一个重要原因。尽管朝鲜庆尚道右水使元均与左水使朴泓在日军入侵之初，凿沉战舰，放弃抵抗，但全罗道左水使李舜臣与右水使李亿祺联合作战，多次击败日水军，作者认为他们发挥了关键性作用。1592年6—8月，李舜臣指挥的水军多次击败日水军，朝鲜水军掌握了黄海的制海权，阻断了日军试图打通的黄海水上运输线，从而使日军粮草无法得到及时供应。随后作者对李舜臣的战功给予极高评价，认为他指挥的水军所取得的胜利是击败日军最主要的因素之一。他特别强调，各部日军在各道遇到的朝鲜反抗力量来自三个方面：义兵、僧兵和重新集结的官军。1592年初夏，各地义兵蜂起，首领多是两班阶层。重要的义兵出现在庆尚道，金沔、郑仁弘、郭再佑、高敬命、金千镒、赵宪等义兵首领涌现。作者指出，日军占领平壤以后，在朝鲜半岛上只是占有从釜山到平壤交通要道周围狭长的地带，其余大部分地区大多由朝鲜义兵控制，日军处于比较被动的局面。书中论道："1593年年初，日本侵朝军的势头开始减弱。"① "他们在朝鲜的有生力量不足以镇压地方义兵，巩固对半岛的统治。"② 对朝鲜义兵的作用给予极高评价。

综合而论，李舜臣的水军所取得的战绩固然值得肯定，但是诚如书中强调的，丰臣秀吉一开始就不看重水军建设，在 15 万侵朝大军中，水军只有 1 万人，日军主要部队是陆上步兵，陆上战斗才是决定战争胜负的关键。尽管朝鲜义兵在晋州之役、幸州之役中，跟日军进行过正面对抗，甚至取得过局部战斗的胜利，但都不足以扭转整个战局。事实上，最为关键性的战役，都是明军作为主要力量跟日军进行的正面战斗，如平壤大捷、碧蹄馆之役、稷山大捷、岛山之战、泗川之役等，以及最后的露梁海战。1593 年春，李如松取得平壤大捷，小西行长等率部退回汉城；1597 年，杨镐指挥的稷山大捷，击败黑田长政进攻，阻遏日军北上，解了汉城危机，这两次转折性的战役，都是明军取得的胜利。这些战役才是真正左右整个战局的关键性战斗，明军的表现，是决定战争胜负的关键。明军战绩在《朝鲜宣祖实录》等史料中有十分详尽的记录，战后朝鲜君臣反复强调明朝"再造藩邦"的恩情，甚至给明军将领立生祠，就是明证。

第三，该书的参考文献基本上是以二手材料为主，作者很少进行原始材料的探研，尤其对于汉文原始材料，几乎未做深入考察，完全漠视中文学术成果。

诚如作者在"新版序言"中所说，有一个叫金景美的韩国人每周两次为他翻译各种朝鲜文资料，这是他写作该书重要的资料来源。看起来，作者阅读韩文的能力似乎有限，他阅读汉文尤其是古汉文的能力也令人怀疑。英文、韩文与日文著作是作者写作本书的主要资料来源，具体包括三个部分：西方人的英文著述、日本人的英文著述以及日文和韩文著作。该书参考文献有 14 页，没有一部

---

① 塞缪尔·霍利：《壬辰战争》，第 225 页。
② 塞缪尔·霍利：《壬辰战争》，第 225—226 页。

中国学者的著作。尽管书中也提过《明神宗实录》，但参考文献中并未将其列入；貌似也收录了几种朝鲜人的文集，但并不一定是作者认真阅读过的。从参考文献中就可以看出，作者写作该书最重要的资料，除了英文著作，就是日文与韩文著作，因而他对这场战争的构建，是基于韩国与日本学术界的研究成果，反映的是他们的学术研究状况，而丝毫没有关注中国的学术成果。从另一方面来说，也反映了中国学者在这个问题的研究上，几乎没有任何国际话语权，说明中国学术界研究的滞后性，这需要我们好好反省。

总之，该书是一部参考英、韩、日文资料，以日本侵略朝鲜为主要线索，同时将朝鲜李舜臣的水军与朝鲜义兵视作决定战争胜负的关键因素，却忽视明军战绩的著作。在某种意义上，它是韩、日学术成果直接影响下的产物，尽管有偏见，很难说是真正的"史诗"，但也不失为一部融学术性与通俗性于一体、可读性很强的通俗历史读物。

参考文献

一　中、日、韩古籍文献

（一）中国古籍

（明）陈子龙等编：《明经世文编》，中华书局 1962 年版。

（明）邓世龙辑：《国朝典故》，许大龄、王天有点校，北京大学出版社 1993 年版。

（清）谷应泰：《明史纪事本末》，中华书局 1977 年版。

（明）侯继高：《全浙兵制》，《四库全书存目丛书》子部第 31 册，齐鲁书社 1997 年版。

康熙《翁源县志》，《稀见中国地方志汇刊》，中国书店 2007 年版。

（明）刘元霖：《抚浙奏疏》，日本东洋文库藏明刻本。

（明）茅瑞征：《万历三大征考》，《续修四库全书》第 436 册，上海古籍出版社 1995 年版。

（明）茅元仪：《武备志》，《四库禁毁书丛刊》子部第 23—26 册，北京出版社 1997 年版。

《明实录》，台北：中研院历史语言研究所 1979 年版。

（明）戚继光撰，邱心田校释：《练兵实纪》，中华书局 2001 年版。

（明）戚继光撰，曹文明、吕颖慧校释：《纪效新书（十八卷本）》，中华书局 2001 年版。

（明）钱世祯：《征东实纪》，观自得斋校刊本，光绪十九年（1893）刊本。又收于《丛书集成续编》第 23 册，上海书店 1994 年版。

《清实录》，中华书局 1985—1987 年版。

（明）沈德符：《万历野获编》，中华书局 1959 年版。

（明）沈一贯：《敬事草》，《四库全书存目丛书》史部第 63 册，齐鲁书社 1997 年版。

（明）申时行：《赐闲堂集》，《四库全书存目丛书》集部第 134 册，齐鲁书社 1997 年版。

（明）宋应昌：《经略复国要编》，吴丰培编：《壬辰之役史料汇辑》（上），全国图书馆文献缩微复制中心 1990 年版。

（明）孙矿：《月峰先生全集》，北京大学图书馆藏清刊本。

（清）谈迁：《国榷》，张宗祥校点，中华书局 1958 年版。

（明）王必迪等：《唐将书帖》，《朝鲜史料丛刊》，京城：朝鲜史编修会 1935 年版。

（明）王锡爵：《王文肃公全集》，《四库全书存目丛书》集部第 135 册，齐鲁书社 1998 年版。

（清）夏燮：《明通鉴》，中华书局 1987 年版。

（明）萧大亨：《刑部奏议》，日本名古屋蓬左文库孤本藏明刊本。

（明）萧彦：《制府疏草》，台北：台北艺文印书馆 1976 年版。

（明）邢玠：《经略御倭奏议》，姜亚沙等编：《御倭史料汇编》第 4、5 册，全国图书馆文献缩微复制中心 2004 年版。

（明）张辅之：《太仆奏议》，《四库禁毁书丛刊》史部第 22 册，北京出版社 1997 年版。

（清）张廷玉：《明史》，中华书局 1974 年版。

（清）赵翼：《廿二史札记》，中华书局 2008 年版。

（明）赵志皋：《内阁奏题稿》，《续修四库全书》第 479 册，上海古籍出版社 2002 年版。

（明）赵志皋：《赵文懿公文集》，《四库禁毁书丛刊》集部第 180 册，北京出版社 1997 年版。

（明）诸葛元声：《两朝平攘录》，吴丰培编：《壬辰之役史料汇辑》（下），全国图书馆文献缩微复制中心 1990 年版。

（二）日本古籍

北川鐵山校註『島津史料集』『戰國史料叢書』第二輯、東京：人物往來社昭和四十一年（1966）版。

川口长孺：《征韩伟略》，吴丰培编：《壬辰之役史料汇辑》（下），全国图书馆文献缩微复制中心 1990 年版。

東京大學史料編纂所編『島津家文書』『大日本古文書』第 16 卷全 5 分冊、東京：東京大學出版會 1953 年版。

東京大學史料編纂所編『史料綜覽』東京：東京大學出版會 1965 年版。

東京大學史料編纂所編『淺野家文書』『大日本古文書』家わけ第 2 卷、東京：東京大學出版會 1968 年版。

近藤瓶城編『改定史籍集覽』京都：臨川書店昭和五十九年（1984）版。

賴山陽『日本外史』東京：弘道館 1936 年版。

林羅山『豐臣秀吉譜』、明暦四年（1658）刊本。

鹿兒島縣歷史資料センタ—黎明館編『鹿兒島縣史料・旧記雜錄』鹿兒島：春苑堂書店昭和六十一年（1986）版。

米原正義校註『中國史料集』『戰國史料叢書』第二輯、東京：人物往來社昭和四十一年（1966）版。

名古屋市博物館編『豐臣秀吉文書集』東京：吉川弘文館 2019—2020 年版。

泉澄一編『宗氏實錄』『清文堂史料叢書』大阪：清文堂 1988 年版。

桑田忠親校註『太閣史料集』東京：人物往來社昭和四十年（1965）版。

山本大校註『四國史料集』東京：人物往來社昭和四十一年（1966）版。

上野市古文獻刊行會編『高山公實錄・藤堂高虎伝』大阪：清文堂 1998 年版。

辻善之助編『鹿苑日錄』東京：龜文社昭和三十九年（1964）版。

小林清治校註『伊達史料集』『戰國史料叢書』第二輯、東京：人物往來社昭和四十二年（1967）版。

續群書類叢完成會編『續群書類叢』、續群書類叢完成會 1924 年版。

（三）韩国古籍

（朝鲜王朝）安鼎福：《东史纲目》，汉城：景仁文化社 1970 年版。

（朝鲜王朝）安锡儆：《霅桥遗集》，韩国民族文化推进会编：《影印标点韩国文集丛刊》第 233 册，汉城：韩国民族文化推进会 1999 年版。

《朝宗岩文献录续集》，汉城：景仁文化社 1982 年版。

（朝鲜王朝）成海应：《研经斋全集》，汉城：高丽大学中央图书馆影印图书第十一号，1982 年版。

《国朝宝鉴别编》，汉城：骊江出版社 1985 年版。

韩国国史编纂委员会编：《朝鲜王朝实录》，汉城：韩国国史编纂委员会 1953—1961 年版。

韩国国史编纂委员会编：《承政院日记》，汉城：韩国国史编纂委员会 1961—1977 年版。

韩国成均馆大学大东文化研究院编：《燕行录选集》，汉城：第一写真制版社 1962 年版。

汉城大学校图书馆编：《国朝人物考》，汉城：汉城大学出版部 1978 年版。

姜大杰、徐仁汉编：《壬辰倭乱史料丛书·历史编》十册、《文学编》十册、《事大文轨》十册，晋州：晋州博物馆 2002 年版。

（高丽王朝）金富轼：《三国史记》，汉城：保景文化社 1991 年版。

（朝鲜王朝）金时让：《紫海笔谈》，《大东野乘》第 13 册，京城：朝鲜古书刊行会 1907 年版。

（朝鲜王朝）金镇圭：《竹泉集》，韩国民族文化推进会编：《影印标点韩国文集丛刊》第 174 册，汉城：韩国民族文化推进会 1995 年版。

（朝鲜王朝）李重焕：《择里志》，卢道阳韩文译本，《明知大学文库》第 23 种，汉城：明知大学出版部 1980 年版。

（朝鲜王朝）李端相：《静观斋集》，韩国民族文化推进会编：《影印标点韩国文集丛刊》第 130 册，汉城：韩国民族文化推进会 1998 年版。

（朝鲜王朝）李舜臣：《李忠武公全书》，韩国文集编纂委员会编：《韩国历代文集丛书》，汉城：景仁文化社 1999 年版；汉城：韩国成文阁编辑部 1988 年版。

（朝鲜王朝）李舜臣：《乱中日记》，东京：平凡社 2000—2001 年版。

（朝鲜王朝）李舜臣：《壬辰状草》，《朝鲜史料丛刊》，京城：朝鲜史编修会 1935 年版。

（朝鲜王朝）李睟光：《芝峰类说》，《朝鲜群书大系续续》第 21 辑，京城：朝鲜古书刊行会大正四年（1915）版。

（朝鲜王朝）李廷龟：《月沙集》，韩国民族文化推进会编：《影印标点韩国文集丛刊》第 69 册，汉城：韩国民族文化推进会 1991 年版。

（朝鲜王朝）李廷馨：《知退堂集》，韩国民族文化推进会编：

《影印标点韩国文集丛刊》58 册，汉城：韩国民族文化推进会 1990
年版。

（朝鲜王朝）李颐命：《疏斋集》，韩国民族文化推进会编：
《影印标点韩国文集丛刊》第 172 册，汉城：韩国民族文化推进会
1995 年版

（朝鲜王朝）李瀷：《星湖集》，韩国文集编纂委员会编：《韩
国历代文集丛书》第 267—273 册，汉城：景仁文化社 1999 年版。

（韩）林基中编：《燕行录全集》，汉城：东国大学出版社 2001
年版。

（韩）林基中编：《燕行录续集》，首尔：尚书院 2008 年版。

（朝鲜王朝）柳成龙：《西厓集》，韩国民族文化推进会编：
《影印标点韩国文集丛刊》第 52 册，汉城：韩国民族文化推进会
1990 年版。

（朝鲜王朝）柳成龙：《惩毖录》，首尔：弘益出版社 2015 年
版。

（朝鲜王朝）柳馨远：《磻溪随录》，汉城：东国文化社 1958
年版。

（朝鲜王朝）闵仁伯：《苔泉集》，韩国民族文化推进会编：
《影印标点韩国文集丛刊》第 59 册，汉城：韩国民族文化推进会
1999 年版。

（朝鲜王朝）朴趾源：《燕岩集》，汉城：庆熙出版社 1966 年
版。

（朝鲜王朝）权文海：《宣庙中兴志》，《域外汉籍珍本文库》
第 1 辑，西南师范大学出版社、人民出版社 2009 年版。

（朝鲜王朝）申钦：《象村稿》，韩国民族文化推进会编：《影
印标点韩国文集丛刊》第 71 册，汉城：韩国民族文化推进会 1991
年版

（朝鲜王朝）申炅：《再造藩邦志》，《大东野乘》，东京：朝
鲜古书刊行会 1910 年版。

（朝鲜王朝）申维翰编：《四溟大师壬乱记》，汉城：东国大学校译经院 1979 年版。

（朝鲜王朝）徐荣辅、沈象奎：《万机要览》，汉城：民族文化社 1990 年版。

（朝鲜王朝）徐滢修：《明皋全集》，韩国民族文化推进会编：《影印标点韩国文集丛刊》第 261 册，汉城：韩国民族文化推进会 2000 年版。

（朝鲜王朝）佚名：《宋经略书》，珪庭出版社：《中韩关系史料选辑》，台北：珪庭出版社 1980 年版。

（朝鲜王朝）赵宪：《重峰集》，韩国民族文化推进会编：《影印标点韩国文集丛刊》第 54 册，汉城：韩国民族文化推进会 1990 年版。

赵锺业编：《韩国诗话丛编》，汉城：韩国太学社 1996 年版。

（朝鲜王朝）郑经世：《愚伏集》，韩国民族文化推进会编：《影印标点韩国文集丛刊》第 68 册，汉城：韩国民族文化推进会 1990 年版。

（朝鲜王朝）郑昆寿：《柏谷先生集》，韩国民族文化推进会编：《影印标点韩国文集丛刊》第 48 册，汉城：韩国民族文化推进会 1999 年版。

（朝鲜王朝）郑麟趾：《高丽史》，《四库存目丛书》第 580 册，台北：台北庄严文化事业有限公司 1996 年版。

二　中、日、韩文现代学术论著

（一）中国现代学术著作

蔡茂松：《韩国近世思想文化史》，台北：东大图书公司 1995 年版。

陈尚胜等：《朝鲜王朝对华观之演变：〈朝天录〉和〈燕行录〉初探》，山东人民出版社 1999 年版。

陈文寿：《从战争走向和平：第一次朝鲜战争后日本与中国和

朝鲜关系研究》，香港社会科学出版社有限公司 2013 年版。

陈寅恪：《陈寅恪史学论文选集》，上海古籍出版社 1992 年版。

陈永明：《清代前期的政治认同与历史书写》，上海古籍出版社 2011 年版。

复旦大学文史研究院编：《从周边看中国》，中华书局 2009 年版。

葛兆光：《宅兹中国：重建有关"中国"的历史论述》，中华书局 2011 年版。

葛兆光：《想象异域：读李朝朝鲜汉文燕行文献札记》，中华书局 2013 年版。

黄学佳：《抗倭英雄陈璘》，广东人民出版社 2010 年版。

黄云眉：《明史考证》，中华书局 1979 年版。

李光璧：《明代御倭战争》，上海人民出版社 1956 年版。

李光涛：《万历二十三年明朝册封日本考》，台北：台湾商务印书馆 1967 年版。

李光涛：《中韩民族与文化》，台北："中华丛书"编委会 1968 年版。

李光涛：《壬辰倭乱史料》，台北：中研院历史语言研究所 1970 年版。

李光涛：《朝鲜壬辰倭祸研究》，台北：中研院历史语言研究所 1972 年版。

李光涛：《明清档案论文集》，台北：联经出版事业公司 1986 年版。

李景温：《朝鲜壬辰卫国战争》，商务印书馆 1962 年版。

刘子敏、苗威：《明代抗倭援朝战争》，香港：香港亚洲出版社 2006 年版。

罗丽馨：《十九世纪前的日韩关系与相互认识》，新北：华艺数位股份有限公司学术出版部 2020 年版。

孙卫国：《大明旗号与小中华意识：朝鲜王朝尊周思明问题研究，1637—1800》，商务印书馆 2007 年版。

孙卫国：《从"尊明"到"奉清"：朝鲜王朝对清意识的嬗变，1627—1910》，台北：台湾大学出版中心 2018 年初版，2019 年再版。

王煜焜：《万历援朝与十六世纪末的东亚世界》，上海大学出版社 2019 年版。

韦旭升：《韦旭升文集》，中央编译出版社 2000 年版。

吴晗：《吴晗史学论著选集》，人民出版社 1984 年版。

徐蜀编：《〈明史〉订补文献汇编》，北京图书馆出版社 2004 年版。

杨海英：《域外长城：万历援朝抗倭义乌兵考实》，上海人民出版社 2014 年版。

赵树国：《明代北部海防体制研究》，山东人民出版社 2015 年版。

郑洁西：《跨境人员、情报网络、封贡危机：万历朝鲜战争与 16 世纪末的东亚》，上海交通大学出版社 2017 年版。

郑樑生：《明代中日关系研究——以明史日本传所见几个问题为中心》，台北：文史哲出版社 1985 年版。

郑克晟：《明代政争探源》，故宫出版社 2014 年版。

郑天挺：《郑天挺明史讲义》，孙卫国等整理，中华书局 2017 年版。

周一良：《明代援朝抗倭战争》，中华书局 1962 年版。

朱尔旦：《万历朝鲜战争全史》，民主与建设出版社 2020 年版。

（二）日本现代学术著作

北島万次『豊臣政権の対外認識と朝鮮侵略』東京：校倉書房 1990 年版。

北島万次『豊臣秀吉の朝鮮侵略』東京：吉川弘文館 1995 年

版。

北島万次『秀吉の朝鮮侵略と民衆』東京：岩波書店 2012 年版。

北島万次編『豊臣秀吉朝鮮侵略関係史料集成』（全三冊）、東京：平凡社 2017 年版。

池内宏『文祿慶長の役』東京：吉川弘文館 1987 年版。

村井章介『ァジァのなかの日本文化』東京：校倉書房 1988 年版。

村井章介『増補中世日本の内と外』東京：築摩書房 2013 年版。

德富豬一郎『朝鮮役』（上、中、下），參見氏著《近世日本國民史》，東京：時事通信社昭和三十九年（1964）版。

夫馬進『朝鮮燕行使と朝鮮通信使』名古屋：名古屋大學出版會 2015 年版。中译本见伍跃、凌鹏译：《朝鲜燕行使与朝鲜通信使》，商务印书馆 2020 年版；上海古籍出版社 2010 年版。

河内良弘『明代女真史の研究』京都：同朋舍 1992 年版。

井上泰至『秀吉の対外戦争』東京：笠間書院 2011 年版。

堀込純一『朝鮮侵略の歴史に学ぶ：「三韓征伐」の虚構性と「文禄・慶長の役」の非道性』東京：新世界通信 2016 年版。

青木正児『青木正児全集』東京：春秋社 1970 年版。

日本参謀本部編『日本戰史・朝鮮役』東京：村田書店 1977—1980 年版。

三鬼清一郎『豊臣政権の法と朝鮮出兵』東京：青史出版 2012 年版。

上垣外憲一『文禄・慶長の役：空虚なる御陣』東京：講談社 2003 年版。

中村榮孝『日鮮關係史の研究』（全三冊），東京：吉川弘文館 1965 年版。

中野等『文禄・慶長の役』東京：吉川弘文館 2006 年版。

中野嘉太郎『加藤清正傳』熊本：清潮社 1979 年版。

仲尾宏『朝鮮通信使と壬辰倭乱：日朝関係史論』東京：明石書店 2000 年版。

（三）韩国现代学术著作

崔官：《壬辰倭乱：四百年前的朝鲜战争》，金锦善、魏大海译，中国社会科学出版社 2013 年版。

崔官：《日本과壬辰倭亂》，漢城：高麗大學出版部 2003 年版。

國立晉州博物館：《壬辰倭亂》，晉州：晉州博物館 1997 年版。

韓國國防部軍史編纂研究所編：《임진왜란기조·명연합작전》，首爾：國防部軍史編纂研究所 2006 年版。

韓國國史編纂委員會編：《韓國史》，漢城：韓國國史編纂委員會 1981 年版。

韓明基：《임진왜란과 한중관계》，漢城：歷史批評社 1999 年版。

韓明基：《임진왜란과 중국》，首爾：首爾大學行政研究生院 2013 年版。

韓日關係史研究論集編纂委員會編：《임진왜란과 한일관계》，首爾：景仁文化社 2005 年版。

韓日關係史研究論集編纂委員會編：《동아시아 세계와 임진왜란》首爾：景仁文化社 2010 年版。

韓日文化交流基金編：《壬辰倭亂에서 朝鮮通信使의 길로：戰爭의 傷處와 治癒，그리고和解》，首爾：景仁文化社 2019 年版。

李炯錫：《壬辰戰亂史》，漢城：漢城大學出版部 1967 年版。

李舜臣歷史研究會編：《이순신과 임진왜란》，漢城：비봉 2005—2006 年版。

李鉉淙：《朝鮮前期對日交涉史研究》，漢城：韓國研究院 1964 年版。

李章熙：《壬辰倭亂史研究》，漢城：亞細亞文化社 1999 年版。

郑寅普：《唐陵君遗事征》，朝鲜京城1928年版。

三 中、日、韩学者论文

（一）中国学者论文

卜永坚：《万历朝鲜战争第一阶段（1592—1593）的明军——以〈中国明朝档案总汇〉卫所选簿为中心之考察》，《明史研究论丛》第12辑，中国广播电视出版社2014年版。

卜永坚：《十六世纪朝鲜战争与明朝中央政治》，《明代研究》总第28期，2017年。

陈尚胜：《字小与国家利益：对于明朝就朝鲜壬辰倭乱所做反应的透视》，《社会科学辑刊》2008年第1期。

陈尚胜：《壬辰战争之际明朝与朝鲜对日外交的比较——以明朝沈惟敬与朝鲜僧侣四溟为中心》，《韩国研究论丛》第18辑，世界知识出版社2008年版。

陈尚胜：《壬辰御倭战争初期粮草问题初探》，《社会科学辑刊》2012年第4期。

陈尚胜：《万历援朝战争关键性人物与〈明史〉相关人物立传问题》，《社会与教育》2012年第4期。

陈尚胜：《朝贡制度与东亚地区传统国际秩序：以16—19世纪的明清王朝为中心》，《中国边疆史地研究》2015年第2期。

陈尚胜：《论丁酉战争爆发后的明军战略与南原之战》，《安徽史学》2017年第6期。

樊树志：《万历年间的朝鲜战争》，《复旦学报》2003年第6期。

韩东育：《日本对外战争的隐秘逻辑（1592—1945）》，《中国社会科学》2013年第4期。

黄尊严、颜廷宏：《试论壬辰战争对明朝的消极影响》，《烟台大学学报》2009年第4期。

李光涛：《记李如松留于东国朝鲜之后裔》，《中央研究院历史语言研究所集刊》第 28 本上，1956 年。

李光涛：《记日本朝贡大明史事兼论朝鲜"壬辰倭祸"及所谓"东封之役"》，《香港大学五十周年纪念论文集》，1964 年。

李光涛：《跋明季的东征纪略》，《中央研究院历史语言研究所集刊》第 36 本上，1965 年。

李光涛：《跋"日明媾和破裂之颠末"》，《大陆杂志》第 35 卷第 5 期，1967 年。

李光涛：《万历年"东封"史事论丛之一：日本之乞封乞贡》，《幼狮学志》第 6 卷第 4 期，1967 年。

李光涛：《〈朝鲜壬辰倭祸史料〉序》，《中央研究院历史语言研究所集刊》第 37 本上，1967 年。

李光涛：《顾养谦胁迫朝鲜"代倭请款"》，《史学汇刊》1968 年第 1 期。

李光涛：《朝鲜"壬辰倭祸"原因考》，《东方杂志》第 3 卷第 2 期，1969 年。

李光涛：《朝鲜"壬辰倭祸"酿衅史事》，《中央研究院历史语言研究所集刊》第 40 本下，1969 年。

李光涛：《明人援韩与杨镐蔚山之役》，《中央研究院历史语言研究所集刊》第 41 本第 4 分，1969 年。

李光涛：《明人援韩与陈璘建功》，《中华文化复兴月刊》第 3 卷第 9 期，1970 年。

李光涛：《明人援韩与稷山大捷》，《中央研究院历史语言研究所集刊》第 43 本第 1 分，1971 年。

李光涛：《宋应昌援韩与平壤大捷》，《国立编译馆馆刊》第 1 卷第 2 期，1972 年。

李光涛：《丁应泰与杨镐——朝鲜壬辰倭祸论丛之一》，《中央研究院历史语言研究所集刊》第 53 本第 1 分，1982 年。

刘永连：《〈韩国历代文集丛书〉中的壬辰战争史料》，《东北史地》2013 年第 2 期。

刘永连、段玉芳：《万历援朝抗倭战争明军兵力考》，《朝鲜·韩国历史研究》第 17 辑，延边大学出版社 2016 年版。

罗丽馨：《万历朝鲜战争——日军之战术》，《明代研究》总第 28 期，2017 年。

尚玉河：《明朝将领陈璘的后裔在朝鲜》，《东方世界》1985 年第 4 期。

孙卫国：《陈璘与李舜臣》，北京大学韩国学中心编：《韩国学论文集：第一届韩国传统文化国际学术讨论会论文集》第 4 辑，中国社会科学出版社 1995 年版。

孙卫国：《中朝史料之比勘与两个形象迥异的杨镐》，南开大学历史学院、北京大学历史系、中国社科院历史所编：《中国古代社会高层论坛文集：纪念郑天挺先生诞辰一百一十周年》，中华书局 2011 年版。

孙卫国：《丁应泰弹劾事件与明清史籍之建构》，《南开学报》2012 年第 3 期。

孙卫国：《朝鲜史料视野下的石星及其后人事迹略考》，《古代文明》2012 年第 4 期。

孙卫国：《李如松之东征及其后裔流寓朝鲜考》，《人文杂志》2014 年第 1 期。

孙卫国：《万历援朝战争初期明经略宋应昌之东征及其对东征历史的书写》，《史学月刊》2016 年第 2 期。

孙卫国：《董一元与泗川之役略考》，《新亚学报》第 34 卷，2017 年。

孙卫国：《〈纪效新书〉与朝鲜后期军制改革》，《南开学报》2018 年第 4 期。

孙卫国：《万历朝鲜之役前期明军粮饷供应问题探析》，《古代文明》2019 年第 4 期。

孙卫国、孙中奇：《近百年来中国对万历朝鲜之役研究的回顾与总结》，《史学月刊》2020 年第 1 期。

孙文良：《明代"援朝逐倭"探微》，《社会科学辑刊》1994 年第 3 期。

万明：《万历援朝之战与明后期政治态势》，《中国史研究》2001 年第 2 期。

万明：《朝堂与战事之间：明朝万历援朝之战官将群体的初步考察》，《烟台大学学报》2017 年第 3 期。

万明：《万历援朝之战时期明廷财政问题——以白银为中心的初步考察》，《古代文明》2018 年第 3 期。

王崇武：《〈明纪辑略〉与朝鲜辨诬》，《东方杂志》1944 年第 4 期。

王崇武：《万历东征问题》，《经世日报·读书周刊》1947 年 11 月 26 日。

王崇武：《读〈明史·朝鲜传〉》，《中央研究院历史语言研究所集刊》第 12 本，1948 年。

王崇武：《刘綎征东考》，《中央研究院历史语言研究所集刊》第 14 本，1948 年。

王崇武：《李如松征东考》，《中央研究院历史语言研究所集刊》第 16 本，1948 年。

王崇武：《论万历征东岛山之战及明清萨尔浒之战：读〈明史·杨镐传〉》，《中央研究院历史语言研究所集刊》第 17 本，1948 年。

王家骅：《略论丰臣秀吉侵朝战争的原因》，《日本研究》1985 年第 3 期。

颜广文：《论"壬辰之役"中的陈璘》，《东亚人文学》（韩国）2006 年第 9 辑。

杨海英：《万历二十三年蓟州兵变管窥》，南炳文、商传主编：《明代蓟镇文化学术研讨会论文集》，云南人民出版社 2010 年版。

杨海英：《书〈唐将书帖〉后》，《中国社会科学院历史研究所学刊》第 7 辑，2011 年。

　　杨海英：《吴宗道：东征崛起山阴将》，《壬辰倭乱的展开与明的应对会议论文集》，首尔：东北亚历史财团 2012 年版。

　　杨海英：《朝鲜王朝军队的中国训练师》，《中国史研究》2013 年第 3 期。

　　杨海英：《毛国科使日考——兼谈万历援朝东征后期的和议问题》，《明史研究论丛》第 13 辑，中国广播电视出版社 2014 年版。

　　杨海英：《明清易代之际的张应种及其家族》，《军事历史》2017 年第 6 期。

　　杨昭全：《论丰臣秀吉发动朝鲜战争的原因与性质》，《学术研究丛刊》1980 年第 3 期。

　　张金奎：《万历援朝战争初期的内部纷争——以赞画袁黄为中心的考察》，《求是学刊》2016 年第 5 期。

　　张庆洲：《抗倭援朝战争中的明日和谈内幕》，《辽宁大学学报》1989 年第 1 期。

　　赵树国：《论邢玠在援朝御倭战争中的军事战略战术》，《史志学刊》2010 年第 12 期。

　　鄭潔西「万暦時期に日本の朝鮮侵略軍に編入された明朝人」『東アジア文化交渉研究』2009 年第 2 期。

　　郑洁西：《万历朝鲜之役前后的在日明朝人》，《唐都学刊》2009 年第 2 期。

　　鄭潔西「明代万暦時期における豊臣秀吉像」『史泉』第 109 期、2009 年。

　　鄭潔西「一六世紀末明朝の対日本情報システムの一環となった琉球国」『南島史学』第 75、76 期、2010 年。

　　郑洁西：《万历二十一年潜入日本的明朝间谍》，《学术研究》2010 年第 5 期。

　　郑洁西：《16 世纪末明朝的征讨日本战略及其变迁——以万历朝鲜之役的诏令资料为中心》，《明史研究论丛》第 8 辑，紫禁城出版社 2010 年版。

郑洁西:《16 世纪末日本丰臣秀吉侵略朝鲜战争与整个亚洲世界的联动——以万历二十年明朝"借兵暹罗"征讨日本议案为例》,《海洋史研究》第 3 辑,社会科学文献出版社 2012 年版。

郑洁西:《万历二十六年明朝定议征讨日本本土》,南炳文、商传主编:《张居正国际学术研讨会论文集》,湖北人民出版社 2012 年版。

郑洁西、杨向艳:《万历二十五年的石星、沈惟敬案:以萧大亨〈刑部奏议〉为中心》,《社会科学辑刊》2014 年第 3 期。

郑洁西:《沈惟敬的籍贯家世、生卒年日及其早年经历》,《宁波大学学报》2016 年第 3 期。

朱法武:《论明神宗与援朝御倭战争》,《东岳论丛》2010 年第 1 期。

朱亚非:《明代援朝战争和议问题新探》,《中国史研究》1995 年第 2 期。

（二）日本学者论文

奥野高廣「文禄慶長の役と豊臣秀吉」『日本歴史』第 79 輯、1954 年。

北島万次「秀吉の朝鮮侵略挫折と義兵運動展開の基盤」『歴史評論』第 300 輯、1975 年。

北島万次「秀吉の朝鮮侵略と幕藩制国家の成立」『歴史学研究』、1977 年度別冊。

北島万次「第 1 次朝鮮侵略における秀吉の占領政策について」『歴史評論』第 373 輯、1981 年。

鈴木良一「秀吉の『朝鮮征伐』」『歴史学研究』第 155 輯、1952 年。

石原道博「万暦朝鮮役後の日明交渉」『茨城大学文理学部紀要・人文科学』第 13 輯、1962 年。

石原道博「壬辰丁酉倭乱と戚継光の新法」『朝鮮学報』第

37・38 合輯、1966 年。

中村栄孝「朝鮮役の出征将士と朝鮮女性」『日本歴史』第 150 輯、1960 年。

中村栄孝「万暦朝鮮の役と浙江将兵 – 柳成龍『唐将書帖』の一文書をめぐって」『東方學論集：東方學會創立 25 周年紀念』、1972 年。

中村栄孝「壬辰倭乱の発端と日本の『仮道入明』交渉」『朝鮮学報』第 70 輯、1974 年。

貫井正之「徳川家康と朝鮮通信使」『朝鮮通信使研究』第 19 輯、2015 年。

（三）韩国学者论文

崔豪鈞：《壬辰・丁酉倭亂期人命被害에 대한 계량적 연구》，《國史館論叢》第 89 輯，2000 年。

崔永禧：《壬辰倭亂中에 對明事大에 對하여》，《史學研究・申博士華甲記念特輯》第 18 輯，1964 年。

崔永禧：《壬辰倭亂中의民衆과 義兵》，《東洋學》第 15 輯，1985 年。

韓明基：《임진왜란 시기再造之恩의 형성과 그 의미》，《東洋學》第 29 輯，1999 年。

金暎綠：《정유재란기 파병明軍의 구성과 朝・明聯合軍》，《韓日關係史研究》第 50 輯，2017 年。

金鍾旭：《壬亂時의 被虜人刷還》，《日本研究》第 7 輯，1974 年。

李章熙：《壬辰亂中民間叛亂에 對하여，《鄉土漢城》第 32 輯，1968 年。

李章熙：《壬亂中糧餉考 – 明兵의 軍糧調達를 중심으로 中心으로 –》，《史叢・金學燁教授華甲記念論叢》第 15・16 合輯，1971 年。

盧永九：《宣祖代 紀效新書의 보급과 陣法논의》，《軍史》第

34 辑，1997 年。

閔德基:《壬辰倭亂 以後의 朝·日講和交涉과 對馬島（1）－交隣·羈縻秩序의 再編을 中心으로－》，《史學研究》第 39 輯，1987 年。

閔德基:《壬辰倭亂 以後의 朝·日講和交涉과 對馬島（2）－交隣·羈縻秩序의 再編을 中心으로－》，《史學研究》第 40 輯，1989 年。

孫鍾聲:《壬辰倭亂時 對明外交－請兵外交를 중심으로－》，《國史館論叢》第 14 輯，1990 年。

四　西文著述

Haboush, JaHyun Kim. *The Great East Asian War and the Birth of the Korean Nation*, New York : Columbia University Press, 2016.

Haboush, JaHyun Kim and Robinson, Kenneth R. eds. and trans. , *A Korean War Captive in Japan, 1597 – 1600 : the Writings of Kang Hang*, New York : Columbia University Press, 2013.

Hawley, Samuel, *The Imjin War: Japan's Sixteenth – Century Invasion of Korea and Attempt to Conquer China*, Berkeley: The Institute of East Asian Studies, University of California, 2005；中文版书名《壬辰战争》，方宇译，民主与建设出版社 2019 年版。

Lewis, James B. ed. , *The East Asian War, 1592 – 1598: International Relations, Violence, and Memory*, Abingdon, Oxon; New York: Routledge, 2015.

Swope, Kenneth M. , *A Dragon's Head and a Serpent's Tail: Ming China and the First Great East Asian War: 1592 – 1598*, Norman: University of Oklahoma Press, 2009.

Turnbull, Stephen, *Samurai Invasion: Japan's Korean War, 1592 – 1598*, London: Cassell Military, 2002.

后　记

　　本人涉猎万历抗倭援朝战争尽管有不少年头，但对于拙著能够忝列中国历史研究院学术出版资助项目，仍颇感荣幸。在拙著出版之际，回顾既往的研究历程，深感既系偶然，又似有必然。

　　1994 年 8 月 8 日，本人首次应邀前往韩国进修，参加由韩国精神文化研究院（今更名为韩国学中央研究院）举办的为期两周的第二届"韩国文化研修班"（Korean Culture Program）。因韩方给所有进修生提供食宿和往返机票，解决经济负担，方使得我能够成行。在藏书阁图书馆中，我发现韩国史家李炯锡皇皇两巨册《壬辰战乱史》（1967 年初版），内心即刻被触动。当即打开封面，赫然发现当时韩国总统朴正熙的题签"天下虽安，忘战必危"八个大字，甚为感慨，深感这是一个需要认真研究的课题，于是开始有意识地收集资料。尽管当时连在餐馆吃顿饭的钱都付不起，还是特意将李舜臣文集《李忠武公全书》等资料复印带了回来。1995 年 10 月，北京大学杨通方先生主持召开第一届韩国传统文化国际学术研讨会（2007 年更名为"中国韩国学大会"，已历二十一届，由中国各高校韩国学研究中心轮流主办），本人就以这些资料为依据，写成《陈璘与李舜臣》一文，在会上宣读，这是本人参加的第一个韩国学会议，也是我第一篇关于这场战争的论文，从此开启了这一课题的研究之路。

1996 年元月，本人去香港科技大学攻读博士学位。经过一番思考，博士学位论文选定研究朝鲜王朝尊周思明问题。万历抗倭援朝，将丰臣秀吉的侵略军赶出朝鲜半岛，被朝鲜王朝视为"再造之恩"，成为朝鲜王朝后期高举尊周思明大旗的重要动因，更是肃宗国王于明朝灭亡 60 周年的 1704 年，在昌德宫后苑修建大报坛最直接的原因。围绕博士学位论文，本人探讨过朝鲜宣祖国王在战后为纪念明朝东征将士所修筑的许多祠、庙以及所立的碑，稍涉本课题的研究，也进一步增进了了解。此后虽然一直在从事其他课题的研究，但一直没有放下研究这场战争的念头。2009 年 9 月，南开大学历史学院举办"纪念郑天挺先生 110 周年诞辰暨中国古代社会高层论坛"，本人宣读论文《中朝视野下两个形象迥异的杨镐》，从而真正开始明东征将士群体的研究。10 余年来出席了一系列国内、国际学术会议，与一批海内外同道商榷论辩，更加深了对这场战争的认识。2018 年 9 月至 2019 年 8 月，在榎本涉先生的支持下，本人前往京都国际日本文化研究中心访学一年，潜心研究本课题，搜集了很多日本史料，并撰写数章，使得本书最终成编。

本书稿承蒙山东大学陈尚胜教授、南开大学姜胜利教授大力推荐，承蒙三位匿名审稿先生的精心审阅，才得以忝列中国历史研究院的出版计划，谨此深表感谢！有关章节已经在相关杂志刊出，特此感谢《史学月刊》《南开学报》《古代文明》《人文杂志》《新亚学报》《域外汉籍研究集刊》等相关编辑。现在汇编成册，对各章进行了不同程度的修改，第一章是新写的文稿，第八章则全部重写，使书稿内容能够相对完整。

在本书出版之际，要一如既往地感谢南开大学历史学院与香港科技大学人文学部诸位老师。我在多次学术会议与海外访学中，曾向诸多先生请教，获得多方帮助，如北京大学杨通方教授、中国社会科学院万明教授、山东大学陈尚胜教授、江西师范大学方志远教授、中国社会科学院杨海英教授、浙江大学王勇教授、南京大学孙江教授、中山大学魏志江教授、宁波大学郑洁西教授、南开大学刘雨珍与刘岳兵教授等，以及国际日本文化研究中心榎本涉教授与刘建辉教授、加拿大英属哥伦比亚大学许南麟教授、京都大学夫马进教授、韩国高丽大学金暻绿教授、韩国庆北大学洪性鸠教授、大阪经济法科大学伍跃教授、香港中文大学卜永坚教授等，谨表谢忱！

　　谨此感谢中国历史研究院有关工作人员以及社会科学文献出版社赵晨、梁赟编辑的帮助，他们认真细致的工作为本书增色不少。本书"绪论"部分与研究生孙中奇联名发表过；南开大学历史学院博士生吴东铭同学协助校对全书史料，亦表示感谢！本书只是本人研究这场战争的阶段性成果，对明朝将领的研究也还有进一步深入拓展的必要，今后将继续努力，期待将来有机会完成全方位考察的东亚视野下万历朝鲜之役研究。

孙卫国

2020 年 4 月 8 日初稿

2020 年 9 月 18 日修订

图书在版编目（CIP）数据

"再造藩邦"之师：万历抗倭援朝明军将士群体研
究／孙卫国著 . -- 北京：社会科学文献出版社，
2021.4（2022.1 重印）
中国历史研究院学术出版资助项目
ISBN 978 - 7 - 5201 - 7703 - 0

Ⅰ. ①再… Ⅱ. ①孙… Ⅲ. ①抗倭援朝战争 - 军事人
物 - 人物研究 - 中国 - 明代 Ⅳ. ①K248.205②K825.2

中国版本图书馆 CIP 数据核字（2020）第 249024 号

中国历史研究院学术出版资助项目

"再造藩邦"之师：万历抗倭援朝明军将士群体研究

著 者／孙卫国

出 版 人／王利民
责任编辑／赵 晨
文稿编辑／梁 赟
责任印制／王京美

出 版／社会科学文献出版社·历史学分社（010）59367256
　　　　地址：北京市北三环中路甲 29 号院华龙大厦 邮编：100029
　　　　网址：www.ssap.com.cn
发 行／社会科学文献出版社（010）59367028
印 装／三河市东方印刷有限公司

规 格／开 本：787mm × 1092mm 1/16
　　　　印 张：22.25 字 数：307 千字
版 次／2021 年 4 月第 1 版 2022 年 1 月第 3 次印刷
书 号／ISBN 978 - 7 - 5201 - 7703 - 0
定 价／128.00 元

读者服务电话：4008918866